집단 본능

마이클 모리스 Michael Morris

세계적인 문화심리학자로 컬럼비아대학교 경영대학원 및 심리학과 교수로 재직 중이다. 리더십, 팀워크, 커뮤니케이션, 협상, 의사 결정에 관한 석사 과정과 임원급 강의를 맡고 있다. 컬럼비아대학교의 리더십연구소를 설립해 운영하고 있으며, 같은 대학교의 조직문화위원회 위원장, 글로벌사고위원회 위원이다. 미국 국립과학원과 국립과학재단의 패널로 활동하며 군의 자문에 응해왔으며, 학계 밖에서는 전 세계 민간 및 공공 부문 리더들을 대상으로 컨설팅과 교육을 진행해왔다. 《경영조직리뷰》창립 편집장이자 다른 여러 학술지 편집위원으로 활동 중이다. 브라운대학교에서 영문학과 인지과학을 전공하고 미시간대학교에서 심리학 박사 학위를 받았다. 컬럼비아대학교에 취임하기 전 홍콩중문대학교, 홍콩대학교, 스페인 폼페우파브라대학교 객원교수, 그리고 10년간 스탠퍼드대학교 경영대학원 및 심리학과 교수를 역임했다. 인지, 커뮤니케이션, 협력 방식에 미치는 문화적 영향력을 연구해왔으며. 문화적 영향을 촉발하는 상황 요인, 그 영향을 변화시키는 사회적 경험도 주된 관심사다. 기업, 정부 기관, NGO, 정치 캠페인의 문화 관련 자문에 응하고 있다. 의사 결정, 대인관계 영향력, 소셜 네트워크 등을 주제로 주요 심리학, 경영학 학술지에 200편이 넘는 논문을 발표해왔고, 문화와 인지에 관한 초기 연구는 문화심리학 분야를 꽃피우는 데 중요한 역할을 했다. 다양한 연구 성과로 사회심리학, 판단과 의사 결정, 공익 심리학, 아시아 심리학, 경영, 인적 자원, 마케팅 등 여러 분야 학회로부터 국제적인 상을 수상했다. 대표적으로 실험사회심리학회 우수 논문상, 판단의사결정학회 젊은 연구자 선정 힐렐 아인혼 최우수 논문상, 서양경영학회 최우수 학자상, 사회문제심리연구학회 오토 클라인버그 국제 문화 국제 관계상, 아시아사회심리학협회 아시아 사회심리학 미스미 최고 공로상, 경영아카데미펠로스 책임 있는 경영 연구상, 성격사회심리학회 문화심리학 우수 공로상, 국제중국경영연구협회 우수 학술 공로상. 컬럼비아 경영대학원 강의실 혁신 부문 학장상 등이 있다. 부족 본능의 유래와 본질을 파헤치고 독성 부족주의의 해결책을 제시한 저서《집단 본능 Tribal》은 평단과 독자들의 찬사를 받으며 《파이낸셜타임스》비즈니스 분야 올해의 책과 미국심리학회 글로벌 심리학 도서상을 수상했다.

TRIBAL

Michael Morris © 2024
All rights reserved.

Korean Translation Copyright © 2025 by Bookie Publishing House, Inc.
Korean translation rights arranged with InkWell Management,
LLC through EYA Co.,Ltd.

이 책의 한국어판 저작권은 EYA Co.,Ltd를 통해 InkWell Management, LLC와 독점 계약한 (주)부키에 있습니다. 저작권법에 의하여 한국 내에서 보호를 받는 저작물이므로 무단 전재 및 복제를 금합니다.

집단 본능

**우리 안에
프로그래밍된
협력과
분열의 비밀**

마이클 모리스 지음 · 전미영 옮김

Tribal

부·키

옮긴이 전미영

부산에서 태어나 서울대학교 정치학과와 같은 학교 대학원을 졸업했다. 《헤럴드경제》《이데일리》 등에서 기자 생활을 했으며, 푸르메재단에서 근무했다. 현재는 전문번역가로 활동하며 좋은 책을 찾고 번역하는 데 힘을 쏟고 있다. 《무언의 속삭임》《1초 후》《사랑받지 못한 어글리》《다크 플랜》《오일카드》《긍정의 배신》《자기신뢰》《나는 왜 똑같은 생각만 할까》《냉정한 이타주의자》 등을 번역했다.

집단 본능

초판 1쇄 발행 2025년 8월 8일

지은이 마이클 모리스
옮긴이 전미영
발행인 박윤우
편집 김유진 박영서 박혜민 백은영 성한경 장미숙
마케팅 박서연 정미진 정시원 함석영
디자인 박아형 이세연
경영지원 이지영 주진호

발행처 부키(주)
출판신고 2012년 9월 27일
주소 서울시 마포구 양화로 125 경남관광빌딩 7층
전화 02-325-0846 **팩스** 02-325-0841
이메일 webmaster@bookie.co.kr
ISBN 979-11-93528-76-1 03100

만든 사람들 편집 성한경 | 표지 디자인 디박스 | 본문 디자인 박아형

잘못된 책은 구입하신 서점에서 바꿔드립니다.

별들은 우리를 이끌지만
우리를 구속하지는 않는다.

이 책에 대한 찬사

당신의 핵심 신념을 다시 생각하게 만드는 눈부신 대작이다. 독보적인 문화심리학자인 마이클 모리스는 여러 집단으로 분열하려는 우리의 본성이 어떻게 통합의 힘이 될 수 있는지 일깨워준다.
— 애덤 그랜트Adam Grant, 펜실베이니아대학교 와튼스쿨 조직심리학 교수, 《기브앤테이크Give and Take》《히든 포텐셜Hidden Potential》 저자

도발적이고 유용한 아이디어. 완벽하게 딱 들어맞는 시의적절한 메시지다.
— 칩 히스Chip Heath, 스탠퍼드대학교 경영대학원 조직행동론 교수, 《스틱!Made to Stick》 공동 저자

비공식 클럽에서부터 국가에 이르기까지, 집단과 공동체의 문화가 어떤 식으로 작동하며 어떻게 더 나은 쪽으로 변화할 수 있는지 깨우쳐주는 탁월한 안내서다.
— 리처드 니스벳Richard Nisbett, 미시간대학교 사회심리학 교수, 《생각의 지도The Geography of Thought》 저자

눈부시다. 부족주의가 현대 생활에 미치는 영향에 대한 답을 마이클 모리스는 보란 듯이 뒤집어버린다.
— 로버트 치알디니Robert Cialdini, 애리조나주립대학교 심리학 교수, 《설득의 심리학Influence: The Psychology of Persuasion》 저자

부족주의가 없다면 좋은 것이든 나쁜 것이든 미래는 없다. 우리가 왜 지금처럼 행동하는지에 관한 사고방식을 바꿔버리는 놀라운 책이다.
— 스콧 갤러웨이Scott Galloway, 뉴욕대학교 마케팅학 교수, 《부의 공식The Algebra of Wealth》 저자

오늘날 다들 부족주의 이야기를 하지만 마이클 모리스만큼 이 주제에 대해 잘 아는 사람은 없다. 이 독창적인 책은 우리를 재앙의 벼랑 끝으로 몰고 간 지극히 인간적인 부족 본성이 오히려 우리를 구원하는 열쇠가 될 수 있음을 보여준다. 날카로운

통찰력과 명쾌함을 갖춘, 절대 놓치지 말아야 할 책이다.
───── 대니얼 길버트Daniel Gilbert, 하버드대학교 심리학 교수, 《행복에 걸려 비틀거리다Stumbling on Happiness》 저자

문화를 둘러싼 통념에 도전하는 책. 우리 모두에게 더 나은 미래를 가져다줄 집단적 변화에 관한 비전을 제시한다.
───── 아리아나 허핑턴Arianna Huffington, 허핑턴포스트 미디어그룹 창립자, 《제3의 성공Thrive》 저자

깊이 있는 연구와 뛰어난 흡인력을 모두 갖춘 보기 드문 책이다. 책장을 덮을 때쯤엔 인간의 본성과 양육, 그리고 이 둘의 매혹적인 상호작용에 관한 생각이 바뀌는 소중한 가르침을 얻을 것이다
───── 에이미 커디Amy Cuddy, 하버드대학교 경영대학원 교수, 《자존감은 어떻게 시작되는가Presence》 저자

뛰어난 이야기꾼이자 예리한 관찰자인 마이클 모리스가 엄청난 걸작을 썼다.
───── 소냐 류보머스키Sonja Lyubomirsky, 캘리포니아대학교 리버사이드캠퍼스 심리학 교수, 《하우 투 비 해피The How of Happiness》 저자

왜 "우리" 내 "그들"로 구분하는 것은 세상을 보는 나쁜 방법이 아닐까? 마이클 모리스는 타인에 대한 "분노, 악의, 불쾌감이 전혀 개입되지 않는" "윤리적 부족주의"의 역기능이 차별을 영속화한다고 주장한다.
───── 《뉴욕타임스The New York Times》

왜 당신은 트럼프를 열렬히 지지하는 사촌이 틀렸다고 결코 확신할 수 없을까? 문화심리학자 마이클 모리스는 오늘날 미국의 극심한 분열의 본질을 명쾌하게 파헤쳐 보여준다.
───── 《보스턴글로브The Boston Globe》

부족주의는 우리가 가장 잘못 이해하고 있는 유행어다. 많은 전문가들이 부족주의의 부상을 한탄하며 정치적 양극화부터 직장 내 차별에 이르기까지 부족주의가 모든 것의 원인이라고 비난한다. 하지만 저명한 문화심리학자인 마이클 모리스 컬럼비아대학교 교수는 부족 본능이 인류의 비밀 무기라고 주장한다.

인간은 무리와 씨족을 훨씬 뛰어넘는 규모로 성장할 수 있는 독특한 문화로 뭉친 집단인 부족으로 살아가는 유일한 종이다. 모리스는 인간의 심리가 3가지 독특한 방식으로 진화에 따라 형성되었다고 주장한다. 첫째는 대부분의 사람들이 하는 행동을 따르고자 하는 동료 본능. 둘째는 집단에 공헌하며 가장 존경받는 사람을 모방하려는 영웅 본능. 셋째는 이전 세대의 방식을 따르고자 하는 조상 본능이다. 이러한 부족 본능을 통해 우리는 지식과 목표를 공유하고 팀으로 협력함으로써 축적된 문화 지식을 다음 세대에 전수할 수 있다.

국가, 교회, 정당, 회사는 하나의 부족이다. 그리고 부족 본능은 부족에 대한 우리의 충성심과 부족이 우리의 생각, 행동, 정체성에 영향을 미치는 숨은 방식을 설명해준다. 부족 본능을 비합리적이라고 조롱하기보다는 성과를 높이고, 균열을 치유하고, 문화 변화의 충격파를 일으키는 강력한 수단으로 인식할 수 있다.

모리스는 심층 연구, 현재 사건과 역사적 사건, 비즈니스와 정치 이야기를 하나로 엮어 부족에 관한 우리의 기존 통념을 깨뜨리고 우리의 생각을 완전히 재구성한다.

──────── 《파이낸셜타임스 The Financial Times》

우리는 그 어느 때보다 분열되고 양극화된 세상에 살고 있으며, 이러한 현상을 일반적으로 부족주의라고 표현한다. 하지만 컬럼비아대학교 경영대학원의 마이클 모리스 교수는 부족주의라는 용어가 흔히 오해되고 있으며, 부족 본능은 실제로 사회와 직장에서 매우 긍정적인 영향을 끼칠 수 있다고 말한다. 그는 문화심리학 렌즈를 통해 집단에 소속되고 정체성을 확인하려는 인간의 뿌리 깊은 본능을 설명한다. 그리고 팀 관리자와 조직 리더가 부족 본능을 긍정적인 방식으로 활용해 직장 문화를 강화할 수 있는 방법을 제시한다.

──────── 《하버드비즈니스리뷰 Harvard Business Review》

현재 미국과 유럽을 휩쓸고 있는 반이민 물결, 그리고 미국에서 실제로 공화당원과 민주당원이 서로 소통하지 못하는 현실에서, 공존과 문화 수용에 대해 유익한 교훈을 주는 지침서다.

―――――― 《커커스리뷰Kirkus Reviews》

차례

머리말 히딩크 매직의 수수께끼 | 13

1부
우리를 부족주의로 이끄는 3가지 본능

1장 · 동료 본능, 많은 사람이 하면 나도 따라 한다

투르카나호 호모 에렉투스 발자국 화석의 비밀 | 53 인간의 뇌는 물리 환경이 아니라 사회 환경을 통제하기 위해 커졌다 | 60 동료 본능, 학습과 모방과 순응으로 초기 인류의 진화를 주도하다 | 66 리콴유는 어떻게 부정부패를 뿌리 뽑고 싱가포르를 선진국으로 만들었을까 | 71 말레이시아는 왜 혁신에 실패했을까 | 75 문화 카멜레온 현상: 우리는 무의식적으로, 자동으로 문화를 전환한다 | 79 생김새보다 언어와 복장이 더 강력한 문화 단서다 | 87 동료 코드에 이끌리는 것은 확실성에 대한 갈망 때문이다 | 91

2장 · 영웅 본능, 거인의 어깨에 올라타기

이타주의와 관용은 어떻게 진화했을까 | 99 석기 시대 조상들도 평판을 중시했을까 | 104 부족 상징, 영웅 본능을 촉발하는 방법 | 109 뱅크 오브 아메리카 대 메릴린치: 집단 상징이 작동하는 조건 | 117 자부심과 수치심의 역학: 지켜보는 눈이 있을 때 더 친사회적이 된다 | 125

3장 · 조상 본능, 전통을 배우고 잇고 지키는 것의 이로움

선사 시대 동굴 벽화가 알려주는 숨은 의미 | 133 조상 본능은 언제, 어떻게 진화했을까 | 138 전통 학습의 메커니즘과 효과 | 143 부족 의식은 조상 본능을 일깨우는 핵심 요소다 | 149 위기 상황에서 더욱 빛을 발하는 전통의 힘 | 156 진정한 마법은 3가지 본능이 함께 작동할 때 일어난다 | 164

2부
부족 본능은 어떻게 세상을 변화시키는가

4장 · 동료 코드의 우세 신호가 우리를 바꾸는 방식

미국 금주법은 왜 생겨났고 어째서 다시 사라졌을까 | 171 우리가 사진을 찍을 때 웃는 표정을 짓게 된 이유 | 178 미투 운동과 시위운동은 어떻게 확산되었을까 | 186 투표 독려, 브랜드 홍보, 에너지 절약과 금주 캠페인에 사용되는 우세 신호 | 190 변화 시도가 실패하는 근본 요인, 심리적 방어 | 195

5장 · 유명인의 명성 신호가 일으키는 사회 변화

드라마 때문에 브라질의 출생률이 급감했다고? | 201 간디, 오길비, 나델라, 나야르: 탁월한 리더들이 명성 신호를 활용하는 법 | 210 사람들이 사이비 종교와 개인숭배에 빠져드는 이유 | 218 극단주의 단체와 부패 조직에서 벗어나는 방법 | 222 명성 신호는 어떨 때 실패하고 어떨 때 성공하는가 | 227

6장 · 조상 본능, 현재와 미래를 위해 과거를 활용하다

추수감사절 탄생의 비밀과 새로운 전통 만들기 | 237 선례 신호 서사의 특징 하나: 고대성, 오래된 것의 매혹 | 243 선례 신호 서사의 특징 둘: 일관성, 집단 정체성을 만들어내는 강력한 구속력 | 253 스타벅스가 자금성에서 쫓겨난 까닭은? | 264 역사는 운명이 아니다 | 269

3부
우리를 지켜준 본능이 우리를 위협할 때

7장 · 왜 어떤 변화는 확산되고 어떤 변화는 소멸하는가

무엇이 에콰도르의 시간 지키기 캠페인의 성패를 갈랐을까 | 275 저항 운동, 선거 운동, 동성 결혼, 총기 규제, 여성 할례: 풀뿌리 운동의 성공 사례와 실패 사례 | 282 우측 주행, 금연 운동, 온라인 게시물 규제, 복장 규정: 하향식 충격 요법의 성공 사례와 실패 사례 | 294 맹목적 순종인가, 적극적 순응인가 | 303 혁신적 변화에는 상향식과 하향식이 함께 필요하다 | 308

8장 · 오늘날의 극단적 분열과 갈등을 어떻게 극복할 것인가

트럼프 승리와 힐러리 패배가 알려준 극단적 분열의 현실 | 315 인식론적 부족주의: 착한 부족 본능은 어떻게 독성 부족주의가 되는가 | 320 어떻게 하면 편파적 당파성에서 벗어날 수 있을까 | 329 윤리적 부족주의: 차별의 근본 요인은 외집단 혐오가 아니라 내집단 편애다 | 336 윤리적 부족주의를 해결하는 방법: 코카콜라와 인텔, 로스앤젤레스 필하모닉, 크레스 백화점 | 346 조상 본능과 전통주의: 인종, 종교 학살의 근본 원인 | 353 분열과 갈등을 넘어 화해와 협력으로 가는 법 | 362 부족 안에서 함께할 때 우리는 번영할 수 있다 | 369

감사의 말 | 375
주 | 381

머리말

히딩크 매직의 수수께끼

꿈은 어떻게 이루어지는가

2002년 월드컵이 열리기 1년 반 전, 고요한 아침의 나라인 한국은 전혀 고요하지 않았다. 2000년 아시안컵. 지역 강호인 한국 축구 국가대표팀은 쿠웨이트 같은 약체들도 이기지 못하면서 흔들렸다. 반면 월드컵 공동 개최국인 숙적 일본은 무패 행진 끝에 우승 트로피를 거머쥐었다.

2002년 월드컵에는 스포츠 이상의 것이 걸려 있었다. 식민 지배와 전쟁, 정치 불안으로 힘든 한 세기를 보낸 한국은 엘리트 경제 대국으로 발돋움했다. 불굴의 노력과 희생으로 이룬 성공 정신은

1996년 월드컵 유치로 이어졌다. 하지만 바로 이듬해 금융 위기로 경제가 결딴나고 부정부패 구조가 폭로되면서 굴욕적인 해외 구제 금융을 받는 처지로 전락했다. 한국의 지도자들은 월드컵에서 강력한 경기력을 과시해 국가 평판을 회복할 수 있기를 바랐다. 하지만 전 세계 오즈 메이커odds maker(베팅업체에 소속되어 각종 데이터를 바탕으로 경기의 배당률을 결정하는 사람-옮긴이)들은 한국이 조별 리그에서 탈락해 16강 토너먼트 라운드 진출에 실패하는 최초의 개최국이 될 것이라는 쪽에 걸고 있었다. 또 다른 굴욕이 눈앞으로 닥쳐오는 중이었다.

고민에 빠진 정몽준 대한축구협회KFA 회장은 네덜란드에 장거리 전화를 걸었다. 상대는 구겨진 운동복 차림에 너덜너덜해진 여권을 지닌 백발의 거스 히딩크Guus Hiddink였다.[1] 팀에서 재능을 이끌어내는 데 탁월한 역량을 보인 그는 1998년 월드컵에서 분열로 얼룩졌던 네덜란드 대표팀을 추슬러 4강에 진출했다. 그 과정에서 한국 대표팀을 5-0으로 완파해 한국에 실망과 함께 깊은 인상을 남겼다. 그런 그에게 중대한 고비에 선 한국이 비틀거리는 대표팀 감독을 맡아달라고 요청한 것이다. 한국 팀의 경기 테이프를 본 히딩크는 플레이 스타일이 느리고 시대에 뒤떨어졌음을 알게 되었다. 대한축구협회가 선수 명단 결정에 간섭하고, 실력이 아닌 사회적 배경을 보고 선수를 끼워 넣는 일이 있다는 이야기도 진작 들었던 터였다. 그는 정몽준 회장에게 다시 전화를 걸어 네덜란드인 특유의 직설적 태도에 관해 양해를 구한 다음 전례 없는 조건을 제시했다. 절대적인 엔트리 통제권, 초장기간의 전지 훈련, 세계 최고 팀을 초청해 치르는 시범 경기 예산을 요구했다.

한 달 뒤 상기된 얼굴의 히딩크 감독이 서울에 도착해 언론에 모습을 드러냈다. "나는 한국에 대해 잘 모릅니다"라고 그는 말문을 열었다.[2] 겉치레 겸손이 아니었다. 기자들은 그가 유명 선수들의 이름도 제대로 알지 못하는 것을 보고 나중에 그 사실을 깨달았다. 하지만 인식 부족은 의도된 것이었는지 모른다. 히딩크의 첫 공식 행보는 "공개 트라이아웃" 발표였다. 최고 선수들뿐 아니라 고등학교를 갓 졸업한 무명 선수도 환영한다고 했다. 이 과정에서 전원이 힘든 훈련을 통해 자신을 증명해야 했고, 일부 유명 선수들이 탈락했다.[3] 한국은 나이와 경험을 존중하는 사회다. 선수와 팬들이 분노할 수밖에 없었다.

히딩크는 선수들이 경기장에서 유동적으로 움직이면서 예상 밖의 플레이를 펼치는, 빠른 압박 스타일의 전술 시스템인 "토탈보트발totaalvoetbal" 곧 토털 축구total football를 가르쳤다. 네덜란드에서 완성된 이 전술을 여러 나라의 엘리트 클럽들이 갈수록 많이 채택하고 있었다. 하지만 첫 훈련 캠프에서 연습 경기를 치르면서 히딩크는 이런 자유분방한 스타일을 사용하기가 쉽지 않다는 것을 처음부터 깨달았다. 선수들은 경직된 방식으로 공을 움직였고, 선배 선수에게 예측 가능한 패스를 건네는 일이 잦았다. 더 큰 문제는 히딩크가 스피드를 강점으로 보고 선발한 젊은 선수들이 머뭇거린다는 점이었다. 그들은 골문 앞에서 확실한 기회를 잡아도 슛을 날리지 못했다. 그러고는 고참 선수들에게 실수를 사과하기 바빴고, 경기 후 언론 인터뷰에서 이런 자기비판을 되풀이하곤 했다.

선수들의 플레이는 형편없었다. 하지만 히딩크는 부진한 선수들을 자르거나 사이드라인에서 혼내지 않았다. 대신 공식 회의를 소집했다. 그의 입에서 현재 경기력으로는 조별 리그에서 조기 탈락할 수 있다는 암울한 평가가 나오자 감독의 말을 전달하던 한국어 통역이 움찔했다. 어두운 전망을 강조하기 위해 히딩크는 대표팀이 그간 출전한 다섯 번의 월드컵에서 한 경기도 이긴 적 없다는 사실을 상기시켰다. 하지만 희망은 있다고 했다. 긴 훈련 캠프 기간에 혹독한 고강도 체력 훈련에 전념한다면 말이다. 1966년 대회에서 북한 대표팀이 8강에 진출하는 기적을 쓰는 데 결정적인 역할을 했던 것이 체력적 우위였는데, 히딩크는 훈련 초점을 거기에 맞출 것이라고 했다. 선수들은 잠시 서로 눈을 마주친 뒤 대답했다. "예!" 그들은 무슨 일이든 할 각오가 되어 있었다.

이어 히딩크 감독은 새로운 기본 원칙을 밝혀 선수단을 놀라게 했다. 다음 훈련은 지구를 절반쯤 돈 곳에 있는 아랍에미리트의 국제 축구 시설에서 진행할 것이며, 그곳의 최첨단 운동 전문가들이 한 차원 높은 수준의 운동을 지도할 것이라고 했다. 한국 언론의 취재는 공식적으로 허용되지 않았다. 변화는 말투에까지 확장되었다. 히딩크는 존댓말을 금지했다(경기 중 급박한 상황에서도 후배 선수들이 선배 선수들에게 존댓말을 쓰는 것을 보고 이런 조치를 내렸다). 히딩크는 효율성 차원이라고 했지만 이런 정책은 선수들을 둘러싼 문화 단서cultural cue들도 변화시켰다. 히딩크가 과연 제정신인지 의문이 일기 시작했다. 다른 것은 몰라도 감수성에는 문제가 있는 듯 보였다. 《뉴욕타임스》기자가 "문화 차이를 무시하고 한국 선수들에게 하룻밤 사이에 유럽 선수처럼 일하고, 경기하고, 훈련하라고 요구하는 겁니까?"라고 물은 것도 그 때문이었다. 히딩크는 "당신이 맞을지도 모릅니다. 하지만 이 선수들은 생각보다 빨리 적응할 수도 있습니다"라고 답했다.[4]

얼마 지나지 않아 히딩크의 베팅이 성과를 거두는 듯했다. 변화된 환경은 선수들에게서 전과 다른 정체성을 끌어냈으며 그들의 학습 속도를 높였다. 선수들은 그곳에서 훈련 중이던 다른 해외 프로 선수들처럼 행동했다. 플레이를 더디게 만들었던 한국의 사회적 습관인 공손함과 자기비판적 태도가 경기장에서 덜 드러나게 되었다. 고참 선수들은 정해진 세트피스에 대한 집착이 줄었고, 신참 선수들은 더 스스럼없이 자발적으로 반응하며 득점 기회를 잡았다.

하지만 2001년 봄부터 세계 최강 팀들을 상대로 일정을 시작한 한국 대표팀의 토탈보트발은 총체적 혼란을 자주 드러냈다. 팀 동료와 포지션을 서로 바꿔가며 수비수를 따돌리는 것이 핵심 전술이었다. 하지만 한국 대표팀은 그런 식으로 서로 마음을 읽으며 맞물려 움직여본 경험이 충분하지 않았다. 그해 5월 프랑스에 5-0으로 패했고, 8월에는 체코에 또 5-0으로 참패했다. 한국 언론은 히딩크에게 "오대영"이라는 별명을 붙였다.[5] 대표팀 성적이 바닥을 기자 은퇴한 전 대표팀 감독은 "무지한" 외국인 탓이라고 비난했다. 팀의 주요 스폰서인 삼성은 궁지에 몰린 히딩크 감독이 등장하는 고액 TV 광고를 취소했다.

이후 연장된 훈련 캠프 기간 동안 한국 대표팀 선수들은 계속 기술을 연마하고 체력을 키웠다. 그런데 선수들 간의 일상 교류를 틈타 기존의 전통적 분위기가 되살아나기 시작했다. 홍명보(이전 월드컵에 3회 출전) 같은 고참 선수들은 대표팀이 항상 해왔던 구식 워밍업으로 나머지 선수들을 지도했다. 오랜 기간 대표팀과 함께한 스태프들은 선수들의 사기를 올리려고 과거에 팀에서 활약한 영웅들의 이야기를 들려주었다. 그러다보니 식사 시간에 선배들이 먼저 자리를 잡을 때까지 후배들이 기다리는 등 캠프의 일상이 달라졌다. 후배 선수들이 선배 선수들의 신발을 닦아주는 일까지 있었다. 어느 날 한 신참이 털어놓은 말을 듣고 히딩크는 문제의 핵심을 깨달았다. 그 선수는 항상 자기 포지션에서 뛰었던 유명한 고참과 자리를 바꾸는 것이 대표팀의 방식에 반하는 일처럼, 뭔가 잘못된 일처럼 느껴진다고 했다.

전통은 팀을 하나로 묶는 소중한 요인이지만 선배들의 신발 닦기 같은 의례ritual는 잘못된 교훈을 주입하고 있었다. (한국인의 습성이든 대표팀의 전통이든) 연공서열에 대한 존중은 팀에 토탈보트 발의 유동성을 불어넣는 것을 방해했다. 하지만 히딩크는 선수들이 적응할 것이라는 믿음을 버리지 않았다. 합숙소 같은 훈련 캠프 환경에서도 대표팀의 기존 전통이 살아난다면 새로운 전통 역시 분명 같은 방식으로 구축될 수 있으리라 믿었다. 다시 한 번 히딩크는 이상한 정책을 시행했다. 이번에는 선수들의 일상 사회적 상호작용에 변화를 가했다. 그는 고참들이 주도하는 루틴을 너무 "기계적"이라며 퇴짜 놓고, 젊은 선수들에게 주장 비슷한 역할을 맡겼다. 모든 식사 자리에 신참과 고참이 섞여 앉도록 자리를 배정했다. 항공기에도 나란히 앉히고 호텔에서도 함께 방을 쓰도록 했다. 플레이에 문제가 없는 선수들에게 계속 파울이라고 외치고는 마침내 그들이 참지 못하고 항의하면 권위에 맞섰다고 칭찬했다. 연장자와 눈을 마주치는 것조차 무례하다고 여기는 문화권의 선수들에게는 낯설고 불편한 경험이었다. 하지만 몇 달 동안 매일 이렇게 지내다보니 동등한 입장에서 소통하는 것이 새로운 규범이 되었다. 한국 대표팀의 새로운 전통이 만들어진 것이다.

  팀 문화가 바뀌고 체력 훈련이 완성되자 마침내 대표팀의 플레이가 손발이 맞아가기 시작했다. 시범 경기에서 스코틀랜드를 4-1로 완파했고, 월드컵을 앞두고 열린 친선 경기에서 잉글랜드와 인상적인 무승부를 기록했다. 이어진 경기에서는 디펜딩 챔피언 프랑스에 졌으나 1점 차 패배였다. 스포츠 베팅업체들은 한국의 우승 확률을 150 대 1로 점치며 여전히 낮은 점수를 매겼지만 선수들은 믿음을 갖기 시작했다.[6]

조별 리그 첫 상대는 폴란드였다. 중계석의 축구 전문가들이 보기에는 파국을 예고하는 경기였다. 하지만 한국 대표팀은 폭발적인 공격으로 폴란드를 계속 몰아붙였다. 33살 황선홍이 선제골을 터뜨리며 리드를 잡았고, 하프타임 이후 30살 유상철이 골키퍼의 펀칭에도 골대 안으로 밀고 들어가는 쐐기 골을 터트렸다. 이후 김대중 대통령을 비롯한 5만여 홈 관중은 내내 자리에서 일어나 박수를 치며 팀의 역사적인 승리에 힘을 보탰다. 다음 경기에서 강호 미국을 만난 한국은 전반전에 골을 허용해 토너먼트 진출이 위태로워졌다. 하지만 팬클럽 '붉은 악마'는 "대-한-민-국 짝짝-짝-짝-짝"이라는 리듬감 있는 구호로 "U-S-A!" 응원 소리를 삼켜버렸다. 한국 대표팀은 계속 공격적으로 달려들었다. 마침내 경기 종료 몇 분을 남기고 26살 안정환(경기에서 영웅적인 활약만큼 영화배우 같은 외모로도 유명하다)이 우아한 헤더 골로 무승부를 이끌어 냈고, 한국 전역의 스크린은 이 눈부신 골 장면을 반복해 보여주었다. 조별 리그 마지막 경기인 포르투갈전을 앞두고 열기는 더욱 고조되었다. 포르투갈전은 경기 시작과 동시에 경기장이 붉은 악마의 북소리로 들썩였다. 경기 초반 베테랑 스위퍼 홍명보가 우아한 패스를 헤더로 연결했지만 골대를 살짝 빗나가는 등 아쉬운 장면들이 이어지며 팬들의 탄식을 자아냈다. 70분, 지칠 줄 모르는 21살 박지성이 크로스를 가슴으로 받아 수비수를 제치고 날린 공이 골키퍼의 다리를 뚫고 골망에 꽂혔다. 관중들의 박수는 열광적인 함성으로 바뀌었다. 한국 대표팀은 뜨거운 응원을 등에 업고 계속 공격에 나섰고, 지친 포르투갈은 한국 팀의 기세에 눌렸다.

한국은 이 경기에서 승리하며 조별 리그 선두로 16강에 진출했다. 팀은 중압감 속에서도 강인한 의지를 불태웠으며 절묘한 패스와 곡예 같은 골로 우아한 플레이를 선보이며 팬들을 열광시켰다. 조별 리그 탈락이라는 불명예를 각오했던 개최국 대한민국은 환희에 휩싸였다.

체인지 메이커,
문화 코드를 새롭게 바꾸고 만드는 사람들

월드컵이 열릴 때마다 미디어의 축구 전문가들은 독일의 근면성 대 브라질의 삼바, 이탈리아의 조직력 대 스페인의 기술, 프랑스의 예술성 대 영국의 실용주의 등 경기장에서 펼쳐지는 문화 충돌을 거론하곤 한다. 히딩크는 "국가 특성"이라는 이런 고정관념을 결코 진실로 여기지 않았다.

그는 문화적 배경과 정체성이 선수들에게 영향을 미치는 것은 맞지만 그들의 스타일을 한 가지로 제한할 만큼 융통성 없이 작용하지는 않는다고 생각했다. 여러 나라에서 지도자 생활을 한 자신의 경험을 바탕으로 문화의 역할은 정해진 것이 아니라 가변적이라고 믿었다. 네덜란드 리그에서 처음 감독을 맡았을 때 히딩크는 해외에서 스타를 데려오려고 시도했다. 다른 감독들은 브라질 선수는 절대 토탈보트발에 맞지 않는다며 도저히 안 될 것이라고 비웃었다. 하지만 훈련 과정에서 다양한 작은 변화를 시도한 끝에 마침내 시너지 효과가 나타났고, 그의 클럽은 리그 우승컵을 들어 올렸다. 이후 히딩크와 다른 지도자들은 "네덜란드 스타일"이 적합하지 않다고 여겨졌던 스페인 팀에 이 전술을 접목해 새로운 변종 스타일들을 만들어냈다.[7]

당시 대부분의 감독들은 문화를 건드릴 수 없는 신성한 영역이라고 여겼다. 하지만 현실적 시각을 지닌 히딩크는 문화가 관리 가능할 뿐 아니라 가변적인 것이라고 보았다. 국가 문화가 경기 스타일에 영향을 미친다고 믿는 감독은 많았지만, 선수를 둘러싼 단서들을 설계함으로써 문화적 힘을 켜고 끌 수 있다는 직관력을 지닌 감독은 거의 없었다. 많은 감독이 팀의 조직 문화를 활용하려 하면서도 선수들의 사회적 상호작용을 안무처럼 짜서 문화를 재구성할 수 있다고는 생각하지 못했다.

2002년 한국 대표팀 감독을 맡았던 히딩크는 같은 방식으로 2006년 월드컵에서 호주 축구 대표팀을 사상 처음으로 16강에 올려놓았고, 2008년 UEFA 유로 대회에서는 약체 러시아를 4강으로 이끌었다.[8] 매번 히딩크는 은밀한 정책과 교묘한 메시지로 문화를 관리하고 새롭게 만들어냈다. 호주 선수들은 운동 능력은 뛰어났지만 전술 조율 능력이 부족했다. 히딩크는 (경기장 내 소통을 방해한다는 이유로) 벤치의 시끄러운 응원을 금지하고, (두서없이 경기장을 뛰어다니는 것을 막기 위해) 수비수들에게 엄격한 구역을 설정했다. 그는 "키 큰 양귀비"에 대한 호주의 금기를 끌어와 이기적인 스타 선수들을 통제했다(키 큰 양귀비 증후군tall poppy syndrome은 영연방에서 쓰는 용어로 동년배보다 뛰어난 사람을 공격하고 비난하는 사회 현상을 가리킨다-옮긴이). 러시아 대표팀의 문제는 정반대였다. 위험 회피 증후군이라는 경직성을 간파한 히딩크는 훈련 때 장난기 넘치는 루틴을 도입해 선수들을 풀어주었다. 그는 선수들에게 토탈보트발의 초기 형태인 1960년대 어느 모스크바 팀 감독의 압박 수비 장면이 담긴 테이프를 보여주면서 이 전술을 납득시켰다.[9] 러시아에 대한 선수들의 자부심은 학습을 방해한 것이 아니라 토탈보트발을 배우려는 의지를 북돋웠다. 이후 히딩크는 세계적인 스타들로 구성된 첼시를 맡아 팀 문화를 새롭게 바꿨고, 자신의 잉글랜드 프리미어리그 감독 커리어에서 가장 뛰어난 성과를 거두었다.[10]

히딩크가 수준이 제각각인 세계 곳곳에서 일관되게 성공을 거둔 것은 단순한 운이 아니다. 그의 기묘한 행동에는 나름의 이유가 있었다. 문화 패턴을 선택적으로 자극하고 조정해 재능을 끌어내는 수단이었다. 말 조련사와 마찬가지로, 히딩크는 경기력에 도움이 되는 특성은 소환하고 방해가 되는 특성은 억제하는 방법을 찾아내 각 팀의 자기 이미지를 점진적으로 변화시켰다. 이런 문화적 연금술, 곧 히딩크 매직의 수수께끼에 대한 답은 축구 경기장 밖에서도 큰 변화를 가져올 수 있다.

히딩크가 축구 현장에서 문화에 대한 이단적인 견해를 발전시키던 시기, 문화를 연구하는 학자들도 다소 비슷한 방식으로 패러다임을 바꾸고 있었다. 구세대 학자들은 "보수파" 축구 감독들과 마찬가지로 문화 지형이 영구 고정된 것이라고 간주했다. 인류학은 원주민 사회들을 시대를 초월한 제도라는 관점에서 묘사했다(예를 들어 아메리카 원주민 하이다Haida족은 토템 기둥을 세우기 전 "포틀래치potlatch" 축제를 벌인다).[11] 심리학은 개인의 특성을 비교했다(예를 들어 미국에는 성취 지향성이 널리 퍼져 있지만 인도에는 드물다).[12] 이런 접근 방식은 문화를 안정된 패턴, 곧 오래된 제도나 고정된 성격 특성으로 축소시켰다.

하지만 20세기 말이 되자 사회와 개인의 문화 패턴이 유동적이라는 사실이 뚜렷해졌다. 세계화된 세대가 부모 세대의 방식을 선택적으로 유지하는 한편 다른 전통을 차용해 새로운 생활방식을 발전시키면서 전 세계의 사회들이 진화하는 중이었다. 개인의 이주가 그 어느 때보다 증가했지만 항상 동화되지는 않았고, 다양한 문화적 세계관을 유지하며 상황에 따라 관점을 전환했다.[13] 학자들은 문화를 결정하는 것이 단순히 공동 제도나 개인 심리가 아니라 이들 간의 상호작용이라는 점을 인식하기 시작했다. 문화 제도는 개인의 정신을 형성하고, 개인의 정신은 문화 제도를 형성한다. 문화와 정신은 떼려야 뗄 수 없는 관계다.[14]

지난 20년 동안 인류학과 심리학의 이런 융합으로 "문화심리학 cultural psychology"이라는 새로운 학문이 탄생했다. 문화심리학자들은 수렵채집 부족에서부터 기업, 국가에 이르기까지 다양한 종류의 문화 집단을 연구해 인지 구조, 사회 구조, 편견, 행동을 조사한다. 이 분야는 각기 다른 과학적·문화적 배경을 가진 학자들이 협력하는 학제 간 교차로다. 운이 좋아서 나는 이 학문의 흥미로운 성장에 일조할 수 있었다. 타이밍이 맞아 문화심리학의 궤도를 형성한 일부 획기적인 연구들을 수행했는데,[15] 그동안 내가 수백 건의 연구를 통해 얻은 중요한 교훈은 이렇다. 문화 패턴은 가변적이고 유연하며, 올바른 도구가 있다면 히딩크처럼 우리는 이 패턴을 활용할 수 있다.

과학은 점점 더 이 역동적인 패러다임을 채택하고 있지만, 현실 세계는 여전히 문화 패턴을 변하지 않는(그리고 바꿀 수 없는) 것으로 해석하는 경향이 있다. 정치인들은 애팔래치아 지역의 "빈곤 문화"를 언급하면서 경제적 지원이 도움이 되지 않을 것이라는 뉘앙스를 풍긴다.[16] 언론인들은 "캠퍼스 강간 문화" "텍사스 총기 문화" "할리우드 마약 문화"를 경고한다. 각계 리더들은 이탈리아 사람들의 "핏속에 흐르는" 예술, 해병대의 "뼛속까지 배어 있는" 충성심, IBM의 "문화적 DNA"에 담긴 혁신 등을 들면서 자기 집단의 성공 요인을 문화적 본질에서 찾는다.[17] 이 익숙한 문구들은 한 부족의 구성원들 내면에 있는 근본적인 본질이 그들을 지금의 모습으로 만들고 독특한 재능을 발현시킨다고 가정한다.

하지만 본질주의essentialism는 문화를 잘못 이해하며, 때로는 비극적으로 잘못 이해한다. 국가, 기업, 팀이 자신의 성공을 불변의 본질로 치부하는 것은 자만심을 부른다. 역사의 쓰레기 더미에는 무적의 제국, "오래 지속되도록 만들어진" 기업, 영원한 챔피언으로 넘쳐난다. 반대 경우도 마찬가지다. 적의 죄를 추적해 불변의 낙인을 찍으면 가혹하고 도움이 되지 않는 보복으로 빠져들기 쉽다. 9.11 테러 이후 미국의 매파들은 이슬람 교사들이 지하드jihad 이념을 주입한다는 가정 아래 마드라사madrassa(이슬람 학교)를 "테러리스트 양성소"라며 표적으로 삼았다.[18] 그러나 급진주의radicalism는 종교성이 아니라 분노의 산물이다.[19] 테러 가담자 중 누구도 마드라사에 다니지 않았다. 그들은 서구 대학에서 기술 과목을 공부했고(9.11 테러범 모하메드 아타Mohammed Atta는 하필이면 도시 복원을 전공했다), 이후 급진주의자가 되었다. 마찬가지로 ISIS(이라크시리아이슬람국가The Islamic State of Iraq and Syria 또는 이라크레반트이슬람국가) 충원의 주 대상은 독실한 신자가 아니라 사회적 박탈감을 느끼는 사람들이었다. 테러리스트의 산실은 마드라사가 아니라 군 교도소와 소외된 지역이었다.[20] (어느 ISIS 지원자가 런던 아파트에 남겨둔 책의 제목은 《바보도 이해하는 이슬람교Islam for Dummies》였다.[21]) 종교와 그 기본 제도 전체를 대상으로 하는 대테러 조치는 급진화의 진정한 근원을 놓친다.[22] 게다가 온건파를 소외시켜 극단주의자들의 손을 들어준다.

문화적 특성이 고정되어 있다는 본질주의 관점과는 반대로, 사람들의 문화적 조건과 신념은 시간과 함께 변한다. 우리는 새로운 공동체community에 가입할 때마다 새로운 문화 정체성과 규범을 내면화한다. 추수감사절을 맞아 새로운 페르소나를 장착하고 집에 온 대학 신입생을 떠올려보자. 그는 새로운 음악을 듣고, 새로운 표현을 구사하고, 전과 다른 스타일의 옷을 입고, 아마 다른 정치 성향을 드러낼 것이다. 군에 입대하거나 아슈람ashram(힌두교도 수행처-옮긴이)에 들어간 사람 역시 새로운 정체성과 관점을 갖게 된다. 인간의 뇌는 우리가 자라난 공동체의 방식을 자동으로 인코딩하도록 되어 있다. 우리는 그렇게 하려는 생각조차 없이 무의식적으로 문화 패턴을 습득한다. 이런 자동 학습 과정은 집단의 변화된 경험이 집단 전체 행동의 새로운 패턴을 촉발할 때도 동일하게 기능한다. 히딩크 감독이 한국 대표팀에서 고참과 신참을 한 방에 묵게 하고, 호주 대표팀에서 벤치 응원을 금지하고, 토탈보트발이 러시아 축구와 뿌리가 닿아 있음을 강조한 것은 변화된 팀 문화를 배양하기 위해서였다.

새로운 문화를 배우는 것 외에도, 사람들은 상황에 따라 다양한 문화적 사고방식들 사이를 오간다. "나는 크다, 나는 내 안에 여러 세상을 품고 있다I am large, I contain multitudes"[23]라는 월트 휘트먼Walt Whitman의 시구가 이를 가장 잘 보여준다. 한 사람은 다양한 문화적 자아들을 갖고 있다. 이 자아들은 동시에 함께 지배할 수 없으며 번갈아가며 지배력을 행사한다. 고향을 찾은 대학 신입생의 경우 그가 새로 발견한 캠퍼스 페르소나가 매일 드러나지는 않는다. 대학 룸메이트가 방문했을 때는 나타나지만 어릴 적 친구들과 어울릴 때는 그렇지 않다. 문화 코드는 상황이 촉발할 때 우리 마음의 표면에 떠오른다. 이것이 히딩크 매직의 수수께끼를 푸는 또 다른 열쇠다. 히딩크는 한국 대표팀 선수들을 해외 전지 훈련지로 데려가 프로 선수로서의 직업 규범을 고취하는 환경 속에 집어넣고, 한국인으로서의 습성은 뒤로 물러서도록 만들었다. 선수들이 세계 수준의 플레이에 요구되는 낯선 전술을 익히기 위해서는 우선 거기에 맞는 마인드셋mindset이 필요했다.

이 책은 히딩크 감독을 비롯해 체인지 메이커change maker들이 활용하는 문화 코드의 숨은 역학dynamics을 설명한다. 나는 유수 경영대학원에서 수십 년 동안 관련 주제를 강의하면서 이 역학을 이해하고 관리하는 프레임워크framework를 개발해왔다(실리콘밸리의 스탠퍼드대학교 경영대학원에서 10년, 뉴욕의 컬럼비아대학교 경영대학원에서 10년, 그 밖에 런던, 파리, 바르셀로나, 홍콩, 싱가포르 등의 주요 기관과 학교에서 강의했다). 또 기술 기업, 글로벌 은행, 미디어 대기업 등 여러 기업의 컨설턴트를 맡아 조직 문화를 바꾸고 다양성을 촉진하고 다문화multcultural 기법을 개발하는 일을 도왔다. 한편으로 군 지도자들과 협력해 동맹국과 적국의 문화적 도전에 대한 개선된 모델을 개발했고,[24] 미국 국무부 및 외무부 기관들과 협력해 다양성의 역학을 이해하는 데 힘을 쏟았으며, CIA(미국 중앙정보국) 등 정보 기관들과 함께 해커의 문화적 편견을 유발해 그들의 행동을 예측하고 반격하는 방법을 연구했다.[25] 개발도상국의 보건 및 젠더와 관련된 문화 규범을 변화시키려는 공중 보건 전문가 및 NGO(비정부기구)와도 함께 일했다.[26] 버락 오바마Barack Obama, 힐러리 클린턴Hillary Clinton, 조 바이든Joe Biden의 대통령 선거 운동에 참여해 문화에 적합한 정책과 메시지에 관한 자문에 응하기도 했다.[27] 이런 일들을 하면서 히딩크 수준의 기적을 이루었다고 할 수는 없지만 여러 아이디어를 실행에 옮기면서 폭넓은 경험을 갖추게 되었다.

현업 전문가들과 통찰력을 공유하기 위해 지금까지 많은 노력을 해왔지만 문화 역학은 여전히 널리 이해되지 못하고 있다. 엘리트 기업들에서 그렇듯, 이는 학교, 식당, 디자인 스튜디오 등 문화자본이 중요한 다른 많은 일터에서도 똑같이 유용한 도구다. 오늘날 거의 모든 곳에서 문화 차이는 분열의 원인이 되기도 하고 성과와 혁신에 활용되기도 한다. 하지만 관련 연구 결과들 다수가 전문

학술지에만 실려 있어 내용을 쉽게 접할 수 없다. 이 책에서 나는 전문 용어를 배제하고 히딩크 감독 같은 문화 변환자, 문화 형성자의 이야기를 통해 실질적인 통찰력을 전달하려고 노력했다.

문화 변화의 파급 효과

2002 월드컵 16강전에서 한국은 강호 이탈리아와 무승부를 기록했다. 이탈리아가 먼저 앞서갔다. 일찌감치 득점에 성공해 리드를 잡았고, 유명한 수비수들이 한국의 거듭된 공격을 막아 세웠다. 하지만 규모가 더 커진 붉은 악마들은 페이스페인팅을 하고 깃발을 흔들면서 힘찬 응원과 북소리로 한국 대표팀에 힘을 불어넣었다. "대-한-민-국 둥둥-둥-둥-둥!" 시간이 흐르자 덥고 습한 날씨 속에서 한국 대표팀의 체력 우위가 빛을 발하기 시작했다. 경기 종료 몇 분 전, 23살 공격수 설기현이 기습 슈팅으로 동점 골을 넣어 경기를 연장전으로 끌고 갔다. 히딩크 감독은 계속 "서든 데스!"(연장전에서 한쪽이 먼저 득점하면 경기가 끝나는 방식-옮긴이)를 외치며 경계 태세와 킬러 본능을 일깨웠다. 한편 이탈리아 선수들은 체력이 떨어져 파울을 범하기 시작했다. 마침내 117분에 공격수 안정환이 폭발적인 에너지로 수비수 파울로 말디니 위로 솟구치며 골키퍼와 골대 사이로 헤더 슛을 성공시켰다.[28]

머리말

경기장은 열광의 도가니에 빠졌다. 남녀노소 모든 팬이 히딩크 감독 특유의 어퍼컷 골 세리머니를 따라 하며 주먹을 불끈 쥐었다. 이 승리는 전국에 말 그대로 충격파를 일으켰다. 은퇴 생활자인 한 서울 시민은 "안 선수가 골든 골을 넣었을 때 환호성이 터지면서 아파트 건물이 흔들리는 것이 느껴졌습니다"라고 언론 인터뷰에서 말했다.[29] 붉은 악마 티셔츠를 입은 400만 명의 군중이 거리를 가득 메운 채 소주에 취해 "대-한-민-국"을 외쳤고, 길이 막혀 움직이지 못하던 택시들은 리듬에 맞추어 경적을 울렸다("빵빵-빵-빵-빵!"). 팬들은 집 발코니에 "히딩크를 대통령으로"라는 현수막을 내걸었다. 한때 욕을 먹던 외국인 감독의 포스터와 피규어가 상점에 넘쳐났고, 취소되었던 삼성 광고가 매시간 방영되었다.

　8강전에서는 무패 행진을 이어온 스페인을 만났는데, 역시 팽팽한 긴장감이 감돌았다. 광주월드컵경기장은 붉은 물결이 바다를 이루었다. 박수 응원을 이어가던 한국 팬들은 스페인이 두 차례 골망을 흔들자 초조하게 손을 비벼댔다. 하지만 스페인의 득점은 두 번 모두 주심이 무효로 선언했다. 무득점 경기가 전후반 90분과 연장전 내내 이어졌고 끝내 승부차기까지 갔다. 한국팀의 침착함이 다시 한 번 빛을 발했다. 마지막 키커로 나선 베테랑 홍명보는 승부를 끝내는 골을 성공시킨 후 열광하는 4만여 명의 팬들 앞에서 팔을 휘두르며 세리머니를 펼쳤다. 한국팀 선수들은 커튼콜을 하는 배우들처럼 경기장 이쪽저쪽과 양쪽 골대 쪽을 향해 절을 했다. 관중들의 함성이 "히-딩-크, 히-딩-크, 히-딩-크"라는 세 음절로 정리되자 감독은 경기장 중앙으로 걸어 나갔고, 선수들은 그를 들어 올려 헹가래를 쳤다. 수천 개의 카메라 플래시가 번쩍이며 그 순간을 기록했다. 그 사진은 다음 날 아침 모든 신문의 1면을 장식했다. 한국은 아시아 최초로 월드컵 4강에 진출한 팀이 되었다! 그 밑바탕에는 바로 변화된 전술과 전통이 있었다.

　이는 축구 팬에게만 기쁜 소식이 아니라 한국 국민 전체에게 희망의 신호탄이 되었다. 모든 도시와 마을에서 자발적인 축하 행사가 열렸고, 마침내 한국인들은 경제 위기로 인한 우울함을 떨쳐냈다. 언론은 대표팀의 승리를 "일제 식민 통치 종식 이후 가장 위대한 순간"이라고 표현했다.[30] 김대중 대통령은 한 발 더 나아가 "단군 이래 가장 위대한 날"이라고 했다.[31]

준결승에서 독일에 패하며 한국 대표팀의 질주는 끝났다. 하지만 연쇄 반응은 임계점을 넘어섰고 이제 그 무엇도 막을 수 없었다. 변화된 대표팀은 학교, 기업, 기관의 모델로 언론의 주목을 받았다.[32] 미스 코리아와 결혼한 곱슬머리 스타 안정환은 유명인이 되었고, 히딩크 감독은 그 이상의 존재가 되었다. 히딩크의 동상이 여러 공원에 세워졌고, 광주월드컵경기장은 "거스히딩크스타디움"이라는 별명이 붙었다. 언론은 그를 17세기에 한국을 서구에 소개한 네덜란드 선원 헨드릭 하멜Hendrick Hamel과 비교하기도 했다. 한국 정부는 히딩크의 얼굴을 우표에 새겨 넣고, (그를 명예국민으로 만들기 위해) 외국인에게 국적을 부여할 수 없도록 한 오랜 규정을 변경했다. "혈통적 민족주의가 정복된" 것이었다.[33] 상징적으로, 또 문자 그대로, 그렇게 한국은 외부 세계에 자신을 개방했다. 이는 오늘날 우리가 아는 자신감 있고 세계적인 대한민국, 드라마가 중동인의 마음까지 사로잡고, K팝 밴드가 각국 차트 1위를 차지하고, 영화가 오스카 작품상을 수상하는 문화 수출국을 향한 중요한 발걸음이었다.[34]

히딩크의 코칭 정책은 한 번의 대회를 겨냥해 하나의 팀을 강화하기 위한 것이었지만 파급 효과는 훨씬 광범위했다. 새로운 사회 패턴이 축구 경기장에서 관중석으로, 거리로, 그리고 교육, 기업, 정부 기관으로 확산되었다.

이는 문화 변화의 힘과 위험성을 동시에 말해준다. 문화는 유연하기만 한 것이 아니라 불안정하다. 때로는 완전히 급변할 수도 있다. 히딩크는 자신이 한국의 세계시민주의 아이콘이 되리라고는 상상도 못 했지만 월드컵 기간 몇 달 만에 그런 일이 벌어졌다. 문화 패턴은 촉발되고 인코딩되는 방식 때문에 때로 도미노 효과를 일으키며 확산되기도 한다. 따라서 체인지 메이커는 변화를 시작하는 방법뿐 아니라 변화가 좋은 방향이든 나쁜 방향이든 그 자체로 어떻게 생명력을 가질 수 있는지 이해해야 한다. 이런 신비한 파급 효과를 활용하려면 문화가 무엇이며 그것이 우리에게 어떻게 영향을 미치는지 더 깊이 생각해봐야 한다. 애초에 인간은 어떻게 이런 방식으로 연결되도록 진화했을까?

인간은 부족적 동물이다

아리스토텔레스는 인간을 "사회적 동물"이라고 규정했다. 하지만 인간이 유일한 사회적 동물은 아니다. 늑대는 무리를 지어 달린다. 펭귄은 서로 바짝 몸을 붙이고 추위를 녹인다. 코끼리는 길을 잃으면 서로를 부른다.

인간이 가장 사회적인 동물인 것도 아니다. 사회성의 여러 지표에서 개미, 벌, 흰개미는 인류를 초라하게 만든다.³⁵ 무수히 많은 친척이 함께 살면서 물 흐르듯 서로 맞물려 행동하고, 새끼를 집단으로 돌본다. 물론 놀랍도록 사회성이 뛰어난 곤충 군집도 인간과는 사회생활 패턴이 다르다. 벌은 항상 육각형 벌집을 짓고, 개미는 일렬로 행진하고, 흰개미는 지그재그로 움직인다. 이런 패턴들은 예측 가능하게 반복된다. 유전적으로 엄격하게 프로그래밍되어 있고 페로몬pheromone에 의해 발현되기 때문이다. 우리 인간은 좀 더 자유로워서 유전적으로 덜 엄격하게 프로그래밍되어 있기에 사회 패턴이 더 다양하고 역동적이다. 모든 집단이 조금씩 다른 춤을 추고, 세대에 따라 안무도 달라진다. 여전히 우리는 주변 사람들과 어우러지는 방식으로 생각하고 행동하지만, 단순히 본성만이 아니라 양육으로 더 많이 형성된 패턴을 통해 그렇게 한다.

진화 과정에서 우리와 가장 가까운 친척인 침팬지도 이런 행동의 자유를 어느 정도 갖고 있다. 침팬지는 이웃과 협력할지 경쟁할지 선택할 수 있다. 협력을 위해서는 집단에 속한 모든 침팬지와 서로 그루밍(털 고르기)을 해주며 유대감을 형성해야 하는데 그렇게 하려면 시간이 적잖이 걸린다.³⁶ 우정이 직접 교환되어야 하므로 협력하는 구성원의 범위가 한정된다. 무리가 50마리 이상으로 늘어나면 협력이 깨지고 파벌 간의 충돌이 발생한다. 무관한 침팬지 100마리를 섬에 가두면 유혈 사태가 벌어질 것이다. 수백만 명의 낯선 이들과 어깨를 스치며 살아가는 맨해튼의 삶은 침팬지로서는 상상할 수 없는 일이다.

인간 또한 친족관계와 우정을 바탕으로 협력하지만, 다른 종에는 없는 더 강력한 형태의 사회적 접착제를 갖고 있다. 초기 석기시대부터 집단 내 지식 공유를 용이하게 하는 특수한 뇌 시스템이 진화하기 시작했다. 채집 무리의 누군가가 나무에서 코코넛을 따는 방법을 알아내면 지켜본 구성원이 그 기술을 배우고 곧 전체 집단이 공유하는 방식이었다. 그런 뒤에는 공유된 대본에 따라 서로 긴밀하게 협력해 작업할 수 있었다. 이런 방식으로 각기 다른 생태계에 사는 집단들이 각각 공유하는 공동 지식, 곧 서로 다른 문화를 발전시켰다. 집단 구성원의 상호 이해도가 높아지면 코코넛 따기 기술 공유는 코코넛 아닌 다른 문제에서도 생존에 적합한 기술을 배우는 데 도움이 된다.

집단 구성원이라는 의식이 행동에서 점점 더 분명하게 발현되면서 더 유사하고 예측 가능하고 동조하게 되었다. 우리 조상들은 가까운 친족관계와 우정을 넘어 더 큰 집단으로 정체성이 확장된 "우리"라는 고양된 감각을 경험하기 시작했다. 이 확장된 씨족clan 집단의 구성원들은 독특한 복장과 장신구로 소속감을 강조했다. 동시에 인간의 뇌는 이런 더 큰 집단에서 평판 등 새로운 종류의 지식을 공유하게끔 계속 진화했고, 이 모든 것이 사회적 동물로서의 적응력을 더욱 강화했다. 시간이 흐르면서 의례ritual와 같은 새로운 형태의 지식을 활용한 상호작용을 토대로 씨족들이 결합하면서 짝짓기 대상, 자원, 지식을 공유하는 광범위한 네트워크가 형성되었다.[37] 인간은 공동의 문화 지식이라는 접착제로 연결된 대규모 공동체(소집단 안에서 생활하면서 더 큰 집단 안에 둥지를 튼 수천 명의 사람들)와 연대감을 느끼게 되었다. 이런 형태의 사회 조직은 단순히 무리가 아니라 "부족tribe"이다.

이처럼 서로 연대하는 중첩된 집단들 속에서 지식을 공유하며 생존하는 것이 바로 부족 생활이다. 아리스토텔레스에게는 미안하지만 인간을 "사회적 동물"로 규정하는 것은 오해의 소지가 있다. 더 정확하게 말하면 우리는 "부족적 동물tribal animal"이다.

새로운 인류 진화 이야기의 탄생

하지만 "부족"이라는 단어에는 큰 그림자가 드리워져 있다. 부족은 고대 로마의 문화와 지역 집단을 가리키는 라틴어 트리부스tribus에서 유래했다. 영어권에(그리고 다른 언어권에) 들어온 것은 《성경》에서 이스라엘의 12지파를 부족으로 번역하면서부터다. 16세기 셰익스피어 시대에는 유대인, 게르만 씨족들, 신대륙 사회들을 지칭하는 말이었다.[38] "부족"이 원시주의에 대한 경멸적 암시를 띠게 된 것은 식민지 확장 시대 이후다. 유럽 탐험가들은 기득권자의 시각에서 자신들이 만난 원주민들을 문명화된 사회가 아니라 별도의 사회 발전 단계인 "야만" "미개" 부족으로 분류했다.[39] 역사의 흐름에 뒤처진 그들에게는 유럽 군대, 선교사, 학교라는 문명의 영향력이 필요하다는 것이었다.[40] 이런 범주들은 과학이 아니라 정치였다.[41]

이후 인류학이 하나의 학문으로 발전하면서 진화 단계라는 프레임워크는 폐기되었다. 부족 개념이 매우 광범위하게 사용되면서 혈연, 권위, 연속성 등의 측면에서 이 개념을 명확히 하려는 노력이 이어졌다.[42] 하지만 뚜렷한 진전을 이루지는 못했다. 더 많은 원주민 집단을 연구하면 할수록 우두머리가 없는 부족, 구성원 대부분이 다른 집단 출신인 부족, 언어나 종교나 기원 이야기를 바꾼 부족 등 구조적 기준마다 예외가 계속 발견되었다.

면밀한 민족지학ethnography 연구에서 나온 증거들이 리더십, 혈연, 전통이라는 표준 구조를 가진 부족의 고전적 이미지와 너무 확연히 달랐다. 그래서 많은 인류학자가 부족 개념을 포기하고 이 개념은 식민주의 신기루에 불과하다고 여겼다. 심지어 일부 학자는 문화를 행동의 동력으로 보는 이론을 버리고 인도의 "신성한 소"를 힌두교 신화가 아니라 토양 조건으로 설명하기도 했다.[43]

20세기 후반 들어 문화 변화의 물결이 전반적으로 일면서 부족을 고정된 구조로 보는 이론들에 종지부를 찍었고, 한편으로는 문화 진화에 관한 새로운 호기심을 불러일으켰다. 흥미로운 새 이론과 연구가 등장해 석기 시대 조상들 사이에서 부족 생활이 어떻게 시작되었고 여러 시대에 걸쳐 어떻게 발전했는지 새로운 설명을 제시했다.[44]

인류의 문화 진화와 유전 진화는 우리 종의 출발점에서부터 밀접하게 얽혀 있으며 서로 지속적으로 영향을 미치고 있다. 초기 인류가 경험을 통해 점점 더 많은 적응 교훈("빨간 열매를 먹어라. 녹색 열매는 먹지 마라.")을 배우면서 사회 학습social learning과 모방을 담당하는 뇌 시스템에 영향을 미치는 돌연변이가 적응력을 갖게 되었다.[45] 새로운 심리적 적응의 결과로 인간 공동체의 공유 지식 풀pool은 더욱 풍부해졌고, 문화 진화는 추가적인 유전 적응을 부르는 새로운 선택 압력을 창출했다. 이런 식의 과정이 계속 반복되었다. 풍요로운 문화와 향상된 뇌라는 이 사이클을 바탕으로 석기 시대 내내 여러 새로운 인간 종이 출현했다. 모두가 전보다 더 똑똑하고 문화적이며 협력적인 종이었다. 이런 상향 나선형의 유전자-문화 공진화gene-culture co-evolution(이중 유전 이론)는 새로운 종류의 인류 기원 이야기다. 그리고 이 이야기의 줄거리에서 핵심은 부족과 부족 심리다.[46]

문화 진화의 새로운 과학은 여러 세대에 걸쳐 부족이 변화하는 복잡한 방식 또한 밝혀내고 있다.[47] 이런 문화 진화 과정에 대한 이론은 복잡한 수학 모델들로 표현되는데, 핵심 통찰 중 하나는 문화 전승이 학습 과정에 달려 있다는 점이다. 문화는 자라나는 세대가 사회를 재창조하면서 어떤 요소는 학습하고 어떤 요소는 빼먹으면서 진화한다. 이에 관한 면밀한 연구들은 사회 학습에 특정한 편향이 있음을 시사한다. 널리 퍼진 관습이 희귀한 관습보다 학습될 가능성이 높다는 순응 편향conformity bias, 성공 및 높은 지위와 연관된 것이 학습되고 전승될 가능성이 높다는 명성 편향prestige bias 등이 그것이다. 인류학자 로런스 로즌Lawrence Rosen은 부족을 가장 잘 구별할 수 있는 요소로 부족의 진화 방식을 들었다. "구조적 발현 형태가 아니라 적응 능력"에 근거한 정의가 부족을 정의하는 데 가장 적합하다는 것이다.[48]

뿌리 깊은 전통을 지속하려는 연속성 편향bias toward continuity 같은 사회 학습의 다른 특성들은 문화 변동을 저해하는 것처럼 보일 수 있다. 하지만 번영기를 신화화하는 정치 운동에 이용될 경우 연속성에 대한 욕구도 반동적 변화의 원동력이 될 수 있다. 일부 학자들은 미디어 이론가 마셜 매클루언Marshall McLuhan의 "재부족화re-tribalization"라는 용어를 선호한다.[49] 문화 변동의 많은 우여곡절을 이해하려면 우리의 부족 심리에 내재된 이런 학습 편향들을 살펴봐야 한다.

부족 본능이 우리를
진정으로 인간답게 만들었다

이 책에서 나는 집단과 공유하는 인간의 특별한 재능을 놓고, 그 양파 껍질을 벗겨 "부족 본능tribal instinct"을 세 층으로 구분한다.[50] 석기 시대에서 유래한 본능이지만 오늘날에도 우리의 정신과 마음에서 이런 진화 시스템을 인식할 수 있다.

첫째는 "동료 본능peer instinct"이다. 일상적인 추론과 행동에서 동료들의 패턴에 맞추려는 충동은 물론이고 급우, 동료, 이웃을 곁눈질하는 것도 동료 본능의 일부다. 둘째는 "영웅 본능hero instinct"이다. 유명인, CEO(최고경영자), MVP 등 엘리트들을 올려다보며 매혹되는 것은 영광을 향한 열망, 헌신하려는 의지와 마찬가지로 영웅 본능에서 나온다. 셋째는 "조상 본능ancestor instinct"이다. 과거를 돌아보며 향수를 느끼는 것은 조상 본능의 일부며, 전통에서 위안을 느끼고 전통을 유지하려는 의무감을 느끼는 것도 마찬가지다.[51] 이 본능들은 모든 사람의 내면에 있는 3가지 캐릭터라 할 수 있다. 소속감과 이해를 추구하는 순응주의자, 존경과 찬사를 꿈꾸는 기여자, 연속성을 소중히 여기는 전통주의자가 그것이다. 3가지 시스템 모두 고유한 결함이 있지만, 앞으로 살펴볼 것처럼 각각의 본능은 일반적으로 사람들을 적응적 방향으로 이끈다.

하지만 진정한 경이로움은 이 3가지 시스템이 결합해 만들어내는 결과물이다. 10만 년 전 3가지 부족 본능이 전부 자리를 잡은 뒤부터 우리 조상들은 번영을 누리며 인간답게 살게 되었다. 진화의 시간으로 보자면 그야말로 눈 깜짝할 사이에 훨씬 더 정교한 도구와 무기, 예술, 의식을 갖추게 되었다. 수백만 년에 걸쳐 고통스러울 정도로 느린 변화가 이어진 끝에 문화의 복잡성이 기하급수적으로 확대되기 시작했다. 인류 공동체의 공유 지식 풀이 여러 세대에 걸쳐 축적되어 지역 생태에 적응했다. (개인의 강화된 두뇌 능력이 아니라) 이런 부족 단위의 학습이야말로 인류가 다양한 기후와 지형에 매우 다양한 방식으로 적응할 수 있었던 비결이다. 인간은 지구의 지배 종으로 부상했고, 우리를 위협하는 것은 우리 자신의 성공뿐인 상황이 되었다.

  이 책에서 나는 "공유 문화를 통해 활성화되는 공동체"라는 "부족"이라는 단어의 본래 의미를 되찾고자 한다. 이는 인류가 처음으로 혈족kith and kin이라는 좁은 유대를 넘어 씨족이라는 더 큰 성취를 이루어낸 방식이다. 또한 이후에 "부족"이라는 더 넓은 네트워크에서 낯선 사람들과 교류하고 협력한 방식이다. 이런 중첩된 집단들 속에서 우리 조상들은 수많은 개인과 아이디어에 접근하는 고무적인 일을 처음으로 경험했다. 이것이 우리가 사회라고 부르는, 지금도 계속되고 있는 실험이다. 이것이 집단의 변화와 차별화를 위한 원동력이었다. 나는 부족 생활이 문화 변화와 진보의 원천이라는 사실을 보여줌으로써 부족을 정체나 원시성과 연관 짓는 오랜 관념을 떨쳐내고 싶다. 우리를 진정으로 인간답게 만들어 준 것이 부족 생활이다.

"부족"이라는 말이 인류학에서 거의 사라진 하필 그 시점에 이 단어는 대중적인 용어로 확산되기 시작했다. 부족과 그 유사 용어는 신앙 공동체(유대 부족, 프로테스탄트 아미시Amish 부족)와 원주민 정부(나바호Navajo 부족, 줄루Zulu 부족)에서 사용된다.[52] 기업은 "파워 유저"(맥Mac 부족)와 헌신적인 직원(자포스Zappos 부족)에게 명예를 돌리려고 이 용어를 선택했다.[53] 정치 분석가들은 당파적 파벌을 부족이라고 불렀고,[54] 마케터들은 소비자 네트워크에서 네오-부족neo-tribe(게이머, 환경운동가, 익스트림스포츠광)을 발견했다.[55] 여러 직종, 직업군에서도 이 용어를 호의적으로 받아들였고,[56] 데드헤드Deadhead(록밴드 그레이트풀 데드Grateful Dead 공연을 따라다니며 장거리 여행을 하는 팬들로 독특한 의상과 동지애로 유명하다-옮긴이), 서퍼, 섹스 파트너를 교환하는 스와핑을 하는 사람, 사이클 타는 사람 등 공통의 취향을 중심으로 형성된 공동체에서도 그랬다.[57] 동창회, 팬클럽, 마르디 그라Mardi gras(기독교의 사순절 전에 열리는 축제-옮긴이) 밴드, 버닝맨Burning Man(미국 네바다주 블랙록사막에서 열리는 축제-옮긴이) 캠프 등도 마찬가지다. 공유된 이념, 전문성 또는 미학으로 결속된 공동체에서 사람들이 추구하는 의미와 동기를 가장 잘 드러내는 단어가 "부족"이다. 나는 동굴 벽화를 그렸던 씨족에서부터 오늘날의 북클럽, 기술 기업, 민족 국가에 이르기까지 모든 공동체를 지배하는 일반 원칙을 찾는 데 이 개념을 사용한다.

　강력하고 변화무쌍한 정치의 시대에는 특히 더, 공동체와 유대를 형성하는 인간의 본질적인 능력을 무시해서는 안 된다. 합리성과 보편주의라는 얄팍한 대체물로 사람들을 동원해 원하는 목표를 달성할 수 있다고 착각해서도 안 된다. 거스 히딩크는 합리적인 이기심에 호소해 팀을 성공시킨 것이 아니다. 동료들과 어울리고 싶은 욕구, 영웅이 되고 싶은 충동, 전통을 유지하려는 열망 등 부족 동기를 활용해 팀을 이끌었다. 선수들이 일시적으로 팀 정체성이나 직업 정체성에 집중한다고 해서 민족 정체성과 국가 정체성은 사라지는 것이 아니라 오히려 강화되었다. 부족 충동을 활용할 수 있는 리더는 팀을 위대하게 만들 수 있으며, 적절한 조건 아래에서 이런 충동은 국가를 치유하는 방식으로도 반향을 일으킬 수 있다. 다시 말해 우리는 부족주의와 싸울 것이 아니라 부족주의와 소통해야 한다.

부족주의는 약점이 아니라 위대한 능력이다

나는 부족주의를 옹호하는 쪽으로 방향을 바꾼 개종자 입장에서 이 책을 썼다. 예전에는 집단과 관련된 본능을 인류에게 해로운 힘이라고 생각했다. 나는(여러분도 그랬겠지만) 합리성, 창의성, 도덕성을 인간의 특징으로 간주하도록 교육받았고 순응, 지위 추구, 전통주의는 그릇된 것이라고 여겼다. 하지만 행동과학자로서 수십 년 동안 배운 것을 바탕으로, 지금은 내가 예전에 가졌던 인문학적 세계관이 순진했다고, 적어도 완전한 것은 아니었다고 생각하게 되었다. 우리의 부족 본능은 지능적인 종을 방해하는 버그가 아니다. 부족 본능은 진화적 상승을 가능하게 만든 우리 종의 특징이며, 오늘날에도 여러 위대한 업적을 이루게 하는 원동력이다. 우리의 발목을 잡는 약점이 아니라 우리만의 독특한 문화를 창조하는 인류의 막강한 능력이다.

이 책은 3가지 기본적인 부족 본능을 차례로 소개하고, 이 본능을 작동시키는 근본 메커니즘을 살펴볼 것이다. 인간이 동료를 따라 하고, 영웅을 본보기로 삼고, 전통을 계승하려는 성향이 있다는 것은 그다지 새로운 사실이 아니다. 놀라운 것은 이런 친숙한 본능들이 생각보다 훨씬 강력하며 널리 퍼져 있다는 사실이다. 이 본능들은 종교, 지역, 직업 등 매우 다양한 종류의 문화를 유지한다. 이 책은 사람들을 조정하고, 고무하고, 대담하게 만드는 숨은 지렛대가 무엇인지 밝혀낸다. 이 책은 또 변화의 역설에 관해서도 설명할 것이다. 많은 야심 찬 변화 계획이 지지부진한 반면 왜 어떤 운동은 창립자의 꿈을 뛰어넘는 성공을 거두며 확산되는지 규명하려 한다.

1부에서는 우리 조상들이 어떻게 3가지 부족 본능을 진화시켜 그 결과 새로운 사회적 돌파구를 마련했는지 살펴본다. 문화 코드들은 한꺼번에 작동할 수 없기 때문에 트리거trigger에 의해 활성화된다. 동료, 영웅, 조상 코드는 상황 단서와 우리 내면의 욕구 양자에 의해 촉발된다. 히딩크 감독이 다양한 훈련 캠프에서 문화 코드를 활성화 또는 비활성화하려고 사용한 열쇠가 바로 이것이다. 잔 다르크Jeanne d'Arc, 마틴 루서 킹 주니어Martin Luther King Jr., 리콴유 Lee Kuan Yew, 李光耀 같은 다양한 인물들이 집단을 고양시켜 장대한 도전으로 이끌기 위해 단서들을 활용한 방식을 살펴볼 것이다. 때로는 도전에 필요한 문화적 강점을 활성화하는 트리거들이 저절로 나타나기도 한다. 재앙에 직면한 원자력 발전소를 구하기 위해 사무라이 코드를 중심으로 뭉친 시니어 엔지니어 팀인 '후쿠시마 50Fukushima 50'이 여기에 해당한다.

2부에서는 동료, 영웅, 조상 코드라는 3가지 문화 층위가 관리 가능할 뿐 아니라 가변적임을 밝힌다. 히딩크 감독은 한국에서 루틴 변화를 통해 팀의 규범을 개조했고, 러시아에서는 과거 모스크바 팀을 재조명해 선수들의 전통에 대한 인식을 재구성했다. 정보 신호signal에 따라 문화 코드가 어떻게 형성 또는 재형성되는지 보여주는 사례다. 부족 신호의 무의식적 효과는 브라질이 가족계획 정책 없이 인구 폭탄의 뇌관을 제거한 방법, 부드러운 말투의 사티아 나델라Satya Nadella가 마이크로소프트를 재건해 기술업계의 정상에 올려놓은 방법, 넬슨 만델라Nelson Mandela가 집단적 외상에 시달리던 남아프리카공화국을 민주주의적 미래로 이끈 방법 등 다수의 극적이고 신비로운 변화를 설명한다.

3부에서는 이전의 내용을 바탕으로 문화 변화가 광범위하게 확산되는 방식을 살핀다. 3부 첫 장에서는 변화 관리 모델에서 연쇄 반응이 어떻게 작동하는지 설명한다. "풀뿌리 운동grassroots movement"은 평범한 사람들의 습성에서 출발해 집단적 이상과 공적 제도로 이르는 상향 변화의 연속이고, 반대로 "충격 요법shock therapy"은 하향식 처방이다. 부족 심리는 순차적 사건 각각이 어떻게 변화의 파급 효과를 낳는지, 각 전략에 가장 적합한 조건은 무엇인지 보여준다. 풀뿌리 전략이 동성 결혼에는 통했지만 월가 점령Occupy Wall Street 시위에는 효과가 없었던 이유가 여기서 나온다. 충격파 전략 역시 메리 배라Mary Barra가 GM에서 변화의 시동을 걸 때는 도움이 되었지만 엘런 파오Ellen Pao가 레딧Reddit에서 썼을 때는 역풍을 일으켰다.

마지막 장에서는 정치, 인종, 종파 갈등 등 오늘날 집단 갈등 상황에서 원치 않는 연쇄 반응이 일어나는 방식을 살핀다. 지난 몇 년간 정치 전문가들은 이런 문제를 "독성 부족주의toxic tribalism" 탓이라고 비난 수위를 높여왔다. 이 주장에는 외집단out-groups에 대한 원초적 증오가 표면화되어 세상을 분열시킨다는 암시가 담겨 있다.[58] "우리Us" 본능이 필연적으로 "그들Them"에 대한 적대감을

불러일으킨다는 것은 흥미로운 주제지만 진화론이나 심리학 증거와 일치하지 않는다.[59]

고조되는 갈등과 그 속에서 진화한 심리 작용을 이해하는 더 나은 방법은 친숙한 3가지 부족 본능의 특징적 과정을 살펴보는 것이다. 이 본능들은 특정 조건 아래에서 역기능적인 방식으로 통제 불능이 되어 순환 구조를 형성할 수 있다. 트리거와 신호를 이해하는 것은 이런 악순환을 끊기 위한 개입의 발판을 마련한다. 분명 부족 심리는 오늘날 많은 분쟁에서 문제의 일부지만 한편으로는 해결책이 될 수 있다.

일부 시민 단체들이 분열된 보수와 진보 사이에 가교를 놓은 방법, 베네수엘라 지휘자인 구스타보 두다멜Gustavo Dudamel 같은 영웅이 직장에서 인종 포용을 촉진한 방법, 기독교인과 무슬림에게 그들의 경전에 나오는 관용이라는 주제를 상기시킴으로써 위협에 대한 방어적 반응을 바꾸고 종파적 폭력 확대를 진정시킨 방법을 보게 될 것이다.

민족 분쟁, 팬데믹, 기후 위기 시대를 맞아 집단으로 행동하는 우리의 역량이 어느 때보다 중요해졌다. 우리의 가장 위대한 진화적 축복에는 피할 수 없는 저주가 동반된다는 마니교식 편집증을 넘어서야 한다.

우리의 부족 본능은 집단 협력을 위한 가장 훌륭한 도구다. 부족주의를 두려워할 것이 아니라 활용하는 법을 배워야 한다. 이 본능들은 우리 자신으로부터 우리를 구할 희망을 제시한다. 그런 점에서 이 책은 궁극적으로 우리가 더 나은 쪽으로 변화하는 방법, 함께 변화하는 방법에 대한 답을 찾는 여정이다.

1부

Tribal

우리를 부족주의로 이끄는 3가지 본능

1장

동료 본능, 많은 사람이 하면 나도 따라 한다

> 혼자서는 할 수 있는 일이 거의 없지만
> 함께하면 아주 많은 것을 할 수 있다.[1]
>
> 헬렌 켈러 Helen Keller

투르카나호 호모 에렉투스 발자국 화석의 비밀

농도가 딱 맞으면 진흙은 시간을 멈출 수 있다. 2007년 케냐 투르카나호 Lake Turkana 근처에서 수십 년 동안 작업해온 고고학자 잭 해리스 Jack Harris는 모래층을 털어내고 오래된 생명의 흔적을 발견했다. 진흙에 찍힌 자국들이 돌로 굳었는데, 새와 영양의 발자국들 사이에 익숙한 길쭉한 모양이 있었다. 사람 발자국 97개가 발가락이 전부 보일 정도로 잘 보존되어 있었다. 탄소 연대 측정 결과 놀랍게도 이 발자국들은 150만 년이나 냉동되어 있었다는 것이 밝혀졌다. 지금까지 발견된 인간의 발자국 중 가장 오래된 것이었다.[2]

이 화석화된 발자국들은 초기 석기 시대 내내 지구를 돌아다녔던 호모 에렉투스Homo erectus의 삶을 어렴풋이 보여준다. 신뢰할 만한 고고학 기법을 통해 종은 식별되었다. 그러나 그들이 어떤 활동을 하던 중에 남긴 발자국인지는 알 수 없었다. 방랑하던 무리가 지나가며 남긴 발자국이었을까? 목마른 호모 에렉투스 한 명이 여러 번 물로 뛰어들었던 걸까? 호숫가에서 펼쳐질 법한 시나리오는 다양했다.

이 수수께끼를 풀기 위해 젊은 과학자들이 투르카나호 유적지에 모여들었다. 그들은 인류 기원 연구에 활력을 불어넣은 새로운 기술을 시도했다. 잘 보존된 발자국 구조의 미세한 디테일을 통해 인체해부학과 운동학 전문가들이 많은 것을 알아냈다. 닐 로치Neil Roach와 케빈 하탈라Kevin Hatala는 정밀한 디지털 측정 도구와 3D 모델링 소프트웨어를 사용해 발자국을 개인별로 분류한 다음 그것들을 연결해 보폭을 계산했다. 그런 뒤 행동과학 접근법을 적용해 인근 다사나치Daasanach족 중에서 다양한 연령과 성별의 지원자를 모아 호숫가 진흙 위를 달리게 하고, 그 결과를 참조해 석기 시대 발자국 주인들의 보행 타이밍과 속도는 물론 성별, 나이, 키까지 파악했다. 이 발자국들은 젊은 남성 무리가 빠른 속도로 트레킹을 하며 남긴 것으로 인류의 성별 분리 집단 행동에 관한 가장 오래된 증거다.[3] 발자국들은 투르카나호의 무리가 물을 찾는 사람들이 하듯 한곳으로 모이지 않고 먹이를 쫓는 사냥꾼처럼 호숫가를

1장 동료 본능, 많은 사람이 하면 나도 따라 한다

가로질러 이동했음을 뚜렷이 보여주었다. 이 모든 증거를 종합하면 사냥꾼 무리가 영양을 뒤쫓았다는 흥미로운 설명이 가능하다.[4]

고고학자들은 호모 에렉투스 거주지에서 영양 뼈가 발견된 사실을 오래전부터 알고 있었지만 어떤 방법으로 영양을 손에 넣었는지는 전혀 몰랐다. 영양은 아주 작은 소리에도 놀라서 시속 80킬로미터로 질주한다. 우사인 볼트Usain Bolt도 따라잡을 수 없다! 호모 에렉투스에게는 달아나는 영양과 거리를 좁힐 수단이 없었다. 지구상에 존재한 200만 년 전부터 10만 년 전 동안 그들이 발명한 도구는 딱 하나, 자르고 두드리고 부수는 데 사용한 뗀석기

뿐이었다. 이런 엄청난 기술 정체 탓에 고고학자들은 호모 에렉투스의 지능이 유인원보다 조금 나은 수준이라는 인상을 갖고 있었다. 일부 학자들은 가끔씩 그들이 (사바나에서 큰 고양잇과 동물들이 배를 채운 뒤 남긴 썩은 고기를 뒤지며) 청소동물처럼 행동했을 것이라고 추측했다.

하지만 투르카나호의 발자국들은 그들을 더 높이 볼 만한 가능성을 제시했다. 칼라하리사막의 산San족(세계에서 가장 오래된 부족)은 "끈질긴 사냥persistence hunting"이라는 기술로 영양을 쫓는다. 사냥꾼 몇 명이 동물 무리에서 한 마리를 분리한 뒤 쫓고, 추적하고, 다시 쫓으며 지쳐 쓰러질 때까지 몰고 간다(영양은 마라토너가 아니라 단거리 선수로 진화했다). 이 사냥법의 핵심은 한 가지 목표물을 두고 협력하는 것이다. 오후 내내 여러 다른 영양들을 쫓아다녀봐야 헛일이다. 사냥꾼들은 공동으로 계획을 세워야 한다. 생물학자이자 전문 사냥꾼인 루이스 리벤버그Louis Liebenberg가 호모 에렉투스 같은 초기 인류는 이런 방식으로 협력해 영양을 사냥했을 가능성을 제기했는데,[5] 로치와 하탈라의 연구는 그의 주장을 뒷받침하는 고고학 증거를 제공했다.

이런 사냥법 설명은 호모 에렉투스의 뇌가 기존에 생각했던 것보다 더 큰 도약을 이루었음을 암시한다. 인간과 가장 가까운 유인원 친척인 침팬지는 놀랍도록 창의적이긴 해도 협력해 행동하지는 않는다. 침팬지 한 마리가 통나무를 옮겨 밑에 붙은 흰개미를 잡아먹는 방법을 알아낼 수는 있지만, 혼자 들기 너무 무거운 통나무를 두 마리가 함께 옮기는 일은 절대 없다. 뭔가를 가리키며 동료에게 알려주는 일도 없다.[6] 침팬지들이 협동해 영양을 사냥하지 못하는 이유 중 하나가 이것이다. 그들은 목표물을 가리켜 보일 수 없기 때문이다. 먼 옛날 투르카나호 근처에서 젊은 남성들이 무엇을 하고 있었는지 정확하게 알 수는 없지만, 그들의 흔적은 이전의 영장류를 훌쩍 뛰어넘는 수준의 팀워크가 있었음을 말해준다.

이후 발견된 유적지들에서 고고학자들은 사냥뿐 아니라 채집에서도 조화로운 활동의 힌트를 발견했다. 이스라엘 훌라계곡Hula Valley에서 나마 고렌-인바르Naama Goren-Inbar는 인간이 거주했다는 광범위한 증거를 보여주는 80만 년 전 토양층이 있는 호숫가 유적지를 발굴했다. 그녀의 팀은 실험실 기법을 사용해 미세한 식물, 뼈, 돌 조각들을 분석하고, 그 토양층에서 나온 (이전 또는 이후의 토양층들에 비해) 풍부한 파편들을 근거로 거주자들이 55종의 식물을 채집했을 것으로 추론했다.[7] 수확물은 낮은 곳에 매달린 과일에 그치지 않았다. 높은 나무의 견과, 깊은 땅속의 덩이뿌리, 물가에서 멀리 떨어진 곳에 피는 수련도 있었다. 범위의 광활함과 채집의 어려움으로 미루어 협동 활동이 있었음을 알 수 있다. 채집한 식물 중에는 익히지 않으면 먹을 수 없는 것도 포함되어 있어 호모 에렉투스 여성들이 불씨를 모았을지 모른다는 추측도 가능하다. 번개가 친 뒤 잉걸불을 모아 조리용 불을 피우는 데 사용했을지 모른다. 고렌-인바르 팀은 2004년 현미경을 사용해 토양 표본에서 불탄 나무와 뼛조각을 발견했지만 자연 화재로 인한 것이 아니라고 확신할 수 없었다. 3년 뒤 그들은 반복해 불에 노출되어 손상된 돌 조각들의 무더기인 "환상의 화덕phantom hearths"을 발견했다.[8]

그보다 10년 전, 호모 에렉투스의 턱과 내장은 줄어든 반면 뇌는 확장된 진화의 역설(칼로리 수요는 증가한 반면 칼로리 공급 역량은 줄어든 현상)에 대해 고민하던 생물인류학자 리처드 랭햄Richard Wrangham은 조리법의 출현으로 그것을 설명할 수 있다는 가설을 세웠다.[9] 당시에는 호모 에렉투스 유적지에서 화덕이 발견되지 않았다면서 고고학계의 비웃음을 샀는데 고렌-인바르의 현미경이 결정적 증거를 찾아낸 셈이다.[10] 우리가 원시 시대의 바비큐를 상세히 재현할 수는 없지만 영양을 굽는 일이 동굴 인류 한 남성(또는 한 여성)의 몫은 아니었음은 분명하다. 베어 그릴스Bear Grylls 같은 서바이벌 전문가도 엄두를 내지 못할 일이다. 도축하고, 불을 피우고, 고기를 갈색으로 구우려면 긴밀하게 협력해 작업하는 조리팀이 필요하다.

호모 에렉투스에 대해 마지막으로 놀랄 만한 사실은 언어와 관련된 내용이다. 침팬지는 몸짓 신호를 사용해 고정된 메시지를 전달하지만, 이를 결합해 새로운 생각을 표현하는 문장으로 만드는 문법은 없다.[11] (수화 훈련 전문가들은 침팬지에게 많은 단어를 가르칠 수 있으나 문법을 가르치지는 못한다.) 침팬지에게는 우리 인간이 구문 처리에 사용하는 특수한 뇌 구조가 없기 때문에 그럴 수밖에 없다. 구문 처리를 담당하는 것은 뇌의 좌반구 회로인데, 신경과학자들은 인간의 90%가 오른손잡이인 것도 이 때문이라고 본다.[12] 흥미롭게도 호모 에렉투스의 골격 비대칭에 대한 연구들은 그들 역시 주로 오른손잡이였음을 보여준다. 고인류의 90%가 얼굴의 오른쪽 치아로 음식을 씹었다는 치아 마모에 관한 분석 결과도 그것과 일치한다. 이 "오른손잡이" 우세 현상은 침팬지나 300만 년 전의 오스트랄로피테쿠스(사람속 homo이 출현하기 직전의 사람아족 화석 인류)에게서는 나타나지 않는다. 호모 에렉투스에게서 오른손잡이가 지배적이었다는 것은 구문 회로와 구문 능력이 출현했음을 시사한다.[13] 아마 기존의 신호들을 기반으로 한 몸짓 언어였을 것이다. 언어가 대규모 돌연변이를 통해 최근에, 그리고 불연속적으로 진화했다는 언어학자 노엄 촘스키Noam Chomsky의 오랜 지배적 이론[14]과는 달리, 주로 사용하는 손에 관한 이런 연구들은 (다른 발견들과 더불어) 언어가 인류 문화의 과거에 훨씬 깊숙이 자리 잡고 있었음을 보여준다.

발자국 화석, 수렵 채집, 불에 탄 흔적, 치아 마모. 이 단서들을 따로 하나씩 놓고 보면 다양한 해석이 가능하다. 하지만 종합하면 인류의 원시 조상이 몹시 과소평가되어왔다는 수렴 증거converging evidence(서로 다른 장단점을 가진 여러 연구 기법으로 수행한 실험들에서 나온, 전부 동일한 결론을 지지하는 증거-옮긴이)다. 호모 에렉투스는 고고학자들이 오랫동안 묘사해온 것처럼 단일 도구만 사용한 얼간이가 아니었다. 협동하며 집단생활을 했던 최초의 사람족hominin이었고, 이런 조율된 집단은 부족 생활로 향하는 중요한 단계였다. 조정, 곧 마음을 나누고 맞물려 행동하는 것을 통해 호모 에렉투스 집단은 더 효율적으로 먹이를 구했으며 협동 작업으로 연대감을 형성했다. 그들의 진화 돌파구는 (에렉투스라는 이름의 유래인) 직립보행이 아니라 팀을 이룬 활동이었다. 그들의 위대한 혁신은 (모든 교과서에서 열심히 강조하는) 주먹도끼가 아니라 사냥대, 채집대, 조리팀이었고, 이 모든 것을 가능하게 한 언어를 통한 의사소통이었다.

인간의 뇌는 물리 환경이 아니라 사회 환경을 통제하기 위해 커졌다

호모 에렉투스의 팀워크에 대한 이런 발견은 인간의 사회성(그리고 사회생활)이 선사 시대부터 지금에 이르는 우리의 발전에 전에 알던 것보다 더 중요한 역할을 했다는 새로운 과학적 인식의 일부다.

인간의 기원에 관한 고전 과학은 신체 진화에 관한 것이 전부였다. 실루엣의 연속으로 묘사한 〈진보의 행진The March of Progress〉이라는 유명한 삽화가 대표적이다.[15] 네 발로 걷는 오스트랄로피테쿠스, 주먹을 바닥에 대고 걷는 호모 하빌리스, 더 똑바로 선 호모 에렉투스, 조잡한 창을 든 호모 하이델베르겐시스, 더 세련된 곤봉을 든 호모 네안데르탈렌시스에 이어 마지막에 직립한 모습의 우리 종 호모 사피엔스가 등장하는 삽화다. 적어도 자세 면에서는 진보가 맞다!

하지만 승리를 자랑하는 이 그림도 거래의 대가가 있었다는 사실을 숨길 수는 없다. 수백만 년에 걸쳐 우리 조상들은 유인원의 두꺼운 털, 날카로운 송곳니, 강한 악력, 네 발을 사용하는 빠른 속도를 점차 잃었다. 생존 면에서 많은 것을 상실한 셈이다. 큰 고양잇과 동물들은 우리 조상들을 급습해 잡을 수 있었고, 동굴곰은 그들을 갈기갈기 찢을 수 있었다. 하지만 우리 조상들은 신체 방어력을 잃은 대신 뇌 크기가 커졌다. 유인원은 이미 다른 포유류보다 영리했지만 인간 뇌는 3배 더 큰 크기로 진화했다.[16] 이 엄청나게 큰 사고 기관은 "열량을 잡아먹는 기관"이다. 체중의 2%에 불과하지만 칼로리의 20%를 소비한다. 자원을 이토록 많이 소비하는 기관인 만큼 어떻게든 생존에 매우 도움이 되었을 것이 분명하다.

생각은 화석으로 남지 않는다. 그래서 고고학자들에게는 더 큰 뇌가 어떤 도움이 되었는지에 관한 증거가 없었다. 대부분의 학자는 사람족의 뇌가 물리 환경을 더 잘 통제할 수 있기 위해 커졌다고 추정했다. 다시 말해 침팬지는 뇌가 커지도록 진화했기 때문에 넓은 지형을 탐색하고, 견과를 깨는 방법을 고안하고, 잘 익은 과일이 달린 나무를 찾아낼 수 있었다는 것이다. 초기 인류는 그보다 뇌가 더 크게 발달했기 때문에 유사流沙를 피하고, 창을 만들고, 은신처를 지었다고 여겼다. 이 설명은 너무 자명해 보였기에 20세기 내내 검증되지 않은 채로 남아 있었다.

이를 확인하기 위해서는 생리학과 영장류학 양쪽에 정통한 과학자가 필요했다. 로빈 던바Robin Dunbar가 바로 그런 학자였다. 그는 작은 거미원숭이부터 거대한 산악고릴라에 이르기까지 모든 영장류 종의 뇌화 지수encephalization index(몸집 대비 뇌의 크기)를 계산했다. 그런 다음 뇌의 크기로 추정한 영리함이 각 영장류 종의 서식 범위, 식습관, 집단 크기, 짝짓기 습관 등 생활 및 생존과 관련이 있는지 분석했다. 놀랍게도 더 영리한 종이라고 해서 더 많은 영역을 차지하거나, 견과류를 더 많이 깨트리거나, 과일을 더 많이 먹는 것은 아니었다. 하지만 영리한 종들은 더 신중하게 짝짓기를 하고, 짝짓기 상대와의 유대감을 더 오래 유지하고, 더 범위가 넓은 집단 속에서 협력했다.[17] 영리한 영장류가 더 복잡한 사회생활을 한 것이다. 여기서 던바는 새로운 이론을 제안했다. 큰 뇌는 물리 환경이 아니라 사회 환경을 통제하기 위해 진화했다는 것이다.

이 "사회적 뇌 가설social brain hypothesis"은 행동과학에 뇌 활동을 영상화하는 신경과학 도구들이 도입되면서 더욱 힘을 얻었다.[18] 다양한 종류의 사고 과제에 참여한 사람들을 fMRI(기능자기공명영상법) 기계에 연결해 뇌 활동을 촬영한 혁신적인 연구들이 쏟아졌다. 사회적 판단(예를 들어 다른 사람의 의도를 읽거나 감정을 예측하는 것)은 물리 세계에 대해 판단하는 뇌 부위와는 다른 곳에서 이루어진다는 사실이 밝혀졌다. 사회적 사고를 처리하는 전뇌 영역들(예를 들어 전전두엽 피질)은 유인원에서 인간으로 진화하는 과정에서 가장 극적으로 확장된 영역이다.[19]

이어 2000년대 중반에는 사회적 재능이 우리 종의 대표적 강점임을 확정 짓는 또 다른 이색 연구가 나왔다. 아동 인지와 영장류 인지 전문가인 마이클 토마셀로Michael Tomasello는 궁극적 표준화 테스트를 위해 인간, 침팬지, 오랑우탄을 대상으로 광범위한 적성 검사를 실행했다. 인간 집단은 미취학 아동들이었기 때문에 교육을 통한 우위는 존재하지 않았다. 검사는 보상으로 간식을 주는 퍼즐 형태로 진행되었는데 답이 빤한 어리석은 연구처럼 보였다. (더 큰 뇌를 가진) 인간이 당연히 전반적으로 더 똑똑하지 않을까? 놀랍게도 아니었다. 물리적 사물과 관련된 인지 능력 표준 테스트(예를 들어 물체의 영속성, 형태 회전)에서 침팬지는 인간과 차이가 없었고 오랑우탄도 크게 처지지 않았다. 그런데 사회적 인지력 테스트(예를 들어 행동에서 의도 추론하기, 시범을 보고 기술 배우기)에서는 달랐다.[20] 인간은 거의 완벽하게 수행한 반면 침팬지와 오랑우탄은 허둥지둥했다. 예컨대 플라스틱 튜브의 끝을 열어 안에 든 간식을 얻는 시범을 본 인간 유아들은 전원이 이 방법을 따라 해 퍼즐을 풀었다. 침팬지와 오랑우탄도 같은 시범을 봤지만 무슨 까닭인지 해결책을 놓쳤다. 그들은 튜브를 부수거나 깨물어서 열려고 했고, 간식을 얻지 못하자 짜증을 내며 얼굴을 찌푸렸다.

인간에게는 사회적 추론이 너무 자연스러운 것이어서 당연하게 받아들이기 쉽다. 의도를 읽을 수 있고, 시범을 본 행동을 수월하게 재현할 수 있다. 그런데 이것은 우리 뇌에 전용 칩이 있기 때문이지 계산상으로는 복잡한 문제다. 사회적 인지를 위한 우리의 선천적 배선wiring은 주로 몇 가지 부족 본능으로 구성되어 있다. 이는 인간의 독특한 사회생활이 가능하도록 진화된 인간 고유의 적응 형태다.[21] 앞으로 살펴보겠지만, 3가지 주요 부족 본능은 석기시대의 각기 다른 단계에서 진화했다. 이 본능들은 우리 조상들이 집단의 방식을 학습하고 거기에 맞추어 행동하는 데 도움을 주었다. 학술 용어로 표현하면, 이 본능들이 집단의 패턴을 인코딩하고 그 패턴을 실행한다. 사회 환경을 지속적으로 스캔하는 레이더 역할과 안전 주행을 위한 자동 조종 장치 역할을 동시에 하는 시스템에 비유할 수 있다.

부족 본능은 인간의 집단생활 경험을 여러 방식으로 변화시켰다. 첫째, 학습된 기술의 습득 속도를 높였다. 부족 본능이 있으면 관찰을 통해 많은 기술을 습득할 수 있으므로 애써 시행착오를 되풀이할 필요가 없다. 동료가 막대기를 써서 높은 가지에서 과일을 따는 것을 보면, 뇌가 그 행동을 인코딩해 다음에 같은 상황에서 같은 행동을 하려는 충동을 느낀다. 내가 그런 행동을 하는 것을 집단의 다른 구성원들이 목격하면 그들도 같은 방식으로 기술을 익힐 수 있다. 이런 식으로 집단 구성원 전원이 기술을 습득한다. 이렇게 특정 실행 형태가 집단에 보편화되면 그것은 원래의 도구적 가치를 넘어서는 의미와 기능을 갖게 된다.[22] "우리"가 하는 일이 되는 것이다. 내집단in-group 안에는 유사성을, 외집단out-group에 대해서는 차별성을 부여해 연결과 충성심을 높인다. 이는 또 협업을 가능하게 만드는 강력한 요인이다. 집단 구성원들을 관찰해 어떤 기술을 배우면 내 머릿속에는 집단이 공유해준 것이라는 태그가 붙는다. 그들이 그 기술을 안다는 것을 내가 알기 때문에 나는 그들의 움직임을 예측하고, 의도를 이해하고, 보완적인 기여를 할 수 있다. "아는 것을 알고 있음known knowns"이 갖는 힘은 다수 학문 분야에서 독립적으로 발견되었다. 언어학자들은 이를 "공통 기반common ground"이라고 부르고, 게임 이론가들은 "공통 지식common knowledge", 인지과학자들은 "이차 지식second- order knowledge", 심리학자들은 "메타인지metacognition"라고 한다.

수백만 년의 진화 과정에서 다듬어진 이런 혁신적 부족 배선은 석기 시대 조상들에게 고도로 문화적이며 고도로 협력적인 집단 생활을 할 길을 열어주었다.[23] 20세기에 널리 퍼졌던 진부한 관념으로 잠시 돌아가보자. 우리 조상들이 함께 생활하고 먹이를 구하는 가까운 친족들로만 구성된(침팬지 무리와 비슷한) 작은 무리 속에서 살다가 약 1만 년 전의 "농업 혁명"으로 영구 정착, 잉여 생산, 비실용적 상징 활동(예를 들어 스톤헨지 신전 건축)이 가능해진 이후에야 달라졌다는 내용이었다. 지난 10년간의 새로운 과학은 이 사회 발전 이론을 연대기뿐 아니라 계통 발생까지 뒤집었다.[24] 고고학자들은 농업이 시작되기 수만 년 전에 만들어진 "지배자 무덤princely burial"들과 신전 건축들을 발견했다. 종교가 농경과 정착을 위한 길을 닦은 것이지 그 반대가 아니었다. 한편 수십만 년 전의 대규모 사냥 유물은 씨족 단위의 협력이 시작되었음을 보여주었다. 100만 년 전에도 이미 우리 조상들은 다른 영장류를 훨씬 뛰어넘는 협동심을 갖추고 의사소통을 하면서 팀을 이루어 먹이를 찾았다. 이런 발견들은 인류의 여정을 새롭고 고귀한 빛으로 조명한다. 거의 인류의 시작 지점에서부터 우리는 부족적 동물로 살아왔다.

동료 본능, 학습과 모방과 순응으로 초기 인류의 진화를 주도하다

호모 에렉투스가 이룬 획기적 발전은 부족 심리 체계 중에서 첫 번째 본능인 "동료 본능"에서 주로 기인한다. 이는 다른 사람들의 학습된 반응, 그중에서도 다수의 타인이 공유하는 습성을 모방하기 위한 적응이다. 이 뇌 시스템이 자리를 잡자 초기 인류는 무리 속 다른 사람들이 사냥을 하고, 식물을 채집하고, 포식자를 피하고,

짝을 찾는 방식 등을 인코딩하기 시작했다.[25] 또한 그들은 이런 코드들을 따르려는 충동을 느꼈고, 사냥 등의 활동을 함께할 동료가 옆에 있을 때는 특히 더 그랬다. 먹이를 찾거나 자신을 방어하는 것과 같은 생존 관련 과제에서 집단으로 작업하면 이익은 커지고 위험은 낮아진다. 동료 본능은 초기 인류가 협동 작업의 보상을 얻는 데 도움이 되었다.

동료 코드의 발전은 또 인간의 경험을 근본적으로 더 사회적인 것으로 만들었다. 우리는 다른 영장류보다 덜 외로운데, 이는 동료들을 머릿속에 지니고 다니기 때문이다. 동료 코드는 집단의 다른 사람들이 무엇을 하려는지, 무슨 생각을 하는지 우리에게 끊임없이 상기시킨다. 특정 상황에서 정상적으로 생각하는 것, 정상적으로 행동하는 것, 정상적으로 말하는 것에 관해 무의식이 우리 곁에서 끊임없이 암시한다. 가끔은 숨 막힌다는 느낌을 받을 정도다. 다른 영장류도 나란히 먹이를 구하면서 먹잇감을 겁주는 등 서로 이득이 되는 행동을 하지만 최소한의 협력에 머무른다. 어린 유아들의 평행 놀이(가까이서 놀지만 서로의 행동에 영향을 주지 않는 놀이-옮긴이) 정도로만 사회적일 따름이다. 다른 영장류는 인지적으로 서로 얽혀 있지 않으며 공동 계획에 따라 협력하지 않는다.

동료 코드는 뇌의 연상 엔진 덕분에 관련 상황이 되면 자동으로 나타난다. 우리가 무조건 동료 코드를 따르는 것은 아니지만, 동료가 눈앞에 있으면 그렇게 하려는 동기가 강해진다. 미국에서 자란 사람이라면 카메라 앞에서 웃는 반응이 대개 인코딩되어 있을 것이다. 굳이 웃으려고 애쓸 필요 없이 자동으로 웃게 되며 단체 사진을 찍을 때는 더 그렇다. 문화 코드를 지키면 다른 사람들과 잘 어울릴 수 있으며, 남들에게 받아들여지고 이해받기도 쉽다. 러시아의 문화 코드는 다르다. 카메라 앞에서 심각한 표정을 짓는 것이 일반적이다(그래서 푸틴과 그의 심복들 사진을 보면 흔히 근엄한 표정을 하고 있다).

동료 본능 때문에 우리는 다른 영장류보다 주변에 훨씬 민감하다.[26] 특정 방식으로 퍼즐을 푸는 법을 배운 미취학 아동은 다른 방식으로 푸는 아이들을 보면 또래들의 방식으로 바꾸려는 경향이 있다. 같은 과정을 거친 침팬지와 오랑우탄은 방식을 바꾸지 않는다. 그들은 과거에 효과가 있었던 방식을 고수한다. "원숭이는 보면 그대로 따라 한다"라는 말이 무색하다. 모방과 순응을 가장 많이 하는 것은 바로 우리 인간이다.[27]

우리는 동료들의 행동을 능숙하게 모방할 수 있는데, 한 가지 이유는 우리가 동료들의 마음을 읽을 수 있기 때문이다. 과일이 달린 나뭇가지로 막대기를 뻗는 사람을 보면 우리는 즉시 그 의도를 "인식"한다(그 사람이 바라보는 곳을 보고는 과일을 따는 행동을 할 것이라고 추론한다). 이후 우리가 막대기로 과일을 따는 장면을 재현할 때면 그 의도를 채택해 필요한 동작을 하게 된다. 진화론자들은 이런 능력이 우리 눈의 "가독성 높은readable" 독특한 해부학적 구조에서 왔다고 본다.[28] (어쨌든 눈은 "영혼의 창"이니까!) 사람이 뭔가를 응시하면 어두운 홍채가 흰색 공막을 향해 움직인다. 우리는 반사적으로 그 시선을 따라가는데, 대개 시선은 바라보는 대상을 드러내며 의도를 강하게 암시한다. 침팬지와 같은 유인원들은 공막이 어두운 색이다(그래서 "가독성이 떨어지는less readable" 눈이다). 따라서 침팬지에게는 우리와 같은 시선 추적 반사가 없다. 침팬지는 누군가가 막대기로 바나나를 따려는 것을 보면 대상과 동작은 인코딩해도 정확한 의도는 놓치는 경우가 많다. 결과를 재현하려 할 때 막대기를 휘두르긴 하지만 정확한 방법을 따르지 않는다. 세 번째 침팬지가 이 두 번째 침팬지를 모방하면 성과는 더욱 떨어진다. 점점 잡음이 더 섞이므로 기술이 널리 퍼지지 않는다. 따라서 학습된 기술은 매우 기초적인 것(예를 들어 돌을 이용해 견과류 깨기)만 침팬지 무리에 퍼진다. 침팬지는 동료의 행동과 마음 상태를 인코딩하는 인간의 특별한 초능력이 부족하기 때문에 더 복잡한 문화를 발전시킬 수 없다.

동료들에 대한 관심, 마음 읽기, 관찰을 통한 학습, 순응하려는 동기 등 동료 본능의 심리 과정들은 인류 문화의 토대인데 저평가되고 있다.[29] 우리는 각자가 속한 문화 공동체별로 동료 코드들을 내면화하며, 특정 상황에 맞닥뜨리면 이 코드들이 작동해 우리를 사회적으로 안전한 행동으로 이끈다. 사람들이 교회에 가면 헬스클럽에서와 다르게 행동하는 이유가 이것이다. 아예 의식하지조차 못하지만 코첼라(미국 캘리포니아주 코첼라밸리에서 열리는 야외 록 축제로 정식 명칭은 코첼라밸리 뮤직 앤드 아츠 페스티벌Coachella Valley Music and Arts Festival이다-옮긴이)에서 남들과 인사하고 이야기하는 방식이 회사 회식 때와 다른 이유도 이것이다.

하지만 동료 본능이 독창적이거나 최적의 선택을 가져다주지는 않는다.[30] 몇 년 새 나의 아침 식단은 달걀흰자 오믈렛, 냉압착 주스, 아보카도 토스트로 바뀌었는데 특별한 이유는 없다. 단순히 동료들의 기호를 반영한 것일 따름이다. 암호화폐 투자가 갑자기 불타올랐다가 식는 것, 뱅크 런bank run이 여전히 들불처럼 번지는 것도 마찬가지다. 우리는 독립적인 이성적 행위자가 아니다. 우리는 동료 패턴을 따르게끔 배선된 부족적 생물이다.

동료 코드에 대한 순응성은 조직 운영에 도움이 되지만 몇 가지 단점도 있다. 기업들은 "재택근무"를 하면 개인 생산성은 올라가지만 집단 생산성이 떨어진다는 것을 알아차리고 없애는 중이다.[31] 사무실이라는 환경이 협력 작업에 필요한 방식으로 조직 문화(특히 동료 코드)를 유도하기 때문이다. 그러면서도 브레인스토밍 수련회는 여전히 "사외"에서 여는데, 이는 다양한 사고방식을 이끌어내기 위한 것이어서 목표가 다르다. 일반적으로 동료 규범과 순응성은 변화의 장애물로 여겨지지만 올바른 방식으로 활용하면 체인지 메이커의 비밀 무기가 될 수 있다. 앞으로 살펴보겠지만 동료 코드를 촉발하면 팀, 조직, 나아가 사회 전체의 변화에 불을 붙일 수 있다.

리콴유는 어떻게 부정부패를 뿌리 뽑고 싱가포르를 선진국으로 만들었을까

1965년, 말레이반도 끝에 위치한 신생 독립 도시국가 싱가포르는 불확실성으로 가득한 미래에 직면한 상태였다. 민족 갈등 격화로 말레이시아 연방에서 전격 축출된 싱가포르의 영토는 내륙이 전혀 없는 작은 섬이 전부였다. 천연자원이 거의 없고, 국토 대부분이 말라리아 늪지대였으며, 담수 공급원도 없었다. 항구들은 부정부패로 몸살을 앓는 중이었다. 실업률이 높고, 교육 수준이 낮고, 경제는 빈사 상태였다. 세계는 싱가포르의 생존 가능성에 회의적이었다.

항상 그랬던 것은 아니었다. 싱가포르는 19세기 초에 영국의 식민지 행정관 토머스 스탬퍼드 래플스Thomas Stamford Raffles가 자유항으로 설립했다.[32] 인근 네덜란드 식민지들과 경쟁하기 위해 모든 선박을 똑같이 환영한다는 방침 아래 관세가 면제되고 영국 해군의 보호를 받았다. 덕분에 2차 세계대전 때까지 무역항으로 번성했다. 하지만 일본의 점령으로 폐쇄되자 주민들은 밀수와 암시장으로 뛰어들 수밖에 없었다. 종전 이후에는 영국의 통치에 반대하는 정치 운동이 일어나 결국 1959년 영국 지배에서 벗어났고,[33] 이후 1963년 말레이시아 연방에 가입했다. 이 시기 항만 운영에서는 편파적인 이권 다툼이 점점 심해졌다. 부두에 출입하고 화물을 적재하려면 관리들에게 뇌물을 주어야 했다. 이는 "수압suap" "쿰쇼kumshaw"라는 지역 관습이었는데 뇌물을 주지 않는 상인은 재고 손실과 송장 왜곡 위험을 감수해야 했다.

위기의 국가를 구할 책임을 떠맡은 총리는 리콴유였다. 식민지 시대에 영국을 찬양하는 한족 이민자 집안에서 태어난 그는 해리 리Harry Lee라는 이름으로 성장했다. 케임브리지대학교에서 법학을 전공해 수석으로 졸업한 뒤 런던에서 변호사로 일했다. 이후 고향으로 돌아와 반식민 운동과 말레이시아와의 불운한 연합을 이끌었다. 이제 그에게는 신생 국가를 이끌 전략이 필요했다.

리콴유의 비전은 래플스의 비전과 다르지 않았다. "자유항"은 무역을 끌어들인다. 항만 운영에서 특혜와 부정부패를 뿌리 뽑을 수만 있다면 역내 경쟁국이 아닌 싱가포르를 통한 무역량이 점점 증가할 터였다. "이웃 나라와 똑같다면 우리는 죽는다는 것을 알고 있었습니다"라는 실용적인 계산이었다.[34] 리콴유는 당시 상황을 돌아보며 "나는 제3세계 환경 속에 제1세계의 오아시스를 만들려고 했습니다"라고 말했다.[35]

리콴유의 수뢰 방지 전략에는 뇌물수수에 대한 처벌을 강화하는 일반적인 법적 조치들이 포함되어 있었다. 하지만 반부패 법률로는 충분하지 않았다.³⁶ 주변 국가들에도 거액의 벌금, 종신형, 심지어 사형까지 포함된 강한 처벌 규정이 있었으나 뇌물이 만연했다. 들키지 않고 탁자 밑으로 현금이 든 봉투나 번쩍이는 롤렉스를 건네는 것은 식은 죽 먹기였다. 그는 부패가 부분적으로는 문화 탓임을 알고 있었다. 동남아시아 같은 집단주의 문화권에서는 선물을 주는 관습이나 관계에 근거한 거래가 도를 지나쳐 부패로 이어지기 쉽다. 뇌물을 주고받는 관리들과 상인들 자체가 부도덕한 사람은 아니었다. 지역의 문화 관습에 따랐을 뿐이었다.

리콴유는 개인 경험을 통해 이런 문화적 차원을 뚜렷이 인식했다. 영국 유학을 떠나기 전 성장기에 싱가포르가 암시장과 부패에 빠지는 것을 목격한 터였다. 영국에 간 그는 그곳 시민들이 다른 모든 사람도 법을 지킬 것이라는 생각("법치주의"에 대한 믿음) 때문에 법을 준수한다는 사실에 깊은 인상을 받았다. 리콴유는 영국의 식민주의에 반대하면서도 영국의 문화 코드를 내면화했다. 그의 문화 정체성의 한 면은 중국인, 다른 한 면은 영국인이었다. 영국 외무장관 조지 브라운George Brown이 그를 "수에즈 동쪽에서 가장 끝내주게 뛰어난 영국인"이라고 했다는 유명한 일화가 전한다.³⁷

리콴유는 모든 싱가포르인이 자기처럼 이중문화biculture를 가지고 있다고 생각했다. 싱가포르 사람들은 동남아시아의 관계 기반 비즈니스 접근법에 익숙한 한편으로 영국식 규칙 기반 접근법도 기억하고 있었다.³⁸ 올바른 단서만 주어진다면 이 기억을 되살릴 수 있을 터였다. 그의 정당은 영국 해군처럼 흰색 면 유니폼을 입었고, 이것이 모든 공무원의 복장이 되었다.³⁹ 리콴유는 또 정부 업무의 공식 언어로 영어를 다시 채택했다. 전통 복장인 치렁치렁한 바주 쿠룽baju kurong 차림에 말레이어로 회의를 했던 항만 관리들은 이제 영국 해군 사관생도처럼 옷을 입고 영국인처럼 말하게 되었다(누구도 이런 언어와 복장의 단서를 놓치는 일이 없게 하려고 리콴유는 항구에 6미터 높이의 래플스 동상을 세웠다).⁴⁰ 변화한 풍경과 언어는 쿰쇼나 수압 관습이 아니라 전쟁 전 자유항의 규범을 알려주는 단서였다. 청탁을 은근히 부추기는 관리, 현금 봉투를 건네는 상인이 줄어들었다. 부패방지법과 리콴유 같은 청렴함의 롤 모델을 바탕으로 변화된 문화 단서들이 "자유항" 시대의 코드를 환기했다.

  시간이 흐르자 이런 변화가 전염성을 띠었다. 동료 상인들이 더 이상 뇌물을 주지 않는 것을 본 상인들은 굳이 그렇게 할 필요를 느끼지 않았다. 항만 관리들도 뇌물 요구를 주저하게 되었다. 항구는 점점 더 바빠졌으며 관련 산업이 활성화되었다. 항구에 "깨끗한" 규범이 정착되자 이 규범은 창고, 기차, 트럭 등 관련 산업으로 확산되었다. 10년 만에 싱가포르는 아시아에서 "가장 깨끗한" 비즈니스 환경을 갖추게 되었고, 국제투명성기구Transparency International, TI의 지수에서 세계에서 가장 청렴한 국가 명단에 들었다.⁴¹

외국인 투자가 쏟아졌고, 1975년쯤에는 숙련된 제조업과 서비스 산업이 자리를 잡았으며, 국민 생활 수준이 유럽 국가들 수준에 도달했다(이후 유럽을 넘어섰다). 리콴유는 변화를 이끌어내는 핵심 수단으로 이중문화주의biculturalism와 부족주의 트리거를 활용했다.[42]

말레이시아는 왜 혁신에 실패했을까

어떤 정치인들은 부패가 대체로 문화적인 문제라고 받아들인다. 또 어떤 정치인들은 공동체의 부패 수준을 바꿀 수 있다는 희망을 품는다. 리콴유는 이 2가지를 모두 믿었던 당시의 유일한 정치인이었을 것이다. 그는 부패가 대체로 문화적인 것인 동시에 (부분적으로는 바로 그런 이유로) 변화시킬 수 있는 것이라고 생각했다. 최근에야 행동과학은 그의 선견지명을 따라잡았다.

2006년 내 동료인 경제학자 레이 피스먼Ray Fisman은 부패의 문화적 뿌리를 조사하는 영리한 방법을 찾아냈다. 유엔의 인사 기록과 뉴욕 경찰의 주차 위반 단속 집계를 대조했는데, 부패가 심한 국가 출신의 유엔 외교관들은 면책 특권을 남용해 주차 위반 벌금을 계속 내지 않고 쌓아두는 일이 더 많았다.[43] 부패 국가에서 외교관을 빼낼 수는 있지만 그런 나라 외교관에게서 부패를 빼낼 수는

집단 본능

없다!

 심리학자 폴 반 랑에Paul van Lange 팀은 〈'누가 안 하는가?' 'Who Doesn't?'〉라는 논문에서 "거의 모두가 그렇게 한다"라는 인식이 사람들의 부패 행동을 촉발한다고 주장했다.[44] 연구팀은 일부 연구들에서는 이런 인식 자체를 측정하고, 다른 연구들에서는 실험을 하면서 인식을 조작했다. 게임 플레이어를 대상으로 뇌물 수수 빈도(아무도 뇌물을 주지 않는다/거의 모든 사람이 뇌물을 준다), 적발 시 처벌에 대한 정보(매우 약함/매우 강함)를 다르게 알려주는 연구를 여러 건 진행했다. 그 결과 동료 코드를 알려주는 우세 정보prevalence information가 합리적인 비용-편익 계산과 관련된 처벌 정보보다 더 중요한 것으로 드러났다. 이를 통해 (합리적 계산이 아니라) 동료 코드가 많은 부패 행위를 부추긴다는 사실이 확인되었다.

 영국 옥스퍼드대학교의 애비게일 바Abigail Barr 연구실은 세계 각지에서 온 외국인 학생들을 모집해 부패 게임을 진행했다.[45] 레이피스먼 연구의 외교관들과 마찬가지로, 뇌물 성향은 부패가 심한 사회에서 성장한 것과 상관관계가 있었다. 하지만 바는 규칙의 예외도 발견했다. 단기 방문자들과 달리 몇 년을 영국에서 산 외국인 학생들은 모국의 규범을 덜 반영하는 선택을 했다. 아마 장기 체류자는 이중문화를 갖게 되어 현지의 동료 코드를 내면화했고, 이런 설정 때문에 영국의 동료 코드가 발동되어 게임에서 다른 결정을 이끌었을 것이다.

이런 사례들은 동료 코드의 상황 단서를 구체화하는 데 도움이 된다. 그중 한 가지 단서는 부족원, 친숙한 동포, 숨길 수 없는 내집단 속성을 드러내는 사람들의 존재다. 동료 코드는 집단 내 조정을 위해 진화했기 때문이다. 또 다른 트리거는 부족을 둘러싼 주변 "표지sign"다. 옥스퍼드대학교 캠퍼스를 걷다보면 영국인의 부족 표지(잉글랜드 상류층의 억양, 트위드 재킷, 옥스퍼드 특유의 첨탑 건물)를 감지하지 않을 수 없다. 특정 문화를 드러내는 환경 속에 있는 사소한 세부 사항들이 트리거 역할을 할 수 있는데, 무의식적으로 이루어지므로 인식하기는 어렵다. 이런 경험을 묘사하려면 소설가 마르셀 프루스트Marcel Proust처럼 자기 관찰력이 뛰어난 사람이 필요하다. 《스완네 집 쪽으로: 잃어버린 시간을 찾아서 1Du Côté de chez Swann: À la recherche du temps perdu 1》에는 어릴 때 살았던 동네를 거의 잊고 지내던 파리의 세련된 노인이 나온다. 어느 날 조그만 마들렌 티 케이크를 차에 적셔 맛보던 중 고향의 환경과 사고방식이 그의 마음에 "갑자기 존재하기 시작했다."[46] 그 지방의 문화를 상기시키는 음식을 접하고 그의 생각 속에 있던 사회 규범과 선입견이 다시 일깨워졌다.

부족 표지는 강력한 연상 작용을 일으키지만 효력은 해당 문화의 내부자에게만 미친다.[47] 말레이시아는 싱가포르의 기적에 버금가는 기술 붐을 일으키기 위해 대학 두 곳 근처에 있는 기술 산업 단지 "사이버자야Cyberjaya"에 수십억 달러를 투자했다. 시찰단이 실리콘밸리를 둘러본 뒤 깔끔한 잔디밭에 세워진 낮은 유리 건물, 개방형 사무실, 원색으로 칠한 사무실, 화이트보드, 빈백 의자 등 세부 사항 전부를 모방했다. '말레이시아글로벌혁신창의성센터 Malaysian Global Innovation and Creativity Centre, MaGIC'의 인큐베이터 프로그램은 모두 표준 전문 용어를 사용했다. 사이버자야는 "기술" 부족의 배경처럼 보였고 들렸다. 그렇지만 기술 붐은 일어나지 않았다.[48] 세련된 건물을 채운 것은 신생 첨단 기술 기업이 아니라 평범한 콜센터와 영업사무소였다.

말레이시아는 기술 산업 단지를 만들었지만 혁신은 이루어지지 않았다. 왜 안 되었을까? 야심만만한 젊은 컴퓨터 프로그래머인 마크 저커버그Mark Zuckerberg가 말레이시아에서 태어났다고 상상해보자. 사이버자야가 그에게 말레이스북Malaysbook을 시작하도록 자극을 주었을까? 아닐 것이다. 인터넷 혁신은 그곳에 있는 "어떤 것"이 아니었고, 고려할 사항으로 젊은이들의 머릿속에 들어 있지도 않았다. 혁신을 주창한 바로 그 정부가 수년간 인터넷 자유를 제한해왔기 때문이다.[49] 말레이시아 사람들은 스타트업 문화를 내면화하지 않았기 때문에 사이버자야의 여러 단서에 반응을 보이지 않았다. 단서는 사람들의 내면에 이미 잠재되어 있는 습관만 자극할 수 있다. 난데없이 새로운 행동(또는 새로운 스타트업)을 떠올리게 할 수 없다.

문화 카멜레온 현상:
우리는 무의식적으로, 자동으로 문화를 전환한다

나는 학창 시절부터 문화가 사고에 미치는 영향에 관심이 있었다. 어느 여름, 중국에서 막 도착한 친구들과 한집에서 살 때였다. 정치인에 관해, 또는 이웃의 소문에 관해 이야기할 때면 행동 설명에서 우리는 극명하게 엇갈렸다. 대개 나는 특정 인물의 성공과 실패 원인을 개인 성격 특성에서 찾고 그에 따라 잘잘못을 따졌다. 중국인 친구들은 해당 인물에게 가족, 친구, 직장 동료 등이 행사하는 상황 압력을 더 많이 언급했고, 잘잘못 역시 주변 인물들에게 함께 돌렸다. 처음에는 예의상 그런 식으로 말하는 줄 알았는데 알고 보니 그들은 세상을 정말로 그런 식으로 바라보고 있었다.

당시 나는 심리학 수업에서 "근본적 귀인 오류fundamental attribution error"라는 인지 편향에 관해 배우는 중이었다. 타인의 행동을 설명해달라는 요청을 받은 참가자들이 결과를 설명하기에 충분한 상황 요인이 있을 때도 개인의 특성에 초점을 맞추는 경향이 있다는 내용이었다. 새로 온 쿼터백이 반복해서 태클을 당하면 공격팀의 몇몇 주전 수비 선수들이 아파서 결장한 상황에서도 우리는 그 쿼터백이 "느리다"라고 판단한다. 역사 교사가 퀴즈 문제의 답을 줄줄 말하면 퀴즈를 낸 당사자인데도 그 교사가 "똑똑하다"라고 판단한다. 당시 심리학자들은 이런 편견이 생물학적 뿌리를 가진 보편적인 맹점이며, 사람들 사이에서 오해와 갈등을 보편적으로 유발한다고 생각했다. 그런데 중국인 친구들은 이런 편견에 덜 시달리는 것 같았다. 인간의 이 "근본적" 편견이 그저 서구 문화의 부산물일 수 있을까?

1990년대 초 당시에는 서구 환경 바깥에서 이루어진 심리학 실험이 거의 없었고, 문화는 인지 편향처럼 근본적인 과정과 관련이 없는 것으로 여겨졌다. 나는 같은 질문에 똑같이 흥미를 느낀 베이징 출신 객원 연구원 펑카이핑Kaiping Peng, 彭凱平과 공동 연구에 착수했다. 먼저 우리는 동일 범죄에 관한 뉴스 기사를 비교했다. 영어권 신문에서는 개인 중심의 설명이, 중국어 신문에서는 집단 중심의 설명이 더 많다는 사실을 알게 되었다. 하지만 심리학 연구자들을 납득시키려면 언어에 의존하지 않는 실험실 테스트를 개발해야 했다. 나는 애니메이션 프로그램을 사용해 모호한 사회적 상호작용 속에서 헤엄치는 물고기 만화 영화를 만들었다.[50] 로르샤흐 테스트Rorschach test(좌우 대칭의 잉크 얼룩 이미지가 무엇처럼 보이는지 묻는 잉크 반점 검사—옮긴이)와 비슷하지만, 타인의 행동을 인과적으로 이해하는 과정에서 나타나는 편향을 평가하기 위한 장치였다.

영상에서 무슨 일이 벌어지고 있느냐고 묻자, 대개 미국 고등학생들은 가장 왼쪽에 있는 물고기가 무리를 이끈다고 하거나 자기 의지대로 움직이고 있다고 답했다. 중국 학생들은 무리가 그 물고기를 쫓는다거나 압박한다고 답하는 경우가 많았다. 같은 행동을

서로 다른 문화 렌즈를 통해 해석했고, 인과관계 설정과 그에 따른 묘사에서도 차이가 났다. 물고기 실험에서 밝혀진 내용은 꽤 반향을 일으켰다.[51] 몇 년 동안 나는 세계 곳곳의 공동 연구자들과 함께 이 주제에 관한 연구를 이어갔고, 인식을 왜곡하는 문화의 힘이 주로 동료 코드에서 비롯된다는 사실을 발견했다. 문화 정체성과 문화 코드의 여러 측면을 측정한 결과, 미국인과 중국인 실험 참가자들 간의 가장 큰 차이는 동료들이 믿는 바에 관한 인식이었다.[52] 행동을 설명할 때도 이런 동료에 대한 견해 차이가 개인 신념 차이보다 통계적으로 더 크게 작용했다.

사회적 판단 편향에 관한 이 문화 렌즈 모델은 처음에는 상당한 논란을 불러일으켰다. 편견 연구자들은 자신들의 작업이 자연과학, 곧 "경성과학hard science"에 해당한다고 생각해 문화가 편견에 작용하는 한 요인이라는 내 추측을 흔쾌히 받아들이지 않았다. 그런데 이 모델을 뒷받침하는 충분한 결과가 나왔을 무렵, 이번에는 내 생각이 달라졌다. 일상 경험을 통해 나는 이 모델이 한심할 정도로 불완전함을, 곧 문화의 힘은 동서양의 세계관, 동료 코드 사이의 고정된 구분보다 훨씬 더 역동적임을 깨달았다.

그해에 나는 홍콩에서 생활하고 일했는데, 그곳의 많은 주민들은(내 학생들도) 동서양의 문화 차이를 일상적으로 넘나들었다. 전통적인 중국인 가정과 지역에 살면서도 서구 문화권의 기업이나 대학에서 온종일 잘 지냈다. 매일 아침 나는 몇 명씩 어울려 걸으며 캠퍼스로 향하는 학생들을 보았다. 그들은 광둥어로 부드럽게 대화를 나누고, 친구들에게 정중하게 손을 흔들고, 지나가는 사람에게 길을 양보했다. 이런 학생들이 교문을 들어서면 영어로 이야기하고, 더 큰 소리로 웃었다. 길을 막는 것에 덜 신경 쓰면서 오케이 사인, 엄지손가락 들어 보이기, 하이파이브 하기로 친구들과 인사를 나누었다. 걸어가는 사이에 중국인 모드에서 서양인 모드로 변신한 것이다. 중국 환경에 적응하기 위해 분투했던 미국인인 나는 그들이 능란하게 이중문화 속에서 살아가는 데 감탄했다.

나는 학생들에게 이런 문화 교차를 어떻게 조절하느냐고 물었다. 그러자 학생들은 어깨를 으쓱하면서 자연스럽게 된다고 답했다. 나는 사회과학 연구에서 단서를 찾아나섰다. 그러던 중 이중언어 사용자bilingual들의 코드 전환에 관한 내용을 읽고, 어떻게 이런 현상이 벌어지며 어디까지 나아갈 수 있는지에 관한 통찰력을 얻었다.[53] 수전 어빈-트립Susan Ervin-Tripp의 고전적 연구에 따르면 일본계 미국인 "전쟁 신부war bride"(전쟁 중 또는 군사적 점령기에 외국 군인과 결혼한 현지 여성-옮긴이)들은 영어로 인터뷰할 때와 일본어로 인터뷰할 때 약간 다른 이야기를 하고 질문에도 다르게 답했다.[54] 미국 대학의 유학생들을 대상으로 짝을 지어주고 "친해지기" 대화를 요청한 실험에서도 유사한 결과가 나왔다. 모국어로 말하는지 영어로 말하는지에 따른 결과가 출신 국가별로 달랐다.[55] 베네수엘라인들은 스페인어로 말할 때 더 가까이 앉은 반면 일본인들은 일본어로 대화할 때 더 떨어져 앉았다. 이는 언어가 그들 문화의 근접성 규범을 자극한다는 것을 보여준다. 가장 인상적인 것은 이중문화 청소년들과의 인터뷰였다.

> 엄마 아빠와 할머니 할아버지가 계신 집에서 유일하게 허용되는 언어는 스페인어였어요. 사실 그분들이 이해할 수 있는 언어는 스페인어뿐이었죠. 모든 게 정말 멕시코식이었어요. … 하지만 학교에서는 아주 다른 느낌을 받았습니다. 모두 미국인이었으니까요. 나도 그랬고요. 그러다 오후에 집에 가면 나는 다시 멕시코인이 되었죠.[56]

이런 연구 결과들은 이중문화를 지닌 개인이 상황에 따라 언어뿐 아니라 훨씬 많은 부분에서 자신을 전환한다는 점을 암시한다.

하지만 그 연구들은 내가 홍콩에서 본 가장 흥미로운 부분, 곧 이 전환이 의도적으로 이루어지는 것이 아니라 자동적이라는 점은 검증하지 않았다. 홍콩의 이 매혹적인 "문화 카멜레온 현상"을 조사하기 위해 나는 그곳 출신의 뛰어난 젊은 심리학자 홍잉이Ying-yi Hong, 康螢儀, 추치웨Chi-yue Chiu, 趙志裕와 팀을 꾸렸다.

우리는 전환이 처음에는 의도적인 결정에 따라 이루어지지만 문화 단서, 여기서 내가 "부족 트리거"라고 부르는 것에 반응해 자동화된다고 추론했다.[57] 이를 검증하기 위해 우리는 이중문화를 가진 홍콩 학생들을 심리학 실험실로 초대해 물고기 테스트를 비롯해 여러 사회적 판단 과제를 수행하게 했다. 하지만 과제 수행에 앞서 그들을 영어 치침/중국어 지침, 헬멧을 쓴 미식축구 선수 사진/전통 복장을 한 쿵후 고수 사진 같은 문화 단서들에 몰래 노출시켰다. 그러자 이중문화 배경을 가진 피험자들은 서양 문화 단서가 주어졌을 때는 서양식으로, 동양 문화 단서가 주어졌을 때는 동양식으로 행동을 설명했다. 거듭된 실험에서 계속 같은 결과가 나왔다. 그들은 행동을 설명하거나 줄거리를 구성할 때 서양과 동양의 2가지 논리를 모두 능숙하게 사용했다.[58] 더욱 놀라운 점은 자신들의 반응을 촉발한 단서를 전혀 의식하지 않은 채 문화 프레임frame을 자동으로 전환한다는 사실이었다.

이 연구들은 문화심리학의 패러다임을 바꾸었다. 언어의 코드 전환에 대해서는 알려져 있었지만, 사회적 의미 형성social sensemaking(집단 경험에 의미를 부여하는 과정-옮긴이)의 기본 편향에 관한 것은 다른 문제였다. 이후 멕시코계 미국인, 네덜란드의 그리스 이민자, 호주 원주민 등 여러 이중문화 집단을 대상으로 각기 다른 판단 과제를 준 수백 건의 연구에서 이 결과가 재현되었다.[59] 우리 연구실에서는 이런 인지 전환이 자동적·무의식적으로 이루어지는지 확인하는 기법들을 적용했다.[60] 단서가 동료 코드 자체를 바꾸는 것이 아니라 서로 다른 정체성과 관련된 동료 코드를 활성화한다는 것을 확인했다.[61] 이 연구 이전까지 심리학에서는 이중문화를 가진 개인은 두 문화의 중간쯤에 위치하며 그 탓에 흔히 갈등을 겪는 것으로 생각해왔다.[62] 하지만 이제 사람들이 2가지 이상의 문화에 매우 편안하게 적응할 수 있으며 전환에 따른 부담이 상대적으로 적다는 것을 알게 되었다. 이어진 연구들에서는 이중문화를 가진 모든 사람이 똑같지는 않다는 점도 밝혀졌다. 2가지 정체성이 양립 가능하다고 느끼는 사람은 (카멜레온처럼) 환경 단서와 맞물려 행동하는 반면, 정체성 갈등을 겪는 사람은 (반골처럼) 동료 단서에 저항하는 경향이 있다. 이런 2가지 정체성 지향은 각기 다른 직업군에서 각각 유리하게 작용한다.

대통령 후보 시절에 버락 오바마는 백인들을 설득할 때는 중서부 뉴스캐스터 억양을 사용하고, 흑인들의 마음을 움직이려 할 때는 아프리카계 미국인 특유의 영어를 써서 주목을 끌었다. 처음에 비평가들은 그가 정치적 이득을 노리고 가면을 바꿔 쓴다고 비난했다. 하지만 연출되지 않은 일상생활에서도 같은 식으로 전환하는 영상들이 공개되었다. 오바마의 변신은 전략적이 아니라 저절로 벌어지는 일이었다. 오바마는 이전 정치인들보다 인종/문화 정체성에 대한 자의식이 덜했다.[63] 아마 그는 자신의 정체성에 관한 글을 쓰는 것을 통해 갈등을 극복하고 더 순조롭게 적응할 수 있었을 것이다.

하지만 자동화된 모든 것에서는 문제가 생길 수 있다. 올림픽 농구 대표팀의 라커룸에서 오바마가 백인 감독(손을 꼭 잡고 악수를 나누었다)과 흑인 선수 케빈 듀랜트Kevin Durant를(등을 두드리며 포옹했다) 다르게 맞이하는 동영상이 입소문을 타고 화제가 되었다. 이를 코미디쇼 〈키 앤드 필Key & Peel〉에서는 줄 서서 들어오는 손님들을 맞으면서 오바마가 백인들에게는 "반갑습니다, 선생님"이라며 악수를 나누고 흑인들에게는 "힘내, 친구"라며 손바닥을 마주치는 장면으로 비틀어 보여주기도 했다.[64]

자동 트리거는 특정한 환경에서 어색함을 유발할 수 있다. 미국에 새로 온 이민자는 미국인, 아이러니하게도 특히 자신과 같은 배경을 지닌 사람과 대화할 때 영어를 유창하게 구사하는 데 어려움을 겪는다.[65] 내 연구실에서 진행한 연구에 따르면 이는 가짜 트리거에 따른 문제다. 인종적으로 친숙한 얼굴이 언어 구조 등 물려받은 문화 코드를 환기하는 트리거로 작용해 제2언어 처리를 인지적으로 방해하는 것이다. 선거 유세를 하는 정치인이나 제2언어로 말하는 이민자가 아니어도 누구나 이런 가짜 트리거를 경험한다. 직장에서 일하다가 어머니의 전화를 받았을 때를 생각해보자. 동료들이 아는 사무실 말투와 다른 어린 시절 말투가 저도 모르게 튀어나온다.("지금 나갈 끼다." "차 세워야 혀요.") 마치 다른 사람을 보듯 쳐다보는 동료들의 시선을 의식하지 전까지는 자신이 코드 전환을 했다는 사실을 깨닫지 못한다.

생김새보다 언어와 복장이
더 강력한 문화 단서다

생김새는 매우 중요한 특징처럼 보인다. 그러나 사실 언어나 복장만큼 강력한 단서는 아니다. 서구 사회에서는 인종 특징이 주요 문화 단층선과 일치하지만 전 세계 많은 곳에서는 그렇지 않다. 피부색과 얼굴 생김새 특징으로는 러시아인과 우크라이나인, 팔레스타인인과 유대인, 후투Hutu족과 투치Tutsi족을 확실하게 구분할 수 없다. 석기 시대 조상들에게도 얼굴 특징은 부족 경계를 표시하는 기준이 아니었다.

미취학 아동을 대상으로 인종과 언어의 영향력을 따진 한 실험에서는 아이들이 친해지고 싶은 친구를 정할 때 인종보다는 언어(심지어 말투)가 더 중요하다는 결과가 나왔다.[66] 말을 하지 못하는 유아도 마찬가지다. 유아는 인종을 가리지 못하지만 엄마와 같은 언어(와 말투)를 사용하는 낯선 사람을 그렇지 않은 사람보다 더 선호하며,[67] 사람들이 먹는 음식을 보고 같은 언어를 사용하는 사람들은 같은 음식을 좋아할 것이라고 생각한다.[68] 성인이 판단을 내릴 때는 피부색이 많은 영향을 주지만 이때도 언어와 복장이 더 중요하다.[69] 인종이 아니라 언어와 복장이 부족의 주요 단서다. 은행가, 서퍼, 힙스터를 부족의 일원으로 표시하고 그들이 상호작용할 때 내집단 코드를 촉발하는 것은 말투와 옷차림이다.

언어가 우선 단서라는 사실은 언어 정책이 행동 변화를 유발하는 이유를 이해하는 데 도움이 된다. 1965년 리콴유는 영어를 싱가포르의 공용어로 지정했다.[70] 그는 중국계, 말레이계, 인도계 등 민족 집단의 언어는 정실주의로 이어질 수 있으므로 외부 공용어를 사용하는 것이 낫다고 생각했다. 영어가 자유항 시대의 규범을 환기해 모든 국가의 선박들이 싱가포르를 매력적인 곳으로 여기기를 기대했다. 이후 1980년대에는 대만과 중국의 부상으로 경제적 가치가 높아진 중국인 정체성과 관습을 촉발하기 위해 "만다린어 사용" 정책을 추진했다.

기업 차원의 언어 정책 사례로는 대한항공을 들 수 있다.[71] 대한항공은 747 제트기(조종사와 부조종사의 동등한 협력이 필요하다) 도입 후 첫 10년간 안전 기록이 형편없었다. 그러던 중 위계질서 문화가 안전에 문제를 일으키는 가장 심각한 원인이라는 보잉의 보고서가 나왔다. 이후 조종실 기록 분석에서도 부조종사들의 경어 사용 문제가 지적되자 대한항공은 사내 공식어를 영어로 바꾸었다(항공관제에서 사용되므로 조종사들은 이미 영어를 아는 상태였다). 이후 추락 사고는 발생하지 않았다. 같은 사람도 위계 규범과 관련된 언어 단서에서 자유로울 때 더 동등한 입장에서 소통한다.

직원들이 영어로 말하지 않는데 영어 전용 정책을 택한 기업들도 있다. 2012년 일본 이커머스 업체 라쿠텐의 CEO는 서구로 빠르게 확장한다는 자신의 꿈을 이루기 위한 방안으로 영어 사용 정책을 발표하는 연설을 (영어로) 했다.[72] 이는 해외 채용에는 도움이 되었지만 일본 내 관리자들의 소외감, 국내 시장 점유율 하락 등 사기 진작 측면에서 큰 문제를 일으켰다. 초보 영어로 회의를 진행한다고 해서 일본에 기반을 둔 경영진이 서양의 관습이나 시장에 대한 특별한 통찰력을 마법처럼 얻게 되는 것은 아니었다. 이런 정책을 폈던 많은 서구 기업들도 실패했다. 노키아, 르노, 폴크스바겐 등 영어 공용화를 추진한 비영어권 유명 기업들을 보면 영어권 문화 단서를 얻기 위해 전통문화 단서의 손실을 감내할 가치가 있는지 의문이 든다.

복장 정책은 동료 코드의 또 다른 트리거로, 직업 또는 조직 문화에서 흔히 작용한다. 녹색 군복을 입으면 그 자체가 "당신은 지금 군대에 있다!"라는 사실을 웅변하며, 규율과 복종 같은 군대식 습관을 유발한다. 병원 연구들에 따르면 제복을 입은 간호사가 그렇지 않은 간호사보다 치료 프로토콜protocol(규약)을 더 준수한다. 의대 예과 학생들도 의사 가운을 입으면 자격을 갖춘 의사처럼 더 세심하고 자신감 있게 행동한다.[73] 위기에 대응하는 군인, 경찰, 응급구조사는 동일한 유니폼을 착용했다는 사실이 단서로 작용해 공유된 프레임워크와 프로토콜을 바탕으로 협력해 작업한다. 비밀 요원들이 네트워크에 잠입할 때는 어떨까? 인종, 종교 배경이 작용하지만 복장 또한 중요하다.[74] 그런데 네트워크 구성원의 복장을 착용하면 목표물인 범죄자들뿐 아니라 요원 자신까지 영향 받을 수 있다. 그래서 요원이 감시 대상인 범죄자들과 자신을 동일시하는 일도 발생한다. 마피아 단원이나 이슬람주의자처럼 옷을 입으면 침투한 곳의 범죄자들에게 관련 코드를 촉발할 뿐 아니라 때로는 자신에게도 영향을 미친다.

여러분과 나는 다국어를 구사하는 조종사나 비밀 요원이 아니다. 하지만 우리 모두 다수의 코드를 갖고 있다. 모든 사람이 여러 동료 집단을 인코딩하고 있다. 이 코드들은 교대로 우리를 인도하며 단서에 자극받으면 활성화된다. 우리는 당구를 칠 때는 이런 방식으로, 교회 모임에서는 저런 방식으로 말하고 생각한다. 서로 다른 문화 세계들을 넘나들면서 사람들의 얼굴, 말투, 옷차림을 비롯한 각종 부족 표지가 주는 단서들에 반응한다.

동료 코드에 이끌리는 것은
확실성에 대한 갈망 때문이다

시골 여관을 향해 운전하고 있다고 상상해보자. 자동차의 내비게이션 시스템이 목적지까지 가는 경로를 제시한다. 대부분의 운전자가 택하는 경로다. "100미터 앞 12번 도로에서 우회전하세요"라는 음성 안내가 나오면 그대로 따를 수도 있다. 하지만 그러지 않을 때도 많다. 시간 여유가 있다면 경치가 좋은 이면 도로를 선호할 수 있고, 갑자기 모험심이 발동해 가끔 폐쇄되곤 하는 알려지지 않은 다리를 통과하는 지름길을 택할 수도 있다.

경로 선택 결정을 다른 상황에서 내린다고 해보자. 그 여관으로 결혼식 하객 수송 차량들을 이끌고 있다면 어떨까? 불확실한 경로가 아니라 확실한 경로를 선호하고, 모두가 잘 뒤따라오도록 명확하게 이해할 수 있는 길을 택할 것이다. 이 경우 내비게이션 시스템이 제안하는 일반적 경로가 다른 대안보다 더 매력적이다.

이 2가지 경우는 의사결정에 영향을 미치는 내적 욕구, 곧 "인지 동기epistemic motivation"에서 차이가 있다. 두 번째 경우에 운전자는 내비게이션 시스템의 표준 경로가 제공하는 확실성과 명확성을 갈망한다. 이해와 관련된 이런 욕구들은 우리가 사회적 상황을 탐색하는 방식에도 영향을 미친다. 동료 본능은 자신이 속한 집단에서 정상적 또는 전형적 경로로 향하도록 유도한다. 독창적이 되고

자 할 때는 동료 본능의 조언을 무시하지만, 확실성과 정보 이해가 절실할 때는 동료 본능이 제시하는 경로를 따르는 경향이 있다.

이번에는 재료를 썰고 끓이고 굽느라 바쁜 식당 주방을 떠올려 보자. 사람들이 분주하게 움직이면서 "셰프" "코너corner"(충돌을 방지하기 위해 다른 사람들에게 모퉁이를 돌려는 사람이 있다는 것을 경고하는 신호-옮긴이)라고 소리치고, 훈련되고 양식화된 몸짓으로 접시를 서로에게 건넨다. 가까이서 칼과 불을 다루고 시간에 맞추어 요리를 내야 하기에 실험이나 특이한 방식을 시도할 만한 장소가 아니다. 주방장은 동료들, 심지어 같이 일해본 적 없는 신입 직원도 이해할 수 있는 확실한 방식으로 일을 처리해야 한다. 다행히 주방장은 요리사 부족의 상징물들로 둘러싸여 있다. "그건 안 된다고 해eighty-six it" (1930년대 소다 판매대에서 유래한 속어로 그 품목은 다 팔리고 없다는 뜻-옮긴이) "알겠습니다heard" 같은 부족 언어, 유니폼(흰색 요리사 모자, 앞치마, 팔 전체를 덮은 문신), 물건(오븐, 프라이팬, 칼)이 요리업계가 공유하는 프로토콜을 드러낸다. 집에서는 이런 습관을 지키지 않을 수 있지만 바쁜 식당 주방에서는 반드시 준수해야 한다.

우리가 동료 코드에 이끌리는 것은 확실성에 대한 갈망이 원인이다. 의견 일치를 통해 확실하다는 감각을 얻기 때문이다.[75] "5000만 명의 엘비스 팬은 틀릴 리 없다(50,000,000 Elvis Fans Can't Be Wrong)"(1959년 발매된 엘비스 프레슬리의 네 번째 컴필레이션 앨범의 제목-옮긴이)라는 슬로건 같은 것이 이런 심리를 이용한다. 사람들은 군중을 따라갈 때 "잘 알고 있다"라고 느낀다. 욕구는 박탈감을 느낄 때 더 강화되는데, 확실성에 대한 욕구도 마찬가지다. 한동안 불확실성에 시달린 뒤에는, 이를테면 항공기가 여러 편 결항되면서 공항에서 힘든 시간을 보낸 날에는 더 순응적인 선택으로 이끌리게 된다. 식당에서 대부분의 고객이 주문하는 음식을 똑같이 주문하고, 독특한 인디 음악 대신 빌보드 히트곡을 스트리밍하는 식이다. 마케팅업계에는 이와 관련된 전략으로 "FUD"라는 것이 있다. "공포, 불확실성, 의심fear, uncertainty, and doubt"의 줄임말이다. "IBM을 샀다고 해고된 사람은 아무도 없다"라는 광고 문구는 얼핏 악의 없이 들리지만 덜 유명한 브랜드를 선택했다가는 해고될 수 있다는 위협적인 메시지가 담겨 있다. 이 슬로건은 구매 관리자의 불확실성을 자극해 안전하고 순응적인 선택 쪽으로 이끌리게 한다. 마감 기한, 집중력을 흩뜨리는 요소 등 확실성을 저하하는 일시적인 압박감 역시 문화적으로 더 순응적인 정보 처리를 유도한다. 미국 학생들은 시간 압박을 받으면 특정 행동을 설명할 때 평소보다 개인주의 쪽으로 더 기운다. 같은 경우 중국 학생들은 똑같은 행동을 두고 집단주의에 더 치우친 설명을 한다.[76] 서양과 동양의 추론 코드든 요리사라는 직업의 작업 절차든, 압박감은 두드러진 동료 규범에 대한 순응성을 높인다.

확실성에 대한 갈망은 기질의 문제이기도 하다. 심리학자 아리 크루글랜스키Arie Kruglanski 팀은 "확실성 추구", 다른 말로 "인지적

종결 욕구need for cognitive closure"를 측정하는 성격 척도를 개발했다.[77] 대학생 중에서는 회계학 전공자들(끝이 날카로운 연필 사용)이 미술 전공자들(끝이 넓은 붓 사용)보다 확실성 추구 점수가 높았다. 이 점수는 문화 순응성, 곧 행동 지침이 동료 규범에 얼마나 영향받는지를 예측한다. 이탈리아로 이주한 이민자들을 대상으로 한 연구에 따르면 확실성을 추구하는 사람들이 이탈리아 관습에 더 빨리 순응하는 것으로 나타났다.[78] 하지만 같은 이민자라 해도 모국 출신 집단 내에 정착한 이들은 모국의 관습을 더 고수하고 이탈리아 관습 실행은 더 더뎠다. 홍콩의 이중문화에 대한 우리 실험실의 추가 실험에서도 서양이나 동양의 단서에 노출되었을 때 확실성을 추구하는 사람들이 이 코드에 더 순응하는 것으로 나타났다. 이중문화권 경영학 석사MBA 과정 학생에 관한 연구에서도 마찬가지다. 확실성을 더 추구하는 사람일수록 중국에서 보상을 할당할 때는 중국 규범에, 미국에서 보상을 할당할 때는 미국 규범에 더 많이 순응했다.[79] 확실성을 끊임없이 갈망하는 사람은 특정 환경에서 단서로 작용하는 동료 규범을 반응 지침으로 삼는 경향이 유난히 두드러진다.

동료 코드에 대한 순응이 도움이 되는지 여부는 수행 업무별로 다르다. 새로운 데이터를 하나하나 면밀히 조사해야 하는 정보 업무에서는 순응적 결론에 끌리는 것이 재앙이 될 수 있다. 크루글랜스키는 1973년 발발한 아랍-이스라엘 간 욤키푸르전쟁Yom Kippur

War의 단서를 놓친 이스라엘 정보 담당자들과 9.11 테러의 경고를 묵살한 미국 CIA 분석가들을 연구했다.[80] 시간에 쫓기며 결정을 내려야 했던 그들은 입수한 모든 데이터를 신중하게 검토한 것이 아니라 "공격이 없을 것"이라고 순응적으로 속단했다. 하마스Hamas가 2023년 10월 7일 공격을 준비하고 있다는 신호들을 이스라엘이 어떻게 무시할 수 있었을까? 확실성을 추구하는 군 문화는 전례 없는 위험이 현실 상황이라는 것을 판단하기 어렵게 만들 수도 있다.

그런데 많은 경우에 올바른 선택을 하는 것보다는 그 선택을 올바른 것으로 만드는 것이 더 중요하다. 최적화보다 조정 등 실행이 더 중요하다. 실행 문제에서는 압박감이 도움이 될 수 있는데, 문화 규범에 순응하는 것이 조정에 유리하기 때문이다. 스포츠에서는 승패가 갈리는 상황에서 팀이 마침내 하나가 되는 장면이 자주 나온다.

NFL(미국 프로미식축구) 팬이라면 2022 시즌 막바지에 있었던 미네소타 바이킹스의 극적인 역전승을 기억할 것이다(바이킹스는 전반전 33-0의 점수 차를 극복하고 연장전에서 36-39로 이겼다-옮긴이). 바이킹스가 인디애나폴리스 콜츠에 승리하리라는 전망이 압도적이었고, 팀 컬러인 자주색 옷을 입은 홈 관중 앞에서 치르는 경기였다. 하지만 그들은 단순한 플레이조차 제대로 연결하지 못했다. 러닝백인 스타 선수 댈빈 쿡Dalvin Cook은 블로커들을 제쳤으나 집중포화를 받으며 공을 뺏겼다. 쿼터백인 커크 커즌스Kirk Cousins는 계속 깊이 던지려고 했지만 리시버들이 너무 자주 경로를 바꾸었다. 펀터punter 포지션의 라이언 라이트Ryan Wright는 첫 번째 킥 시도에서는 막혔고, 다음번에는 스냅snap(쿼터백에게 공을 넘겨 공격 시작을 알리는 플레이-옮긴이)을 제대로 하지 못해 공이 올 것에 대비하지 못한 팀 동료에게 패스했다. 3쿼터가 끝났을 때 바이킹스는 36-7로 뒤지며 플레이오프 진출이 위태로워졌다. 관중들은 응원가 〈믿음을 잃지 마Don't Stop Believin'〉를 부르기 시작했다. 마지막 쿼터에서 바이킹스는 마침내 "퍼플 파워purple power"를 되찾았다. 커즌스는 연이어 "송곳처럼 정확한 패스"로 체계적으로 리시버들에게 공을 연결해 그들이 차례로 터치다운 할 수 있도록 했고, 쿡의 인상적인 64야드 터치다운 플레이가 나왔다. 나중에 커즌스는 초반에 밀린 것은 생각을 지나치게 많이 한 탓이라고 했다. "뇌를 끄고" 과정을 신뢰했을 때 성공이 찾아왔다는 것이다.[81] 압박감이 커지면서 선수들의 마음을 짓누르던 욕구에 변화가 일어났고, 그들이 창의력을 발휘하는 대신 동료 코드를 따르기 시작하면서 흐름이 달라졌다. 자신들이 가장 잘 아는 플레이에 집중하자 팀워크가 제대로 돌아갔다.

아주 먼 옛날 투르카나호 가에서도 비슷한 장면이 벌어졌을 것이다. 물가에 영양 무리가 주위를 경계하며 모여 있다. 산등성이 뒤편에서 호모 에렉투스 남성 셋이 나타난다. 그중 한 명이 호수를 향해 손짓하거나 약해 보이는 영양을 가리킨다. 어쩌면 그저 눈을 마주치면서 서로의 마음을 읽었는지 모른다. 그들은 전에도 이런 일을 해본 적이 있다. 희미하게 빛나는 청록색 호수, 가까이 보이는 영양 무리가 힝힝거리고 끙끙거리는 소리, 동료 사냥꾼들의 간절한 표정 등 주변 환경의 시청각 요소로 동료 코드가 발동한다. 사냥하지 못하면 굶어 죽는다는 그 순간의 긴박함은 성공을 위해 마음을 하나로 모으고 힘을 합치려는 그들의 동기를 더욱 강화할 따름이다. 그들은 완벽한 사냥대로 변모한다. 모두가 서로를 이해하고 이해받는다. 드디어 행동을 개시한다. 지칠 줄 모르는 하나의 팀으로 움직이면서 추격을 되풀이해 몇 시간 뒤 쓰러진 영양을 제압한다.

그들의 결정적인 무기는 팀워크다. 이 사냥꾼들과 그들이 사냥감을 가지고 돌아간 몇몇 가족들로 이루어진 무리는 생존 게임에서 또 한 번 이겼다. 동료 본능 덕분에 거둔 승리였고, 부족 생활로 향하는 100만 년에 걸친 여정의 첫걸음이었다.

2장

·

영웅 본능, 거인의 어깨에 올라타기

> 평판, 평판, 평판!
> 오, 나는 명성을 잃었다!
> 내게서 불멸의 부분을 잃었다,
> 남은 것은 짐승뿐.[1]
>
> 윌리엄 셰익스피어 William Shakespeare, 《오셀로 Othello》

이타주의와 관용은 어떻게 진화했을까

2012년, 시베리아의 11살 소년이 북극해가 내려다보이는 얼어붙은 절벽을 오르던 중 섬뜩한 것을 발견했다. 뻣뻣한 털과 힘줄에 감싸인 거대한 뼈 하나가 녹아내리는 영구 동토층에서 불쑥 튀어나와 있었다. 툰드라에 묻혀 보존되었던 털북숭이 매머드의 다리였다.[2] 발굴이 끝나자 과학자들은 이 거대한 사체가 인간의 손에 죽임을 당했다는 사실을 확인했다. 눈구멍, 갈비뼈, 다리, 턱에 돌로 얻어맞은 흔적이 있었다. 결정적으로 몸통 아래쪽 근처에서 던진 돌창에 찔려 광대뼈에 구멍이 난 상태였다. 그 공격으로 매머드는 비틀거렸을 것이다. 두꺼운 가죽을 감안하면 매우 날카롭고 견고한 창을 아주 가까이에서 던진 것이 틀림없었다.

이 뼈는 아마 석기 시대의 용맹한 행동에 관한 기록일 것이다. 창을 던진 사람은 약 4미터 높이 매머드의 바로 눈앞에서 일격을 날렸다. 엄청난 힘을 가진 매머드는 놀란 영양처럼 달아나지 않는다. 그러므로 선두에 선 그 사냥꾼은 목숨을 걸었다. 그는 "대부분의 사람들이 하는 행동"을 하지 않았다. 대부분의 사람들은 사냥감이 힘이 빠질 때까지 안전한 거리를 두고 물러선다. 하지만 모두가 안전하게만 행동하려든다면 누구도 안전할 수 없다. 주인공 사냥꾼의 영웅적 행동은 인간 심리의 새로운 면을 보여준다. 이는 영양을 쫓을 때 협력했던 것과는 다른 차원이다. 단순히 하나의 팀으로 움직이는 것이 아니라 누군가 팀을 위해 희생한 것이다.

한편 그 치명적 무기는 어디서 왔을까? 똑바로 날아가고, 가죽을 꿰뚫고, 뼈에 박히는 창을 만드는 것은 힘든 일이다. 부싯돌을 더 단단한 돌로 뾰족하게 갈고, 나뭇가지를 벗기고 깎고 매끈하게 다음어 곧은 자루를 만든 뒤 거기에 창날을 끈이나 힘줄로 묶어야 한다. 50만 년 전부터 등장한 뾰족한 돌창은 주먹도끼처럼 보편적인 도구는 아니었다. 이 도구를 사용한 공동체도 있었고 아닌 곳도 있었다. 사용 기간이 몇 세대에 그친 집단도 있었는데, 이런 문화 망각은 창 제작이 주위 동료들을 둘러보는 것만으로는 쉽게 배울 수 없는 전문 기술임을 의미한다.[3] 기술을 가진 달인을 지켜보며 오랜 시간 관심을 기울여야 얻을 수 있는 기술이다. 미처 배우지 못한 상태에서 달인이 죽으면 그 공동체는 창 제작법을 잃을 수 있다.

용맹한 사냥, 정교한 도구 제작, 은신처 건설, 병약자 돌보기 등 개인이 집단을 위해 희생한 흔적이 약 50만 년 전의 화석 기록에 남아 있다. 새로운 종인 호모 하이델베르겐시스Homo heidelbergensis 곧 하이델베르크인이 등장한 시기다. 오늘날의 우리와 키가 거의 비슷하고 뇌의 크기는 90%인 그들은 먹이 사슬의 최상위로 올라섰다. 1994년에 독일 쇠닝겐Schöningen에서 이들의 유물이 나왔다. 대형 사냥감들이 도살된 뼈 무더기 근처에서 정교하게 제작된 투척용 창들이 광부들에 의해 발견되었다. 고고학자들이 조사했더

니 사냥감은 30만 년 전의 야생마, 코끼리, 들소였다. 학자들은 사냥꾼들이 여름철 물웅덩이 근처 갈대숲에 숨어 있다가 사냥감을 습격했고, 한 무리에 필요한 식량보다 훨씬 큰 규모로 사냥을 했다는 사실을 확인했다. 인근 무리들을 하나로 묶는 씨족 수준의 협력이 시작되었다는 뜻이다.[4]

하이델베르크인의 이런 사회적 혁신은 내가 "영웅 본능"이라 부르는 인간 심리의 한 측면을 반영한다.[5] 동료 본능이 집단 내 대부분의 사람들이 하는 행동을 인코딩해 순응을 유도하는 반면, 영웅 본능은 가장 존경받는 사람이 하는 일을 인코딩해 그와 비슷하게 기여하고 싶은 열망을 일으킨다. 이 조상들은 자기 집단에서 무엇이 정상인지뿐 아니라 규범적인 것에도 관심을 갖게 되었다. 공동체에 기여하려면 구성원들이 어떤 행동을 승인하고 칭찬하는지, 반대로 어떤 행동을 거부하고 경멸하는지 알아차려야 한다. 행동과학자들은 이런 평가적 사회 규범을 "이상ideal" "준거準據, mores" "명령적 규범injunctive norm"이라고 하는데 더 단순하게 표현한 것이 "영웅 코드"다.[6] 영웅 코드는 문화 공동체에서 존경받는 구성원들이 보인 모범에서 인코딩된 미덕의 이미지로, 비슷한 존경을 얻고자 하는 우리의 열망을 틀 짓는다.

진화론에서 이타주의는 오랜 수수께끼였다. 자연선택은 "가장 착한 개체the nicest"가 아니라 "가장 적합한 개체the fittest"의 생존을 선호한다. 그런데 관용이 어떻게 진화할 수 있었을까? 찰스 다원Charles Darwin 역시 부족을 위해 죽음을 감수하는 "고귀한 야만인noble savage"이 그런 친사회적 특성을 어떻게 후대에 전할 수 있었는지 알아내려고 고심했다. 적합성fitness은 그레고어 멘델Gregor Mendel이 유전자를 발견한 이후에야 유전자 전파 확률이라는 관점에서 이해되기 시작했다. 친족에 대한 희생은 많은 종에서 나타나는데, 친족은 유전자를 공유하기 때문에 희생이 결실을 맺는다. 유대 관계를 맺은 선별적인 다른 개체들을 돕는 현상도 여러 종에서 보인다. 그 친구들이 내가 도움이 필요할 때 보답해줘서 나의 재생산 가능성이 높아지기 때문에 이런 행동에는 보상이 주어지는 셈이다.

그런데 (친척과 친구를 넘어) 더 넓은 범위의 집단에 기여하는 것은 동일한 방식으로 "보상"을 얻는 것이 아니므로 친사회적 충동이 어떻게 진화했는지는 계속 수수께끼로 남아 있었다. 결국 이론가들은 평판을 중시하는reputation-minded 종에서는 친사회성prosociality이 보상받는다는 것을 수학적으로 증명했다.[7] 공동체 구성원들이 서로의 행동을 평가하고, 그 평가를 서로 공유하고, 평판에 따라 남들을 대우한다면 친사회성은 번식 전망에 도움이 되어 선택될 것이다. 이 이론은 다른 영장류 종에서는 친사회성이 나타나지 않는 이유, 곧 집단 내에서 지식을 공유하는 능력이 부족한 이유를 설명해준다.

석기 시대 조상들도 평판을 중시했을까

그런데 평판 중시라는 것으로 석기 시대부터 시작된 친사회성을 설명할 수 있을까? 요즘 사람들이 평판에 신경 쓰는 것은 분명하다.[8] 우리는 인정과 존경을 얻으려고 공동체에 봉사하는 직책에 자원한다. 자기 분야에서 이름을 알리기 위해 애쓰면 직업적인 "성공의 문"이 열릴 것이라고 여긴다. 상대의 평판을 염두에 두고 어울리거나 피한다. 이런 집단 평가와 보상 시스템은 범죄 기록, 신용 점수, 앱에 특화된 평판 점수 등으로 제도화되어 있다. 기술이 평판 게임을 너무 멀리 가져간다는 우려도 있지만 평판 중시는 처음부터 인간 본성의 일부였다는 사실이 연구를 통해 점차 밝혀지고 있다.

심리학자 조너선 하이트Jonathan Haidt는 사람들의 도덕적 평가가 (과거 도덕심리학자들이 가정했던) 추상적 추론이 아니라 감정 반응에서 나온다는 것을 밝혔다.[9] 도덕에 어긋나는 것을 보면 우리에게는 역겨운 것을 맛보았을 때와 같은 감정과 표정이 유발된다.[10] 내적으로 신경 활성화도 똑같은 방식으로 진행된다. 혐오감은 독성 물질에 대한 영장류의 반사 반응(코 찡그리기, 입술 오므리기, 물질을 배출하기 위한 침 뱉기)에서 비롯되었지만 진화를 거치며 부도덕한 행동에 대한 반응으로 함께 채택되었다.[11] 긍정적 평가 또한 채택된 원초적 감정이다. 심리학자 다허 켈트너Dacher Keltner에 따르면 유인원은 멋진 경관을 봤을 때 경탄과 흥미를 느끼는 반면 인간은 훌륭한 기술이나 미덕에 경외심을 느끼며 몰입하고 탐구한다.[12] 다른 사람들에 대한 긍정적·부정적 평가를 공유하려는 우리의 욕구도 마찬가지로 원초적이다. 로빈 던바는 우리 조상들이 털을 잃으면서 상호 그루밍을 대체하기 위해 가십이 출현했다고 주장했다.[13] "엿듣기" 연구를 보면 가십(타인을 평가하는 대화)이 모든 공개 대화의 70%를 차지하는 것으로 일관되게 나타난다. 마야 원주민 마을이든, 몬태나주 목장 마을이든, 옥스퍼드대학교 교수진이든 결과는 같다. 인간은 출발점에서부터 도덕적인 판단을 내리고 남의 말을 즐겨왔기 때문에 석기 시대 공동체들도 평판을 중시했을 것이라는 주장은 타당해 보인다.

평판이 고인류 조상들의 선택에 어떤 영향을 미쳤는지 직접 증거는 없지만 인류 기원을 연구하는 학자들은 고대 유물과 인류학의 간접 증거들을 참고한다. 태곳적 이야기들을 봐도 평판은 대단히 중요하게 여겨지며 커다란 보상이 주어진다. 인도 고대 서사시《마하바라타Mahābhārata》에서 아르주나는 명성과 존경을 잃지 않으려고 친족을 상대로 한 전쟁에 참가했다.《성경》에서는 솔로몬왕이 지혜 덕분에 700명의 아내와 500톤의 금을 공물로 받았다.《일리아드Iliad》의 아킬레우스는 트로이인들과 싸워 이름을 빛냈다. 아테네에서는 부자들이 영웅의 지위를 얻기 위해 공공사업(예를 들어 다리나 원형극장 건축)에 자금을 지원했다.[14]

태평양 북서부 해안의 아메리카 원주민 사회에서는 지도자가 자신의 부와 권력을 드러내기 위해 선물을 나눠주는 행사인 포틀래치 잔치를 성대하게 여는 것이 명성을 얻는 길이었다. 멜라네시아에서는 지속적으로 부조를 하면 "빅 맨"(또는 "빅 우먼") 지위를 얻었고, 거기에는 정치적 특권이 뒤따랐다.[15] 수렵채집 사회는 평판과 지위에 관심이 없다고 많은 저자들이 주장하지만 겉으로 평등해 보이는 문화에도 기여가 큰 이들에게 보상하는 방식이 존재한다.[16] 예를 들어 지위 차이를 공공연히 인정하지 않고 순수하게 필요를 기준으로 식량을 배분하는 파라과이의 아체Aché족도 생산성이 높은 구성원은 부상당하거나 병들었을 때 더 나은 치료를 받는다. !쿵!Kung족 부시맨은 ("사냥감을 깎아내리며") 뛰어난 사냥꾼들을 조롱하는 것으로 유명하지만 장기 연구 결과 생산성 높은 사냥꾼이 더 많은 자손을 낳는다는 것이 밝혀졌다.[17] 이처럼 표면상 지위 평준화를 강조하는 문화에서도 결국 영웅들은 보상을 받는다. 평판에 대한 보상은 기여하는 사람과 집단 양쪽에 도움이 된다.

짝짓기 상대, 고기, 돈 등 영웅에게 보내는 사회의 찬사는 우리의 친사회적 본능이 진화할 수 있도록 만들었다. 그렇다고 우리의 주관적 동기가 이런 "외적 보상"에만 오롯이 집중하는 것은 아니다. 우리 종에서는 존경과 자부심 같은 "내적 보상"에 대한 욕구가 함께 진화했다. 순전히 거래 동기만으로는 다양한 친사회적 행동을 촉진하거나 많은 보상을 얻지 못한다. 공동체에 기여가 필요한 바로 그 시점에는 대개 보상이 명확하지 않고 즉각 주어지지도 않는다. 또 공동체는 보상을 기대하지 않는 기여를 더 존중하며 더 영웅적으로 평가한다.[18] 아이러니하게도 이런 "사심 없는 행위"가 훨씬 더 풍부한 사회적 보상을 가져오기 때문에 친사회적 기여에 관한 내재적 동기들이 진화했을지 모른다.

영웅 본능 시스템에는 기여 행위에 동기를 부여하는 과정뿐 아니라 공동체가 존경하고 원하는 것을 파악하기 위한 학습 휴리스틱learning heuristic도 필요했다(휴리스틱은 의사 결정 과정을 단순화해 빠른 판단을 하기 위한 어림짐작 기술이다-옮긴이). 공동체가 수십 명 무리에서 수백 명 규모 씨족으로 확장되면 개개인을 관찰하거나 일일이 물어보면서 배우기가 어려워진다. 가장 사회적 지위가 높은 구성원들의 행동에 집중하는 것이 편리한 지름길이다. 이런 지위는 직함이나 성공 증표로 표시되기도 하고 때로는 비공식적 특권으로 드러난다. 높은 지위를 가진 개인은 공동체가 높이 평가하는 자질을 전형적으로 보여주므로 우리는 그 본보기를 통해 배울 수 있다. 이러한 개인은 대중에게 인정받는 길을 보여주는 표지판이다. 공동체의 영웅들을 주목하고 모방하는 이런 적응은 우리가 CEO들이 아침 식사로 무엇을 먹는지에 관한 낚시성 링크에 끌리고, 어느 정치인이 사각팬티를 입는지 삼각팬티를 입는지에 관한 "인간 관심사" 기사를 읽게 되는 이유다.

영웅의 뛰어난 기량, 그가 명성을 얻게 된 이유를 항상 정확하게 파악하기는 어려우므로 우리의 영웅 학습 과정은 범위를 정하는 데서 오류를 범한다. 그래서 그들의 독특한 행동을 전부 모방한다. 바이오벤처 창업자인 엘리자베스 홈스Elizabeth Holmes 등 젊은 기술 업체 창업자들이 스티브 잡스Steve Jobs의 트레이드마크인 검은 터틀넥을 자주 입는 것도 이 때문이다. 이처럼 임의적인 기벽을 모방하는 일은 자의식이 강할 것 같은 직업군에서도 나타난다. 정신분석학 학회에 가면 프로이트처럼 수염을 기르는 사람들이 놀라울 정도로 많다.

지위와 관련된 동기 및 학습 휴리스틱의 묶음인 영웅 본능은 우리 조상들의 부족 생활에 새로운 차원을 가져왔다. 단순히 동료를 통해 사회 학습을 하는 데 그치지 않고 영웅을 통한 학습(지위가 높은 구성원에 대한 관심과 모방)이 이루어졌다. 그저 정상적으로 행동하려는 동기에 규범적으로 행동하려는 동기가 더해졌다. 구성원들은 개인적 희생을 감수하면서 집단의 선에 기여하는 모범 방식을 찾게 되었다. 그 결과 돌창 같은 새로운 도구, 대규모 사냥과 은신처 건설 같은 새로운 관행이 생겨났다. 이로써 (순전히 자기 이익만 추구하는 행위자들 간의 협력을 가로막는 "무임승차 문제"를 줄임으로써) 더 큰 집단에서도 협력이 가능해졌고, 하이델베르크인은 이전 인류가 누렸던 것보다 더 사회적이고 정교하고 안전한 생활방식을 갖게 되었다.

현대 사회에서도 영웅 본능은 공동체를 위한 강력한 힘으로 남아 있다. 기술을 습득하고, 이상을 지키고, 자신을 차별화하려는 열망에 동기를 부여한다. 날마다 자기 이익을 희생할 수는 없지만 "영혼이 움직일 때면" 떨치고 일어나 영웅처럼 행동한다. 이 본능을 활용하려 할 때 어려운 점은, 마음속에서 이런 열망을 형성하고 촉발하는 사회적 맥락을 이해해야 한다는 것이다. 사람들이 앞으로 나설지 말지는 상황이 어떤 방식으로 관련 영웅 코드를 촉발하는지 세부 사항에 달려 있다.

부족 상징, 영웅 본능을 촉발하는 방법

마틴 루서 킹 목사는 저 유명한 연설을 준비할 때 "나에게는 꿈이 있습니다 I have a dream"라고 말할 계획이 없었다.[19] 1963년 워싱턴 행진을 조직한 동료들과 그는 국회의사당 계단에서 민권 운동에 관한 건조한 연설을 할 생각이었다(잠정 연설 제목은 〈정상 상태— 다시는 없다 Normalcy—Never Again〉였다). 하지만 8월 28일이 다가오면서 계획이 바뀌었다. 링컨기념관이 더 적당한 장소로 여겨졌고, 킹 목사는 동료 활동가들뿐 아니라 더 많은 청중이 공감할 내용을 담고 싶었다. 연설 전날 밤 킹은 많은 사람들과 이야기를 나누고 새벽 4시까지 문구를 지우고 더하는 일을 반복하며 초안을 수정했다.

그 시각, 뜻을 같이하는 정치, 종교, 노동 단체들이 버스와 기차,

항공기를 타고 수도 워싱턴으로 모이는 중이었다. 날이 밝자 불볕더위와 높은 습도 탓에 참가자 수가 기대에 미치지 못할 것이라는 소문이 퍼졌다. 10만 명이 아니라 2만 5000명에 불과할 것이라는 예측이 무성했다. 정오 무렵에는 기온이 30도로 치솟았다. 하지만 온종일 사람들이 연이어 도착했고, 늦은 오후가 되자 25만 명이라는 기록적인 인파가 도심 공원인 내셔널몰National Mall을 가득 채운 채 음악 공연과 연설에 귀를 기울였다.

킹은 마지막 연사였다. 그가 연단을 향해 계단을 오를 때쯤에는 분위기가 시들해졌고 많은 사람들이 자리를 떠나려 짐을 챙기고 있었다. 빨강, 하양, 파랑의 우뚝 솟은 깃발들 옆에 선 검은 양복 차림의 킹 목사는 한 세기 전 노예 해방 선언에 서명했던 위대한 대통령의 "상징적인 그림자"를 언급하는 것으로 연설을 시작했다. 연단을 움켜쥔 채로, 킹은 미국 유색 인종 시민들에 대한 그 "약속 어음"이 아직 지불되지 않았다고 했다. 그는 활동가들에게 증오와 폭력의 유혹을 이겨내면서 "자유의 풍요로움"을 향한 요구를 밀고 나가야 한다고 촉구했다. 적절한 비유였지만 이전 설교에서 흔히 그랬던 것과는 달리 사람들의 마음을 움직이지는 못했다. 연설이 끝나갈 무렵 킹은 또 다른 지적인 말을 하기 전에 잠깐 멈추었다. 그때 앞서 공연했던 가스펠 가수 마할리아 잭슨Mahalia Jackson이 소리쳤다. "꿈에 대해 말해줘요, 마틴!" 그가 대의에 관해 설교할 때 가끔 사용했던 은유를 이야기하라는 것이었다.

킹은 원고를 밀쳐두고 "아메리칸드림에 깊이 뿌리박은 꿈"인 더 평등한 미래에 관한 희망을 말하기 시작했다. 미국은 "모든 인간은 평등하게 창조되었다"라는 건국 이념에 부끄럽지 않은 나라가 되어야 했다. 그는 희망에 찬 목소리로 "달콤한 자유의 땅" "자유가 울려 퍼지게 하라"라는 미국 최초의 국가 가사들을 낭송했다. 청중들로부터 환호가 터져 나오자("말해봐요, 마틴!") 그는 신 앞의 평등에 관한 《성경》〈시편〉과 비유를 줄줄이 풀어냈다. "흑인과 백인, 유대인과 이방인, 프로테스탄트와 가톨릭 등 하나님의 모든 자녀가 손을 잡고 옛 흑인 영가의 가사 '마침내 자유! 마침내 자유! 전능하신 하나님 감사합니다, 우리는 마침내 자유를 얻었습니다'를 노래할 수 있는" 날을 펼쳐 보였다.

이 연설은 군중을 사로잡아 하나로 만들고 집단 의지를 불어넣었다. 또 전국의 중계망을 통해 미국인들의 거실 TV에 전달되었다. 케네디 대통령은 ("정말 잘한다, 정말 잘해"라고 소리치며) 백악관에서 이를 지켜보았고, 이후 킹과 동료들을 초대했다.[20] 킹의 연설은 대학생에서부터 환경미화원에 이르기까지 각양각색의 사람들 마음을 움직여 그들이 민권 운동의 행진, 파업, 유권자 운동에 동참하도록 만들었다. 대중의 지지가 급증하자 의회는 1964년 민권법, 1965년 선거권법을 과감하게 통과시켰다. 그 공로로 킹은 최연소 노벨 평화상 수상자가 되었다. 이후 몇 년 동안 "나에게는 꿈이 있습니다"라는 그의 반복 어구는 이상에 대한 열망을 표현하는 표어로 미국인의 언어에 뿌리를 내렸다.

  국회의사당 계단에서 정치 연설을 하려던 원래 계획대로 진행했다면 이런 일들은 불가능했을 것이다. 일부 청중의 관심을 끌 수는 있었겠지만 그들을 고무시키지는 못했을 것이다. 내셔널몰의 청중은 추상적인 연설을 들은 것이 아니라 시각적·언어적 상징의 오페라를 경험했다. 계단 양옆에 성조기가 휘날렸고, 뒤편 대리석 사원에서는 링컨이 내려다보고 있었다. 미국 건국자들의 상징적 문구인 "달콤한 자유의 땅"이라는 친숙한 가사가 청중의 귀에 들렸고, 오래된 《성경》 구절들이 메아리로 울렸다. 킹은 그들의 조국과 신조에 대한 고귀한 상징들로 청중을 둘러쌌다. 그의 목표는 가르치는 것이 아니라 일깨우는 것이었다. 2대째 목사였던 그는 사람들이 고귀한 이상을 품고 있으나 항상 거기에 따라 행동하지는 않음을 잘 알고 있었다. 이상은 일상 과제와 이기적 관심사의 무더기에 깔려 우리 마음속에 묻혀버린다. 목사의 역할 중 하나는 사람들의 더 높은 자아를 일깨우고 이상을 마음의 전면으로 끌어올리는 것이다. 킹은 자기 앞에 모여 있는 "이미 개종한" 활동가들뿐 아니라 집에서 지켜보는 더 많은 "개종하지 않은" 대중을 대상으로 설교할 때라고 판단했다. 그는 부족의 평등 상징으로 이상을 환기하면서 청중의 정치적·종교적 충성심에 뿌리를 둔 꿈에 관해 이야기했다. 이미 그들이 공유하고 있는 영웅 코드에 따라 행동하라는 요청이었다.

동료 코드는 부족 표지sign에서 유발되고, 영웅 코드는 부족 "상징symbol"에서 유발된다. 부족 상징은 공동체가 자신을 나타내기 위해 사용하는 특수한 표지다. 한 집단의 상징은 집단의 핵심 이념과 관련이 있다. 킹의 연설을 듣던 군중은 미국 국기Old Glory와 정직한 에이브Honest Abe(링컨의 별명-옮긴이)를 눈으로 보고, "양도할 수 없는 권리" "아메리칸드림" 같은 문구를 귀로 듣고 기회 균등이라는 정치적 이상을 떠올렸다. 《구약성경》의 금언과 《신약성경》의 비유를 듣고 신 앞에서 평등한 영혼이라는 유대-기독교적 이상을 떠올렸다. 아이콘icon급 상징은 의미를 끌어당기는 자석과 같아서 잠재된 이상을 기억의 저 밑바닥에서 전면으로 끌어올린다.

본래 "아이콘"은 신자들에게 영적 상태를 상기시키는 종교 그림과 성상을 가리키는 단어였다. 아이콘이 마음을 움직이는 힘이 너무 강하면 숭배자들은 아이콘을 신이나 성인처럼 공경하기도 한다(이런 우상 숭배가 종종 우상 파괴를 유발한다).[21] 기독교의 십자가는 희생이라는 신앙의 이상과 관련된 아이콘이다.[22] 프랑스의 한 마을에서 이루어진 현장 연구에서는 행인들을 멈춰 세우고 장기 기증자 등록을 요청했는데, 이때 요청하는 사람이 십자가 목걸이를 했을 경우 등록 가능성이 15% 높았다.[23] 다른 연구에서는 기독교인이 교회를 막 지나쳐 왔을 때(또는 무슬림이 예배 직전 의식인 예배 촉구 낭송 소리를 방금 들었을 때) 자선 기부를 할 가능성이 더 높은 것으로 나타났다.[24] 심지어는 아이콘(예를 들어 천사)을 의식하지 못하게 서브리미널subliminal 방식으로 화면에 슬쩍 비추는 것만으로 실험 참가자들의 마음에 "자선" 같은 종교 개념이 활성화되고 생리가 도전 모드로 전환되어, 푸드 뱅크 자원봉사처럼 거기에 상응하는 친사회적 선택을 하게 만든다는 실험들도 있다.[25] 그렇다고 종교 상징이 모든 사람에게 자애심을 불러일으키는 것은 아니다. 일부 집단에서는 동성 결혼과 낙태에 대한 반대를 강화하기도 한다.[26] 상징은 부족의 이상과 그것을 지키려는 열망을 촉발하지만 발현 형태는 자선이 될 수도 비난이 될 수도 있다.

국가 아이콘도 비슷한 방식으로 강력한 힘을 발휘한다.[27] 수 세기 동안 군인들은 깃발을 따라 전장에 나갔고, 죽을 때까지 국기를 수호하는 일이 많았다. 오늘날에도 미국인은 (정교회 신자들이 성상에 기도하듯이) 국기에 대해 충성을 맹세한다. 깃발은 전장에서 애국심을 촉발하고, 미국 교실이나 법정에 걸린 성조기는 시민적 이상을 불러일으킨다.[28] 동등한 별들(50개 주를 뜻한다)과 줄무늬들(독립 당시 연방에 가입한 13개 연방 주를 뜻한다)은 평등주의 이상을 상징한다. 킹 목사가 바랐던 것처럼 성조기를 눈으로 보는 것은 미국인들, 특히 자신을 국가와 강하게 동일시하는 사람들에게 평등주의 개념을 활성화하고 포용적인 선택을 하도록 북돋운다.[29] 프랑스 국기인 삼색기는 절대 왕정 시기의 영지 세 곳을 의미하며, 실용성보다는 미식의 즐거움을 위한 식사 같은 프랑스 문화의 이상과 관련이 있다. 문화 정체성을 중심으로 영양 정보가 음식의 가치 평가에 미치는 영향을 살펴본 최근 연구에 따르면 프랑스 학생들에게 삼색기는 쾌락주의 마인드셋을 유발하므로 자세한 영양 정보를 들려주면 당황한다고 한다.[30] 그들의 프랑스인 정체성이 활성화되면 이런 정보는 음식에 대한 즐거움과 평가를 낮춘다. 한편 브르타뉴의 한 가게에서 삼색기를 흑백의 브르타뉴 깃발로 바꾸자 쇼핑객들이 브리 치즈 같은 다른 지방에서 생산된 치즈 대신 생폴랭 치즈 같은 자기네 지역 치즈를 더 많이 구매하는 현상이 나타났다.[31] 깃발은 사회의 이상을 환기하지만 정확히 어떤 이상인지는 맥락과 그때 내려지는 판단에 따라 달라진다.

깃발과 십자가 이전 최초의 집단 상징은 토템 동물이었다.[32] 몽골 훈Hun족의 토템 동물은 늑대, 중국 윈난성 열대우림 지역의 바이Bai족은 호랑이, 내몽골 유목민 다우르Daur족은 말이었다. 토템으로 선택된 동물은 각 집단이 이상적으로 여기는 속성을 지니고 있었다.[33] 캐나다 동부 오지브웨Ojibwe족도 토템을 통해 각 집단의 미덕을 짐작할 수 있는데, 예컨대 정착지를 지키는 것은 누크Nooke(또는 곰) 씨족의 임무였다. 맹렬함, 힘, 속도 등을 이유로 토템으로 선택된 많은 동물이 문장紋章(예를 들어 사자와 수탉), 기업 로고(MGM의 사자, 페라리의 말, 트위터의 새), 스포츠 팀의 휘장(디트로이트의 사자, 시카고의 황소, 남아공의 스프링복)에 재등장한다. 털 코스튬을 입은 마스코트가 팬들을 열광시켜 자기편을 응원하고 상대편을 야유하게 만들 때도 토템의 힘은 살아 있다.

상징이 집단 정체성과 이상을 촉발하면 우리는 세상을 "우리" 대 "그들"의 관점에서 보는 경향이 있다.[34] 이는 우선 평가 차원에서부터 시작된다. 그래서 팬들은 자기 팀의 기량에 감탄하고 상대 팀의 반칙에 혐오감을 느낀다. 한편 상징은 친사회적 행동을 유도하기도 한다. 맨체스터 유나이티드 축구 팬들 대상 연구에서 조깅하는 사람으로 가장한 연구원이 넘어져서 발목을 움켜잡았다. 그가 벌 로고가 새겨진 맨체스터 셔츠를 입었을 때 팬들은 가던 길을 멈추고 더 많은 도움을 주었다. 새 로고가 새겨진 리버풀 셔츠나 로고가 없는 셔츠를 입었을 때와 차이가 났다. 그다지 놀라운 일은 아니다. "우리" 중 한 사람을 도우려는 충동은 "그들" 중 한 명이나 소속을 알 수 없는 사람을 도우려는 충동보다 강력하다. 이어진 연구에서는 참가자들에게 축구광, 곧 "아름다운 경기"의 열혈 팬으로서의 경험에 대해 먼저 물었다. 그랬더니 좀 더 놀라운 결과가 나왔다. 포괄적인 "축구 팬" 정체성이 두드러지자 참가자들은 쓰러진 사람이 팀과 무관하게 축구팀 셔츠를 입었을 때 로고가 없는 셔츠를 입었을 때보다 더 도움을 주려고 했다.[35] 이런 "상위 정체성superordinate identity" 효과는 부족적 사고의 가변성을 보여준다.[36] 더 넓은 정체성이 촉발되면 한때 "그들"이었던 낯선 사람이 "우리"가 될 수 있다.

부족 정체성을 능숙하게 끌어내는 지도자는 연합을 구축해 역경을 극복할 수 있다. 볼로디미르 젤렌스키Volodymyr Zelenskyy 우크라이나 대통령이 그렇다. 배우 출신인 그는 우크라이나의 결의를 상징하는 아이콘이 되어 국가 분열을 어느 정도 통합했다. 그는 러시아의 로켓이 떨어지는 와중에 수도 키이우 거리에서 셀카를 찍으며 동포들에게 남아서 싸울 것을 독려했고, 동맹국들은 그들의 국가 상징을 내세워 교묘하게 끌어들였다. 러시아의 공세가 이어지는 동안 그는 영국 의회에서 독일 공습 당시 "우리 땅을 지키기 위해 싸웁시다"라고 했던 처칠의 상징적 연설을 그대로 따라 했다. 미국 의회에서는 진주만과 9.11 테러를 상기시키면서 "나에게는 꿈이 있습니다"라는 문구를 되풀이했다. 러시아와의 분쟁이 어떻게 끝날지는 알 수 없지만 젤렌스키는 "현실주의" 정치학자들이 생각했던 것보다 훨씬 강력한 저항을 이끌고 있다. 킹 목사와 마찬가지로 그는 이성적 주장보다 부족 상징에 더 의존하고 있다.

뱅크 오브 아메리카 대 메릴린치: 집단 상징이 작동하는 조건

1991년 노스캐롤라이나 내셔널 은행North Carolina National Bank, NCNB은 지역 경쟁 업체를 인수해 미국 남동부의 지배적 금융 기업이 되었다. 샬럿에 본사를 둔 이 은행은 금융 위기를 기회 삼아 샌프란시스코의 뱅크 오브 아메리카Bank of America, BoA를 인수한 뒤 이례적으로 사명을 아예 뱅크 오브 아메리카로 바꿔 지역색을 지웠다. 이후 인수 속도를 더욱 높여 뉴잉글랜드의 플릿, 워싱턴 대도시권의 MBNA, 시카고의 라샐, 로스앤젤레스의 컨트리와이드를 속속 사들였다. 규모, 표준화, 비용 절감을 우선시하는 켄 루이스 Ken Lewis CEO는 자사를 "은행업계의 월마트"라고 표현했다.[37] 직원들의 복장도 그 방침을 따랐다. 지점 직원들은 철저히 비즈니스 캐주얼을 입었고, 본사 임원들도 고급 맞춤 정장을 피하고 단순한 기성복 정장을 입었다. 거기에 성조기 라펠 핀을 꽂으면 스타일이 완성되었다.

인수된 기업의 관리자들 대부분은 순조롭게 전환해 뱅크 오브 아메리카의 이름과 깃발 로고에 쉽게 적응했다. 동등한 대우, 폭넓은 접근성 등 뱅크 오브 아메리카의 핵심 이념은 소비자 은행업의 핵심 사명과도 일치해 별문제가 없었다. 뱅크 오브 아메리카는 양측 관리자들을 한자리에 모아 공동의 열망을 확인하는 사외 팀워크 행사도 열었다. 그중 한 자리에서는 직원들이 U2의 〈원One〉 가사를 진심을 담아 개사해 공연하기도 했다.

더 좋아졌어요
이제 우리는 똑같아요
위대한 두 기업이 하나가 되었죠
이제 MBNA는 B of A

하나의 은행! 하나의 카드! …

창조적 통합에 대한 노래를 은행 합병 찬가로 바꾸는 것은 무리수일지 모른다. 하지만 유출된 행사 동영상에는 보수적인 은행원들이 진정성을 담아 이 가사를 노래하고, 듣는 사람들은 거기에 맞추어 발을 까닥이는 모습이 담겨 있다.[38] 가사에 나온 은행명 머리글자와 슬로건은 그들에게 큰 의미가 있는 상징이었고, 기업 상징들의 융합은 기업 운영 통합이라는 도전에 동기를 부여했다.

뱅크 오브 아메리카는 과거의 경쟁자들을 흡수하면서 이름에 걸맞은 전국 브랜드로 성장해 2007년에는 미국인 5명 중 1명을 고객으로 확보했다. 하지만 루이스는 만족하지 않았다. 당좌예금과 신용카드 위주의 안전한 소비자 금융을 넘어 굵직한 거래와 고위험 고수익을 추구하는 투자은행업으로 확장하려 했고, 이는 그의 화려한 커리어에서 마지막 무대가 될 터였다. 금융 위기가 루이스에게 갑작스러운 기회를 제공해주었다. 부실 자산의 무게에 짓눌린 블루칩 월스트리트 은행들이 생존을 위해 안간힘을 쓰는 중이었다.

그해 9월에 루이스는 뉴욕으로 날아가 100년 역사의 메릴린치를 찾았다. 대중의 머릿속에서 메릴린치의 중후한 이름과 돌진하는 황소 로고는 월스트리트와 동의어였다. 전국의 자산 관리 사무소에서 이 회사의 "천둥 칠 때 한꺼번에 움직이는 소 떼thundering herd"(저돌적이고 일사불란한 움직임으로 업계를 선도한 메릴린치의 별명-옮긴이) 라 불린 브로커들 수천 명이 주식, 채권, 투자에 대한 조언을 제공하며 "월스트리트를 메인스트리트Main Street로 가져왔다"라는 평가를 들었다(메인스트리트는 마을이나 도시의 주요 소매 거리로, 대기업의 이익을 대변하는 월스트리트와 달리 일반인과 소상공인의 이익을 대변한다는 의미로 사용된다-옮긴이). 각지에 흩어져 있던 메릴린치 브로커들은 수시로 모여 리더들과 만나고, 팁을 공유하고, 거래를 위해 협력했다. 브로커는 독립적으로 활동했지만 고객을 위한 최상의 해법을 찾기 위해 전문 지식을 서로 요청했고, 가장 도움을 많이 주는 브로커는 영향력을 얻어 리더 자리에 올랐다. 그들은 메릴린치에 깊은 충성심을 갖고 있어 회사를 "마더 메릴Mother Merrill"이라고 불렀다. 이 독보적인 네트워크 덕분에 메릴린치는 20세기에 그 어떤 은행보다 많은 인수 업무를 떠맡았다.

이틀간의 비밀 협상 끝에 루이스와 메릴린치 CEO는 기자회견을 열고 세상을 뒤흔드는 뉴스를 발표했다. 뱅크 오브 아메리카가 메릴린치를 500억 달러에 인수한다는 소식이었다.[39] 처음에는 전략적 탁월함을 보여주는 행보로 여겨졌다. 메릴린치는 위기에서 안정을 되찾고, 뱅크 오브 아메리카는 새로운 종류의 비즈니스로 진출할 길을 연 것으로 보였다. 하지만 기쁨은 오래가지 않았다. 합병 후 메릴린치는 임원들에게 거액의 보너스를 지급한 뒤 엄청난 손실을 발표해 합병 기업의 가치를 크게 떨어뜨렸다. 이 탓에 뱅크 오브 아메리카 임원진은 그렇지 않아도 상대적으로 훨씬 적었던 보너스를 더 삭감해야 했다. 샬럿의 임원들은 루이스가 불량품을 샀다고 화를 내며 부글거렸다.

합병 후 브랜드가 선을 보였을 때 간판과 명함에는 뱅크 오브 아메리카의 이름과 깃발이 전면에 등장했고 "메릴린치"는 아래에 희미한 글꼴로 적혀 있었다. 은행업계에서 가장 유명한 로고인 돌진하는 황소는 어디서도 찾아볼 수 없었다.[40] 메릴린치 브로커들은 소매 은행 지점처럼 브랜드화하면 고객을 자신들의 고급 자문 서비스로 끌어들일 수 없다고 생각했다. 많은 지점이 전화를 받을 때 계속 "메릴린치"라고 응답하면서 기존 메릴린치 명함을 사용했다. 그들은 예전의 메릴린치 회의를 그리워했고, 자신들을 "뱅크 오브 아메리카화"하려는 각종 교육과 외부 수련회를 비웃었다.(고객 개발 아이디어가 고작해야 '공짜 토스터기 나눠주기'인 이들이 운영하는 곳처럼 되라고?)[41] 투자 고객들에게 뱅크 오브 아메리카 신용카드를 "끼워 팔기" 하라는 본사의 지시도 브로커는 고객에게만 충성해야 한다는 메릴린치의 정신과 어긋난다고 여겼다. 결국 최고 브로커들 중 일부가 모건스탠리 등 경쟁사로 옮겨가며 고객들도 데려갔다.[42] 이로 인해 연쇄 이탈이 시작되었다. 남아 있는 사람들도 언제 떠날지 모를 동료와 팁이나 고객을 공유하기를 꺼리며 지역 사무실에서 몸을 사렸다. 인재가 유출되고, 관리 자산이 감소하고, 메릴린치 특유의 강점이던 협업 문화가 사라지고 있었다.

금융 분석가들이 확대되는 갈등을 "지옥의 합병"으로 규정짓자 루이스는 구세주를 찾아 나섰다. 인재 유출을 막고, 천둥 칠 때 한꺼번에 움직이는 소 떼 사이의 신뢰를 회복시켜줄 인물이 필요했다. 2009년 8월 그는 전 시티뱅크 자산 운영 부문 CEO였던 샐리 크로첵Sallie Krawcheck을 영입했다.[43] 크로첵은 이해 상충을 지적하고 브로커와 고객을 지원하는 것으로 명성을 쌓았으며, 노스캐롤라이나주에서 나고 자라 사모 자산업계의 언어뿐 아니라 샬럿의 언어에도 능통했다.

전국을 돌며 브로커들의 말에 귀 기울이고 본사 이사회에서 몇 달간 교섭을 거친 뒤 크로첵은 "황소가 돌아왔다!"라는 슬로건을 내걸고 조직 개편을 발표했다.[44] 자산 관리를 별도로 분리해 메릴린치라는 이름을 붙였고, 돌진하는 황소 로고를 다시 사용하며 긴밀한 관계와 강력한 자문을 강조했다. 거의 즉각 인원 유출이 둔화하고 사업이 개선되기 시작했다. 기존 메릴린치 출신들을 포섭해 번창했던 한 헤드헌터가 "크로첵은 채용 담당자 최악의 악몽"이라고 불평할 정도였다.[45] 브로커들은 금융 위기 이후의 저점이 매수 기회라고 예상하며 "미국에 대해 낙관적"이라는 전망을 내놓았다. 더 큰 보상을 위해 위험을 감수하는 일에 더 자신감을 갖게 된 것이다. 그들은 자진해서 초과 근무를 했고, 다른 지점에 전화를 걸어 협력을 요청했다. 개인 자산 관리 사업은 뱅크 오브 아메리카의 수익성 지표를 밝히는 부문이 되었고, 2011년에는 수익과 잔고가 위기 이전 수준보다 높아졌다. 크로첵은 너무 허술해진 뱅크 오브 아메리카의 경계를 강화하기 위해 경쟁 금지 조항(고용주와 경쟁 관계인 동일 계열 기업에 취업하지 않겠다고 약속하는 것-옮긴이)을 강화하는 등 다른 변화들도 단행했다. 하지만 회복을 가져온 핵심은 바로 회사명, 토템 로고 등 집단 상징의 복원이었다. 이러한 조치는 고객을 끌어모았을 뿐 아니라 "메릴린치 브로커들과 은행가들을 결집시켰다."[46] 이 작은 차이가 "소 떼"를 다시 한 번 우르르 몰려가게 만들었다.

킹 목사와 마찬가지로, 크로첵은 메릴린치의 기업가 정신을 대표하는 돌진하는 황소 등 친숙한 상징으로 사람들을 둘러싸 기여를 유도했다. 뱅크 오브 아메리카의 사명과 깃발 로고는 다른 소매 은행들을 인수할 때는 잘 통했다. 하지만 깃발 편과 동기부여 노래를 아무리 들이밀어도 골수 메릴린치 브로커들을 본사 지시에 따르도록 만들 수는 없었다. 브로커들의 이탈이 이어지던 당시 메릴린치의 한 베테랑이 "그들은 모두가 똑같이 보이고, 똑같이 행동하고, 뱅크 오브 아메리카 은행원들처럼 핀을 달기를 원한다"라고 말한 것도 그래서였다.[47] 집단의 상징은 집단과 집단의 이상에 공감하지 않는 사람들에게는 호응을 얻지 못한다.[48] 교회와 기독교 이미지는 신자들에게는 도덕적 결정과 판단을 활성화하지만 회의적인 사람들에게는 통하지 않는다.[49] 마케팅에서 민족이나 지역 상징을 내세워 해당 인구 집단을 겨냥하면, 집단에 속해 있으면서도 자신을 그 범주와 동일시하지 않는 사람의 마음은 움직이지 못한다.[50] 상징이 너무 두드러질 경우 그 범주에서 벗어나고 싶어서 집단의 규범에 반하는 행동을 하는 등 반항적인 반응을 보이는 구성원도 있다.[51] 뱅크 오브 아메리카의 사외 행사들을 비웃고 끼워 팔기 정책에 반대했던 브로커들은 뱅크 오브 아메리카에 충성한다는 것은 메릴린치에 대한 배신이라고 느꼈을 수도 있다. 집단 상징의 영향을 파악하려면 사람들의 정체성, 나아가 정체성 갈등까지 이해해야 한다.

이 사례는 또 집단의 이상을 촉발하는 데 도움이 되는 조건을 보여준다. 크로첵이 임무를 떠맡은 것은 합병 후 1년 정도 아노미 상태가 이어진 뒤였다. 메릴린치 브로커들은 공동체와 영웅을 잃은, 공민 의식을 지닌 사람들이었다. 기여와 인정에 관한 억눌린 욕구가 존재했기에 크로첵이 경계와 모임을 복원하자 극적인 변화가 나타났다. 이런 역학은 사회 실험social experiment(특정 사건이나 상황에 대한 사람들의 반응을 관찰하는 실험 - 옮긴이)에서도 동일하게 나타난다. 사회 실험 참가자들은 잃어버린 지위와 존경을 되찾기 위해 열성적으로 협력해 고립에서 벗어난다.[52] 욕구가 박탈되면 욕구를 충족하기 위한 노력이 커진다. 다시 한 무리가 된 느낌을 받은 메릴린치 브로커들은 기여 동기가 천둥처럼 폭발했다.

자부심과 수치심의 역학:
지켜보는 눈이 있을 때 더 친사회적이 된다

워싱턴 행진 이후 채 1년이 지나지 않은 1964년, '자유의 여름Freedom Summer' 프로젝트는 미시시피주의 흑인 유권자 등록(당시 등록률은 7% 미만이었다)을 위해 지원자 중에서 청년 1000명을 선발했다. 자원봉사자들 다수가 상징으로 가득한 킹 목사의 연설에 자극받은 이들이었다. 변화를 만들려던 그들은 아직 실현되지 않은 이상을 향해 나라를 움직이려고 시민권 운동에 참여했다. 남부로 배치되기 전에 그들이 오하이오주에서 받은 교육 내용은 미시시피주 백인 주민들의 강력한 저항을 예상하라는 것이었다.

그해 6월 중순에 첫 번째로 파견된 봉사자들이 미시시피주에서 활동을 시작했다. 그중 3명이 자유의 여름 프로젝트에서 수업을 진행했던 흑인 교회가 불탄 사건을 조사하기 위해 작은 마을로 향했다. 마을을 떠날 때 그들의 차는 미행을 당했고, 이후 늪지 근처에서 불타 버려진 채로 발견되었다. 지역 당국은 이를 실종 사건으로 처리했지만 나중에 FBI에 제보가 들어와 그들의 시신이 발견되었다. 조사 결과 지역 경찰의 사주를 받은 KKK 단원들에게 구타당하고 아주 가까이에서 쏜 총에 맞았다는 사실이 드러났다.

이 끔찍한 소식이 나머지 예비 자원봉사자들에게 전해지자 3분의 1이 프로그램에서 탈퇴했다. 하지만 3분의 2는 그럼에도 미시시피주에서 일하기로 결정했다. 사실 이 프로젝트 자체는 그해 여름 많은 유권자를 등록시키지 못했다. 하지만 전국적 관심을 끌어모으는 데는 성공했다. 주최자인 로버트 모지스Robert Moses가 "미국의 아이들을 데려오면 그들의 부모들이 미시시피주에 집중할 수밖에 없을 것"53이라고 했던 것도 이 점에 대한 기대를 드러낸 말이었다. 실제로 성공에 결정적인 역할을 한 것은 잔류한 자원봉사자들이었다. 그들의 부모와 전국 언론이 청년들의 남부 체류에 주목했기 때문이다.

20년 뒤 사회학자 더그 매캐덤Doug McAdam은 잔류자와 이탈자의 차이가 무엇인지 알아보았다. 그는 가치관, 경험, 소속을 묻는 이 프로그램 지원서 원본에 접근할 수 있었는데, 놀랍게도 두 그룹은 가치관이나 경험 수준에서 차이가 없었다. 유일한 차이점은 사회적 소속이었다. 남았던 이들은 시민권 단체에 소속되어 있었고, 동료 자원봉사자들과 전부터 교류가 있었다.54 그들은 민권 운동에 더 "사회적으로 편입"되어 있었다.

대의를 위해 커다란 위험을 감수하는 사람들은 흔히 이런 관계와 소속감에 의해 단단해진다. 깃발을 따라 전투에 나서는 군인들은 대개 소대원 및 기본 훈련을 함께 받은 동료들과 연대해 행동한다.55 거리 시위에서 전면에 나서 돌을 던지는 시위자들도 마찬가지다. 심지어 테러 행위조차 부적응자인 "고독한 늑대"가 아니라 급진화된 네트워크로 탄탄하게 연결된 구성원이 저지르는 경우가 더 많다.[56] 대의에 사회적으로 편입된 개인에게 행동할지 여부는 단순히 정치적 결정이 아니라 사회적 결정이다. 이 개인은 자신이 소중히 여기는 좋은 의견을 주는 사람들, 행동으로 옮기는 것에 찬성하고 행동하지 않는 것에 반대하는 사람들을 자기 "관객"으로 마주하게 된다.

돈과 시간을 희생하는 경우에도 관객의 지지는 중요하다.[57] 예술 단체나 대학에 엄청난 금액의 수표를 쓰는 자선가는 자신이 속한 사교계에서 선호하는 곳을 기부 대상으로 고르는 경향이 있다. 그린피스가 유명 인사를 초청해 모금 행사를 진행하고 공개 경매를 여는 것은 다른 환경운동가들이 지켜보고 있을 때 후원자들이 더 많은 기부금을 약정하기 때문이다. 기부 옵션이 있는 공원을 찾는 사람은 혼자 갈 때보다 단체로 갔을 때 기부금을 더 많이 낸다. 길 가다 헌혈 요청을 받았을 때 옆에 가족이나 친구가 있으면 헌혈 약속을 할 가능성이 더 높다. 공중화장실 이용자는 다른 사람이 있을 경우 용무를 마치고 손을 씻는 일이 배나 많다는 고전적인 연구 결과도 있다. 다양한 환경에서, 사람들은 지켜보는 눈이 있을 때 더 친사회적인 행동을 하려는 경향이 있다.[58] 주변에 있는 사람이 같은 대의를 위해 뛰는 동료 활동가가 아니어도 그렇다.

기부를 하는 이유, 그리고 누군가가 보고 있을 때 그렇게 하는 이유 중 하나는 평판이다. 고전 경제학에서는 자선을 평판이라는 보상을 추구하는 이기적 행위로 설명했다. 하지만 최근 나온 증거를 보면 분명 이것이 유일한 이유는 아니다. 행동경제학 실험들에 따르면 자선 행위가 익명으로 이루어져 평판에 아무 영향을 미치지 않을 때도 사람들은 부를 공유하는 경향이 있다. 한 명이 거액의 현금을 받는 게임에서 횡재한 플레이어는 그중 일부를 아무것도 받지 못한 동료 플레이어와 나눈다.[59] 2023년 TED 재단에서 행운의 지원자 200명에게 1만 달러씩 지급했더니 돈을 받은 이들은 평균 6400달러를 다른 사람을 위한 구매에 지출했다.[60] 아동심리학 실험들을 보면, 유아들조차 자기는 간식을 많이 받았는데 아무것도 받지 못한 아이가 있으면 나눠준다. 유아들은 이런 상황에서 침팬지들보다 더 많은 몫을 공유하는데, 이는 인간의 부족 본능이 개입되었음을 시사한다.[61] 관대한 행동은 심지어 "미운 두 살"에게서도 나타난다. 평판 이득과 번식의 대가를 계산하지 않는다고 확신할 수 있는 존재가 있다면 바로 두 살짜리 아이 아닌가!

물론 이런 익명 기부의 동기가 대단한 수수께끼는 아니다. 자신이 속한 공동체를 도울 때면 누구나 내면에서 "따스한 빛"을 느낀다. 똑같은 20달러를 각각 자신과 남을 위해 쓰라고 할당받았을 때 후자가 하루를 마칠 무렵 기분이 더 좋다. 이는 회고적 감정이지만 우리는 앞으로도 이런 "자부심"을 느끼기 위해 기부함으로써 미래지향적으로 행동한다. 엘리자베스 던Elizabeth Dunn의 연구에 따르면 급우와 나눌 기회를 놓친 학생들은 약간 "수치심"을 느낀다.[62] 수치심을 유발하는 것으로 나누는 행동을 늘릴 수 있다는 뜻이다.⁶³ 반대로 사이코패스는 수치심 반응 결핍이 특징이다. 유전적으로 결정되는 이 인격 장애를 가진 연쇄 살인범 게리 길모어 Gary Gilmore는 그것을 이렇게 표현했다. "내가 엄청나게 잘못하고 있다는 것을 알고 있다. 그래도 나는 계속할 수 있다."⁶⁴

자부심과 수치심은 역기능적 자기 초점dysfunctional self-focus 증상으로 흔히 알려져 있다.⁶⁵ 하지만 비교문화 연구들은 다른 그림을 보여준다. 그중 한 실험에서는 다양한 사회에 속한 응답자 그룹에 여러 가지 가능한 행동(예를 들어 옷 잘 차려입기, 물고기 잡기, 학교 졸업)을 상상한 뒤 그런 행동에서 어떤 감정을 느끼는지 설명하도록 요청했다. 한편 다른 참가자들에게는 그런 행동들 각각이 자기네 사회에서 얼마나 가치 있게 여겨지는지를 포함해 여러 속성에 대해 점수를 매기도록 했다. 행동 속성에 따라 감정이 어떻게 다른지 분석하자 사람들은 자신이 속한 사회가 가치를 부여하는 행동에는 자부심을, 낮추어 보는 행동에는 수치심을 느낀다는 일관된 결과가 나왔다.⁶⁶ 이는 자기 평판에 도움이 되는 행동을 하도록 유도하는 적응(영웅 본능의 일부)이다. 또 이 과정에서 자부심과 수치심은 (항상 그런 것은 아니지만) 대개 사람들이 집단에 유익한 행동을 하게끔 유도한다.⁶⁷ 이 기능을 고려하면 집단의 시선이 나에게 향했을 때 왜 자부심의 따스한 빛이나 수치심의 따가운 화끈거림이 증폭되는지 이해할 수 있다. 보는 눈이 많으면 우리의 평판은 특히 위험에 처하게 된다. 이것이 킹이나 크로첵 같은 지도자가 공동체 구성원을 하나로 모을 수 있었던 이유 중 하나다. 관객의 존재는 기여했을 때 느끼는 자부심과 그러지 못했을 때 느끼는 수치심을 높이기 때문이다.

관객의 존재를 암시하기만 해도 예기된 자부심이나 수치심을 불러일으켜 그에 따른 친사회적 행동을 유발할 수 있다. 한 직원 커피룸은 "무임승차" 문제로 골치를 썩이다가 커피포트 뒤의 포스터를 꽃 그림에서 감시하는 눈 그림으로 바꿨다. 그러자 공익을 위해 "무인 계산함"에 돈을 넣는 직원이 늘었다. 차량과 자전거 도난을 막기 위해서는 대개 카메라를 설치하는데 누군가 보고 있음을 암시하는 포스터도 비슷한 기능을 한다.[68] 수영장에 "소변 표시 염료"가 있다는 표지판을 걸어 반사회적 과실을 범하면 다른 이용객들이 알게 된다고 경고하는 것도 같은 원리다.[69] 우리가 아이들에게 "산타클로스는 네가 나쁜 아이인지 착한 아이인지 알아. 그러니 제발 착하게 굴어"라고 거짓말을 하는 이유도 이것이다. 모든 것을 지켜보고 판단하고 벌하는 신 이야기를 아이들에게 하는 것도 마찬가지다. 이런 종교적 신념은 사람들이 낯선 이들과 익명으로 교류할 만큼 사회가 커졌을 때 발전한다. !쿵족 같은 수렵채집인은 제한된 힘을 가진 애니미즘 정령들을 믿을 뿐이며 인간의 처신에는 관심이 적다.[70] 그런 공동체에서는 아는 사람들이 항상 나를 관찰하고 있으므로 나쁜 행동을 억제하기 위해 여호와, 예수, 알라가 필요하지 않다.

'자유의 여름' 프로그램을 구해준 "잔류자들"로 돌아가보자. 아마 그들은 소속된 활동가 그룹이나 친구들에게 깊은 인상을 남기기 위해, 적어도 그들을 실망시키지 않기 위해 남았을 것이다. 하지만 반드시 명성이나 지위를 염두에 두었다고 할 수는 없다. 단지 그들의 삶에는 각자의 관객이 있었기에 남기로 했을 때는 더 강한 자부심의 빛을, 떠나기로 했을 때는 더 날카로운 수치심의 화끈거림을 느꼈을 것이다. 어쩌면 다른 사람들의 평가가 아니라 내면의 자존감에 따라 결정을 내렸을지도 모른다. 이유가 어느 쪽이든 사회적으로 편입된 이 잔류자들은 우리가 킹 목사 연설에서 또 다른 수사학적 풍부함을 이해하는 데 도움을 준다.

이전의 많은 정치인들이나 대중 선동가들과 마찬가지로 킹은 청중을 개인으로만 대하지 않고 집단으로도 대했다. 그는 그들의 고향을 거론했고("미시시피로 돌아가세요, 앨라배마로 돌아가세요, 사우스캐롤라이나로 돌아가세요, 조지아로 돌아가세요, 루이지애나로 돌아가세요."), 종교적 소속을 언급했다("유대인과 이방인, 프로테스탄트와 가톨릭"). 국가적 대의를 내세우면서도 킹은 사람들이 가장 신경 쓰는 것은 지역 집단이며 그 집단이 그들의 관객이라는 점을 알고 있었다. 다양한 지역, 인종, 신념, 직업을 언급함으로써 킹은 그들이 예배 공동체, 노동조합 지부, 정치 단체 등 특정 집단에 속해 있음을 상기시켰다. 그 집단들이 그들의 더 많은 기여를 승인하고 지지할 것임을 강조한 것이다.

이런 사례들을 통해 우리는 친사회적 기여를 촉발하는 것은 상반된 힘을 반영하는 2가지의 상호작용, 곧 부족 아이콘 등 외부 자극과 존중 또는 인정을 원하는 내적 욕구의 상호작용임을 알 수 있다. 식욕이 보상 박탈(점심을 놓침)과 보상 근접성(피자 가게를 지나감)으로 심해지듯, 존중 욕구도 그렇다. 자기 집단에 기여하는 방식을 박탈당했던 메릴린치 브로커들은 크로첵이 부족의 경계와 상징을 복원하자 바로 그 기회로 뛰어들었다. '자유의 여름' 프로젝트 활동을 이어갔던 잔류자들은 거기에 관심을 가진 집단과 더 가까웠고, 따라서 명성과 자부심이라는 보상에 더 가까웠기 때문에 남기로 결정했다. 킹 목사가 그날 워싱턴 군중을 구성한 많은 집단을 일일이 거론한 것도 대의에 기여하려는 욕구를 같은 방식으로 자극했다.

3장

·

조상 본능,
전통을 배우고 잇고 지키는 것의 이로움

> 전통이란 모든 계층 중 가장 눈에 띄지 않는 계층,
> 곧 조상들에게 투표권을 주는 것을 의미한다.
> 이것은 죽은 자들의 민주주의다.[1]
> G. K. 체스터턴 G. K. Chesterton, 영국 작가

선사 시대 동굴 벽화가 알려주는 숨은 의미

프랑스 남부 론강 지류인 아르데슈강에는 30미터 높이의 자연석 아치인 퐁다르크 Pont-d'Arc가 우뚝 솟아 있다.[2] 근처에는 덤불 식물이 점점이 자리한 바위 절벽들 아래로 참나무 숲과 라벤더 들판이 펼쳐진 계곡이 있다. 봄과 여름에는 휴가 온 사람들이 강 협곡에 모여 카약과 카누를 타고 급류를 따라 내려간다.

1994년 공원 관리인인 장마리 쇼베 Jean-Marie Chauvet는 동굴 탐험가 2명을 이끌고 퐁다르크 위 절벽을 올랐다. 신비한 바람이 흘러나오는, 얼마 전 발견된 바위 틈새로 가는 길이었다. 곡괭이로 구

멍을 넓히고 안으로 기어들어 간 그들은 좁은 동굴을 발견했다. 동굴은 30미터 높이의 움푹 들어간 공간으로 이어졌다. 결정체가 된 종유석과 석순이 빛을 받아 거대한 고드름과 물방울 성처럼 반짝였다. 이 지질학적 경이를 응시하던 엘리엣 브루넬 데샹Éliette Brunel Deschamps이 헤드램프를 돌려 멀리 있는 벽을 비추자 매머드의 놀라운 형상이 또렷하게 드러났다. 이어 손자국과 더 많은 그림이 눈에 들어왔다. 그녀가 소리쳤다. "그들이 여기 있었어요!"[3]

"그들"은 선사 시대 인류를 뜻했다. 선사 시대 동굴 예술을 발견하는 것은 프랑스 동굴 탐험가들의 꿈이다. 1만 7000년 전의 말과 오록스Aurochs(17세기에 멸종된 소과의 포유류로 유럽과 인도 소의 조상이다-옮긴이) 벽화로 유명한 라스코동굴이 멀지 않은 곳에 있었다.[4] 당시에는 라스코 벽화가 가장 오래된 표현 예술로 알려져 있었다. 퐁다르크 위쪽 동굴에 그려진 스케치들도 그만큼 오래되었을까? 초기 사진에서 그림이 너무 선명하게 보였기 때문에 일부 전문가들은 현대에 위조된 것이라고 일축했다. 하지만 탄소 연대 측정에서 모든 예상을 뒤엎는 결과가 나왔다. 쇼베동굴(이후 이 이름으로 알려졌다)의 그림 대부분은 약 3만 6000년 전 것이었다. 이전까지 알려진 모든 동굴 벽화보다 배나 오래된 것이었다.

당시에는 높은 곳에 있는 이 동굴의 입구가 더 잘 보였을 테니 강 계곡에 살던 석기 시대 사람들은 분명히 거기로 올라갔을 것이다. 통로를 따라 나 있는 횃불에 그을린 자국으로 그들이 걸어간

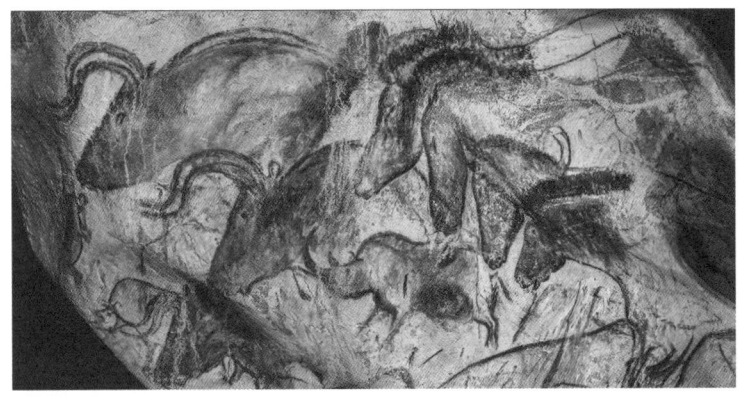

길을 알 수 있다. 쇼베 일행처럼 그들도 축축한 공기를 들이마시고, 새된 소리를 내는 박쥐들을 피하고, 동굴곰의 뼈를 밟으며 반짝이는 석회석으로 이루어진 으스스한 공간에 도달했을 것이다. 하지만 그들은 딴 세상 같은 광경에도 물러서지 않았다. 그들은 횃불에서 숯을 떼어내 백악질의 하얀 벽에 선, 점, 핸드 스텐실 등을 그리기 시작했다. 경외감을 일으키는 계곡의 동물들을 스케치했다. 마침내 더 안쪽 공간에 도달하자 뿔을 서로 부딪치는 코뿔소, 신나게 뛰어다니는 말, 주위를 맴도는 사자들을 경계하는 오록스 등 동물의 행동을 잘 이해해 표현해낸 벽화를 그렸다.

우리 조상들이 왜 이 예술에 정성을 쏟았는지 정확히 알 수 없지만, 그것이 단순한 벽지 이상이었다는 것은 분명하다. 고고학자들은 쇼베동굴의 인간 흔적을 조사해 그곳이 절대 거주지가 아니었다는 사실을 밝혀냈다. 발자국과 손자국으로 안쪽 공간에 들어온 사람 수가 비교적 적었다는 사실도 알아냈다. 깜박이는 횃불을 비추면 벽화 속 동물들은 환영처럼 일렁이며 생명력을 발산한다. 일부 고인류학자들은 초기 주술사들이 자신들이 숭배한 애니미즘 정령들과 교감했던 신령스러운 장소라고 추측한다.[5] 이 동굴 벽화의 예술성은 몇 년에 걸쳐 확장되고 기법이 더 복잡해졌는데, 어느 날 갑자기 엄청난 산사태가 일어나 암석이 입구를 막아버리는 바람에 동굴과 의식용 그림들이 파묻히고 말았다.

6000년 뒤 이 지역을 뒤흔든 또 다른 지진이 아르데슈 절벽의 모습을 다시 바꾸어놓았다.[6] 지진으로 동굴 입구가 다시 드러나자 당시 계곡 거주자들도 곧 절벽을 올라 탐험에 나섰다. 좁은 통로를 간신히 통과한 그들은 경이로운 석회석 공간에 도달했다. 손에 든 횃불 빛을 받아 종유석 기둥들이 반짝였고, 이어 무시무시한 동물들의 이미지가 그들의 눈을 사로잡았다. 하지만 (할리우드 영화에서 묘사하는 원시인들과는 달리) 그들은 도망치거나 동굴 입구를 막아버리지 않았다. 이 후기 석기 시대 인간들은 동굴에 머물면서 그림을 연구해 스타일을 익힌 다음 같은 스타일로 기존 벽화에 덧붙이거나 새로운 그림을 그리면서 프로젝트를 계승했다.[7] 음영, 에칭 기법을 사용하고 붉은 황토로 색을 입혔다.[8] 그러다 또다시 산사태가 일어나 절벽이 무너져 3만 년 뒤 쇼베 일행이 들어갈 때까지 동굴은 타임캡슐처럼 봉인되었다.

쇼베동굴에 두 번째로 그려진 그림은 어떤 의미에서는 최초의 벽화보다 더 흥미롭다. 어둡고 외딴 동굴에서 누가 그렸는지 모를 무시무시한 동물들의 고대 이미지와 맞닥뜨린 후기 석기 시대 사람들은 도망치는 대신 경건한 반응을 보였다. 기법을 면밀히 관찰하고 모방해 이 벽화를 동물 이웃들에게 헌정하는 형태로 확장했다. 과거의 방식을 유지하려는 충동, 심지어 불가사의하고 비현실적인 활동까지 고수하려는 이런 충동은 인간 심리의 새로운 층위를 말해준다. 동료 본능의 순응성이나 영웅 본능의 친사회성과는 다른 층위다.

오늘날에도 우리는 이런 심리를 자신에게서 발견할 수 있다. 고대 의식, 오래된 문서, 골동품 가구에 매료되는 것이 그런 사례다. 우리가 과거 세대에, 특히 자신이 속한 국가, 종교, 부족 단체의 창시자들에게 깊은 호기심을 갖는 것은 이 때문이다. 종교 의식, 명절 풍습, 우리를 과거의 방식과 연결해주는 전통 요리법에 열성을 보이는 것도 마찬가지다. 우리는 집단의 전통을 배우고, 유지하고, 나아가 지키려고 한다.[9] 진화한 부족 심리의 이 마지막 조각을 "조상 본능"이라 부를 수 있다. 동료, 영웅과 마찬가지로 조상은 우리가 교훈을 얻고 동기를 부여받는 또 다른 참조 집단이다.

조상 본능은 언제, 어떻게 진화했을까

우리가 아는 한 조상 본능은 후기 석기 시대의 우리 종인 호모 사피엔스Homo sapiens("슬기로운 사람") 때 진화했다. 돋보이는 이름에도 불구하고 이 종이 항상 현명하게 행동하거나 안전하게 지낸 것은 아니었다. 그들은 30만 년 전부터 아프리카 북부와 동부에서 작은 무리와 씨족 단위로 근근이 살아왔다. 20만 년 전에는 "해부학적으로 현대화"되어 우리와 신체가 비슷해졌지만, 생활방식은 수십만 년 전의 하이델베르크인과 비교해 거의 발전하지 못했다.[10] 10만 년 전만 해도 인구가 오늘날의 작은 도시에도 미치지 못하는 변두리 영장류 종에 지나지 않았다.[11] 하지만 8만 년 전 호모 사피엔스는 진전을 보이기 시작했다. 수가 늘면서 남쪽으로는 아프리카 전역으로, 동쪽으로는 지중해 동부 지역까지 여러 방향으로 이동했다. 5만 년 전에는 유럽과 아시아로 퍼졌고, 얼마 지나지 않아 호주에도 도달했다.[12]

호모 사피엔스가 유럽을 향해 북쪽으로 이동할 때 장애물은 빙하만 있었던 것이 아니다. 다른 종의 인류, 곧 네안데르탈인Neanderthal, Homo neanderthalensis이 오랫동안 그곳에서 살고 있었다. 네안데르탈인이라고 하면 구부정하고 어색한 짐승의 모습을 떠올릴지도 모르겠다. 고고학에서 처음 상상했던 모습이 그랬고, 대중문화에서는 여전히 그런 식으로 묘사하고 있다.[13] 하지만 실수를 깨달은 고고학자들은 광범위한 데이터를 근거로 이 건장한 북방인들이 우리처럼 곧은 척추를 가졌고, 근육은 우리보다 더 컸으며, 뇌도 우리만큼 컸다는 것을 밝혀냈다. 이 덩치 큰 인간들은 빙하기 유럽에 신체적으로 아주 잘 적응했다. 실제로 우리 조상 중 한 명이 네안데르탈인과 일대일로 힘 대결을 벌였다면 승산이 없었을 것이다. 하지만 호모 사피엔스가 유럽에 퍼지고 몇천 년 뒤 네안데르탈인은 멸종했다.[14]

이 두 종의 상반된 운명은 개개인의 강건함이 아니라 집단의 강건함과 관련이 있을 것이다. 당시 사피엔스 씨족들은 더 복잡한 문화를 빠르게 발전시키는 중이었다.[15] 그들은 송곳, 바늘 등 특수한 뼈 도구들을 개발해 옷을 만들었다. 황토색 염료로 몸을 치장하고, 조개껍질과 매머드 상아로 만든 장신구를 달기 시작했다. 정교한 도구와 상징 행동이 전적으로 "태양 아래 새로운 것"은 아니었다. 그보다 훨씬 전 아프리카의 호모 사피엔스 유적지들에서도 출현했지만(지난 10년 동안에 밝혀진 사실이다), 진보의 산발적인 불꽃일 따름이어서 잠시 반짝이다 꺼지고 말았다. 문화 복잡성이 여러 세대에 지속되지 않았고 인근 집단들로 널리 퍼지지도 않았다. 대조적으로 후기 석기 시대 유럽에서는 문화 복잡성이 지속적이고 광범위하게 뿌리를 내렸다.[16] 상전벽해와 같은 이런 변화는 인구 밀도 증가, 과거의 유물을 접하고 배울 수 있는 가능성 증가, 쇼베동굴 사례가 보여준 것 같은 과거 방식에 대한 새로운 선호 등 다양한 요인이 복합적으로 반영된 결과일 것이다. 이는 고고학 기록에서도 확인된다. 호모 사피엔스의 도구들은 마치 장인이 스승의 디자인을 모방한 것처럼 특정 집단 내부에서 더욱 독특해지고 표준화되었다. 네안데르탈인의 조잡하고 비정형적인 유물을 연구했던 고고학자 리처드 클라인Richard Klein은 동시대 호모 사피엔스의 세련됨과 표준화에 몹시 놀라 "특수한 목적에 쓸 도구를 구하러 철물점에 가는 것처럼 보일 정도"라고 했다.[17]

예술이 사피엔스만의 고유한 활동인지에 관한 오랜 논쟁은 최근에 스페인 동굴들을 발굴하면서 해결되었다. 몇몇 네안데르탈인도 동굴 벽에 상징적 그림을 그렸다.[18] 하지만 그들의 동굴 예술은 호모 사피엔스 공동체와 같은 방식으로 "유행"하지는 않았다. 오랜 기간 지속되고 발전한 쇼베동굴 같은 곳의 예술 활동과는 달랐다. 숯 막대기를 들고 말을 스케치하는 괴짜 네안데르탈인 노인을 상상해보자. 그가 뒤돌아서서 마주하는 것은 젊은 세대의 멍한 눈길일 것이다. 호모 사피엔스의 경우에는 실용적 목적이 전혀 없더라도 조상의 방식을 유지하려는 강박적인 동기와 호기심을 갖게 되었고, 그 덕분에 발견된 유물, 씨족의 원로, 교류하는 다른 씨족들로부터 관습을 배웠다. 유럽 전역의 집단들이 상아를 조각해 다산多産 여성상을 만들고, 속이 빈 뼈로 피리를 제작하고, 마치 의례를 행하듯 죽은 자들을 태양의 방향에 맞추어 매장했다.

이 시기 호모 사피엔스는 신뢰와 협력의 반경이 확장되었다는 점에서도 우위를 보였다. 네안데르탈인은 그 지역의 (생활권 근처에서 채석한) 돌로 도구를 제작했지만, 호모 사피엔스는 때로는 수백 킬로미터 떨어진 곳에서 온 "이국적인 돌"을 사용했다.[19] 당시에는 그 정도 먼 거리를 돌아다니는 사람이 없었다. 내륙 깊숙한 곳에서 발견된 조개껍질 장신구와 더불어 이런 돌들은 여러 씨족 간에 광범위한 재료 교환이 있었음을 알려준다. 이와 관련해 호모 사피엔스 유적지의 DNA 분석에서는 현대의 가까운 마을에 사는 사람들보다 근친교배가 잦지 않았던 것으로 나타난 반면, 네안데르탈인 유적지의 분석 결과는 짝짓기가 고도로 지역화되었음을 보여준다.[20] 이런 씨족 생활 그림과 일관되게, 네안데르탈인의 뼈에는 잦은 전투(예를 들어 창에 찔린 상처)와 식인(예를 들어 사람의 잇자국) 흔적이 남아 있다.[21] 요약하면 두 종은 "대외 정책"에서 차이가 있었다. 네안데르탈인은 인근 씨족들과 싸우고 서로 잡아먹었고, 호모 사피엔스는 거래하고 짝짓기를 했다. 후자가 더 유리한 장기 전략으로 판명되었다.

협력의 범위가 확장되었다는 가장 놀라운 증거는 후기 석기 시대의 의례 활동이 밝혀지면서 나왔다. 러시아의 숭기르Sungir 유적지에서는 3만 5000년 전 "지배자 무덤"에 묻힌 50대 남성이 발굴되었다. 화려한 모자와 화려한 상아 구슬들로 장식된 모습이었다. 고고학자들에 따르면 구슬 장식 하나만 해도 숙련된 작업자 한 명이 1만 시간을 들여야 하는 일이었다. 다수 집단이 공동으로 작업했음을 암시하는 부분이다.²² 2만 년 전에는 폴란드, 우크라이나, 러시아의 광활한 이동 경로를 따라 매머드 뼈로 만든 신전과 유사한 구조물(하나당 매머드 60마리가 필요하다)들이 세워졌다.²³ 1만 2000년 전부터는 현재의 튀르키예와 시리아 전역에 살던 유목민들이 계절에 맞추어 괴베클리 테페Göbekli Tepe에 모여 10톤짜리 돌 블록으로 기념비적인 신전을 세우기 시작했다.²⁴ 이 놀라운 발견들로 인간의 여정에 관한 20세기의 정설이 뒤집혔고, 광범위한 사회적 연결이 발전하는 과정에서 의례가 중요한 역할을 했다는 사실이 부각되었다.

후기 석기 시대의 호모 사피엔스는 석재 거래상, 유혹자, 신전 건축자로서 다른 씨족들과 접촉하기 시작했다. 그 과정에서 그들은 인근 씨족과 점점 더 많은 "공통 기반"을 갖게 되었다.²⁵ 인사와 숭배 의식을 배웠기 때문에 신뢰와 교류의 문이 더 넓게 열렸고, 외부인이 내부인처럼 행동할 수 있게 되었다. 점차 사피엔스 씨족들은 서로를 이해하는 더 넓은 네트워크 안에 둥지를 틀게 되었다. 지역의 씨족들을 연결하는 이 광범위한 네트워크 덕분에 점점 더 풍부해진 공유 지식에 접근할 수 있었다. 네안데르탈인보다 뇌가 더 크지는 않았지만 그들보다 더 뛰어난 능력을 갖추게 되었다. 우리 종은 부족 덕분에 더 현명해졌다.

3장 조상 본능, 전통을 배우고 잇고 지키는 것의 이로움

전통 학습의 메커니즘과 효과

1943년 호주 중부의 아런테Arrernte족은 극심한 가뭄에 직면했다. 영역 내의 모든 물웅덩이와 "물이 고이는 낮은 땅"을 찾아다녔지만 전부 말라 있었다.[26] 생존 위협에 직면한 원로 파랄지Paralji는 부족 의식tribal ceremony에서 부르는 노래 가사에 생각이 미쳤다(조상들이 사막을 가로지른 경로를 담은 가사는 지나쳐온 연속적인 풍경들을 설명한다). 바다로 향하는 여정에 관한 가사를 떠올린 그는 여러 가족으로 구성된 무리를 이끌고 미지의 사막 지역으로 향했다. 그들은 수백 킬로미터를 걸으며 가사에 나오는 지형과 수원지를 찾다가 마침내 호주 서부 해안에 있는 만도라 목장Mandora Station의 울창한 초원과 습지에 도달했다. 전통에 대한 한 노인의 믿음 덕분에 이 집단은 치명적인 가뭄에서 벗어날 수 있었다.

이것은 단순한 운이 아니었다. 흔히 부족 전통은 환경 위협에 대한 중요한 교훈을 보존하고 있다. 호주 원주민들은 《성경》의 노아 이야기와 유사한 원시 홍수에 관한 각기 다른 신화를 지역마다 대물림해왔다. 그 신화들은 빙하기 이후 7000년 전의 해수면 상승이 호주 각 지역에서 어떻게 진행되었는지 2016년에 시뮬레이션한 결과와 놀랍도록 일치했다.[27] 브라운대학교의 경제학자 스텔리오스 미칼로풀로스Stelios Michalopoulos가 인상적인 "빅 데이터" 접근법으로 문화 집단 1000곳 이상의 구비 전승 말뭉치를 분석해 이를

산업화 이전 시대 각 집단의 조상들에 대한 역사 기록과 대조한 결과도 유사했다. 오늘날의 민속 모티브들은 지진, 질병, 침략 등 그들의 조상이 직면했던 위협과 일치하는 경향이 있었다.[28]

전통이 교훈을 보존할 수 있는 이유는 우리가 그것을 심리적으로 처리하는 방식 때문이다. 우리는 전통을 암기식으로 배운 뒤에 강박적으로 복제한다. 전통에 대해 우리는 다른 종류의 지식과는 다른 자세를 취한다. 인류학자들이 아메리카 원주민 나바호족 원로들에게 기우제에서 추는 춤을 설명해달라고 했더니 "우리가 항상 해왔던 방식"이라는 답이 돌아왔다. 이런 엄격한 복제는 의례에 의미를 부여하는 요소 중 하나다.[29] 유대교의 유월절 저녁 식사를 세데르Seder("질서"라는 뜻)라고 하는 데는 그럴 만한 이유가 있다. 세데르에서는 쓴맛의 허브, 누룩을 넣지 않은 빵, 양 정강이살 등 6가지 음식을 정해진 차례대로 먹는다. 포도주를 마시고, 노래하고, 기도하는 순서도 정해져 있다. 이런 경건하고 강박적인 반복을 통해 일상이 의례화된다.[30] 인류학자 앨런 피스크Alan Fiske에 따르면 문화적 의례는 강박 장애와 유사한 측면이 있다. 동일한 태도와 관련이 있는데(씻기 등 동일한 행동이 많이 나타난다), 다만 문화적 의례에 실존적 위안을 부여하는 일체감이 강박 장애에서는 나타나지 않는 경우가 많다.[31]

전통을 배울 때 우리는 비현실적인 요소가 있다 해도 충실히 암기하고 복제한다. 예를 들어 세데르에서는 예언자 엘리야를 위해

(그가 마법처럼 나타날 경우에 대비해) 와인 한 잔을 따라 둔다. 누군가 그것을 시간(또는 와인) 낭비라고 하면 세데르 주최자는 아무것도 모르는 사람이라는 눈길로 쳐다볼 것이다. 환상적·반反직관적 요소들은 신화와 의식이 기억되고 반복되도록 조장한다.[32] 이러한 요소들은 일상적 이야기나 기법으로 인식되는 것이 아니라 "믿음으로 받아들여져" 전통으로 자리매김된다. 태국과 미얀마 해안에 거주하면서 바다를 생활 무대로 하는 모켄Moken족에게는 생명을 삼키는 성난 파도인 라분laboon에 관한 이야기가 있다.[33] 이 이야기는 바다가 급격히 물러났을 때 조수 웅덩이의 유혹에 넘어가지 말고 높은 곳으로 달려가라는 교훈으로 끝난다. 모켄족은 파도의 움직임을 보고 2004년 인도양 지진해일을 초기에 알아채고 피신해 23만 명 이상의 목숨을 앗아간 재앙을 피했다. 라분 이야기로 목숨을 구한 과정에서 그들이 쓰나미의 유체역학을 이해할 필요는 없었다. 고대 교훈의 기저에 놓인 과학을 알지 못해도 조상 본능 덕분에 혜택을 볼 수 있다.

인류학자 조지프 헨릭Joseph Henrich의 뛰어난 저서《우리 성공의 비밀The Secret of Our Success》의 핵심 주제가 이것이다. 그는 부족 전통이 정확히 작동하는 방식을 설명하는데, 이유는 맹목적으로 따르기 때문이다.[34] 점술(예를 들어 구운 순록 뼈의 갈라진 틈을 지도 삼아 읽는 것)은 사냥꾼을 무작위로 안내하지만, 사냥감이 경험을 통해 피하는 방법을 배울 기회를 주지 않으므로 효과를 발휘하는 전략이다. 아마존의 투카노어족Tucanoan languages 사람들이 먹는 카사바의 현지 품종에는 시안화물이 많이 들어 있어 해독 처리 없이 누적 섭취하면 마비를 일으키기 때문에 이 부족의 여성들은 여러 단계를 거치는 엄격한 전통을 따른다. "긁어내고, 갈고, 끝으로 뿌리를 씻어서 섬유질, 전분, 액체를 분리한다. … 섬유질과 전분을 이틀 이상 그대로 놓아둔 다음에야 구워서 먹는다." 포르투갈에서 온 식민지 개척자들은 이 정교하고 복잡한 절차를 원시적인 미신으로 여겼다. 카사바를 사전 처리하는 단계를 건너뛴 그들은 몸이 마비되기 시작하자 그제야 실수를 깨달았다.

많은 문화권에서는 여러 세대가 모이는 자리에서 전통을 가르친다. 어른들이 아이들에게 시범을 보이고, 노인들은 지켜보며 잘못된 점을 바로잡으면서 종교 의식에서 양초 켜는 법, 명절 음식 준비하는 법 등을 교육한다. 어른이 의도적으로 뭔가를 가르치면 아이들은 학습자로서 특별한 방식으로 반응하는데, 이는 진화 과정에서 어른이 가르치는 방식에 대한 적응이 있었음을 시사한다.[35] "옛날 옛적에"로 시작하는 잠자리 이야기조차 특별한 기대를 불러일으킨다. 나의 어린 조카에게도 어른들이 그루팔로gruffalro(영국 작가의 어린이 그림책 캐릭터-옮긴이) 이야기를 읽어주다 실수로 내용을 건너뛰면 반발하는 강박적 시기가 있었다. 당시 조카는 글을 읽을 줄 몰랐지만 이 이야기의 "적절한" 순서를 아주 세세하게 외우고 있었다. 서너 살이 되면 아이들이 괴물과 같은 환상 생물, 마법

주문 등 보이지 않는 힘을 믿기 시작하므로 "마법의 시기"라고도 한다. 이 시기 아이들의 인지 발달에는 새로운 방식의 사회 학습이 펼쳐진다. 실험에서 성인이 불필요한 단계(예를 들어 병에서 마시멜로를 꺼낼 때 우선 병 위로 깃털을 흔든 다음 뚜껑 열기)를 2살 아이들에게 보여주면, 자기 차례가 된 아이들은 깃털 흔들기를 생략하고 바로 마시멜로를 움켜쥔다. 침팬지와 보노보도 똑같이 한다.[36] 하지만 3살 이상의 아이들은 몰입해 시범을 지켜본 뒤 불필요한 깃털 흔들기 등 그 과정을 강박적으로 재연한다. 순서를 그대로 따라 해야 한다고 "믿음"으로 받아들인다.[37] 이런 "과도한 모방over-imitation"으로의 전환은 캘리포니아주 교외든 칼라하리사막이든 실험이 진행된 모든 곳에서 같은 연령대 아이들에게서 나타났다.[38] 발달학자들은 이것을 고기능 사회 학습의 특별한 방식으로 보는데, 상징적 의식이나 복잡한 기술 등 기능상으로 불투명한 것들을 배울 때 유발된다고 한다.[39]

학습 메커니즘에 더해 조상 본능은 전통을 충실히 재현하려는 동기와도 관련이 있다. 발레 공연, 성인식, 야구 경기 등에서 전통적인 말이나 행동을 재현하려 할 때 우리는 그 모든 것을 전부 이해하지 못할 수도 있다. 하지만 그것은 공허한 일이 아니라 소중한 전통이다. 명절에 전통 조리법대로 요리하는 것은 음식을 주문하는 것보다 손이 많이 가지만 명절 요리의 연속성을 유지한다는 점에서 의미 있게 느껴진다. 뉴욕증권거래소에서는 거래일 개장을 알리기 위해 매일 아침 9시 30분에 종을 울린다. 예전에는 분주한 거래소의 야단법석 탓에 장의 시작을 알린다는 도구적 목적이었지만, 그럴 필요가 없어진 지금은 의례적 의미를 띠게 되었다. 거래소를 방문한 고위 인사나 새로 상장하는 기업은 종을 울리는 역할을 영광으로 여긴다. 또 전자상거래 업체 아마존에서는 6쪽 분량의 메모로 회의를 시작하고, 알코올 중독자들의 갱생을 돕는 '익명의 알코올 중독자들Alcoholics Anonymous, AA'은 모임을 "평온을 비는 기도"로 시작한다. 외부인에게는 무의미한 반복으로 비칠 수 있지만, 엄격한 순서를 반복하는 것이 내부인에게는 의미 있는 연속성 관념을 제공한다. 팬데믹 이후 직원들이 사무실로 복귀함에 따라 기업들이 월요일 명상, 타코Taco 화요일 등 회사 의식을 서둘러 재도입하는 것도 이 때문이다. 의례에 굶주렸던 줌Zoom 시절에 위축되었던 의미 있는 공동체 감각을 강화하기 위해서다.

고통스러운 의례마저 동기부여에 도움이 될 수 있다. 디미트리스 시갈라타스Dimitris Xygalatas는 《의례: 무의미해 보이는 행위가 삶을 가치 있게 살아가도록 만드는 법Ritual: How Seemingly Senseless Acts Make Life Worth Living》에서 부활절 일요일에 십자가에 못 박히기, 기업 수련회에서 뜨거운 석탄 위로 걷기 등 위험하고 혐오스러운 의식에 참여한 사람들에 관해 설명한다.[40] 이 대담한 신봉자들은 불편함에도 불구하고(어쩌면 불편하기 때문에) 공동체와 새롭게 연결되는 감각을 얻는다. 진화생물학에서 차용된 개념에 따르면 혐오감을 주는 의례는 헌신을 증명하고 이를 통해 헌신을 확고히 하는 "값비싼 신호"다. 긴 부활절 미사 내내 앉아 있거나, 따분한 전문 직업인 시상 위원회에서 봉사하거나, 선거 때 투표하기 위해 2시간 동안 줄을 서 있을 때처럼 누구나 이런 의미 있는 불행을 가볍게 경험한 적 있을 것이다. 집단 의례의 의무를 이행하는 것이 항상 즐거운 일은 아니지만 부족과 연계를 강화하는 느낌을 받는 것은 만족스러운 일이다.

부족 의식은
조상 본능을 일깨우는 핵심 요소다

15세기 프랑스 북동부의 동레미 마을에서 잔이라는 10대 시골 소녀가 양을 돌보고 있었다. 잔은 읽기와 쓰기는 배우지 못했지만 교리, 성사, 축일, 성인의 이야기 등 가톨릭교회 전통에 푹 빠져서 자랐다. 1425년 어느 날 들판에 있던 잔은 대천사 성 미카엘이 성녀 마르가리타, 성녀 카타리나와 함께 하늘에 나타나 말을 건네는 환영에 사로잡혔다. 프랑스 민속 전통에서는 종교 깃발을 든 처녀가 프랑스를 적으로부터 해방시킬 것이라는 이야기가 있었는데,[41] 성인들은 잔에게 그녀가 바로 그 구원자가 될 운명이라고 말했다.[42]

당시는 백년전쟁이 80년째에 접어든 시기로 프랑스의 적은 영국이었다. 프랑스는 이전 10년 동안 영국의 헨리 5세에게 수도 파리를 포함해 북부 대부분을 정복당했다. 대관식이 열리는 랭스마저 빼앗긴 탓에 왕세자 샤를 7세는 즉위식을 치르지 못했다. 영국 침략자들은 해마다 남쪽으로 더 깊숙이 치고 들어왔고, 잔이 살던 곳의 주민들은 다수가 영국군을 피해 도망쳤다. 하지만 잔은 남들이 터무니없다고 생각하는 것을 믿었다. 자신이 군대를 이끌어 승리를 거두어 프랑스에 왕을 되돌려놓을 수 있을 것이라고 믿었다.

16살이 된 1428년, 잔은 가장 가까운 프랑스군 주둔지로 데려가달라고 친척들을 설득했다. 그곳 지휘관에게 왕세자와 만나게 해달라고 했지만 정신이 이상한 농장 소녀로 취급당했다. 하지만 그녀의 경건함과 신념에 감동한 일부 병사들이 돕겠다고 나섰다. 병사들은 머리를 깎고 남자 옷을 입은 그녀를 몰래 데리고 나가 전원 지대를 가로질러 시농성에 있는 왕세자의 임시 궁정으로 갔다. 잔은 자신이 예언으로 오랫동안 내려온 처녀 구원자라고 선포했다. 전설에 따라 예수 및 마리아와의 동맹을 선포하는 흰 깃발을 든 처녀가 앞장서면 프랑스 군대는 무적일 것이라고 했다. 현실적으로 말이 안 되는 이야기였지만 왕세자는 이미 사용 가능한 선택지를 전부 써버린 상태였다. 오를레앙은 6개월째 포위된 상태였고 사기가 떨어진 군대는 더 이상 버틸 수 없었다. 오를레앙이 함락되면 나머지 지역도 곧 무너질 터였다. 신학자들이 잔이 독실한 가톨릭 신자라고 보증하고 왕세자의 장모가 그녀가 처녀임을 확인하

3장 조상 본능, 전통을 배우고 잇고 지키는 것의 이로움

자, 왕세자는 빌린 갑옷을 입고 색다른 깃발을 든 그녀에게 호위대를 붙여 오를레앙으로 보냈다. 오를레앙에 도착하자마자 잔은 그곳 병사들의 영혼을 정화할 가톨릭 성례를 준비했다. 병사들은 공개 참회를 위해 줄을 섰고, 사제 앞에 무릎을 꿇고 죄를 고백하며 라틴어 축도를 들었다. 일요일 미사에 교회를 가득 메운 그들은 함께 무릎을 꿇었다 일어섰다 하면서 기도를 암송하고, 익숙한 음악에 맞추어 찬송가를 불렀다. 이어 줄지어 영성체를 받으며 그리스도의 살과 피로 성스럽게 변한 빵과 포도주를 맛보았다. 잔이 자신이 전설에 나오는 깃발 든 처녀이며 그들을 승리로 이끌 것이라고 선언하자 병사들은 그녀를 믿었다.

잔은 프랑스 장군들에게 전략을 바꿔 공격에 나서서 오를레앙 주변의 영국군 진지로 돌격하라고 조언했다. 그녀는 깃발을 휘날리며 첫 번째 돌격을 이끌었고 병사들이 그녀의 뒤를 따랐다. 그들은 첫 번째 요새에서 놀란 영국군을 쉽게 완파했다. 잔은 진격 도중 목에 화살을 맞아 부상을 입었지만 전선으로 복귀해 마지막 공격을 이끌었다. 그녀의 불굴의 신념 그리고 영국군의 화살에도 끄떡없는 모습에 힘을 얻은 프랑스 군대는 공격을 이어갔다. 며칠 만에 포위망이 뚫렸고, 무적이라던 영국군의 기세가 무너졌다.

이 기적 이야기는 시골 전역으로 퍼져나갔다.[43] 열정이 가득한 신병들이 속속 도착했다. 긴 전쟁의 흐름이 바뀌었다. 전투가 벌어질 때마다 깃발을 휘날리는 카리스마 넘치는 신비주의자가 이끄

는 프랑스군은 공격을 이어갔고, 영국은 연이어 도시들을 잃었다. 1429년 7월 프랑스 군대는 랭스로 진격했고, 왕세자는 잔을 옆에 세우고 대관식을 거행했다. 전쟁은 우리가 잔 다르크라고 알고 있는 이 젊은 여성에게 불행한 결말을 가져왔지만, 그럼에도 역사는 그녀를 프랑스의 구원자로 기억한다.

잔은 프랑스 군대가 전투를 규정짓는 방식을 바꾸어 활력을 불어넣었다. 이전에 병사들은 두 왕족 간의 부동산 분쟁이라는 장기판에 놓인 졸에 불과했다. 잔이 온 뒤 그들은 프랑스 가톨릭 전쟁의 수호자로서, 신의 편에 서서 성전을 치르는 십자군이 되었다. 잔은 성례로 그들을 둘러싸 안심시키는 한편 신화적 사고방식으로 빠져들게 했다. 그녀는 전통이 약속한 구원자로 자신을 드러내면서 가톨릭 신자이자 프랑스인으로서 그 장엄한 순간에 동참하라고 촉구했다.(아이러니하게도 영국 쪽에서도 14년 전 아쟁쿠르에서 같은 방식의 캠페인이 있었다. 카리스마 넘치는 헨리 5세가 성 크리스핀의 날에 병사들을 "형제 군단"이라 부르며 영국 전통에서 전설적인 인물이 되자고 독려했다.)[44]

부족 표지가 동료 코드를, 부족 상징이 영웅 코드를 유발한다면, 조상 코드를 소환하는 상황 단서는 "부족 의식tribal ceremony"이다. 여기서 부족 의식이란 집단의 과거를 참조해 연출된 공개 행사로 가톨릭 미사, 그리스식 결혼식, 공화당 전당 대회 등이 여기에 해당한다.[45] 이런 행사들에는 최소한 2가지 중요한 공통점이 있다.

동시성과 역사성이 그것이다. 사람들이 공동체의 과거 일부, 대개 현재에 대한 비유로 적합한 부분을 떠올리며 한마음으로 행동(예를 들어 기도, 춤, 투표)한다면 이것은 부족 의식이다.

우리는 의식ceremony이 얼마나 우리에게 큰 영향을 미치는지 실감하지 못한다. 영향이 대부분 무의식 수준에서 일어나기 때문이다. 어른들이 동시에 의식 시범을 보이면서 집단적 제도라고 알려주면(예를 들어 "우리는 늘 이렇게 해왔단다.") 아이들은 암기식 학습과 엄격한 재연이라는 의식 모드에 몰입할 가능성이 높다.[46] 많은 공동체에서 극단적인 입단식(예를 들어 통과 의례, 형제 서약, 미국 해군 엘리트 특수부대인 네이비 실의 지옥 주간)은 개인의 정체성을 무너뜨리고 집단에 대한 일체감과 의무감을 구축한다.[47] 종교성과 그 결과에 대한 연구는 종교 의식에 공개적으로 참여하는 것보다 사적인 신앙이 더 중요할 것이라는 가정에서 출발했다. 하지만 놀랍게도 자발성 및 헌신과 관련된 의식이 더 중요한 것으로 나타났다.[48]

뉴질랜드 럭비 국가대표팀 '올 블랙스All Blacks'는 세계 럭비 랭킹 1위 자리를 가장 오래 지켜온 팀이다.[49] 실제로 나머지 국가대표팀 전체를 합친 것보다 더 오랜 기간 1위를 차지했다. 100년 넘게 이 팀은 마오리Māori족 전사들이 전투 전에 조상들의 영적인 힘인 마나mana를 얻기 위해 추던 춤인 하카haka로 경기를 시작하고 있다. 선수들은 미드필드에 쐐기 형태로 서서 맞은편 상대 팀을 응시한다. "카 마테, 카 마테! 카 오라! 카 오라!Ka mate, ka mate! Ka ora! Ka ora!(죽을지도 모른다, 죽을지도 모른다! 살지도 모른다! 살지도 모른다!)"라고 외치며 리듬에 맞추어 동시에 발을 구르고, 가슴을 내밀고, 팔을 휘두른다. 소름 끼치는 비명과 끙끙대는 소리, 눈을 부릅뜨고 혀를 내미는 동작이 이 맹세를 더욱 강조한다. 하나가 되어 팔을 내밀고, 소리치고, 격한 표정을 짓는 동안 개인의 자아는 사라진다. 선수들은 팀의 승리를 위해 무엇이든 해야 한다는 의무감으로 하나로 뭉친다.

하카가 팀의(그리고 이 나라의) 역사에 깊게 뿌리내렸다는 것만으로 이런 단합이 이루어지는 것은 아니다. 부족 의식에는 넋을 빼놓을 정도로 리드미컬한 보컬과 타악기 연주가 흔히 들어간다. 반복적이고 주술적인 북소리에 10분만 노출되어도 신경 활동 패턴이 변하면서 최면 상태로 들어가는 경향이 있다.[50] 다른 사람들과 함께, 특히 대규모 무리와 함께 행동하는 것은 심리 처리 과정을 더 깊이 변화시킨다. 단순한 활동(손 흔들기, 노 젓기, 악기 연주 등)이어도 다른 사람들과 동시에 하도록(대조 조건에서는 동일한 활동을 하지만 동시에 하지는 않음) 유도된 참가자들은 서로 친밀감을 더 느끼고, 혼합 동기mixed-motive 과제에서 협력하고, 집단의 성과에 도움을 주기 위해 희생하는 효과를 경험한다고 여러 실험에서 확인되었다.[51] 동기화된 활동 이후에는 참가자의 고통 내성이 여느 때보다 높아지는데, 아마 희생을 지원하기 위한 적응일 것이다.

신경과학자들에 따르면 동기화는 자기중심 처리 감소, 타인에 대한 동조, 자기-타자 간 경계 흐림이라는 뇌 활성화 패턴을 유도한다.[52]

하카를 추어본 적 없는 사람도 여럿이 하나가 되어 행동하는 데서 오는 고양된 변화는 분명 느껴보았을 것이다. 스포츠 팀 훈련에서는 전력 질주를 할 때 힘차게 달려 팀원들과 나란히 결승선을 통과한다. 음악 페스티벌에서 밴드가 마지막 곡을 연주할 때 친구들과 어울려 춤을 추다보면 개인의 자의식은 옅어지고 더 넓은 정체성이 생겨난다. 교회에서 예배를 보면서 다 같이 일어서고, 무릎 꿇고, 노래하면 일체감과 기쁨이 몸을 감싼다. 에밀 뒤르켐Émile Durkheim은 이런 느낌을 "집단 열광collective effervescence"이라고 불렀다. 다른 사람들과의 행동 공명을 통해 일체감과 강력해진 느낌이 솟아나는 것이다. 정치 집회에서 군중과 하나가 되어 구호를 외치면 세상을 바꿀 수 있다는 생각이 들기 시작한다. 야구 경기에서 함께 일어나 "파도타기"를 하면 응원 팀이 이길 것 같은 느낌이 든다. 신입 팀에 준비 운동이나 함께 노래 부르기를 시키는 기업 행사는 진부하긴 해도 이런 동기화가 집단의 유대감, 정체성, 효율의 발판을 마련한다.[53] 그러면 구성원들은 위대한 업적에 도전할 준비 상태가 된다.[54]

공동체가 결혼식, 입학식, 대관식 등 의식을 통해 새로운 사회적 역할에 관한 약속을 봉인하는 것은 우연이 아니다. 약속 의례는 행렬과 노래만이 아니라 집단적 과거에 대한 엄숙한 참조에도 둘러 싸여 있다. 동시성과 역사라는 2가지가 결합해 우리가 전통의 관점에서 생각하도록 만든다. 결혼식이든 교회 예배든 법원 절차든 서약은 전통의 의무처럼 느껴진다. 의과대학의 흰 가운 의식도 마찬가지다. 무대 위에 나란히 선 신입생들에게 교수들이 흰 가운을 "입히고" 이어 교수의 선창에 따라 고대 그리스 신화와 관련된 내용이 가득한 히포크라테스 선서를 암송한다.[55] 의대생들은 이 의식을 통해 일체감, 의무감, 경외감을 느낀다고 한다. 직업 규범이 일반적 관행이나 존경받는 이상으로서만이 아니라 신성한 전통으로서 전달되므로 학생들은 순응이나 열망뿐 아니라 의무감도 갖게 된다.[56]

위기 상황에서 더욱 빛을 발하는 전통의 힘

2001년 9월 11일 아침, 하필 나는 컬럼비아대학교에서 첫 강의를 하는 중이었다. MBA 과정 학생들을 대상으로 협상과 갈등 관리를 가르치는 오전 9시 수업이었다. 많은 뉴욕 사람들과 마찬가지로 우리도 첫 번째 항공기 추락 소식을 들었고, 그 세스나기가 실수로 경로를 벗어난 것이기를 바랐다. 강의실이 꽉 찬 상태에서 나는 도입부 강의를 시작했다. 주방의 요리사 두 사람과 마지막 오렌지에 관한 이야기를 절반쯤 했을 때, 한 학생이 세계무역센터 쌍둥이 빌딩 중 사우스 타워가 피격당했다고 외쳤다. 학생들은 여러 가지 가능성과 걱정을 쏟아냈고, 일부는 팜파일럿 PDA와 블랙베리 휴대폰 자판을 정신없이 눌렀다. 수업을 계속 진행해야 한다는 대학 측의 메시지가 휴대폰에 울렸으나 나는 상생 솔루션에 관한 내 수업 계획으로 돌아갈 수 없었다. 수업 중단은 분명 상생 솔루션과 상충하는 것이 아니었다. 이제 전화는 먹통이 되었고, 우리는 배울 수 있는 것을 배워야 했다. 시내로 향하는 도로를 따라 걸어 내려간 우리는 멍한 상태로 시 외곽으로 향하는 군중과 마주쳤다. 그날 하루가 끝날 무렵에는 거의 모든 사람의 친구나 이웃이 실종된 상태였다.

공격은 단 몇 시간 이어졌지만 미국을 영원히 바꿔놓았다.[57] 끝나지 않는 "테러와의 전쟁"은 말할 것 없고, 항공사 보안이 강화되고, 무슬림에 대한 편견이 퍼졌다. 미국은 경계와 보복으로 대응했다. 우리가 실존적 위협을 느꼈던 뉴욕에서는 9.11 이후의 변화가 다른 곳보다 더 큰 영향을 미쳤다. 물론 뉴욕 시민도 다른 미국인들처럼 성조기를 피자 가게 벽에 걸고, 택시 대시보드 위에 세우고, 잡화점 계산대에 붙이는 등 가능한 모든 방식으로 내걸었다. 그런데 거기서 그치지 않고 만사에 심드렁한 것으로 유명한 그들의 행동이 달라졌다. 바쁜 변호사들, 고고한 모델들, 무뚝뚝한 택시 기사들이 지역 소방서에서 열린 촛불집회에 나타났다. 교회 좌석이 꽉 찼고, 추수감사절 행진과 크리스마스트리 점등식에도 사람들이 몰렸다. 타블로이드 신문들은 이를 두고 "빈 라덴에게 보내는 메시지"라는 제목을 달았다.

눈에 잘 띄지 않는 곳, 이를테면 저녁 식탁 같은 데서도 변화가 생겼다. 아방가르드 퓨전 요리가 유행하던 식당 메뉴가 미국 로컬 요리로 바뀌었다. 사람들이 크래프트, 버비스, 사보이, 블루스모크 등 아메리칸 식당으로 몰렸다. 《푸드앤드와인Food & Wine》 잡지의 케이트 크레이더Kate Krader가 아마 이 연관성에 최초로 주목했을 것이다. "9.11 이후 … 마카로니 앤드 치즈, 프라이드치킨 같은 음식에 대한 일종의 비논리적인 욕구가 생겼다."⁵⁸ 할머니가 즐기던 음식에 대한 새로운 갈망은 빈 라덴에게 보내는 메시지가 아니었다. 우리가 풍성하게 쌓아 올린 치즈버그를 먹은 것은 아프가니스탄의 토라보라Tora Bora(알카에다가 최후 거점으로 삼아 저항했던 지역-옮긴이)를 의식한 행동이 아니었다. 우리는 "연속성"에서 위안을 얻고 있었다. 절멸될 뻔한 위기를 겪은 뒤 우리는 전통에 매달렸다.

군대에는 "여우 굴 속에 무신론자는 없다"라는 말이 있다. 상황의 영향력에 관한 격언이다. 휴가 중에 죄가 될 만한 행동을 하는 병사들도 죽음의 위협에 맞닥뜨리면 다시 종교로 돌아간다. 2차 세계대전에 참전한 병사들의 일기에 관한 연구에 따르면 전투가 가까워질수록 기도에 관한 언급이 늘어났다.⁵⁹ 반면에 전쟁 역사학자 시릴 폴스Cyril Falls는 전장에서 포탄이 주위에 떨어질 때 학교 때 배운 라틴어 전치사를 암송했다고 한다. "안테, 아푸드, 아드, 아드베르수스Ante, apud, ad, adversus …."**60** 그처럼 세속적 의례로 자신을 달래는 군인도 일부 있는데, 이런 예외는 오히려 규칙을 증명한다.

인류학자들은 전통 의례가 위협 상황에서 행해진다는 점을 오랫동안 관찰해왔다.**61** 파푸아뉴기니의 트로브리안드군도Trobriand Islands 거주자들에 대한 고전적 민족지학 연구에서, 브로니슬라브 말리노프스키Bronislaw Malinowski는 이들이 위험으로 가득한 바다를 향해 카누를 띄우기 전에는 의식을 행하지만 안전하고 예측 가능한 내륙의 석호로 출항할 때는 의식을 치르지 않는다고 기록했다. 이에 대해 메리 더글러스Mary Douglas와 다른 학자들은 의식을 통해 위험에 대한 통제권을 주장함으로써 불안을 누그러뜨리는 것이라는 이론을 세웠다.**62** 공동체는 삶을 불안정하게 만드는 지역의 위험과 관련된 의식을 만드는 경향이 있다. 유대 율법인 코셔kosher와 이슬람 율법인 할랄halal은 엄격한 음식 규정을 통해 사막 사회의 골칫거리인 식중독에 관한 불안을 다룬다. 힌두교도의 목욕 의식은 습한 환경에서 만연한 전염병을 통제한다는 느낌을 제공한다. 이런 전통들이 치명적 위험을 막지 못할 경우, 사자의 영혼을 내세로 인도함으로써 죽음에 관한 통제력을 주장하는 장례 의식이 사실상 모든 문화권에 존재한다.

언젠가는 죽는다는 사실에 대한 자각 자체만으로도 부족 전통에 몰입하는 계기가 될 수 있다. 어니스트 베커Ernest Becker는 《죽음 부정The Denial of Death》에서 전통을 죽음에 대한 주체할 수 없는 불안감에 대한 방어 기제로 설명했다. 인간은 자신이 죽을 것임을 아는 유일한 동물이며, 이것이 전통에 대한 우리의 갈망과 연관이 있다는 주장이다. 나의 삶은 너무나 짧지만 내 부족의 전통은 여러 세대에 걸쳐 존재해왔고 따라서 앞으로도 여러 세대 동안 존속할 것이다. 나 또한 부족의 일원으로서 계속 존재할 수 있는 것이다! 전통으로 자신을 감싸는 것은 연속성에 대한 우리의 욕구를 충족시켜주는 실존적 위안이다.[63]

당시 행동과학자들은 이를 모호한 철학적 설명이라고 여겼다. 하지만 10년 뒤 일부 학자들이 이 이론에 부합하는 "죽음 일깨우기 효과"를 발견했다.[64] 독일 행인들 대상 소비자 연구에서, 공동묘지 앞에서 질문을 받은 응답자들은 몇 블록 떨어진 쇼핑센터 앞에서 답한 대조군에 비해 폴크스바겐, 독일 요리, 옛 통화인 도이치 마르크를 더 옹호했다.[65] 장례식장을 마주보고 있는 곳과 수백 미터 떨어진 곳을 구분해 진행한 미국의 연구에서도 행인들은 유사한 방어적 전환을 보였다. 인도 바라나시에서 실시한 연구에서는, 장례식장에서 (죽음에 둘러싸여) 일하는 사람들에 비해 농부들은 힌두 전통을 덜 옹호했지만 그들도 죽음을 상기한 이후에는 전통적 태도 쪽으로 더 기울었다.[66] 단순히 죽음을 상기하는 것만으로는 실제 죽을 뻔한 일을 겪는 것보다 전통주의를 덜 촉발한다.

하지만 죽음 떠올리기가 중요하다는 사실은 전통주의가 외부의 적에게 보내는 메시지일 뿐 아니라 내면의 불안에 대처하는 수단이기도 하다는 점을 보여준다.

묘지, 장례식장, 화장장은 죽음과 의식 양자가 결합된 장소여서 특히 환기 효과가 높을 수 있다. 마음을 사로잡는 의식과 아찔한 위협의 결합은 물을 찾아 떠났던 파랄지의 무리, 잔 다르크의 군대, 9.11 이후의 뉴욕 사람들에게 전통주의를 불러일으켰다.[67] 심리학자 하마드 셰이크Hammad Sheikh 팀이 팔레스타인 젊은이들을 대상으로 이 불안정한 조합을 연구했다. 그들은 서안지구와 가자지구의 10대 600명을 대상으로 평화 프로세스와 삶에 대한 태도를 반복 조사했다. 그런 조치들이 큰 혜택을 주고 평화롭고 행복한 팔레스타인 국가에 도움이 된다면 특정 사안(예를 들어 '귀환권' 포기, 동예루살렘에 대한 이스라엘의 통제권 수용, 이스라엘의 존재권 인정)에 대해 양보할 수 있는지를 특히 반복해 물었다. 위협과 종교의식 양자에 많이 노출된 10대들은 그런 양보는 생각할 수 없는 일이라는 전통 노선을 따를 가능성이 높다고 나타났다.

부족의 절멸에 대한 위협은 다양한 형태로 나타날 수 있다. 변화도 그중 하나로, 공동체의 생명까지는 아니어도 지속성을 위협할 수 있다. 십자군전쟁은 유럽인의 생명이 위험해서가 아니라 예루살렘과 콘스탄티노플의 기독교 제도에 대한 위협 탓에 촉발되었다. 교황은 하기아소피아대성당처럼 1000년을 이어온 제도에 관해 "기도, 성가, 행진, 유물 전시 등의 예배 행동이 수반되는 정교한 의식 환경에서" 설교하는 카리스마 넘치는 사제들을 곳곳에 파견했다.[68] 부족 전통에 대한 괴로운 위협과 마음을 사로잡는 의식의 마법은 수많은 유럽인이 개인의 평화를 뒤로 하고 비현실적인 해외의 전쟁에 뛰어들도록 만들었다.

부족의 연속성에 대한 또 다른 위협으로는 인구 추세를 들 수 있다. 특정 국가를 "내 땅"으로 여기는 기존 다수 집단은 소수 문화와 이민자 증가에 위협을 느낀다. 미디어가 다양성 증가를 찬양하는 와중에, 기존 다수 집단은 자신들의 전통을 고수하고 지키려는 성급한 마음이 앞서 방어적으로 대응하기도 한다. 이스라엘에서는 아랍인 인구가 증가하자(20%에 불과하지만) 방어적 정치 운동이 촉발되었고, 이는 유대인이 이스라엘의 유일한 합법적 지배자이며 히브리어가 유일한 공식 언어라는 2018년의 국적법으로 정점을 찍었다. 미국에서는 남쪽 국경을 따라 증가하는 히스패닉 인구를 자신들의 삶의 방식에 대한 타자의 위협으로 바라보는 시선이 오래전부터 이어지고 있다.[69] 관련 연구에서 다음 세대의 인구학적·문화적 변화에 대한 예측(예를 들어 "스페인어가 일상 언어가 될 것이다.")을 알려주면, 참가자들은 다양성 정책에 반대하는 반응을 보인다. 인구 추세를 감안하면 당연한 듯 보이는 이중언어 교육과 같은 정책에 대해서도 반대한다. 전국 설문 조사에서 백인들에게 앞으로는 그들이 다수가 아닐 것이라는 전망을 보여주면, 그들은 문화적 연속성 상실에 대한 두려움(예를 들어 "40년 뒤에는 미국인이라는 것이 어떤 의미인지 명확하지 않을 것 같아서 두렵다.")을 나타내며, 배타적 정책(예를 들어 영어 전용 법률)을 지지한다.[70] 인구 이동을 두려워하는 기존 집단들의 이런 방어적인 반사 반응은 지난 10년간 다양한 국가에서 포퓰리즘 물결이 일어나는 데 기여했다.[71]

부족의 연속성에 대한 위협이 추악한 편협함이 아니라 희생과 집단적 결의라는 위대한 행동을 불러일으킬 수도 있다. 2011년, 40미터 높이의 파도를 일으킨 쓰나미가 일본 후쿠시마 원자력 발전소를 덮쳤을 때였다. 폭발이 일어나고 발전기가 파괴되었으며 원자로에서 위험한 수준의 방사능이 유출되었다. 게다가 원자로 온도가 올라가 인구 3500만 명인 수도 도쿄 전역을 방사능으로 뒤덮을 정도의 노심 용융을 향해 치달았다.

회사 정책에 따라 인근 위기 센터로 대피했던 원자력 엔지니어들과 기술자들은 두려움과 부끄러움을 느꼈다. 회사와 직업, 나아가 국가의 제도들에 가해진 실존적 위협에 직면한 그들은 항복 전의 사무라이 희생 규범 등 일본 전통에 대해 이야기를 나누었다. 방사능 때문에 죽을 수 있다는 의사의 경고에도 불구하고, 하나로 뭉친 나이 든 직원들은 오염된 공장으로 복귀하겠다고 요청했다. 이미 자녀들을 다 키웠으므로 위험을 감수하겠다고 했다. 엔지니어 요시자와 아쓰후미Atsufumi Yoshizawa, 吉沢厚文에 따르면 기술자,

소방관, 경찰, 군인이 도열해 "자살 특공대"에 엄숙히 경례하며 신념을 북돋우는 의식을 즉흥적으로 거행했다.[72] 그들은 희생을 각오했던 예전 사무라이가 된 기분이었다. 훗날 '후쿠시마 50'으로 불리게 된 그들은 발전소의 구조를 속속들이 알고 있었다. 교대 근무로 피해를 조사하며 책상 위에서 잠을 잤고, 수염을 깎지 못한 채 지내며 자판기 크래커와 주스로 끼니를 때웠다. 그들은 수동으로 스팀 밸브를 개방하는 등 구식 방법으로 주요 구역의 온도를 낮추었다. 몇 명은 치명적인 화상을 입었지만 대부분은 살아남아 이야기를 전할 수 있었다. 당시 요시자와는 이렇게 말했다. "우리 사이에는 특별한 유대감이 있다. 말로 표현하기는 어렵다. 그저 우리가 서로에게 느끼는 감정일 따름이다. 전시에 군인들이 느끼는 전우애와 같은 것이 아닐까 싶다."

진정한 마법은 3가지 본능이
함께 작동할 때 일어난다

'후쿠시마 50'은 조상 본능의 힘으로 하나가 되었다. 위험 지역으로 복귀한다는 결정을 이끈 것은 그들 모두가 잘 아는 유서 깊은 문화 규범이었다. 결국 그들은 원자로 노심 용융을 막아 오염을 억제할 수 있었다. 하지만 이런 구조 행위를 조상 본능이라는 전통주의적 반사 작용 단독으로는 설명할 수 없다. 영웅 본능과 동료 본능도 한몫했다.

당시 평범한 공장 관리자였던 요시다 마사오Masao Yoshida, 吉田昌郎는 예기치 않게 국가 위기의 핵심 인물이 되었다. 현장에 없었던 그의 상사들이 원자로를 구할 길은 없다고 발표한 상황이었다. 총리는 요시다에게 전화를 걸어 인구 밀집 지역이자 황궁이 있는 수도 도쿄가 처한 위험에 대해 이야기했다. 쓰나미가 휩쓴 발전소를 바라보며 요시다는 바다에서 물을 퍼 올려 원자로를 식히는 해결책을 구상했다. 상사들은 그 아이디어를 거부했지만 어쨌거나 그는 밀고 나갔다.[73] 지역 소방서로는 감당할 수 없는 일이어서 그는 도쿄소방서에 전화를 걸었다. 그들이 후쿠시마까지 250킬로미터를 달려와서 바닷물을 퍼 올리고, 아주 먼 거리에서 그 물을 원자로에 분사하는 것이 가능할까? 하루 노출 한도가 고작 10분일 정도로 방사능 수치가 올라가 있는데? 국가 상징과 전 세계의 시선에서 자극받은 요시다는 평범한 관리자에서 선구적인 문제 해결자로 변모했다.

그가 도움을 요청한 소방서는 세계 최대 규모였지만 도쿄 보호가 임무였지 원자로 문제에는 관여해본 적이 없었다. 하지만 도쿄소방서의 지휘부는 고층 건물 화재 진압 장비와 프로토콜이 이 과제에도 적용될 수 있다고 생각했다. 그들은 드넓은 도쿄 전역의 소방서들에서 차량을 보냈다.[74] 파견된 대원들은 이전에 한 번도 함께 일해본 적이 없었다. 하지만 전원이 소방서의 프로토콜을 알고 있었기 때문에 원활하게 협력해 장비를 설치했고, 24시간 내내 물을 분사해 온도를 낮추고 노심 용융을 막았다. 곧이어 오사카, 교토 등 다른 도시의 대원들이 도착해 표준 작업 프로토콜을 통해 업무를 조율하면서 팀 작업에 합류했다. 긴박한 상황에서 동료 코드가 작동하기 시작했다.

후쿠시마 원전의 훌륭한 구조 작업에는 3가지 부족 본능 트리거 전부가 관련되어 있다. 위협 대응과 의식 수행에 대한 전통의 부름이 있었고, 상징과 지켜보는 눈에 영향받은 영웅적 기여에 대한 열망이 있었고, 동료들의 존재와 시간 압박으로 인해 단일 전선으로 협력하려는 강력한 충동이 일어났다. 쓰나미에서 출발해 원전 사고로 이어지고 결국 국가 전통까지 위협한 도전에 맞서기 위해서는 이 3가지 심리적 힘의 결합이 필요했다.

마찬가지로 우리의 구석기 시대 조상들 경우에도, 각각의 본능이 한 단계 도약을 가져다주었지만 진정한 마법은 3가지 본능이 함께 작동했을 때 일어났다. 조상 본능이 과거에 관한 새로운 동기를 부여해 부족은 과거의 교훈들을 기억했다. 더 이상 세대마다 "바퀴를 재발명"할 필요가 없어지자 영웅 본능에 힘입어 과거의 기술을 발전시키고 그것을 뛰어넘는 쪽으로 향했다. 이어 이런 새로운 혁신들을 동료 본능의 모방을 통해 확산시켜 집단의 공유 전문 지식에 추가했다. 부족의 지혜가 축적되기 시작했고, 이제 그들은

3장 조상 본능, 전통을 배우고 잇고 지키는 것의 이로움

생존과 번영에 관한 더 많은 지식을 다음 세대에 물려주게 되었다.

이것은 눈덩이처럼 불어난 "문화 축적"이었다. 후기 석기 시대 유럽에서 문화 복잡성이 눈에 띄게 증가한 것은 개인 지능이 높아진 덕분이 아니라 문화 축적의 효과였다. 그 시기 조상들은 뼈 도구를 이용해 낚시를 하고 옷을 만들었다. 동굴 벽에 그림을 그리고, 비너스 상을 조각하고, 뼈 피리를 연주했다. 2만 년 전에는 수렵채집 집단들이 모여서 족장을 매장하고 성소를 지었으며, 마침내 거대한 신전을 설계하기에 이르렀다. 약 1만 년 전에는 농경을 시작해 영구 정착했고, 땅을 가는 쟁기와 잉여 식량을 저장하는 토기 같은 도구를 사용했다. 5000년 전에는 가축, 도시, 바퀴, 청동, 문자를 인류 문화에 포함시켰다. 부족들은 메소포타미아, 이집트, 중국 등에서 왕국이 되었고, 이어 서로 연결되어 더 큰 제국, 곧 부족들의 부족이 되었다. 1000년 전에는 민족, 종교, 길드, 군대, 기업 등 다양한 부족들이 많은 사람의 삶 속으로 들어왔다. 몇 세기 뒤 르네상스 때는 교육, 기술, 탐험 여행에서 또 다른 혁명이 시작되었다. 200년 전에는 산업혁명으로 철도, 증기선, 방직, 전신 통신, 식민주의가 등장했다. 50년 전에는 원자를 쪼개고, 컴퓨터를 만들고, 우주로 날아가고, 유엔 같은 국제기구를 세웠다. 25년 전에는 인터넷이 온라인 커뮤니티와 네트워크를 연결해 기존의 어떤 제국, 국가, 조직보다 더 큰 연결망을 만들었다.

문화 지식과 연결이 이처럼 기하급수적으로 성장하는 현상은 문화 축적이라는 엔진을 통해 계속 이어지고 있다. 미래를 볼 수는 없지만 오늘날 우리는 거인의 어깨 위에 서 있기 때문에 멀리 볼 수 있다.

하지만 발전이 우리의 생존을 위협하기도 한다. 원자가 쪼개지면서 방출하는 핵에너지를 발견한 것이 우리의 갈림길이었다. 후쿠시마에서는 기술의 기하급수적 성장을 일구어낸 부족 충동이 이 위험을 통제할 수 있었다. 하지만 이런 종류의 위험은 세계적으로 갈수록 늘고 있다. 이처럼 부족 심리는 문제의 원인이지만 한편으로는 해결책이다(마지막 장에서 이 문제를 자세히 살펴본다).

2부

Tribal

부족 본능은 어떻게 세상을 변화시키는가

4장

동료 코드의 우세 신호가
우리를 바꾸는 방식

> 합의의 영역은 믿을 수 없을 정도로 빠르게 변한다.
> 확실성의 거품이 끊임없이 터지고 있다.[1]
> 렘 콜하스Rem Koolhaas, 네덜란드 건축가

미국 금주법은 왜 생겨났고
어째서 다시 사라졌을까

불과 100년 전 미국은 헌법 개정을 통해 주류 판매를 금지해 세계에 충격을 주었다. 사람들의 일상을 광범위하게 뒤흔들고 주류 산업 전체를 폐쇄시킨 조치였다. 13년 뒤 이 나라는 마음을 바꿔 헌법을 다시 개정해 주류 금지 정책을 폐기했다. 처음에 여론이 주류 금지 쪽으로 그처럼 극적으로 옮겨간 이유는 무엇일까? 그러다가 더 급격히 다시 돌아선 것은 무엇 때문일까?

오늘날 금주법Prohibition은 갱스터 영화와 "밀주 판매" 술집의 배경으로만 남아 있는 듯하다. 금주법과 연관된 근본적인 문화 변화는 잊힌 것 같다. 선악에 관한 많은 관념이 그렇듯, 금주 운동도 처음에는 종교 주변부에 뿌리를 내렸다. 19세기 시작된 "금주 십자군"은 교회 네트워크를 통해 서서히 퍼져나갔다. 설교자들은 "악마의 술"에 격분했지만 독실한 신자가 아닌 많은 사람을 설득하지는 못했다. 금주 단체들은 다른 음료를 마시자며 공원에 음수대를 설치하고 "청량음료"를 홍보했다(이 과정에서 코카콜라에 대한 국민적 중독이 시작되었다). 하지만 대중은 계속 술을 마셨다(콜라가 럼주와 잘 어울린다는 것이 알려졌다!). 술은 문화생활의 많은 면에 뿌리를 내린 터였다. 저녁 식사 때 와인을, 술집에서 맥주를, 클럽에서 칵테일을 마시는 것이 일상이었다. 사람들이 이런 동료 패턴에 둘러싸여 있는 한, 이것이 그들의 "정상normal"인 한, 불같은 설교와 대안 음료들이 음주 습관을 바꾸지는 못했다.

음주를 개인적 실패가 아니라 문화 패턴이라고 보게 되자 금주 운동 지도자들은 금주가 정상이라는 쪽으로 인식을 바꾸려고 애썼다. 선교사들로부터 영감을 받은 그들은 교구민들에게서 금주에 대한 공감을 끌어내기 위해 공공 광장에서 눈에 띄는 서약 행사를 열었다. 열렬한 연설이 끝나면 많은 사람이 줄을 서서 《성경》에 손을 얹고 인상적인 절대 금주 서약을 암송했고, 동료들의 박수를 받으며 가죽으로 묶은 등록부에 서명했다. 앞 장들의 내용을 바탕으로 우리는 이 행사가 서약을 촉발하기 위해 잘 설계되었음을 알 수 있다. 신자들을 부족 신호, 상징, 의식으로 둘러싼 것이다. 한편 서약 행사는 외부인들에게도 영향을 미쳤다. 교회에 다니지 않는 행인들이 서약자 행렬, 두꺼운 등록부, 새로운 서약자가 나올 때마다 쏟아지는 박수를 구경하려고 걸음을 멈추었다. 그들은 이런 생각을 하지 않았을까? '이 근처 많은 사람이 확실히 금주 쪽으로 기운 것 같군.'

금주 운동가들은 미디어를 활용해 이런 인상을 강화하는 방법을 개발했다. 보도 자료를 통해 금주 서약자가 100만 명으로, 이어 200만 명으로 늘었다고 선전했다(서약하지 않은 나머지 1000만 명에 대해서는 언급하지 않았다). 전 야구 선수 빌리 선데이Billy Sunday는 신문 보도를 염두에 두고 도심의 임시 "이동식 예배소"에 수만 명의 신도를 모아놓고 여러 번 설교했다. 불을 뿜는 설교로 유명한 전도사 모디카이 햄Mordecai Ham은 부흥회를 라디오로 방송했다. 금주 동맹이 자체 인쇄기를 구입해 만든 〈과학적 금주 교육〉 인쇄물이 전국 우편함에 넘쳐났다.[2] 미국 가정 5곳 중 1곳에 도달할 정도였다. 의학적 타당성과는 무관하게 이런 문건들이 널리 퍼졌다는 사실은 그 자체로 하나의 메시지를 전달했다. 금주 입장이 모든 곳에 퍼졌다는 메시지였다.

1913년에 '주류판매반대연맹Anti-Saloon League'은 "압력 정치"라는 기법을 발명했다. 각 주에서 금주법에 대한 투표를 준비할 때, 웨인 휠러Wayne Wheeler와 윌리엄 "고양이발" 존슨William "Pussyfoot"

Johnson(법 집행관이던 존슨이 주류 판매 금지를 어긴 용의자를 추적할 때 고양이처럼 은밀하게 행동한다고 해서 붙인 별명-옮긴이)은 1만 3000명을 조직해 선거구 의원들에게 규제를 요구하는 편지를 보냈다. 그런 대량 편지를 받아본 적 없었던 의원들이 보기에는 업계 전체가 공공 음주에 대한 해결책을 요구하는 것 같았다. 각 주는 차례로 금주법을 제정했다. 1917년 전국적인 금주법이 수정 헌법 제18조로 발의되었고, 2년 뒤에는 비준에 필요한 수인 37주를 모두 채웠다.[3] 이 법은 맥주와 포도주까지 포함해 모든 술의 판매를 금지했다. 볼스테드법Volstead Act(개정안의 시행을 규정하는 법안)이 의회에 상정되자 주류판매반대연맹은 몇 주 동안 전신 전화에 매달려 압력을 이어갔다. 결정적인 한 표는 오하이오주 워런 하딩Warren Harding 상원의원에게서 나왔는데, 그는 개인적으로 금주법에 반대했지만 찬성표를 던지라는 공공의 명령에 마음이 움직였다고 밝혔다.

1920년 1월 16일 저녁, 식당과 선술집, 나이트클럽에서는 존 발리콘John Barleycorn(발리콘은 보리로 만든 술인 맥주, 위스키를 의인화한 것이다-옮긴이)을 안식처로 보내는 모의 장례식이 열렸다. 술꾼들은 열린 관 주위에 모여 앞으로의 삶이 예전과 같지 않을 것이라고 이야기를 나누었다. 자정이 되자 애도자들은 마지막 한 모금을 마신 뒤 술병을 관에 던져 넣었다.

금주 운동이 (앞에서 설명한) 부족 트리거만으로 이런 급진적 변화를 성취한 것이 아니었다는 점에 주목해야 한다. 트리거가 이미 사람들의 내면에 잠재된 문화 코드를 활성화하긴 해도, 때로 사회 변화는 그 이상의 것을 요구한다. 사람들의 문화 코드들을 바꾸고 다시 프로그래밍하는 것이 필요하다. 금주 운동이 성공하려면 동료에 대한 미국인들의 인식, 대중의 합의에 관한 잠정적인 가정이 바뀌어야 했다. 이는 하룻밤 사이에 가능한 것이 아니었다. 동료 미국인들의 금주 지지에 관한 인식을 서서히 변화시키는 지속적인 이벤트와 메시지가 필요했다.

같은 시기 뉴욕 주간지 《리터러리다이제스트Literary Digest》는 독자 여론 조사라는 혁신적 수법을 통해 독자층을 넓히는 중이었다.[4] 이 잡지는 1916년 우드로 윌슨Woodrow Wilson, 1920년 워런 하딩Warren Harding의 대통령 당선을 예측해 미국인들을 놀라게 했다. 정치 외에 일반 관심사에 관한 여론 조사도 했는데, 1922년 조사에서 여성이 남성보다 금주법을 지지할 가능성이 높은 것으로 나왔다. 이 결과는 성차를 입증했으나 의외의 내용도 있었다. 응답자 대다수가 (성별과 무관하게) 금주법을 지지하지 않았고, 적어도 일부 주류는 판매를 허용해야 한다고 답했다.

지금 보면 놀랄 일이 아닐 수 있지만 당시에는 충격이었다. 몇 년 동안 금주파는 서약 행사, 부흥회, 편지 쓰기 캠페인 등을 통해 존재감을 매우 또렷하게 드러냈다. 그들의 도덕주의적 열정은 수치심을 느낀 음주자들을 침묵으로 몰아넣었다. 입법부 투표 결과도 금주법 찬성 쪽으로 강하게 기울었다. 겉보기에는 모든 현상은 미국인 대부분이 금주법에 찬성한다는 쪽을 가리켰다. 하지만 비공개 우편 조사에서는 다른 현실이 드러났다.

요즘에는 잡지 여론 조사가 큰 화제가 되지 않지만 당시에는 일종의 계시였다. 기자의 인터뷰보다 여론을 더 정확하게 보여주었다. 금주 운동 지도자들은 이 최신식 저널리즘 형태와 그 배후의 미심쩍은 "문학적literary" 유형을 비난했지만, 이데올로기보다 증거를 선호하는 다수 미국인은 믿을 만하다고 생각했다. 특히 분열의 중간 지점에 위치한 사람들, 금주에 대해 확고한 의견이 없는 사람들의 마음을 움직였다. 이 "부동층"은 다수의 입장, 곧 "평균 미국인"이 믿는 쪽으로 끌리는 경향이 있다. "금주" 지지자들이 소수라는 뉴스가 전해지자 금주 쪽으로 기울어 있던 중도파 일부는 입장을 수정해 음주 허용 쪽으로 돌아섰다.

이 여론 조사는 새로운 대중 논쟁을 불러일으켰다. 금주법 반대자들은 기고문, 의원들의 지역민 모임을 통해 입장을 밝혔다. 의회 청문회는 갱스터, 밀주, 식량 배급을 기다리는 빈민 행렬 등 금주법이 가져온 의도하지 않은 결과에 관한 조사에 착수했다. 엘리트 담론에 변화가 일자 평범한 사람들도 1년 전이었다면 이단처럼 들리고 평판이 위험했을 의견을 자유롭게 말하게 되었다. 이 새로운 솔직함은 더 많은 중립자들을 음주 허용 캠프로 끌어들였다. 《리터러리다이제스트》가 1930년 다시 같은 조사를 실시하자 거의 70%가 금주법에 반대했다.[5] 1932년에는 이 수치가 75%로 올랐다. 그러자 이번에는 금주법 반대 진영에서 청원서를 돌리고 편지 쓰기 활동을 조직했다. 9개월 만에 금주법 폐지 수정안인 수정헌법 제21조가 작성되고 비준되었다. 금주법에 대한 지지는 구멍 난 풍선처럼 주저앉았다.[6]

미국 중심부에서 시작된 종교 운동이 고조되어 헌법을 바꾸었고, 이후 새로운 도구로 인간 관심사를 조사하던 소수 도시 언론인들이 우연히 발견한 뉴스가 여론의 흐름을 역전시켜 다시 헌법을 바꾸었다. 양 진영의 주동자들은 그보다 더 다를 수 없을 정도로 달랐다(음주를 억제하려는 도덕주의자 목사들 대 특종을 노리는 혁신적 언론인들). 하지만 그들은 동일한 심리 경로를 통해 각각 영향력을 얻었다. 동료에 대한 미국인들의 인식을 바꾸는 정보를 제공했다는 점에서 같았다. 금주 이벤트들은 절제에 찬성하는 이들이 아주 많다는 환상을 만들어냈고, 이 환상은 의견, 생활방식, 궁극적으로는 투표로 표현되면서 현실이 되었다. 그러다 여론 조사와 토론회, 청문회를 통해 숨어 있던 금주 반대파 다수가 드러나자 환상은 사라졌다. 부동층이 반금주파가 되었고, 이번에는 순응이 이전 상태로 되돌아가는 힘으로 작용했다.

사람들의 문화 코드들을 형성하는(또한 재형성하는) 정보를 "부족 신호tribal signal"라고 부를 수 있다. 각각의 부족 본능은 각기 다른 부족 신호에 반응해 업데이트된다. 동료 코드는 "우세 신호prevalence signal"에, 곧 집단 구성원들이 무엇을 하고, 생각하고, 말하는

지에 민감하다. 이런 신호들은 사람들에게 말하고, 보여주고, 그들을 경험에 끌어들이는 것(가장 효과적이다)을 통해 전달된다. 히딩크 감독이 한국 대표팀 문화를 바꾸기 위해 훈련 캠프에서 새로운 종류의 사회적 상호작용을 어떻게 조율했는지 떠올려보자. 몇 달에 걸쳐 그런 평등한 상호작용을 팀원들끼리 주고받은 결과 "한국 대표팀 방식"에 관한 선수들의 감각이 재프로그래밍되었다. 금주 운동가들도 새로운 문화 습관을 심는 유사한 과제에 직면했다. 금주법 폐지 운동 역시 다수 의견임에도 그렇게 여겨지지 않았던 의견을 드러내야 한다는 또 다른 과제에 직면해 대중이 오인한 동료 코드를 바로잡아야 했다. 앞으로 보겠지만 새로운 규범을 만드는 것과 기존의 규범을 드러내는 것, 이 2가지 과제는 우세 신호를 보낼 때 각기 다른 전략이 필요하다.

우리가 사진을 찍을 때 웃는 표정을 짓게 된 이유

빅토리아 시대 사진을 보면 사람들이 진지한 표정을 짓고 있다. 그런 엄숙한 표정은 실용적인 이유 때문이었다. 느린 카메라 셔터로는 찰나의 미소를 포착할 수 없었다. 20세기 초가 되자 기술적 제약이 사라졌지만 여전히 근엄한 얼굴이 지배적이었다. 그것이 관습이 된 것이다. 웃는다는 것은 카메라 앞에서 하는 행동이 아니었다. 초상 사진을 찍는 사람들은 표준적인 다문 입술 모양을 만들려고 "프룬스prunes"라는 발음을 하곤 했다.

당시 카메라와 필름 시장은 이스트만 코닥이 거의 독점하고 있었는데, 두 제품 모두 대중 수요는 많지 않았다. 사진 찍는 일은 스튜디오에서 전문가들에게 맡기는 것이 최선인 힘든 경험으로 여겨졌다. 코닥은 사진에 관한 문화적 가정을 바꿔야 한다는 사실을 깨닫고, 저렴하고 사용자 친화적인 브라우니 모델을 특가 상품으로 내놓았다. 젊은이들을 사로잡기 위해 학교, 스카우트 대원들, YMCA 등에 카메라를 기증했다. "코닥으로 행복한 순간을 저장하세요"라는 잡지 광고에서 가족 행사를 "스냅 사진"에 담는 부모들의 모습을 보여주었다. "사진광"을 위한 뉴스레터인《코다커리Kodakery》는 아마추어 사진 콘테스트를 열고 피크닉, 행진, 무도회에서 평범한 미국인들이 빛을 발하는 사진들을 실었다. 또 아기들에게 삑삑이 장난감 소리를 들려주거나 어른들에게 "치즈"라고 말하라는 식으로 웃는 사진을 찍는 요령을 알려주었다.

주로 코닥의 노력 덕분에 20세기 초반 미국인들은 다른 사람들이 카메라를 향해 웃는 모습을 보게 되었다.[7] 웃는 것이 관행으로 허용되자 더 많은 사람이 시도했고 그 결과 웃는 사진이 더 많이 유통되었다. 변화된 인식과 변화된 행동이라는 이 사이클을 통해 미소 짓기는 표준 행동이 되었으며 이어 당연한 행동이 되었다. 요

집단 본능

즘 우리는 자동 조종 장치처럼 반사적으로 웃는다. 심지어 범죄자들의 상반신 사진에도 얼빠진 미소가 등장한다. 코닥은 유도와 광고로 이런 관행의 씨앗을 뿌렸고, 그렇게 찍힌 사진을 게재하는 한편 이에 관한 대화를 촉진할 귀에 꽂히는 문구를 만들어 관행이 널리 퍼지는 데 힘을 보탰다. 그 결과 일어난 문화 변화는 20세기 전반에 걸친 미국 졸업앨범 사진에서 확인할 수 있다. 초기 수십 년 동안의 다문 입술과 생기 없는 눈이 이후 활짝 웃음과 반짝이는 눈으로 바뀌었다.

사람들이 다수에 순응한다는 사실은 익히 알려져 있다. 우리의 뇌는 단순히 "마음"을 읽는 것만이 아니라 "사람들의 분위기"를 읽는다. 1950년대에 심리학자 솔로몬 아시Solomon Asch는 대학생들을 모집해 안과 의사가 사용하는 것처럼 확연히 눈에 들어오는 슬라이드로 시력 테스트를 진행했다. 3가지 선 가운데 가장 긴 것은?

이 색깔은 청색인가 녹색인가? 학생들은 소그룹으로 테스트를 받았다. 처음에는 탁자에 둘러앉은 전원이 (쉬운) 질문에 똑같이 정답을 말했다. 하지만 중간쯤 진행되자 대부분(실험자와 한통속인 위장 참가자들)이 오답을 말하기 시작했다. 그것도 똑같은 오답이었다. 진짜 참가자들은 고개를 이리저리 돌리며 어리둥절한 채 동료들을 쳐다보았다. 여러 차례 이런 상황이 이어지자 그들은 안경을 닦고, 눈을 비비고, 머리를 긁는 등 자기를 의심하는 징후를 보였고, 3분의 1이 자신의 감각 증거를 무시한 채 오답을 말하는 다수와 같은 답을 내놓았다.

다수에 순응해야 한다는 동료 압력을 느꼈던 것일까? 아니면 우세 신호가 선입견에, 궁극적으로는 인식과 신념에 스며들었던 것일까?[8] 이 실험을 변형한 많은 실험이 있었지만 명확한 답은 나오지 않았다. 최근에는 참가자들을 fMRI에 연결한 실험이 진행되었다. 동료 다수를 따르지 않고 정답을 말한 참가자들은 뇌의 꼬리핵(자제력 담당)과 편도체(사회적 위험을 탐지하는 경보 시스템)가 더 활성화되었다. 틀린 다수에 순응한 참가자들은 시각피질(지각이 구성되는 곳)의 활성화 정도가 높았다. 이 결과는 위의 2가지 설명을 모두 뒷받침하는 것으로 보인다. 사람들이 동료 압력을 느끼는 것도 맞고, 동료들의 정보가 자신의 인식에 주입되는 것을 막으려고 적극 저항하는 것도 맞다.

소수파 역시 동료 영향력을 행사할 수 있다는 연구도 있는데, 덜 알려져 있으나 그렇다고 중요성이 덜하지는 않다.[9] 프랑스 심리학자 세르주 모스코비시Serge Moscovici는 일관된 견해를 가진 소수파(예를 들어 파란색 음영을 "녹색"이라고 하는 참가자들)는 동료에게 영향을 미친다는 것을 발견했다. 이들의 행동은 3분의 1의 참가자들에게 적어도 한 번은 자극을 그런 식으로 보게끔 유도한다. 우리는 동료들이 제안한 대안적 신념과 관행을 "시도"한다. 영구히 받아들일지 확신할 수 없더라도 시도는 해본다. 사회학자 데이먼 센톨라Damon Centola에 따르면 집단은 상호작용 과정에서 조율에 대한 압력 때문에 관습(예를 들어 공유된 라벨이나 해석)에 안주하지만, 대안적 관행에 확고하게 전념하는 "활동가들"이 등장하면 그들의 영향력이 집단의 관습을 뒤흔들고 아예 뒤집어놓을 수도 있다.[10] 다양한 환경에서 여러 연구를 진행한 센톨라는 이런 일을 일으키는 "임계 질량"이 구성원의 약 25%임을 발견했다. 이보다 적으면 새로운 관행이 거의 자리 잡지 못한다. 이보다 많으면 대안 관행이 기존 관행을 바꾸는 경우가 많다. 성소수자 커뮤니티와 그 지지자들이 "그들they"을 단수 대명사로 사용하라고 압박했을 때 그런 일이 벌어졌다.(2019년 웹스터 사전은 "they"의 뜻에 비이분법적 젠더 이론에 근거한 제3의 인칭대명사를 추가했다. 새 단어 they는 그he도 아니고 그녀she도 아닌 제3, 제4 … 제n의 성인 누군가를 지칭한다-옮긴이) 이는 집단 내에서 점점 더 많은 사람이 새로운 관행을 채택함에 따라 조정 인센티브와 순응 압력이 높아지는 "티핑 포인트tipping point"의 역학이다.[11]

개발도상국의 사회적 관행을 바꾸려고 노력하는(예를 들어 남성에게 콘돔 사용이나 가정 폭력 중단 촉구) 공중 보건 NGO들은 워크숍에서 지속적인 교육과 대화를 진행하면 개개인을 설득해 변화된 관행에 대해 자신감과 확신을 갖게 할 수 있다는 사실을 알게 되었다. 그런데 워크숍 같은 경험을 인구 전체에 제공하는 것은 실현 가능한 일이 아니다. 그래서 비판자들은 그런 개입이 광범위한 변화를 가져올 정도로 확대될 수 있을지 의문을 제기해왔다. 하지만 개입이 워크숍에 참여한 소수 참가자를 넘어 넓은 지역 사회로 확산되는 변화를 가져온 사례들이 존재한다. 이 성공에서 핵심은 참가자들이 소셜 네트워크의 가까운 지인들과 새로운 신념을 공유하도록 유도하는 "조직적 확산" 기법이다.[12] 지인들이 생각을 바꾸면 그들에게도 같은 행동을 하도록 권장하는 것인데, 이런 계단식 확산은 공동체에 새로운 문화적 관행이 퍼지도록 만드는 활동가들의 임계 질량을 창출한다.

소수 의견의 영향력은 빈도뿐 아니라 눈에 띄는 정도에 따라서도 달라진다. 때로 소수의 행동이 눈에 띄는 패턴으로 두드러지는 경우가 있다. 다수가 입장을 결정하지 않았거나 다양한 의견으로 나뉜 경우에는 소수가 다수 의견, 최빈값 의견이 될 수 있다. 아니면 소수의 관행이 극적으로 그리고 눈에 띄게 두드러질 수 있다. 금주 서약을 한 미국인은 전체의 10분의 1에도 미치지 못했지만 서약하지 않은 사람들보다 더 눈에 띄었던 것이 여기에 해당한다.

또는 소수의 관행이 잘 홍보된 덕분에 영향력을 갖기도 한다. 앞에서 금주 장려, 아마추어 사진 촬영 권장 캠페인에서 보았듯 이는 중요한 요인이다. 새로운 행동을 장려하려는 정부 기관이나 옹호 단체의 주 무기는 인센티브를 제공하고 그 관행을 조기에 채택하도록 홍보하는 것이다. 이웃이 퇴비를 만든다는 이야기를 읽으면 그것은 이제 나와 동떨어진 히피의 방식이 아니라 나와 비슷한 사람들이 하는 일이 된다. 또 다른 홍보 요령은 추세에 초점을 맞추는 것이다. 도시 인구의 20%가 퇴비를 사용한다는 말을 들어도 여전히 선뜻 시작하지 않을 수 있다. 하지만 10년 전에는 0%였는데 20%가 되었다고 하면 강한 인상을 받는다. 어떤 관행이 자리를 잡으면 그것이 표준이 되고 있다고 추론해 동참하고 싶어진다.[13]

영향력을 행사하는 소수 동료의 힘은 악의적인 목적에 사용되기도 한다. 과거에 경매장과 카지노는 가짜 고객인 "바람잡이"에게 의존하곤 했다. 이들은 특정 물건이나 게임에 확연한 관심을 보이면서 다른 이들을 유인했다. 오늘날 우리를 가장 많이 조종하는 것은 온라인 바람잡이들이다. 온라인 포럼에서 열성적인 척하고, 평점 사이트에 가짜 리뷰를 남기고, 정치 토론에서 허위 정보를 퍼뜨린다. 동료 행동 정보를 본능적으로 학습할 경우 비판적으로 생각하지 못하고 나중에 후회할 선택을 할 수도 있다. 2017년에 섬 음악 축제인 파이어 페스티벌Fyre Festival 티켓을 구매했던 부유한 밀레니얼세대 5000명이 그랬다. 인스타그램과 페이스북 친구들이 가는 것을 보고 따라 산 것인데(티켓 사이트에서 공유를 권장했다), VIP 패키지 가격이 1만 2000달러였다. 행사 세부 정보는 자세히 나와 있지 않았지만 신스터scenester(특정 유행 그룹의 일부가 되기 위해 애쓰는 사람-옮긴이)들은 친구들이 참가하는 축제를 놓치고 싶지 않았다. 하지만 그들이 바하마의 현장에 도착했을 때 거기에는 음악도, 음식도, 물론 축제도 없었다.

그렇다고 인위적인 동료 신호가 항상 그럴싸한 속임수인 것은 아니다. 때로는 특정 관행에 사람들을 끌어들이기 위해 보여줘야 할 존재 증명existence proof(직접적 예시를 보여줌으로써 존재성을 증명하는 것-옮긴이)이 되기도 한다. 1장에서 우리는 말레이시아의 사이버자야 캠퍼스가 창업을 촉발하는 데 실패한 사례를 살펴보았다. 실리콘밸리의 전문 용어와 건축 양식을 베끼는 것으로는 기술 붐을 일으키기에 충분하지 않았다. 그렇다고 정책 입안자들이 동료 코드 변화를 통해 장기적으로 스타트업 문화를 육성할 수 없다는 뜻은 아니다. 2010년 시작된 '스타트업 칠레Start-Up Chile'는 산티아고로 이주할 외국 스타트업을 모집해 비자, 사무 공간, 자금 조달, 홍보를 6개월간 제공하는 프로그램이다.[14] 이후 몇 년 동안 1600곳 이상의 스타트업이 칠레를 방문했고 그중 절반 이상이 남아서 현지인들을 고용했다. 더욱 인상적인 것은 이후의 성과다. 칠레인 수백 명이 벤처를 창업해 기술 기업, 대학 연구소, 벤처캐피털 펀드로 구성된 "칠리콘밸리Chilecon Valley"가 탄생했다. 현재 라틴아메리카

최대 기술 단지다. 경제적 경쟁이라는 관점에서 보면 외국 기업을 유치하는 것이 현지 기업인들에게 최악의 상황으로 보일 수도 있다. 하지만 부족의 관점에서 보면 그것이 공동체를 제공하고 동료 코드를 재프로그래밍했다는 점을 알 수 있다.

미투 운동과 시위운동은 어떻게 확산되었을까

앨라배마주의 캠프 상담사인 타라나 버크Tarana Burke는 2006년 어느 젊은 여성에게서 충격적인 성폭력 경험에 관해 들었다. 버크 자신도 유사한 일로 여전히 치유 중이었기 때문에 규정에 따라 그 청소년을 다른 상담사에게 소개했다. 나중에야 버크는 자기가 정말로 그 젊은 여성에게 하고 싶었던 말이 무엇이었는지 깨달았다. "미 투Me too"(나도 그래요)였다.

몇 년 뒤 버크는 이 두 단어를 따서 마이스페이스 페이지를 만들었다.[15] 성폭력 생존자들이 자신의 이야기를 공유하는 곳이었다. 버크는 "나도 그래요"라고 말하는 사람이 늘어서 성폭력 생존자들이 덜 외롭기를 바랐다. 처음에는 유색 인종 젊은 여성들을 위한 안전 공간으로 시작되었지만 곧 그 페이지는 다양한 인종, 연령, 지역의 여성들을 끌어들였다. 이 온라인 공간의 생존자 합창에 합류한 이들은 수를 늘리며 힘을 키웠다.

 10년 뒤 할리우드 여배우 수십 명이, 이어 수백 명이 #미투#MeToo 해시태그를 사용해 성 착취의 생존자임을 밝히면서 운동은 할리우드에서 폭발적으로 확산되었다. 자기 이야기를 말하는 생존자가 점점 더 늘어나자 이 문제가 얼마나 광범위한 것이었는지 충격적일 만큼 명확해졌다. 이전에는 제대로 식별되지 않았던 광범위한 동료 패턴이 드러난 것이다. 엔터테인먼트업계의 침묵 규범이 공개적으로 말하는 행동주의로 대체되었다. 이전까지 생존자들은 문제 해결을 위한 집단행동에 나서지 못했다. 성 착취가 몹시 만연했지만 엔터테인먼트업계 종사자들 대부분은 문제를 제대로 인식하지 못했다. 커리어에 미칠 영향을 걱정해 생존자들이 자신의 경험과 분노를 감추고 있었기 때문이다. 소셜 미디어에서 #미투 신호가 빠르게 확산되어 성폭력이 얼마나 만연한지 폭로되자 생존자들은 용기를 얻었다. 네트워크로 연결된 온라인 시위는 이미 존재했던 분노가 얼마나 컸는지 보여주는 역할을 했다.[16]

 정치학자 티무르 쿠란Timur Kuran은 《사적 진실, 공적 거짓말Private Truths, Public Lies》에서 소련이 몰락할 때의 동료 인식을 살폈다. 소련 붕괴에 맞닥뜨린 소련인 대부분은 충격을 받았다. 왜 그들은 소련 몰락을 예상하지 못했을까? 수십 년 동안 크렘린은 반대 의견을 억압했고, 시민들은 개인적으로 의구심을 품고 있더라도 공개적으로는 체제를 찬양했다.[17] 광활한 영토 내에서 지역적 불만

이 자주 터져 나왔으나 뉴스로 보도되지 않았던 탓에 막연한 소문을 통해서만 알려졌다. 뉴스와 의견을 비밀리에 인쇄하는 지하 출판samizdat이 중요한 형태의 행동주의였지만 심하게 억압당했다. 1980년대 후반 동구권 언론이 정치 시위를 과감하게 보도하기 시작하자 우크라이나와 동유럽의 시위가 곧 대규모 시위로 확산되었다. 200만 명이 발트 3국을 가로지르는 인간 사슬을 만들었다. 1990년 2월 모스크바의 시위대 50만 명이 크렘린궁에 집결했고 며칠 뒤 투표를 통해 다당제가 도입되었다. 거리 시위를 보여준다는 뜻의 "데먼스트레이션demonstration"이라고 부르는 것은 실제로 그런 행동이기 때문이다. 시위가 없었다면 보이지 않고 알려지지 않았을 신념이나 관행이 얼마나 널리 퍼져 있는지를 드러낸다.

   사회의 자기 이해는 구성원들의 사적인 태도에서 일어난 진보적 변화에 뒤처지는 경우가 잦다. 태도는 직접 관찰할 수 없기 때문이다. 많은 시민이 더 전통적인 이웃을 불쾌하게 만들까봐 두려워 진보주의적 태도를 공개적으로 표현하기를 꺼린다. 이런 과묵함 탓에 공동체의 부정확한 자기 이해와 배타적인 행동이 지속된다. 뒤처진 동료 코드는 미국에서 백인이 흑인과 사회적으로 통합되는 것을, 인도 상점 주인들이 하층 카스트 출신을 고용하는 것을, 헝가리 학교들이 롬인(집시) 학생을 받아들이는 것을 지연시킨다.[18] 확실한 사회 변화를 위해서는 특정 사안을 두고 다수 개인들이 태도를 바꾸는 것으로는 부족하다. 그 사안에 대한 사회적 합의를 바라보는 개인들의 인식 또한 변화되어야 한다. 이 동료 코드가 그들의 행동을 결정하는 강력한 요인이기 때문이다.

우세 정보가 나오기 시작해도 사람들은 새로운 데이터와 어긋나는, 오래 간직해온 가정을 항상 버리지는 않는다. 금주법 반대 의견이 다수라고 미국 대중을 설득하기 위해《리터러리다이제스트》의 여론 조사는 여러 번 반복되어야 했고, 개인들이 금주법 반대 견해를 밝히는 것을 듣는 등 다른 여러 종류의 우세 신호들로 이 여론 조사를 뒷받침해야 했다. 오랜 기간 간과해온 합의를 대중이 인정하게 만들려면 다양한 유형의 증거를 통해 회의론을 극복해야 한다. 여론 조사자, 언론인, 영화 제작자, 팟캐스터 등 사회적 관념을 형성하는 사람들 전부가 중요한 역할을 한다.

건강 수칙을 홍보하는 일도 광범위한 지지가 있다는 것을 입증해야 하는 동일한 과제에 직면할 수 있다. 사내 캠페인에서 "헌혈했어요" 핀을 다는 것은 단순한 칭찬이 아니라 우세 신호다. 이런 신호는 헌혈이 널리 퍼지는 데 도움이 된다. 다수가 이미 그렇게 하고 있다는 것이 분명해진 후에야 새로운 관행을 받아들이는 "느림보"가 어느 집단에나 있기 마련이다. 연구에 따르면 팬데믹 대응책으로 마스크를 쓴 것은 의학적 이유뿐 아니라 부족적 이유에서도 효과가 있었다.[19] 동료들의 태도를 눈에 보이는 것으로 만들어 조정 메커니즘 역할을 한 것이다. 이웃들이 손을 제대로 씻고 있는지는 알기 어렵지만 마스크를 쓴 것은 한눈에 보인다.[20] 이것은 그들이 팬데믹을 심각하게 여긴다는 뜻이고, 따라서 나도 그렇게 하게 된다.

투표 독려, 브랜드 홍보, 에너지 절약과 금주 캠페인에 사용되는 우세 신호

모금 캠페인에서 작년에 기부한 모든 직원의 이름을 나열하는 것도 같은 이유다.[21] "투표 독려" 캠페인이 지난 선거에서 투표한 사람들의 이름을 (공개 투표 명부를 근거로) 열거하는 것도 마찬가지다. 2010년 페이스북은 선거 당일에 이런 전략의 온라인 버전을 테스트했다. 6000만 명 이상의 사용자들에게 투표했는지 묻는 배너를 게재했고, 그중 절반에게는 이미 투표한 페이스북 친구들의 명단, 곧 동료 정보를 보냈다. 이 우세 신호는 사용자들의 온라인 행동(투표소 위치 확인)에 즉각 영향을 미쳤으며, 실제 행동에도 영향을 주었다. 투표 명부 집계 결과 신호를 받은 사용자들은 대조군보다 6만 명 더 투표했다. 또 그들의 가까운 친구들(투표한 이들의 행동을 어떤 식으로든 관찰했으리라 추정되는 사람들) 역시 투표 참여 가능성이 높아지는 2차 효과도 있었다.[22]

우세 신호는 브랜드의 인기를 광고하는 유서 깊은 방법이다. 맥도날드는 수십 년 동안 햄버거 총 판매 개수를 표시했는데, 표시를 중단할 때쯤에는 1000억 개에 달했다.[23] 엔터테인먼트업계에서는 이런 접근법을 여전히 사용하고 있다. 틱톡은 실사용자가 11억 명이라고 밝힌다. 캐나다 싱어송라이터인 위켄드The Weeknd의 노래를 스포티파이로 듣는 사람은 월 1억 1100만 명이고, 슈퍼볼 시청자 수는 1억 1300만 명이라고 홍보한다. 약간 어지러울 정도의 수치다. 자동차를 렌트할 때는 가장 많은 사람이 허츠Hertz를 이용하고, 세계적 선호가 가장 높은 항공사는 브리티시에어웨이스고, 치과 의사 5명 중 4명은 트라이던트 껌을 추천한다는 식이어서[24] 소비자 입장에서 비교 우위를 알아보기는 쉽다. 하지만 데이터 민주화로 이런 압승 주장은 통하지 않게 되었다. 휴대폰으로 살펴보면 어떤 항공사가 특정 노선에서 가장 높은 평가를 받는지, 여행 유형별로 가장 선호되는 호텔은 어디인지, 내 페이스북 친구들이 간 식당은 어디인지 바로 나온다. 우리는 실제로 내 동료인 사람들의 동료 정보에 더 많이 반응한다.

우세 신호의 진화에서 중요한 순간이 있었다. 무더운 여름 캘리포니아주 샌마커스에서 정전이 이어지던 때였다. 한 연구팀이 개입해 지역 가정에 다양한 메시지를 전달했는데, 처음에는 이런 내용이었다.

에너지를 절약하면 이번 달에 54달러를 절약할 수 있습니다.
에너지를 절약하면 지구를 구할 수 있습니다.

에너지를 절약하면 지역 정전 사태를 방지할 수 있습니다.[25]

문손잡이에 걸어둔 이 메시지는 비용 절감, 지구 살리기, 정전 방지 등 사전 인터뷰에서 주민들이 말했던 가치에 중점을 두었다. 각 주제와 관련된 사실들을 적고, 에어컨 대신 선풍기를 사용하라는 식으로 실행 가능한 조언도 덧붙였다. 연구원들은 메시지를 남긴 뒤 몇 달 동안 집마다 전기 계량기를 확인했지만 이렇다 할 변화는 없었다. 주민들은 돈, 기후, 정전에 마음을 썼지만 그런 가치를 내세운 메시지는 온종일 전등을 켜두거나 에어컨을 가동하는 낭비 습관을 고치지 못했다.

다행히 이 팀에는 사회심리학자 로버트 치알디니Robert Cialdini가 있었다. 그는 다른 종류의 메시지를 제안했다. 새로운 메시지는 주민들이 중시하는 가치가 아니라 그들의 이웃에 초점을 맞추었다. "이웃과 함께 에너지 절약에 동참하세요"로 시작하는 메시지였다. 여기서는 이웃 가구들의 평균 에너지 사용량과 해당 주민 가구의 사용량을 비교해 나열했다. 이후 몇 달 동안 마을의 에너지 과소비자들에게서 바랐던 반응이 나왔다. 이웃의 낮은 에너지 소비 신호가 정상에 대한 그들의 감각을 바꾸었고 결국 소비 행동도 바꾸었다. 그들의 에너지 사용량이 2% 줄었다. 하지만 평균보다 소비량이 적었던 에너지 금욕주의자들은 이웃들에 맞추어 소비를 늘렸다. 환경보호론자들이 원했던 결과와는 달랐지만 동료 코드 업데

이트 및 순응 행동과 일치했다.[26]

　이 연구에서 착안한 오파워OPOWER라는 스타트업은 (금욕주의자를 낙담시키는 문제는 피하면서) 동료 피드백의 이점에 초점을 맞추었다.[27] 사람들이 자신과 동일시하는 부족은 하나가 아니라 여럿이라는 이해에 근거를 둔 전략이었다. 오파워는 소비자들에게 전체 가구 평균과 "친환경" 가구 평균이라는 2가지 동료 벤치마크를 제공했다. 에너지 소비가 적은 가구들은 전체 벤치마크가 아닌 친환경 벤치마크와 자신들을 비교하도록 했다. 그렇게 해서 모든 고객이 목표 달성 의욕을 가질 수 있게 했다. 여러 주에서 행한 대규모 실험에서 이 2단계 우세 신호는 전체 소비를 2.5% 줄였으며, 동료 정보가 계속 일관되게 제공되는 한 이후에도 몇 년간 그 수치를 유지했다. 오파워의 성공은 우세 신호가 사람들의 기준에 관한 감각을 업데이트하고 습관을 변화시킨다는 점을 잘 보여준다.

　동료 행동에 관한 데이터는 오늘날의 금주 캠페인에도 유용하다. 대학 캠퍼스에서는 "폭음족"이 매우 눈에 띄는 소수다(귀에도 잘 들린다!).[28] 이들은 과장된 말로 방탕함을 뽐내면서 다른 사람들의 정상에 대한 인식을 왜곡한다. 노스캐롤라이나대학교 채플힐캠퍼스는 주말 밤에 음주측정기로 음주 여부를 객관적으로 조사해 악순환을 끊으려 했다. 대다수 학생은 0을 기록했고 극히 일부만 음주 운전 수치가 나왔다. 이후 2년 동안 캠퍼스는 이 내용을 알리는 눈에 띄는 포스터들(예를 들어 "말하는 것이 아니라 불어서 나온 결과가 중요하다.")로 도배되었다. 또 매년 같은 시기에 음주측정기 조사가 반복되었다. 그 결과 음주 운전 수치 비율이 30% 줄었다. 신뢰할 만한 데이터가 대다수 학생이 술을 많이 마신다는 환상을 깨트려 폭음 학생 수를 감소시켰다.[29]

이런 우세 신호 형태가 어딘지 친숙하다면, 아마 최근 우리가 점점 더 많은 방향에서 동료 피드백의 표적이 되고 있기 때문일 것이다. 투자자문사 뱅가드Vanguard는 내 퇴직 적립금이 같은 또래 미국인 평균보다 적다고 상기시킨다. 헬스장에서 온 문자는 지난달 동료 고객들이 나보다 운동을 많이 했다고 알려준다(이미 신체 운동 추적 어플인 스트라바Strava가 알려주었는데도 말이다). 재택근무 생산성을 동료 직원들과 비교하는 인터가드InterGuard 같은 "보스웨어bossware" 프로그램(직원들의 컴퓨터 등을 분석하거나 감사하는 프로그램-옮긴이)을 사용하라는 요청을 받기도 한다.

이 모든 동료 피드백은 그렇지 않아도 경쟁이 치열한 세상에서 때로 피곤하게 느껴질 수도 있다. 하지만 동료에 대한 부정확한 인식을 바로잡아 우리의 습성을 바꾸기도 한다.[30] 영국 국세청에서는 세금을 제때 신고하는 사람들의 비율을 우편번호 기준으로 알려주었는데, 한 문장으로 된 이런 가벼운 설득이 신고율을 15% 끌어올렸다. 호주 납세자들에게 모든 사람이 세금을 탈루한다는 고정관념이 틀렸다고 바로잡아주자 의심스러운 공제를 덜 하는 현상이 나타났다.[31] 사우디아라비아의 젊은 여성들은 자기 세대의 압도적 다수가 여성이 가정 밖에서 일하는 것을 지지한다는 사실을 알게 되자 용기를 내어 그런 일자리에 도전하게 되었다.[32]

변화 시도가 실패하는 근본 요인, 심리적 방어

다양한 종류의 우세 신호들이 동료 코드와 그 코드에서 나오는 습성을 바꿀 수 있다는 사실을 살펴보았다. 그런데 이런 변화 노력이 왜 종종 실패하는지 아는 것도 똑같이 중요하다. 우리에게는 과도한 영향을 받는 것에 대한 심리적 방어가 존재하기 때문에 신호가 항상 통하지는 않는다. 반대로 사람들을 원치 않는 방향으로 움직이게 하는 의도하지 않은 메시지까지 포함해 너무 많은 신호가 전달되는 것도 문제가 된다.

의심은 우세 신호와 특히 관련이 있는 방어인데, 신호 내용이 메시지든 관찰이든 경험이든 마찬가지다. 우세 신호에서 묘사하는 그림이 자기 집단의 행동 현실을 반영하는지를 두고 의심을 품으면 우리는 마음을 닫고 동료 코드 업데이트를 거부한다. 공동 작업 공간 제공 업체 위워크WeWork의 사례가 여기 해당한다. 이 회사는 목적과 공동체를 제공하는 기업이라고 홍보하면서 신입 사원들에게 CEO가 직원들을 강당에 모아놓고 더 높은 목적에 관해 이야기하는 사외 이벤트 동영상을 보여주었다.³³ 그런데 CEO 세션 참가가 의무적이며 심지어 손목밴드 추적기로 모니터링된다는 사실이 알려지자 직원들은 회사의 자화상을 믿지 않게 되었다. 우세 정보가 기만적으로 사용되면 우리는 속지 않기 위해 자신을 방어한다.

지금 듣는 말이 구입 권유나 광고라는 사실을 깨닫는 순간, 우리의 의심 근육(아랫입술을 들어 올리고 돌출시키는 등 의심, 경멸 표현에 관여하는 근육-옮긴이)은 씰룩거리기 시작한다.³⁴ 광고는 통계 가공, 후기 선별, 시연 조작 등 다양한 방식으로 제품의 인기를 과장할 수 있으므로 이에 대응해 우리의 비판적 사고 방어 기능이 활성화된다. 그래서 많은 기업은 제품 배치와 스폰서 콘텐츠를 통해 은밀하게 인기를 과시한다. 이런 교묘한 우세 신호가 가장 과하게 사용되는 것이 "정보 광고"다. 시연 주방에 선 배우들은 포도 껍질 벗기는 기계를 사용하라고 목소리를 높이고, 턱시도를 입은 사회자는 만족한 고객이 보낸 감사 편지를 읽고, 영업 사원들은 쉴 새 없이 전화벨이 울리는 기다란 탁자에 줄지어 앉아 구매 전화를 기다리고, 판매 카운터에서는 분 단위로 판매량을 표시한다. 이런 어설픈 인기 신호가 광고 형태로 나오면 비웃겠지만 토크쇼 형태의 정보 광고는 우리의 방어망을 빠져나가기도 한다. 게다가 정보 광고는 우리의 비판적 사고 방어력이 지치거나 무뎌진 심야 시간대에 방영된다.

우리의 방어력이 높아지면 추천 후기 등 안이한 우세 신호를 사용한 광고들은 인상을 남기지 못한다. 하지만 잘 선택된 광고는 다르다. 검증 가능한 주장은 비판적 사고가 개입될 때 설득력을 얻기 때문이다.[35] 예컨대 포드의 F 시리즈가 46년 동안 미국에서 가장 많이 팔린 트럭이라는 광고는 쉽게 확인할 수 있는 주장이다. 그래서 최저가를 내세우는 노드스트롬 같은 소매업체들은 고객들에게 그 주장을 확인하라고 적극적으로 유도한다. 숨길 것이 아무것도 없다면 기업 입장에서는 공공연히 밝히는 것이 가장 효과적인 설득 방식이다.

방어막에 차단되지 않아도 신호를 너무 잘 보낸 탓에 변화 노력이 실패하는 일도 있다. 의도하지 않는 신호를 너무 잘 보낸 경우다. 대학들은 "절제된 식습관을 가진 사람들"을 지원 그룹에 포함시켜 섭식 장애를 예방하려 했지만, 후속 연구들에 따르면 오히려 역효과를 불러 섭식 장애 발생률을 높였다.[36] 이런 프로그램들이 일부 참가자들에게는 도움이 되는 지원을 제공하는 것은 분명하다. 하지만 문제 행동 비율이 비정상적으로 높은 집단을 만들어내기도 한다. 최근에 나는 섭식 장애 여성을 위한 한 달 수련회에 다녀온 친구의 이야기를 들었다. 유럽의 온천 비슷한 시설에서 진행된 아침 요가, 숲 산책, 요리 교실 등의 프로그램 내용은 목가적으로 들렸다. 나는 사람들의 식습관이 바뀌었냐고 물었다. 그렇다고 했다. 폭식증이던 일부가 거식증 환자가 되었다는 것이다.

코미디언 놈 맥도널드Norm Macdonald도 '도박 끊기 모임Gamblers

Anonymous'에 관해 비슷한 불만을 드러냈다. 도박에 관해 그렇게 많은 이야기를 들으면 도박이 더 하고 싶다는 것이었다.[37]

옹호 단체들이 문제를 지나치게 과장할 때도 비슷한 혼합 신호 문제가 발생한다. '마약 없는 미국을 위한 파트너십The Partnership for a Drug-Free America'은 유명한 광고("이것이 마약에 중독된 당신의 뇌입니다.")를 다수 제작했는데 내세운 목표에 진전을 이루지 못했다. 행동과학자들을 투입해 그 광고들이 청소년에게 어떤 영향을 미쳤는지 정확히 조사한 결과 일부 광고는 오히려 마약에 대한 흥미를 높인 것으로 나타났다.[38] 예를 들어 (영화 〈블레이드 러너Blade Runner〉로 유명한) 리들리 스콧Ridley Scott 감독이 제작한, 현장감 넘치는 클럽 화장실에서 마약 후유증으로 몸부림치는 로커 소년의 모습을 보여준 광고가 그랬다. 그 장면을 "헤로인"이라는 단어가 덮으면서 경쾌한 노래의 후렴구가 흘러나온다. "헤로인은 항상 주위에 있어 / 누구나 하고 있어, 하고 있어."[39] 이 가사는 나이트클럽에서 헤로인이 필수라는 신호를 보낸다. 아마 그 광고는 두려움을 일으키기보다는 도발로 여겨졌을 것이다.

석화림石化林으로 유명한 애리조나주의 페트리파이드 포레스트 Petrified Forest는 공원 방문객들에게 예전에 이렇게 경고했다. "여러분의 유산이 도난 탓에 매일 훼손되고 있습니다. 한 조각씩 가져가는 것 때문에 매년 석화목 14톤이 손실됩니다." 14톤이면 엄청난 양이다! 영향력 전문가 치알디니는 공원 관리소 측에서 세워둔 표지판이 잘못된 행동을 허용하는 것으로 여겨질 수 있다고 생각했다. 그의 팀이 문제를 파악하기 위해 방문객 입장 전에 나무 조각들에 표시를 해서 산책로에 놓아두었더니 "기념품"을 가져가는 사람은 극소수였다. 그래서 치알디니 팀은 거의 모든 방문객이 공원을 존중한다는 점을 강조하고 소수 일탈자만 규칙을 어긴다는 내용으로 새로운 표지판을 만들었다.[40] 방문객들이 이 새로운 신호에 노출되자 도난 문제가 감소했다. 새로운 메시지는 훔쳐 가는 것을 정상화했던(의도와 다른) 신호를 제거하고 대신에 책임감 있는 환경 행동이 널리 퍼져 있음을 부각시켰다.

반대로 어떤 행동을 장려하고 싶다면 많은 사람이 현재 그렇게 하지 않는다는 점을 강조해서는 안 된다. 그간 정치 캠페인에서는 낮은 투표율을 두고 유권자들을 비난하곤 했다. "지난 선거에서 미국인 3명 중 1명만 투표했다"라는 식이었다. 하지만 이런 메시지는 내 동료들이 투표에 신경 쓰지 않는다는 것을 알려준다. 그런데 왜 나는 굳이 그래야 하나? 대선 캠페인의 자문에 응했을 때 나는 널리 투표가 행해지고 있음을 보여주는 메시지 사용을 권했다. "수억 명의 미국인이 투표소로 향하고 있습니다" "화요일에는 기록적인 투표율이 예상됩니다" 등.[41] 하버드대학교 행동과학자 토드 로저스Todd Rogers의 연구에 따르면 누구나 그렇게 한다는 메시지가 문제 행동을 하는 축에 들지 말라는 것보다 더 효과적이며 가끔 투표에 참여하는 사람들에게는 특히 그렇다.[42]

행동 변화를 위한 프로그램을 이끄는 사람들은 이상주의적 경향이 있다. 자기들의 말을 들으면 사실에 따라 정보를 얻고 이성으로 설득되리라 생각한다. 때로는 그럴 수도 있다. 하지만 합리성에 지나치게 초점을 맞추면 사람들의 마음을 변화시키는 더 강력한 방식들을 놓칠 수 있다. 대부분의 동료가 바람직한 행동을 하고 있다는 점을 전달하는 방식을 간과할지 모른다. 아니면 검증할 수 없는 우세 신호를 보내 의심과 저항을 불러일으킬 수도 있다. 더 나쁜 경우, 저지하려는 행동을 정상으로 만드는 신호를 무심코 보내게 될 수도 있다.

변화를 지지하는 사람들은 관습에 도전하는 데 익숙한 자유로운 사고를 하는 경향이 있다. 하지만 자신들이 하는 말을 듣는 사람들 대부분은 다르다는 점을 반드시 인식해야 한다. 대부분의 사람은 내면의 순응주의자가 내면의 활동가보다 더 강하다. 체인지메이커는 이런 기본적인 인간 본능과 함께(거스르는 것이 아니라) 일하는 것이 가장 좋다. 흔히 동료 패턴 정보에 관한 우리의 민감성은 특징이라기보다는 일종의 오류로 묘사된다. 하지만 사실 이것은 우리 문화와 문화 진화의 근본 토대다. 올바른 우세 신호로 동료 본능을 자극하면 이 본능은 적응 변화 adaptive change를 위한 강력한 힘이 될 수 있다.

5장

·

유명인의 명성 신호가 일으키는 사회 변화

> 인생은 예술을 모방하는 것이 아니라
> 나쁜 TV를 모방한다.[1]
> 우디 앨런 Woody Allen

드라마 때문에 브라질의 출생률이 급감했다고?

1970년대와 1980년대에 브라질 가정에서 이상한 일이 일어났다. 평균 자녀 수가 6명에서 3명으로 급감한 것이다. 거의 같은 시기에 중국도 벌금, 낙태, 불임 수술 등 엄격한 한 자녀 정책을 통해 비슷한 출생률 감소를 이루었다. 하지만 브라질은 인구 정책이 사실상 존재하지 않았다. 가톨릭 신자가 많은 브라질에서는 낙태가 불법이었고(지금도 불법이다), 피임은 가능했지만 정부가 나서서 꾸준히 권장하지는 않았다. 다수 정치인은 출생 증가에 찬성하는 쪽이었는데 광활한 브라질 영토를 채우려면 인구 증가가 필요하다고 주장했다. 그런데 어찌 된 셈인지 가족 구성원 숫자가 급감했다.

이 극적인 변화를 조사하기 위해 경제학자 엘리아나 라페라라 Eliana La Ferrara와 알베르토 충Alberto Chong은 미주개발은행Inter-American Development Bank과 협력해 해당 기간 브라질 전역의 출생률과 그 결정 요인에 관한 자료를 수집했다. 이들은 출생 감소가 모든 곳에서 동시에 일어난 일이 아니라는 점에 주목했다. 해안 대도시 리우데자네이루와 상파울루에서 시작해 소도시들로 퍼져나갔고 결국에는 외곽 농촌 지역으로까지 퍼졌다. 가족 규모 감소의 일반적 요인인 부, 교육, 피임 접근성 등 어떤 것도 이런 움직임과 일치하지 않았다. 차이를 가져온 변화는 무엇이었을까? 라틴아메리카 출신인 충은 색다른 설명을 제시했다. TV 방송 보급이 그것이었다.

브라질의 TV 방송을 장악한 것은 글로부Globo다. 1970년대 초반 글로부는 리우데자네이루와 상파울루에서 생활의 일부가 되었다. 이후 10년 동안 지방 도시들로 확장했고, 1980년대 말에는 시골 지역까지 도달해 브라질 전역의 98%에 네트워크를 깔았다. 글로부의 프로그램 편성은 황금시간대 텔레노벨라telenovela 중심이었는데, 이 자극적인 라틴 드라마들은 〈제너럴 호스피털General Hospital〉이 울고 갈 정도로 흥미진진했다. 그 시기 브라질의 상위 20개 TV 프로그램은 전부 글로부의 텔레노벨라였다. 글로부의 시장 침투력은 대단했다. 평균적으로 전 국민의 절반이 매일 글로부를 시청했다(미국에서 이 정도 시청률이 나오는 것은 1년에 한 번, 슈퍼볼이 열릴 때뿐이다). 글로부 텔레노벨라 주인공들은 대중적 화제에서 중심이 되었는데, 대개 독립적이고 세속적인 인물상이었다. 예를 들어 〈말루 물레르Malu Mulher〉는 진취적인 이혼녀가 세상을 헤쳐나가는 이야기다. 당시의 평균 브라질 여성들과는 매우 대조적으로 이 캐릭터들은 대가족에 대한 부담이 없었다. 72%는 자녀가 없었고, 21%는 자녀가 1명이었다.

조사에 참여한 개발경제학자들이 수집한 엄청난 데이터에 글로부 접근성 변수를 추가하자, 글로부가(그리고 카리스마 넘치는 여주인공들이) 외곽으로 확장하면 새로 진출한 지역의 가족 규모가 곧이어 감소하기 시작했다는 점이 밝혀졌다.[2] 해방된 여성을 내세운 텔레노벨라들이 특히 더 강력한 신호를 보낸 시기에는 몇 년 뒤 출생률이 더 큰 폭으로 떨어졌다. 드라마가 아니었더라면 그런 생활 방식에 덜 노출되었을 가난한 가정의 하락 폭이 더 컸다. 이런 현상은 가족 규모를 제한하려는 열망이 강한 가임기 후반 여성들에게서 두드러졌다.

하지만 인구 전문가들은 드라마가 엄청난 변화를 일으키는 것은 터무니없다고 생각했다. 허구의 캐릭터가 가족 관련 선택에 영향을 미칠 만큼 깊은 인상을 줄 수 있을까? 출생 기록 자료를 더 깊이 조사한 라페라라와 충은 특정 지역에서 글로부 시청이 가능해지면 텔레노벨라 주인공들의 이름과 일치하는 아기 이름이 빈번히 증가했다는 것을 발견했다.[3] 흔한 이름이 아닐 때도 그랬다.

(사회의 전반적인 변화가 아니라) 캐릭터들이 가족 선택에 영향을 미쳤다는 부인할 수 없는 증거였다. 또 다른 연구에서는 출생률 하락에 이어 이혼율이 높아지는 현상이 나타났다.[4] 글로부의 영향을 받은 아내들의 가족 계획 선택이 배우자와 갈등을 빚었음을 암시한다. 글로부 여주인공들은 가상의 인물일지 몰라도 그들의 영향력은 너무나 현실적이었다.

브라질의 가족 규모 축소는 문화적 이상이 어떻게 진화하는지 보여준다. 텔레노벨라가 등장하기 전에는 여성의 사회적 지위에 대한 관념은 주로 성직자와 정치인이 형성했다. 그들은 신과 나라를 위해 많은 자녀를 양육하는 어머니를 가치 있게 여겼다. 그러다 글로부를 보게 된 브라질 여성들은 자녀 양육을 넘어서는 삶을 사는 여주인공들에게 하루에 1시간씩 완전히 사로잡혔다. 그 캐릭터들은 단순히 호감을 주는 정도가 아니라 다른 캐릭터들의 존경을 받았고, 시청자들로부터도 관심과 찬사를 받았다. 따라서 허구의 캐릭터임에도 시청자들은 직관적으로 그들을 지위가 높은 인물로 인식했다. 의식하지 못한 채로 글로부는 브라질 여성들에게 사회적 인정을 받을 수 있는 대안 경로를 약속하는 "명성 신호prestige signal"를 보낸 것이다. 해마다 새로운 텔레노벨라가 나오면서 독립적인 여성이 대중문화의 새로운 원형이 되었다.

오늘날에는 브라질의 텔레노벨라만큼 대중의 관심을 사로잡는 TV 프로그램이 없지만 우리는 여전히 선택할 때 유명인들의 영향을 받는다. 펩시가 기록적인 금액으로 비욘세Beyoncé를 브랜드 홍보대사로 삼은 것은 그녀가 그래미상을 여러 차례 받아서가 아니다. 세계에서 가장 존경받은 여성 중 한 사람으로 꾸준히 인정받고 있기 때문이다. 이런 영향력은 소비자 선택을 넘어 생활방식, 건강, 정치에 관한 결정에까지 확산된다. 이는 저스틴 비버Justin Bieber의 헤어라인이나 킴 카다시안Kim Kardashian의 엉덩이를 따라 하려는 사람들이 "닮은꼴" 성형 수술을 하는 건강에 해로운 극단까지 도달했다.[5] 병원들이 입술 부풀리기 시술에 앤젤리나 졸리Angelina Jolie의 이름을 따는 일이 생기자, 2013년 그녀는 유방암 위험 유전자 검사 결과와 이후 유방절제술을 받은 사실을 공개해 자신의 의학적 영향력을 선한 방향으로 활용했다. 이후 이 검사 비율이 64% 상승했고, 위험을 줄이기 위한 수술 비율도 지속적으로 올랐다.[6] 팝스타와 배우는 재능으로 찬사를 받는 것만큼이나 유명하다는 사실 그 자체로 명성을 얻는다. 이제 광고주들은 재능이 없는 (자기 홍보 하나만 잘하는) "인플루언서"를 고용해 비용을 절감하는 일이 늘고 있다. 팔로워가 100만 명이라는 사실 자체로 명성이 주어지며, 따라서 영향력도 얻는다. 인플루언서에게는 가짜 업적보다 가짜 팔로워의 존재가 폭로되는 것이 더 치명적이다. 유명 인플루언서 중에는 실제 사람이 아니라 컴퓨터 생성 화상computer-generated imagery, CGI 아바타도 있지만 그들의 팔로워는 진짜 사람들이다. 이런 관심이 진짜 명성과 진짜 영향력의 원천이다.

텔레노벨라 여주인공, 유명인, 인플루언서가 사람들의 열망에 미치는 영향력은 롤 모델을 통한 사회학습이론social learning theory 과 일치한다.7 이 개념이 요즘에는 워낙 익숙해서 당연하게 들리지만 항상 그랬던 것은 아니다. 20세기 대부분의 기간 동안 학습에 관한 과학은(더 일반적으로 심리학 자체도) B. F. 스키너B. F. Skinner 같은 행동주의 심리학자들이 지배했다. 그들은 인간도 쥐와 마찬가지로 직접 경험하는 보상과 처벌을 통해 학습한다고 주장했다. 사회심리학자 앨버트 밴듀라Albert Bandura는 이런 환원주의에 이의를 제기했다. 그는 어린이들이 기대되는 역할에 해당하는 모델을 관찰해 적절한 행동에 대한 강력한 지침을 얻는다는 사실을 입증했다. 예를 들어 존경할 만한 풍모를 갖춘 남성이 풍선 광대 인형을 때리는 것을 본 남자아이들은 기회가 주어지자 똑같이 인형을 때렸다. 어린이들을 성인들과 같은 방에 넣어두고 그중 성인 2명이 여러 가지 다른 선택(예를 들어 어떤 장난감을 가지고 놀지, 어떤 음료를 마실지, 어떤 테이블에 앉을지)을 하는 모습을 지켜보게 한 최근 연구도 있다. 어린이들의 차례가 되자 성인 2명 중 특정인 한 사람을 모방하는 확률이 배나 높았다. 왜 이런 차이가 나타났을까? 방에 같이 있던 관찰자들이 첫 번째 성인은 유심히 쳐다본 반면 두 번째 성인은 쳐다보지 않았다. 아무런 말도 하지 않았지만 명성 신호가 전달된 것이다. 아이들은 지위를 파악하기 위해 직함이나 약력이 필요하지 않았다. 그저 팔로워가 더 많은 사람을 모방

한 것이다!⁸

글로부는 자사 드라마가 브라질 문화를 바꾸고 있다는 사실을 전혀 몰랐지만, 비슷한 시기에 멕시코의 텔레노벨라 제작자 미구엘 사비도Miguel Sabido는 일일 드라마가 시청자들에게 큰 감동을 준다는 사실을 깨달았다. 식료품점에 간 남자 배우가 자신이 연기한 주인공 캐릭터의 악행에 분노한 쇼핑객들에게 폭행을 당한 사건이 계기였다.⁹ 사비도는 특정한 행동 변화를 겨냥한 프로그램을 만들어 이 강력한 몰입을 활용하고자 했다.¹⁰ 부분적으로 밴듀라의 글에서 영감을 얻은 사비도는 세 종류의 캐릭터가 등장하는 드라마를 만들었다. 핵심 미덕을 실천해 성공과 지위로 보상을 받는 긍정적인 모델, 미덕을 무시하고 수치스러운 결말을 맞는 부정적인 모델, 처음에는 선을 시도하지만 엇나갔다가 결국에는 선행을 하는 중간 단계의 과도적 모델이었다. 그중 〈벤 콘미고Ven Conmigo(나와 함께 가요)〉는 성인 문해 학교를 중심으로 전개된다. 흥미로운 배경으로 들리지 않을 수도 있지만 이 드라마에는 매력적인 캐릭터들이 등장한다. 더 나은 삶을 위해 분투하는 인물들과 그들을 비웃으며 악행을 즐기는 인물들이 대립하는데, 드라마가 방영되는 기간에 전국적으로 100만 명이 성인 학교에 새로 등록했다.¹¹ 〈아콤파냐메Accompaname(따라 와)〉는 가족 계획에 초점을 맞춘 드라마다. 프로그램이 방영된 해에 피임약 판매가 23% 증가했고 가족 계획 예약은 33% 늘었다.¹² 교육 형태의 일반적인 공중 보건 프로그램을 훨씬 뛰어넘는 성과를 거두었다.

이에 주목한 전 세계 개발 기구들은 사비도에게 현지 작가들과 협업해 지역의 필요에 맞는 "에듀테인먼트" 드라마를 만들어달라고 요청했다. 대부분 라디오 방송용이었다. 에이즈 위기 기간에 탄자니아에서 방영된 〈투엔데 나 와카티Twende na Wakati(시대와 함께 가자)〉는 안전한 성관계에 초점을 맞추었다.[13] 현지 작가들이 대규모 팀을 꾸려 수천 건의 인터뷰를 하고 수백 명의 포커스 그룹을 관찰해 공감할 수 있는 캐릭터(예를 들어 지칠 줄 모르는 간호사, 난잡한 트럭 기사)를 생생하게 창조해냈다. 수십 개의 부차적 줄거리와 조연 캐릭터들 덕분에 이 라디오 드라마는 2년간 수많은 청취자를 사로잡았다. 종방 후 실시된 조사에서 청취자의 82%는 방송을 듣고 콘돔 사용, 여러 파트너와 성관계 회피 등 안전한 성관계를 실천하고 있다고 답했다. 또한 이 드라마는 안전한 성관계에 관한 대화를 촉진했다. 가장 큰 변화를 보인 것은 듣기만 하지 않고 내용을 친구들과 토론한 사람들이었다. 사회적 상호작용이 핵심 요소인지 확인하기 위해 멕시코의 현장 실험 전문가들은 가정 폭력에 관한 라디오 드라마를 여러 사람이 함께 듣게 하는 방식, CD에 담아 혼자 듣게 배포하는 방식, 2가지로 나누었다. 드라마를 혼자 들은 사람들보다 공개적으로 청취하고 서로의 반응을 공유한 사람들이 변화된 행동을 더 많이 보였다.[14]

후투족과 투치족의 비극적 내전 후 10년이 지났을 때, 르완다에서는 NGO 후원으로 르완다판 〈로미오와 줄리엣〉 드라마가 방송되었다. 다만 〈무세케웨야Musekeweya(새로운 새벽)〉는 결말이 달라 인종이 다른 가족 간의 화해가 이루어진다는 해피엔딩이었다. 사회심리학자 벳시 레비 팔럭Betsy Levy Paluck은 이 인종 화해 드라마와 건강법을 다룬 '플라세보placebo(속임약)' 드라마 2가지를 여러 마을에 각각 하나씩 무작위로 배정했다. 마을 사람들은 공공장소에 모여 주간 에피소드를 듣고 그룹 대화에 참여했고, 연구자들이 주기적으로 찾아가 그들의 상호작용을 관찰하고 반응을 조사했다. 화해를 주제로 한 드라마를 청취한 마을에서는 다른 드라마를 들은 마을보다 후투족과 투치족이 더 협력적으로 교류하기 시작했다. 이 방송은 개인의 태도를 크게 바꾸지는 못했다. 하지만 르완다 사람들이 집단으로 가치 있게 생각하는 문화적 이상에 관한 인식은 극적으로 변화시켰다.

〈무세케웨야〉가 개인의 태도를 바꿀 것이라고 기대했던 후원 NGO는 이런 결과에 불만을 드러냈다. 그들은 그러면 안 되었다. 삶을 바꾼다고 해서 반드시 마음이 바뀌는 것은 아니기 때문이다. 사람들의 개인 태도는 사적 경험에 뿌리박고 있으므로 변화시키기 어렵다.[15] 타자에 대한 인식을 바꾸는 것이 훨씬 쉽다. 그리고 많은 사회적 행동에서 가장 중요한 것은 바로 그 "사회가 가치 있게 여기는" 것에 관한 인식이다. 특히 불안정한 국가에서는 사람들은 여러 사안에서 사회가 집단으로 가치 있게 여기는 것이 무엇인지 모른다. 하지만 우리는 그런 것에 관심을 갖도록 배선되어 있으며 스펀지처럼 신호를 흡수한다. 라디오 드라마를 1년간 청취하고 토론한 이후 르완다 사회가 어떤 종류의 관계를 승인하는지에 관한 마을 주민들의 감각이 재프로그래밍되었다. 모든 차이를 만든 것은 바로 이 부분이다.

간디, 오길비, 나델라, 나야르:
탁월한 리더들이 명성 신호를 활용하는 법

드라마를 통해 신호를 보내는 것이 허구의 캐릭터들만은 아니다. 활동가와 정치인은 희생이나 공헌의 롤 모델이 되기 위해 흔히 윤리적 무대에서 공개 행동을 해 보인다. 변호사 모한다스 간디Mohandas Gandhi(마하트마 간디의 본명-옮긴이)는 인도의 정치 지도자로 부상하자 가난한 사람들 속에 섞여서 최저 등급 열차만 이용하겠다고 의도적으로 약속했다. 간디는 식민 경제에서 벗어나기 위해 인도인에게 필요하다고 생각한 덕목인 금욕과 반反물질주의를 전형적으로 보여주었다. 이런 보여주기식 금욕주의가 동료 지도자들을 분노하게 만들 때도 있었지만,[16] 덕분에 다양한 사회 계층의 인도인 수만 명이 행진, 보이콧, 단식 등 여러 저항 행동에 동참했다.

이처럼 모범을 보여 사람들을 이끄는 수완을 일부 기업계 리더들도 보여주었다. 매디슨가(맨해튼에서 광고 회사가 밀집한 곳으로 광고 거리의 대명사다-옮긴이)의 전성기에 데이비드 오길비David Ogilvy는 수수께끼 같은 광고로 유명한 오길비 광고대행사를 설립했다. 투자보험 회사 해서웨이Hathaway의 셔츠를 입은 안대를 한 남자, "슈웨퍼베슨스Schweppervescence"(탄산음료 브랜드 슈웹스Schweppes 광고에 등장한 단어로 탄산음료의 청량함을 강조하는 표현-옮긴이)라는 문구로 이목을 모은 탄산수가 대표작이다. 따라 하기 쉬운 광고 문구 대신 보는 사람을 당황하게 만들고 생각을 자극해 사람들의 입에 오르내리게 하는 "빅 아이디어" 광고였다. 오늘날에도 오길비는 여전히 이를 추구한다. 도브의 "리얼 뷰티" 캠페인에서는 일반적인 모델 유형이 아니라 다양한 연령대, 체형, 피부색을 가진 여성들을 등장시켰고, 팬데믹 기간에는 보호 장비를 착용한 간호사들과 의사들의 얼굴을 줄지어 등장시켰다.[17] 저속 촬영으로 찍은 "곰팡이 와퍼"는 버거킹이 더 이상 방부제를 사용하지 않는다는 것을 극적으로 증명했다! 이런 도발적 광고들은 때로 불쾌감을 주기도 했으나 그보다는 상을 받고 화제를 불러일으키는 일이 많았다.

하지만 1970년대에 오길비 사는 경쟁력을 거의 잃을 뻔했다. 합병과 새로운 사무소 개설로 사업이 확장되자 창업자 오길비는 핵심 인력들을 직접 감독할 수 없게 되었다. 기업이 커지면 창의성에 집중하는 사람보다 관료주의에 초점을 맞추는 사람이 많아지는 것이 일반적인 추세다. 이 회사 역시 사람들의 심기를 불편하게 만들고 창의적 위험을 감수하는 돈 드레이퍼Don Draper(미국의 TV 시리즈 〈매드 맨Mad Men〉의 주인공 캐릭터로 광고사의 크리에이티브 디렉터다-옮긴이) 유형의 사람들을 채용하지 않게 되었다.

데이비드 오길비는 대다수 CEO가 이런 곤경에 처했을 때 하는 일을 하지 않았다. 눈에 띄는 사명 선언문이나 "핵심 가치" 목록을 제시하지 않았다.(분식 회계로 물의를 일으켰던 엔론은 자사 대리석 벽에 "정직, 소통, 존중"을 새겼으나 그 가치를 관리자들의 마음에 각인시키는 데는 실패했다.) 채용과 창의적 결정에 관한 상세한 규칙을 담아 중요 항목을 표시한 메모를 발표하지도 않았다. 창의적인 위험 감수를 규칙으로 정할 수는 없는 법이다. 관료주의를 더 얹는 것은 답이 될 수 없었다.

어느 날 고위 임원들이 회의실에 갔더니 CEO가 여느 때와 달리 부재중이었다. 게다가 각자의 자리에 낯선 물건이 놓여 있어 수수께끼를 더했다. 그것은 목제 마트료시카 인형Matryoshka doll이었다. 시간을 때우기 위해 임원들은 인형을 비틀어 열었다. 점점 작아지는 복제품 인형을 하나씩 꺼내다보니 가장 작은 열 번째 인형에 쪽지가 들어 있었다. 포천 쿠키에 든 것처럼 돌돌 말린 종이에 이런 글이 적혀 있었다. "당신이 당신보다 더 큰 사람을 채용하면 우리는 거인들의 회사가 될 것입니다."[18]

처음에는 앞선 홍보 회의에서 사용한 물건인 줄 알았던 임원들은 곧 자신들의 상사가 완곡한 메시지를 좋아한다는 데 생각이 닿

앉다. 하지만 그가 하고자 하는 말이 정확히 무엇이었을까? 빅 아이디어의 필요성을 둘러싼 추측이 난무했다. 임원들은 초창기의 대담한 아이디어와 다채로운 캐릭터를 떠올렸다. 무엇이 회사를 특별하게 만들었는지 다시 상기한 임원들은 그 정신을 이어가겠다고 다짐했다. 그들은 목제 인형과 빅 아이디어에 대한 열망을 안고 회의실을 나섰다.

명성 신호의 효과는 메시지 내용뿐 아니라 메신저와 매체에 따라 달라진다. 오길비가 물리적으로 자리를 비운 채로 문자 내용 자체가 아니라 상징을 통해 소통한 것은 현명한 일이었다. 회사에 필요했던 감각과 위험을 감수하는 태도를 보여주었고, 핵심 인력들이 그 메시지를 스스로 구체화하도록 만들었다. 이후 회의 참석자들은(참석하지 않았던 사람들 일부도) 마트료시카 인형을 책상 위에 두고 그 이야기를 입에서 입으로 전했다(나중에는 신입 직원 교육에 공식적으로 포함되었다). 오길비는 신입 이사 전원에게 인형을 보내는 관행을 시작했다. 이 인형은 포스터, 머그, 스크린세이버 등에 등장하는 기업 아이콘이 되어 직원들에게 창의적 위험을 감수하는 이상을 일깨웠다.

창의적 이상에 관한 신호를 보내는 문제는 다른 산업에서도 발생한다. 넷플릭스는 콘텐츠의 참신함을 유지하기 위해 임원들에게 큰 위험을 감수하라고 장려한다.[19] 하지만 최고위 경영진의 지시로 이런 이상을 유지하는 데는 한계가 있다. 권위를 내세우면 직원들은 더 조심스러워진다. 넷플릭스는 "큰 베팅"에 관한 이야기를 기념하면서 이상을 유지하려고 노력한다. 대표적인 예가 최고 콘텐츠책임자(현재 공동 CEO) 테드 서랜도스Ted Sarandos가 당시 CEO였던 리드 헤이스팅스Reed Hastings에게 알리지도 않고 〈하우스 오브 카드House of Cards〉에 1억 달러를 투자한 건이다. 이런 이야기들은 소문으로만 전해지는 것이 아니라 넷플릭스의 프레젠테이션과 커뮤니케이션 전면에 등장한다.

2014년 마이크로소프트의 수장이 된 사티아 나델라는 기업 문화에 "새로 고침"을 눌러야 했다.[20] CEO부터 시작해 기업 전체가 기술 전문가를 존중하는 문화 탓에 앱이 점점 무거워져(극소수 고객만 사용하는 기능들로 과부하가 걸렸다) 시장 점유율이 급속히 낮아지고 있었다.[21] "클라우드 컴퓨팅cloud computing" 시대에는 고객의 요구를 잘 파악하고 맞춤 서비스를 제공하는 것이 필수다. 하지만 나델라는 자신의 권한을 내세워 고객에게 초점을 맞추라고 관리자들에게 요구하지 않았다. 더 잘 귀를 기울이는 사람이 되라고 고함치는 것은 그다지 효과가 없다. 대신에 나델라는 "경청 투어listening tour"를 하며 회사 전체의 관리자들과 만났고, 상향식 요청(예를 들어 강제적인 순위 매기기에 따른 성과 평가 폐지)을 빠르게 실행했다. 또 고객사, 파트너 회사, 직원 채용 풀인 대학 등 자사 생태계도 돌았다. 어느 기술 콘퍼런스에서 성차별에 관한 질문에 잘못 답변해 물의를 빚자 직접 나서서 사과했고, 자신의 실수에 주의를 환기시켰으며, 공개적으로 기술 그룹 여성들과 만나서 귀를 기울였다. 호기심, 경청, 겸손 등 시대가 요구하는 경영 스타일의 모범을 보여주는 행동이었다. 나델라는 솔선수범을 통해 기업을 이끌면서 마이크로소프트의 "모든 것을 아는" 문화를 "모든 것을 배우는" 문화로 바꾸어 기업이 성장과 혁신을 되찾도록 도왔다.

경영진이 혁명적인 혁신을 요구하기는 어렵다. 권위를 가진 당사자가 권위에 도전하는 롤 모델이 될 수는 없다. 바로 이 문제가 "해외 아웃소싱 시대" 이후 혁신 경쟁을 통해 가치 사슬을 향상시키려는 인도 정보기술IT 기업들에 닥쳤다. 혁신하려면 일선 직원들이 현재의 절차를 비판하고 더 나은 방식을 브레인스토밍해야 한다. HCL 테크놀로지스HCL Technologies의 비닛 나야르Vineet Nayar

CEO는 여러 사업장을 돌며 직원들의 아이디어를 들으려 했지만 그가 연단에 오르는 순간 강당은 침묵에 휩싸이곤 했다. 인도 산업계의 신과 같은 존재인 그에게 직원들은 오로지 회사 칭찬만 늘어놓았다. 그러던 중 한번은 신나는 음악과 함께 커튼이 열리자 볼리우드 댄스Bollywood dance를 추는 나야르의 모습이 보였다. 직원들의 놀란 얼굴을 쳐다보며 그는 계속 방그라bhangra(인도 전통 음악과 서양 팝 음악이 혼합된 대중음악-옮긴이) 비트에 맞추어 몸을 흔들면서 회의실 통로를 따라 움직였고, 젊은 엔지니어를 일으켜 세워 춤 시범을 보였다. 음악이 멈추자 회의실의 모든 사람이 웃고 있었다. 나야르의 춤은 경영진이 모든 것을 알지는 못한다는 것을 알리는 방법이었다. 이어 그는 경영진의 핵심 성과 리뷰를 직원들이 볼 수 있도록 인트라넷에 올렸다. 경영진에 젊은 직원들의 아이디어가 절실히 필요하다는 뜻을 전하기 위해서였다. 이 "직원 우선주의"는 직원들이 제품에 대한 비판과 개선 방안을 공유하는 쪽으로 문화를 바꾸었다.[22]

경쟁사인 인포시스Infosys도 같은 과제에 직면하자 나라야나 무르티Narayana Murthy CEO는 무대에서 완전히 물러서기로 결정하고 대신 시장성 있는 혁신을 이룬 직원들을 "집중 조명"했다. 그들을 교육시켜 자신들의 공헌에 관해 공개 강연하도록 했다(동영상으로도 제작했다). 무르티는 그들에게 명성을 불어넣었고, 다른 직원들이 모방할 수 있는 공감 가는 영웅으로 만들었다. 그들의 강연은 인포시스에서 혁신가로 기여하는 것이 어떤 것인지 직원들에게 명확하게 보여주었다.[23] 이 방식은 다양한 종류의 바람직한 기여를 보여주는 웹 기반 동영상 모음인 "인포시스 스토리"로 발전했다.

또 다른 전략은 이미 지위를 가진 조직 구성원을 파악해 새로운 문화적 이상을 옹호하는 일에 끌어들이는 것이다. 대개 직원들은 먼 곳의 경영진보다 현장에서 명성을 가진 동료의 영향을 더 받는다. 그래서 기업들은 변화 계획을 개발하고 촉진하는 태스크포스에 명망 있는 직원을 참가시키는 형태로 명성 끌어들이기 전략을 쓴다. 이 방식은 여러 끈질긴 문화를 변화시키는 데도 효과가 있어서 고등학교의 괴롭힘 문화까지 바꾸었다. 대개 학내 괴롭힘 문제는 10대들이 그다지 존경하지 않는(때로는 즐겨 대드는 상대인) 교감이 맡는다. 2013년에 프린스턴대학교 연구자들은 뉴저지주의 50개 이상 고등학교 학생들에게 괴롭힘 방지 메시지를 고안하고 전달할 것을 요청했다. 그랬더니 (학교 징계 기록 기준) 또래 갈등이 30% 줄었다. 연구자들은 일부 학교에서는 (또래로부터 가장 주목받는) 지위가 높은 학생들을 프로그램에 참여시켰고,[24] 다른 학교들에서는 참가자를 무작위로 선정했다. 지위가 높은 학생들을 중심에 두었을 때의 효과가 훨씬 강력했다. 그들의 명성이 괴롭힘 방지 의제에 이전되었기 때문이다.[25]

집단 본능

사람들이 사이비 종교와 개인숭배에 빠져드는 이유

1970년대에 미국 청년 수천 명이 주류 생활방식에서 "탈퇴"해 컬트cult(유사 종교, 사이비 종교-옮긴이)에 들어갔다. 머리를 깎은 그들은 짙은 황색 로브를 입고 "하레 크리슈나Hare Krishna" 만트라를 읊으며 공항에서 기부금을 구걸했다. 기독교와 유교를 합친, 수수께끼 같은 문선명 목사의 통일교에 입문한 이들도 많았다. 그들은 "참아버지"가 주선한 상대와 대규모 합동 결혼식을 올렸다. 또 다른 사람들은 사회주의 성향의 인민사원People's Temple에 입문해 캘리포니아주 시골로, 이어 가이아나의 정글 지역으로 가서 짐 존스Jim Jones 목사의 점점 심해지는 명령에 복종했다. 청산가리가 든 쿨에이드를 마시라는 그의 지시에 따라 어린이 276명을 포함해 914명이 죽었다. 컬트는 단순히 "강력한" 문화가 아니다. 구성원들이 받는 명성 신호를 엄격히 제한함으로써 지도자가 극도의 신비감과 통제력을 획득하는 공동체다.

이 종파들은 어떤 방식으로 사람들이 편안한 삶을 뒤로 하고 값비싼, 때로는 비극적인 희생을 치르도록 만들었을까? 남겨진 가족들은 세뇌라면서 약물, 최면, 신종 마인드 컨트롤(정신 통제)을 의심했다. 하지만 신입으로 위장해 잠입한 저널리스트들에 따르면 신도 모집 과정은 의외로 평범했다. 예를 들어 통일교 신도들은 대학이나 도시 공원에서 외로워 보이는 사람에게 접근해 이상할 정도로 친근한 주최자들이 마련한 소그룹 모임으로 초대한다(그들은 이 단계를 "사랑 폭격"이라고 표현한다). 그런 다음에는 규모가 좀 더 큰 장기 수련회(대개 전화나 미디어 접근이 차단된 목가적 환경)에 초대해 열의를 고무하는 강의, 일대일 상담, 그룹 대화 등을 진행하는데, 모든 내용이 문선명과 그의 사명에 대한 찬양으로 가득하다. 수련회 참석자의 10%는 완전히 빠져서 교회 거주지로 이사하는 다음 단계로 옮겨간다.[26] 이제 지도자들은 그들에게 가족 및 오랜 친구들과의 소통을 중단하라고 설득한다. 이때는 가족과 친구들에 대한 허황된 혐의도 동원한다(그들 용어로는 "거룩한 속임"이다). 이는 교회 밖의 가족과 친구들의 성난 반응을 불러일으키기 마련이어서 그들이 적대적이라는 통일교의 주장에 명백한 증거를 제공한다.

컬트는 입문자가 완전히 내부자들과의 관계로 뒤덮이고 외부와의 연계가 끊어질 때까지 그의 사회생활을 재편한다. 컬트 거주지에서 생활하는 구성원들은 단 한 명의 영웅에 대한 승인 신호로 가득 찬 환경에 놓인다. 이런 일이 하루 내내, 매일매일 계속된다. 다른 영웅, 상반되는 이상에 대한 균형 잡힌 승인 신호는 전무하다. 이런 불균형한 경험은 개인의 정체성을 불안정하게 하고 무분별한 추앙에 취약하게 만든다. 현대 사회에서 사람들은 대개 각기 다른 영웅과 이상을 가진 여러 공동체에 참여한다.[27] 이것이 불협화음을 야기할 수도 있지만 그 때문에 우리는 이 영웅들 중 누구를 상대로든 의문을 품을 수 있다. 컬트는 이런 긴장에서 벗어나 전원의 가치가 일치하는 거품bubble(여기서 '거품'은 꺼지기 쉽다는 뜻보다는 외부와의 차단을 의미한다-옮긴이)으로 가는 길을 제공한다. 컬트 지도자의 승인은 추종자들에게 마약처럼 작용한다. 신도들은 그것을 위해 극단적 행동(예를 들어 폭력이나 희생)도 서슴지 않게 된다. 사이언톨로지Scientology, NXIVM(넥시엄) 등 현대 컬트 집단들은 종교가 아니라 치료법therapy인 양 선전하지만 이들도 네트워크 포위와 지도자에 대한 극단적 존경이라는 동일한 각본을 따른다.

공정하게 말하면 이런 전술은 컬트가 창안한 것이 아니다. 기독교, 이슬람교, 불교 등 다른 종교들도 성직자 지망생들이 가르침을 받는 동안 그들을 세속에서 "격리된 곳"에 둔다. 가톨릭의 오푸스 데이Opus Dei, 이슬람교의 무슬림형제단Muslim Brotherhood 등 평신도 단체들은 새 신도들을 행사에 초청한 뒤 수련회, 집단 거주로 이끈다. 프로테스탄트의 아미시(아만파), 유대교의 하시디즘Hasidism 같은 일부 종파는 공동체 전체에 대해 외부인과의 교류를 제한한다. 연구에 따르면 종교 극단주의는 구성원들의 삶에 다양성이 거의 없을 때 발생하는 경향이 있다.[28] 동료 유 딩Yu Ding, 기타 조하르Gita Johar와 함께 진행한 여러 연구에서 나는 한 지역의 종교 다양성이 낮으면 다른 종교에 대한 거부감이 촉발되며 과학에 대한 거부감도 높아진다는 사실을 발견했다.[29]

중국 공산당은 당원들을 농촌 거점 지역으로 보내 고도로 계획된 일정에 따라 생활하게 함으로써 당의 이상을 강화하는 방식으로 세력을 키웠다. 농촌의 "재교육 캠프"는 문화 대혁명 기간에 당원들의 이상을 재구성하는 데 다시 사용되었다.[30] 《1984》에서 조지 오웰George Orwell은 시민들이 마음대로 여행할 수 없고, 정권의 지도자 "빅 브라더"에 대한 애정을 천명하는 국영 미디어에 어디서나 노출되는 전체주의 정권을 상상했다. 북한은 여기에 가장 근접한 나라다. 외국 여행과 미디어가 금지되어 있고, 공식 뉴스는 "최고 지도자" 김정은에 대한 찬양으로 대부분 채워진다. 기념비, 광고판, 포스터는 그의 위대함을 선포한다. 김정은이 공개 석상에 나타나면 시민들은 손이 쓰라릴 때까지 박수를 친다. 《1984》에서 체제에 반대하는 윈스턴 스미스Winston Smith는 자기 생각과 반대로 빅 브라더에게 애정을 느끼게 되는데, 북한의 반체제 인사들도 똑같은 어려움을 호소한다. 자신들이 몰입해 있는 획일적 명성 신호에 저항하기 힘들다는 것이다.

군대 역시 고유한 이상을 심어주기 위해 사회적 상호작용과 명성 신호를 통제한다. 해병대 신병은 12주간 신병훈련소에 격리되어 외부인과의 대화가 제한된다. 장교에게 복종하고 "언제나 충성semper fi"이라는 이상을 준수하도록 새벽부터 밤까지 훈련받는다. 복무가 시작되면 명예 또는 진급을 위해 설계된 행동의 모범을 선별하는 것을 통해 명성 신호가 전달된다. 전투에서 자기를 돌보지 않는 행동을 한 사람에게는 퍼플 하트 훈장이나 은성 훈장이 주어진다. 사후에 훈장을 받는 경우도 있는데, 죽은 영웅도 여전히 롤 모델로 살아 있다. 마찬가지로 준군사 조직들도 고립된 훈련 캠프에서 극단주의 이상을 심어주고, 이어 공로 인정을 통해 모범 구성원을 롤 모델로 부각시킨다. 스리랑카 무장 반군인 타밀 타이거즈 Tamil Tigers는 모든 순교자의 사망일마다 기념행사를 열어 자살 폭탄 테러를 장려했다. 체첸 반군은 자살 폭탄 테러범을 개별적으로 기리는 노래를 만들어 기념한다. 팔레스타인의 하마스는 조직원들에게 "이달의 순교자"를 알리는 달력을 보낸다.[31] 준군사 조직은 명성 학습으로 모방 자살을 조장할 뿐 아니라 본질적으로 혐오스러운 폭탄 자살 테러를 정당화하는 무기로도 사용한다.

극단주의 단체와
부패 조직에서 벗어나는 방법

취약한 사람들이 컬트나 여타 극단주의 단체에 빠지면, 대개 가족들은 그 단체의 위험성을 알리거나 억지로 단체에서 떼어놓으려 시도한다. 왜 그러는지 이해는 가지만 그것은 문제의 단체가 원하는 행동이다. 기성 체제에 박해받는다는 단체의 이야기를 확증하는 증거로 여겨지기 때문이다. 연구에 따르면 병리적 명성 신호에 대한 최선의 해법은 이성적인 호소나 강압이 아니라 더 강한 명성 신호를 보내는 것이다. 전체주의적 공동체에서 세뇌된 구성원들이 그곳을 떠날 수 있다고 생각하기 가장 쉬운 상황은 지위가 높은 내부자가 선례를 보일 때다. 단체 내에서 권위를 가진 인물을 모방하는 것은 떠나도 된다는 심리적 허가로 느껴진다. 극단주의자들에 대한 비밀 전술은 단체 내에서 지위를 얻을 수 있는 카리스마 넘치는 "진정한 신봉자"를 침투시킨 뒤 시선을 모으며 탈퇴하도록 하는 것이다.[32] 이것이 다른 사람들에게 탈퇴 면허를 주게 된다. 집단의 결속력을 도리어 강화할 수 있는 외부 공격이 아니라 컬트의 명성 시스템을 역이용하는 방식이다.

썩어가는 대규모 조직에서 일부를 구제할 때도 같은 원칙이 적용된다. 2012년 보스턴대학교는 집단의 이상이 유독하게 변질된 스포츠 팀 문제에 직면했다. 남자 아이스하키팀의 한 선수가 성폭행 혐의로 기소된 데 이어 몇 달 뒤 다른 선수가 강간 혐의로 기소되었다. 다른 사건들도 있다는 소문이 캠퍼스에 떠돌자 로버트 브라운Robert Brown 총장은 태스크포스를 임명해 조사를 맡겼다. 그 결과 온갖 불미스러운 내용으로 가득한 끔찍한 보고서가 나왔다. 성적인 정복을 "사냥"으로 기록한 웹사이트, 몸 더듬기를 "그냥 그들이 하는 일"이라고 말하는 여학생들, 경기장에서 불법 심야 파티 등이었다(어느 파티 참석자는 "미쳤어요. 페널티 박스 안에서 섹스를 하고 있었어요"라고 말했다). 훗날 미국 아이스하키 명예의 전당에 오른 잭 파커Jack Parker 감독은 이런 파티들에 대해 몰랐다면서 "애들 몇 명이 술을 마신 것"이라고 중요성을 축소했다. 팀 파티 섹스에 관한 이야기를 들었다고 인정하면서도 "내가 할 일은 '너희는 금욕해야 해'라고 말하는 것이 아닙니다"라고 주장했다.³³

하지만 비행이 캠퍼스 운동선수들의 몸가짐 차원을 넘어섰기 때문에 브라운 총장은 즉각 조치를 취해야 했다. 하지만 어떻게? 다음 시즌을 취소해야 한다는 주장도 있었다. 그러나 보스턴대학교에 아이스하키는 듀크대학교의 야구, 오하이오주립대학교의 미식축구와 마찬가지로 동문을 하나로 묶는 가장 중요한 프로그램이다. 브라운 총장은 비행에 연루된 선수를 퇴출하는 방식으로 썩은 사과들을 내던질 수도 있었다. 그렇지만 신입 선수들도 똑같이 "파티광"이 된다면? 태스크포스 보고서는 썩은 사과들만 문제가 아니라 사과가 담긴 통도 문제라고 했다. 아이스하키팀에 "성적 권리sexual entitlement 문화"가 퍼져 있다고 했다("성적 권리"는 부수적 피해를 무시하고 자신의 욕망이 우선시되어야 한다는 믿음으로, entitlement는 타인의 희생과 양보를 전제하는 권리다-옮긴이). 파커 감독이 적극 가담한 것은 아니었지만 그의 방임적 태도 탓에 이 문화가 자라났다. 남자 아이스하키 선수들은 성적 일탈이 허용되며 또 그렇게 하는 것이 기대되는 캠퍼스의 인기남이라는 자기 이미지를 갖고 있었다. 누구 하나 명시적으로 지지하지 않더라도 이런 종류의 이상이 집단 내에 자리 잡을 수 있다. 팀 버스에서 하는 농담, 파티에서 하는 하이파이브, 이중적 의미를 지닌 별명 등을 통해 개인과 개인 사이의 공간에서 지속된다. 남자 아이스하키팀 선수들에게 그것은 서로를 하나로 묶는 접착제의 일부였다.

팀 문화를 바꾸려면 기존의 명성 신호를 제거하는 동시에 다른 신호를 도입해야 한다.[34] 오랜 시간 자리를 지켜온 감독을, 엄밀히 따지면 어떤 규칙도 어기지 않았는데 물러나게 해야 한다는 뜻이었다. 이 일로 커다란 공백이 생겼지만 보스턴대학교는 프로 경력이 단절된 뒤 코칭으로 전향한 보스턴의 전 스타 선수 데이비드 퀸David Quinn을 영입하는 데 성공했다. 퀸은 곧바로 선수 모집에 착수했는데, 단지 아이스하키팀에 적합한 것만이 아니라 보스턴대학교에 맞는 선수들을 뽑았다. 그는 선수들에게 야간 성인 과정에 나가는 것을 금하고, 성관계에 대한 명시적 동의 같은 학부의 이상과 공동체에 충실할 것을 요구했다. 그가 뽑은 주장들도 자신과 마찬가지로 "곧은 화살" 같은 선수들이었다. 퀸의 지휘 아래 아이스하키팀의 징계 문제가 사라졌고 승리는 예전처럼 이어졌다. 팀은 4회 연속 NCAA(전미대학체육협회) 토너먼트에 출전했다.

몇 년 뒤인 2016년에 인근 대학에서 같은 문제가 발생했다. 리그를 선도하는 하버드대학교 남자 미식축구팀 선수들이 여자 미식축구팀 신입 선수들을 두고 성적인 "스카우트 보고서"를 만들어 순위를 매기고 그들의 "포지션"을 묘사했다.[35] 이 문서는 의도된 수신자 범위를 벗어나 유출되어 캠퍼스 신문의 손에 들어갔다. 체육학과는 보도를 막으려고 했지만 그 일마저 입소문을 타면서 스캔들이 더 커졌다. 여자 선수들은 선을 넘는 질문을 던지는 기자들에게 쫓겼고, 일부는 그런 일에 지쳐 팀을 그만두었다. 드루 파우스트Drew Faust 총장은 그 문서를 규탄하며 팀의 시즌을 취소하고 선수들에게 여러 시간 동안 편견 예방 교육을 받도록 했다. 그런데 문제의 성차별 문서에 관여하지 않은 팀원들은 가해자들과 부당하게 엮였다고 느꼈다. 감독은 "스카우트 보고서"가 시작된 이후 부임한 인물이어서 자리를 유지했지만 이후 몇 년 동안 선수 영입과 유지에 어려움을 겪었다. 팀은 리그 정상에서 최하위로 추락했다. 2019년에는 팀의 100년 역사에서 처음으로 1승도 올리지 못했다.

그럴 필요가 있었으므로 하버드대학교의 대응은 강경했다. 하지만 그리 건설적이지는 않았다.[36] 팀은 분열되고, 사기가 떨어지고, 과거의 죄로 비난받았다. 새로운 이상을 제시하지도 못했다. 다른 유형의 감독, 아마 여성 감독을 영입했더라면(일부 대학들은 그렇게 했다) 다른 이상을 중심으로 결속하는 과정에 돌입하면서 새로운 명성 신호가 만들어졌을 것이다.[37] 지휘부 교체는 과거 문제에 대한 책임만 고려해서는 안 된다. 이러한 조치는 문화 변화에 영향을 미치는 가장 강력한 신호 중 하나기 때문이다.

명성 신호는 어떨 때 실패하고 어떨 때 성공하는가

명성 신호를 언제 사용할지 아는 것도 중요하지만, 어떻게 사용할지 아는 것도 똑같이 중요하다. 1970년대의 고전적인 TV 광고를 보자. 사슴가죽과 깃털로 만든 옷을 입은 위풍당당한 아메리카 원주민 남성이 원시림 사이로 반짝이는 강을 노 저어 내려가는 장면이 나온다. 그는 할리우드 서부극에서 친숙한 얼굴인 배우 아이언 아이즈 코디Iron Eyes Cody다.[38] 강물이 어느 산업 항구로 흘러들면서 코디는 탄산음료 병, 컵, 신문지와 맞닥뜨린다. 물가에 도착하자 깨진 유리, 자동차 휠 캡, 사탕 포장지 등 더 많은 쓰레기가 흩어져 있다. 자동차 한 대가 휙 지나가고, 날아온 패스트푸드 봉지가 그의 모카신 앞에서 터지며 쓰레기가 쏟아진다. 카메라가 천천히 위로 움직이면 쓰레기를 고요하게 응시하는 코디의 얼굴이 보인다. 그의 높은 광대뼈를 따라 눈물이 한 방울 흘러내리며 그 고요한 눈빛과 대조를 이룬다.

비영리 단체인 '미국의 아름다움을 지키자Keep America Beautiful'에서 만든 이 "우는 인디언Crying Indian" 광고는 자주 방영되었으며 클리오상Clio Awards을 받았다.[39] 하지만 쓰레기 문제에 큰 영향을 주지는 못했다. 바로 앞 장에서 설명한 내용을 떠올린다면 한 가지 문제점은 이미 알 수 있을 것이다. 쓰레기 투기가 기승을 부린다는 과장된 묘사, 곧 누구나 그 일을 하고 있다는 식의 묘사가 잘못된 우세 신호를 보냈다는 점이다.[40] 그런데 더 큰 문제는 메시지 출처였다. 코디는 위엄 있는 주인공을 연기했다. 하지만 대부분의 시청자 눈에 그는 말 그대로 다른 부족 출신이었다. 쉽게 롤 모델이 될 수 있는 내집단 영웅이 아니었다.[41] 올바른 메신저가 중요한 또 다른 이유가 이것이다. 승인 또는 반대 메시지가 외집단에서 오면 의심을 불러일으킨다. 누가 이 광고를 만들었나? 왜 만들었나? 우리에게 이익이 될까, 아니면 그들에게 이익이 될까? 의심은 영웅 코드를 업데이트하기 위해 작동하는 사회적 추론 과정을 중단시킨다.[42]

기억에 남지만 헛된 코디의 눈물이 방영되고 10년 뒤, 쓰레기 투기 행위에 대한 또 다른 캠페인 "텍사스를 건드리지 마라Don't Mess with Texas"[43]는 텍사스주 고속도로의 쓰레기를 72% 줄였다. 텍사스 출신인 가수 윌리 넬슨Willie Nelson과 리앤 라임스LeAnn Rimes, 배우 매슈 매코너헤이Matthew McConaughey 등이 쓰레기 투기자들에게 코믹한 방식으로 복수하는 내용의 광고였다.[44] 여기서 쓰레기 투기는 아칸소주 번호판을 단 트럭을 모는 뒤가 구린 것 같은 기사 등 저급한 외부인이 하는 일로 묘사되었다. 자랑스러운 텍사스주 사람들이 하는 일이 아니었다. 인지도 있는 내집단 영웅들을 내세워 메시지를 전달했기에 텍사스 사람들은 이 슬로건을 내면화했다. 심지어 이 슬로건이 (광고대행사에서 만든 구어체의 가짜 속담이었는데) 텍사스 토착어가 될 정도였다.

　의심에 대한 심리적 방어는 유명인들의 제품 추천에 대한 반응이 엇갈리는 이유도 설명해준다.[45] 로저 페더러Roger Federer의 롤렉스, 드웨인 "더 록" 존슨Dwayne "The Rock" Johnson의 언더아머 같은 눈에 띄는 성공 사례가 있는가 하면 오지 오즈번Ozzy Osbourne의 아이캔트빌리브잇츠낫버터I Can't Believe It's Not Butter, 패리스 힐턴Paris Hilton의 리치 프로세코처럼 완전한 실패 사례도 있다. 최근의 메타 분석에서, 스타가 개인적으로 신념을 공유한다는 인상을 주는지 아니면 그저 돈을 벌기 위해 광고한다는 느낌을 주는지 결정하는 핵심 요인들이 밝혀졌다. 첫째, 제품이 유명인의 전문성과 관련이 있는지 여부다. 프로레슬러인 드웨인 존슨은 분명히 운동을 다니기 때문에 헬스 반바지에 관한 그의 조언을 우리는 신뢰한다. 하지만 헤비메탈 밴드의 리드 보컬로 무대에서 박쥐 머리를 물어뜯은 오지 오즈번이 마가린 전문가인지는 의심스럽다.[46] 둘째, 제품을 실제로 사용하는지 여부다. 테니스 선수 로저 페더러가 트로피를 들어 올릴 때 그의 손목에는 항상 롤렉스가 있었다. 하지만 잘나가는 셀럽인 패리스 힐턴이 저렴한 스파클링와인인 프로세코 캔을 홀짝이는 모습은 리치 광고에서만 볼 수 있을 따름이다. 영웅 본능을 가진 우리의 뇌는 유명인을 열심히 따라 하려 하지만 출처가 메시지와 맞지 않으면 의심이 솟아나 이 과정이 중단된다.[47]

　명성 신호를 차단하는 의혹을 불러일으키는 것 외에, 잘못된 메시지에 부주의하게 명성을 실어주는 것도 변화 노력이 실패로 돌아가게 만드는 요인이다. 훌륭한 반전 영화가 많이 있다.[48] 〈풀메탈 재킷Full Metal Jacket〉〈라이언 일병 구하기Saving Private Ryan〉〈1917〉 등이 떠오른다(그 밖에도 많다). 하지만 이런 영화들은 모병을 막지 못했고, 어떤 경우에는 오히려 도움을 주었다. 커츠 대령과 킬고어 대령은 〈지옥의 묵시록Apocalypse Now〉에서 사악한 미치광이로 그려졌지만 많은 관객이 그들을 매력적인 안티히어로로 여긴다. 대사가 아무리 파멸적이어도 전투 지휘관은 여전히 마음을 사로잡는 매력을 풍긴다. 그래서 프랑스 영화감독 프랑수아 트뤼포François Truffaut는 반전 영화 같은 것은 없다고 결론 내렸다.[49] 폭발 장면이 아름답게 보이고, 헬리콥터 소리가 멋지게 들리고, 제복을 입고 머리를 짧게 자른 주연 남자 배우가 잘생겨 보이기 때문만은 아니다. 군대 영화는 우리의 명성 본능 버튼을 누른다. 전쟁이 부당하더라도 지휘하는 장교는 영웅적으로 보일 수밖에 없다. 본능 차원에서 우리는 이런 장교와 같은 사람이 되고 싶어 한다.

풍자 또한 명성 신호를 의도하지 않은 방향으로 보내기 쉬운 장르다. 닐 영Neil Young의 〈로킹 인 더 프리 월드Rockin' in the Free World〉나 브루스 스프링스틴Bruce Springsteen의 〈본 인 더 유에스에이Born in the U.S.A.〉는 맹목적 애국주의를 풍자한 노래였는데 오히려 국가주의적 애국가로 오인된다. 인종차별을 희화화한 스탠드업 코미디언은 일부 관객이 의도와 반대로 인종차별에 동조해 "피의 웃음

blood laugh"을 터뜨리는 것 때문에 곤란을 겪는다. 시트콤〈올 인 더 패밀리All in the Family〉의 아치 벙커Archie Bunker는 시대 변화에 반대하는 블루칼라 보수주의자를 풍자하는 캐릭터다. "멍청이" 아내 에디스를 윽박지르고, "폴랙Polack"(폴란드 사람에 대한 멸칭. 금기어-옮긴이)인 사위 마이크를 비난하고, 아프리카계 미국인과 유대인 이웃들에게 막말을 퍼붓는다. 노먼 리어Norman Lear 프로듀서는 이 인기 시트콤이 "법과 질서"를 내세우는 보수주의자들에 대한 신뢰를 떨어트릴 것이라고 생각했다. 하지만 조사 결과 가장 충성도 높은 시청자는 "있는 그대로 말하는 아치"에 감탄한 권위주의자들이었다.[50] 또 한 연구에서는 정치 풍자 TV 프로그램〈콜베어 르포 The Colbert Report〉 발췌본을 대학생들에게 스트리밍하자 공화당 정책에 대한 그들의 지지도가 올라갔다.[51] 보수파 정치 평론가 콜베어라는 캐릭터가 전문가들 눈에는 분명 패러디지만 시청자들에게는 그렇지 않다(않은 듯 보인다). 비평가들을 만족시킬 만큼 미묘한 풍자는 평균 시청자들의 "이해 범위를 넘어서는" 것이다.[52] 시트콤〈파크스 앤드 레크리에이션Parks and Recreation〉의 론 스완슨Ron Swanson 같은 캐릭터를 좋아하는 팬클럽은 그를 공감 가는 인물로 그리려 하지 않았던 이 프로그램 작가들에게 충격을 주었다. 하지만 시청자들의 영웅 본능 탓에 널리 시청되는 TV 캐릭터는 누구나 명성 있는 인물로 인식된다.

비슷한 이유로 범죄 예방 프로그램도 때로 역효과를 낳는다.

1978년 다큐멘터리 〈스케어드 스트레이트!Scared Straight!〉는 뉴저지주 청소년범들이 교도소로 가서 무시무시한 수감자들과 만나는 과정을 담았다.[53] 헬스장에서 근육을 키우고, 조잡한 문신을 하고, 늘어진 바지를 입은 상습범 수감자들은 "밀고자"와 "칼"을 들먹이며 으르렁댔다. 이들은 위협적인 대면에서 온갖 흉포함을 드러냈다. 강한 척하는 10대들의 가면을 깨트리고 겁먹은 그들을 무너뜨리기 위해서였다. 다큐멘터리는 이 프로그램을 거친 10대 중 80%가 재범을 피했다는 개념 증명 비슷한 것으로 마무리되었다. 이 프로그램은 미국 전역과 세계로 퍼졌다(독일에서는 젊은 스킨헤드족을 살인을 저질러 수감된 네오 나치와 대면시켰다).

하지만 후원 기관들은 참가자들의 재범률을 대조군과 비교하는 테스트를 거의 하지 않았다. 테스트를 한 경우에도 예상치 못했던 결과들은 (해석하기 어렵기는 했지만) 집계에서 제외하는 일이 잦았다. 20년이 지난 뒤에야 데이터세트를 종합적으로 분석한 부인할 수 없는 냉철한 결론이 나왔다. 〈스케어드 스트레이트!〉 참가자들의 재범 가능성이 13% 더 높았다.[54] (뉴저지주 프로그램 하나만 따져도 수년간 출소자 5만 명 중 6500명의 재범자를 양산했다는 뜻이다.) 프로그램에 참여한 범죄자 새싹들은 경험에서 배우기도 하지만 인상적인 롤 모델을 만난 예방 프로그램 자체에서도 배운다. 그들은 얼마나 멀리 나아갈 수 있을까? 실제로 아주 멀리까지 나아간다! 일부 재범자들은 이런 영향을 인식하고 있었다. 그들은 "겁

먹어서 정신을 차린scared straight"것이 아님을 종신형 재소자들에게 보여주려고 범죄를 저질렀다고 주장했다.

상습범에게 장기형을 선고하는 1990년대 초의 "삼진아웃" 법도 비슷한 방식으로 역효과를 냈다. 일부 도시 소외 계층에서 상당수를 차지하는 젊은 상습범들은 교도소에서 성장기를 보냈는데, 그곳은 강력범들이 가장 큰 명성을 누리는 장소다. 〈스케어드 스트레이트!〉 다큐멘터리 시청자들에게는 이색적이었던 "교도소 문화" 관행이 오늘날 도시 문화에서 친숙한 특성이 된 것은 우연이 아니다. 삼진아웃 법은 교도소를 동일 지역 출신 젊은이들의 주요 사회화 기관으로 만들었다. 전반적인 범죄율은 떨어지지 않았고, 교도소에서 형기대로 복역한 사람들과 무작위로 감형을 받은 사람들(교도소의 수용 인원 문제로 감형)을 비교했더니 교도소는 그들을 갱생시킨 것이 아니라 더 확고하게 만든 것으로 나타났다.[55](이는 2018년 형사법 개혁의 근거가 되었다.) 〈스케어드 스트레이트!〉와 삼진아웃 정책은 젊은이들을 명성 신호에 무심코 노출시켜 장기적인 범죄 성향을 높이는 결과를 낳았다.[56]

명성 신호는 매우 성공적인 변화 캠페인이 왜 특정 인구 집단에서는 때로 실패하는지 이해하는 데도 도움이 된다. 최근 수십 년간 청소년의 흡연을 비롯한 여러 형태의 담배 사용이 증가했다는 점에 관해 생각해보자. 청소년("생각하세요. 담배를 피우지 마세요.")과 부모("얘기하세요. 들을 거예요.") 대상의 캠페인은 이목을 끌었지만 약속대로 작동하지 않았다. 캠페인 스폰서가 필립모리스라는 점을 알아본 청소년에게는 특히 효과가 없었다.[57] 세계 최대 담배 회사가 흡연을 말리다니 조금 의심스러운 정도가 아닌 것이다. 연구에 따르면 "얘기하세요. 들을 거예요." 캠페인은 10대의 흡연 의도를 약간 증가시킨 것으로 나타났다.[58] 흡연을 성인들과 연관시켰기 때문일 것이다. "담배 연기 없는 세상"을 만들자는 필립모리스의 최근 목표도 비슷한 의심을 불러일으킨다. 단지 전자담배 제품을 홍보하기 위한 도덕성 과시는 아닐까?

10대들의 이런 추세는 더 큰 성공 스토리 속의 실패 사례이기 때문에 주목할 만하다. 성인 흡연율은 1972년 43%에서 요즘은 12% 아래로 떨어졌다. 이 성공은 공중 보건을 위해 명성 신호를 보내는 미디어 환경을 변화시킨 데서 주로 기인했다. 할리우드 황금기에는 보기와 바콜Bogie and Bacall(배우 험프리 보가트와 로런 바콜-옮긴이)이 담배로 유혹했지만 그 후의 배우들은 거기에 탐닉하지 않았다. 제임스 본드 초기 영화에서는 007이 거의 모든 장면에서 점잖게 담배를 피워댔지만 후속작으로 갈수록 이 습관이 사라졌고, 담배를 피우는 것은 악당과 그 하수인들뿐이었다.[59] 〈고인돌 가족 Flintstones〉이 처음 TV에서 방영되었을 때는 프레드와 윌마가 저녁 식사 뒤 행복하게 담배 연기를 뿜어댔으나 얼마 지나지 않아 생활방식이 진화했다. 이 모든 일은 우연이 아니었다. 보건 당국은 1964년부터 경고를 발해왔지만, 흡연율이 극적으로 하락한 것은 스크린 영웅들이 담배를 피우지 못하도록 할리우드에 기댄 이후의 일이었다. 1971년 애연가였던 닉슨 대통령이 TV와 라디오에서 담배 광고를 금지하는 법안에 서명했고, 담배 제품을 배치하는 것도 금지했다.[60] 미디어 환경의 변화가 이상이 바뀌었다는 신호를 보내자 담배의 문화적 위상은 영웅에서 제로로 추락했다.[61] 니코틴은 신체적으로 중독성이 있을 수 있지만, 담배의 중독성은 존경에 대한 우리의 부족적 욕구에는 한참 못 미친다.

6장

조상 본능, 현재와 미래를 위해 과거를 활용하다

> 과거는 결코 죽지 않는다. 지나간 것도 아니다.[1]
> 윌리엄 포크너 William Faulkner

추수감사절 탄생의 비밀과 새로운 전통 만들기

모든 미국 학생은 추수감사절 이야기를 배운다. 이야기마다 세부 사항은 다르지만 요지는 이렇다. 1620년 영국에서 건너와 플리머스 식민지에 정착한 (우스꽝스러운 모자를 쓰고 커다란 벨트 버클을 착용한) 청교도들은 칠면조, 크랜베리, 호박파이로 차린 경건한 식사를 아메리카 원주민 이웃들과 나누면서 첫해를 무사히 보낼 수 있게 해준 창조주에게 감사를 드렸다. 그들은 감사 기도, 관대한 도움, 집단 간 화합의 가을 전통을 시작했고, 이후 미국인은 매년

11월에 모여서 똑같은 의식을 행한다. 이것이 우리가 잘 알고 있는 이야기다. 적어도 미국인은 이렇게 생각한다.

실제 추수감사절 전통은 이런 단선적인 과정을 거쳐 생겨난 것이 아니다. 추수감사절 행진에 비를 뿌릴 마음은 없지만, 17세기 정착민들이 아니라 19세기에 자기 시대의 문제를 해결하기 위해 국경일을 제정한(그리고 전통을 세운) 정치인들의 역할이 더 크다. 청교도들이 1621년 가을에 잔치를 열었던 것은 맞다. 하지만 그것은 "감사"를 위한 것(금식, 기도, 묵상의 날)이 아니라 "즐기는" 행사(잔치, 음주, 게임을 하는 날)였다. 이에 관한 유일한 기록은 메이플라워호 청교도들의 지도자였던 에드워드 윈즐로Edward Winslow가 영국의 집으로 보낸 편지인데, 왐파노아그Wampanoag족 손님들과 함께 사흘 동안 사슴고기, 물새, 베리로 잔치를 벌였다는 내용이다.[2] 아메리카 식민지에서 첫 1세기 동안 추수 축제는 (추수기 자체가 그랬듯) 지역마다 다른 날짜에 가끔 열렸다. 영국에서 배가 도착하거나 탐험대가 무사 귀환한 뒤 감사제를 열었다는 기록도 있다. 1789년 10월 3일, 독립전쟁에서 승리한 뒤 조지 워싱턴George Washington 대통령은 "다음 달 11월 26일 목요일"을 "감사하는 날"로 하자고 했다. 그날 그는 교회 예배에 참석한 뒤 채무자 교도소에 음식과 맥주를 기부했다. 청교도들의 추수 축제를 재현한 것이 아니라 기도와 기부의 날이었다.

이 2가지 흐름이 하나의 연례 국가 의식에 대한 계획으로 통합된 것은 청교도들의 파티 이후 거의 250년이 지난 뒤의 일이었다. (오랫동안 분실 상태였던) 윈즐로의 편지를 1841년 발견한 알렉산더 영Alexander Young 목사는 이를 "최초의 감사절"에 관한 기록으로 재출판하면서 청교도 관습 2가지를 통합했다.³ 뉴잉글랜드에서는 가을 감사절이 관습이 되었지만 시기는 다양한 상황이었다. 여기서 착안한 영향력 있는 시인이자 언론인 세라 조세파 헤일Sarah Josepha Hale이 통일된 국경일을 위한 로비를 벌였다.⁴ 그녀는 대통령이 "권위 있게 확정"하기만 하면 된다고 여러 대통령에게 편지를 보냈다. 결국 이 말에 귀를 기울인 사람은 누구였을까? 취임 연설에서 분열된 국민에게 "기억의 신비로운 화음이 … 연방의 합창으로 울릴 것"이라고 했던 시인 대통령이었다.⁵

더 유명한 게티즈버그 연설을 한 것과 같은 해인 1863년 10월 3일, 에이브러햄 링컨Abraham Lincoln은 "항상 지켜보는 섭리로부터 온 … 풍요로운 들판과 유익한 하늘이라는 축복을 … 미국인 전체가 한마음 한목소리로 엄숙하게, 경건하게, 그리고 감사하게 인정해야 합니다"라고 선언했다. 그는 시민들에게 "다음 11월 마지막 목요일을 따로 추수감사절로 지킵시다"라고 요청했다.⁶ 법정 공휴일은 아니었지만 내전, 징병 거부 폭동, 전염병으로 트라우마를 겪던 대중은 이를 가을의 일상으로 받아들였다. 북부 봉사 클럽들은 칠면조, 크랜베리, 호박파이 등 핵심 재료를 전국의 북부군에 실어 날랐고, 그 결과 이 양키 요리들이 전국적 메뉴로 제도화되었다.

1864년《뉴욕타임스》 사설은 뉴잉글랜드의 관습이 "국경일의 범위와 위상을 갖게" 되었다고 놀라움을 표했다.[7] 같은 날 같은 음식을 먹음으로써 미국인들은 북부와 남부, 동부 도시와 서부 마을 등 멀리 떨어져 있는 동포와 하나가 된 느낌을 받았다. 정치 이론가 베니딕트 앤더슨Benedict Anderson이 말하는 "상상의 공동체imagined community"를 강화할 수 있었다.[8] 가족들이 모여 지난번 추수감사절을 회상할 때면 과거 세대들이 똑같이 했던 모습도 떠올렸다.

얼마 지나지 않아 추수감사절은 향수, 소속감, 헌신의 마법을 거는 신성한 전통이 되었다. 1939년 프랭클린 루스벨트Franklin Roosevelt 대통령이 크리스마스 쇼핑 시즌을 연장하려고 추수감사절을 일주일 앞으로 당기려 한 적이 있었는데, 분노한 시민들로부터 그런 모조품은 "프랭크스기빙Franksgiving"이라는 비웃음을 샀다.[9] 주 정부들도 절반이 따르기를 거부했다. 루스벨트의 한 정적은 (그리 오래되지 않은) 전통을 땜질하려 했다는 이유로 그를 히틀러와 비교하기까지 했다.[10]

2가지 의미에서 추수감사절 전통은 19세기에 시작되었다. 첫째, 19세기부터 시작해 그 이후로 매년 국가적 의식이 열렸다. 둘째, 신화를 만드는 사람들이 이 의식의 기원을 예전으로 거슬러 올라가 청교도들이 미국 해안에 도착한 첫해까지 추적한 것이 19세기다. 영, 헤일, 링컨이 고의로 거짓 역사를 조작하지는 않았지만 사후 확신 편향, 선택적 기억, 희망적 관측이 작용했다. 당시에는

6장 조상 본능, 현재와 미래를 위해 과거를 활용하다

서로 다른 문화를 가진 다른 집단들을 하나로 묶는 의식이 최초의 미국 정착민까지 거슬러 올라간다고 생각하는 것이 위안이 되었다. 예술가들은 친절한 청교도들과 왐파노아그족 손님들이 칠면조, 크랜베리, 파이를 먹으며 감사하는 "최초의 추수감사절" 장면을 동판화와 그림으로 표현해 이 신화가 확산되는 데 힘을 보탰다. 고마워하는 왐파노아그족 추장 마사소이트Massasoit의 동상이 전국 곳곳에 세워졌다.[11] 대중은 선견지명 있는 창시자들이 전통을 처음부터 완전하게 형성해 시작한다고 상상하지만 현실은 더 복잡하다. 많은 신화와 의식이 고대부터 전해 내려오긴 해도, 그중 일부는 자기 의제를 집단의 과거와 연속된 것으로 틀을 짜서 홍보하는 지도자들이 더 최근에 그리고 소급해(회고적으로) 만든 것이다.

"통나무집" 대통령(링컨은 켄터키주의 원룸 통나무집에서 태어났다-옮긴이)은 새 국경일 도입에 놀랍도록 능숙했다. 변호사 출신인 그는 70년 전 조지 워싱턴의 추수감사절 선언문, 행운에 감사하는 청교도의 섭리주의providentialism 관습 등 선례의 힘을 알고 있었다. 노련한 이야기꾼이던 그는 국가 최고의 내레이터(해설자) 역할을 맡았다. 집단 기억의 관리자에 그치지 않고, 역사가 담긴 연설을 통해 남북전쟁을 과거의 관점에서 해석한 큐레이터이자 창작자였다. 그는 추수감사절이 미국의 과거에 깊이 뿌리박고 있다고 규정한 "선례 신호precedent signal"를 보냈고, 이 모든 것에 대통령 직인을 찍어 포고문으로 발표했다. 추수감사절은 순식간에 전통 제도로 고색古色을 띠게 되었다.

선례 신호는 새로운 관습을 도입하거나 기존 루틴의 의미를 바꾸는 데 사용될 수 있다. 현재 활동에 부족의 과거와 연관성을 부여해 전통적인, 따라서 경외할 가치가 있는 의미 있고 중요한 사안으로 프레이밍framing한다. 수정주의revisionism 역사는 전체주의totalitarianism 정권들과 관련이 있지만, 반드시 선전과 억압이 필요한 것은 아니다. 사람들은 자신이 속한 집단의 역사 및 그것과 현재의 접점을 배우기를, 그리고 다시 배우기를 열망한다. 소규모 부족들과 함께 생활한 인류학자들은 집단이 누구의 후손이며 어떤 전통이 집단을 정의하는지에 대한 공유 서사narrative에 극적인 변화가 있음을 관찰하고, "계보에 대한 유연성genealogical dexterity이 부족 세계 전반에 보편적"이라는 데 주목했다.[12]

설득력 있는 선례 신호를 만드는 2가지 서사 속성은 고대성antiquity과 일관성consistency이다.[13] 현재의 특정 선택과 관련된 특히 오래된 선례는 경험에 중력을 부여하고 집단과 리더에게 높은 정당성을 불어넣는다. 일치하는 정도가 높은 선례는 구속력 있는 의무와 집단 정체성 감각을 형성한다. 고대성과 일관성이라는 이 2가지 특성은 상충하는 일이 많은데, 현재는 더 가까운 과거와 더 일치하는 경향이 있기 때문이다. 따라서 제도 구축자는 계획을 세울 때 흔히 여러 선례를 참조한다. 링컨은 역사적 중대성 부여를 위해 수백 년 된 청교도 섭리주의 주제를 반영하는 한편, 워싱턴 대통령의 용어(추수감사절)와 시기(11월 마지막 목요일이라고 10월 3일에 발표)를 따름으로써 더 최근의 일치하는 선례도 참고했다. 앞으로 살펴보겠지만 인상적으로 오래된 동시에 인상적으로 일치하는 선례는 국가뿐 아니라 산업, 종교, 기관의 전통 형성에도 사용된다.

선례 신호 서사의 특징 하나: 고대성, 오래된 것의 매혹

프랑스 샹파뉴 지방은 포도 재배의 요람이라고 홍보한다. 로마인들이 2000년 전에 이곳 산비탈에서 포도를 재배했다고 와인 애호가 관광객들에게 알리는 표지판이 곳곳에 있다. 수도사 돔 페리뇽 Dom Pérignon이 이곳에서 포도 수확과 압착 기술을 개량했다. 뵈브 클리코Veuve Clicquot 같은 샴페인 하우스들은 프랑스 혁명 전 앙시앵레짐 때부터 샴페인을 병에 담아왔다고 자랑한다.[14] 한 모금 마시면 그 유서 깊은 전통을 맛보는 셈이다. 세계에는 발포성 와인이 많지만 오랜 역사가 샴페인의 탁월한 위상과 프리미엄 가격을 정당화한다.

하지만 와인의 역사는 이보다 훨씬 더 오래되었다. 최근 조지아 공화국이 후원한 와인 지역 발굴에서 8000년 전 와인 잔여물이 남아 있는 크베브리qvevri(와인의 저장, 숙성, 발효에 사용하는 달걀 모양의 대형 토기 용기)가 발견되었다. 이후 크베브리 와인은 유네스코 세계문화유산으로 지정되어 조지아의 와인 산업과 관광업이 호황을 누리고 있다.[15] 조지아 사람들은 이 와인이 좋다는 것을 전에도 알고 있었지만 8000년이라는 고대성 신호는 와인 양조자에게는 새로운 목적의식을, 소비자에게는 더 깊이 매혹될 이유를 제공했다. 크베브리 방식은 인류의 가장 오래된 미식 전통 중 하나다.

유서 깊은 역사를 드러내 보이는 것이 와인 생산지만은 아니다. 미국에서 가장 오래된 은행인 뉴욕멜론은행Bank of New York Mellon은 설립자 알렉산더 해밀턴Alexander Hamilton의 친숙한 이미지를 사용한다. 파리의 레스토랑 라투르다르장La Tour d'Argent은 설립 연도인 1582년을 메뉴와 접시는 물론 재떨이에까지 인쇄한다. 오사카의 사찰 건축업체 곤고구미Kongo Gumi, 金剛組는 578년 이후 아들들이 경영권을 승계한 내용을 기록한 3미터 길이 족자를 전시하고 있다. 이 기업들은 자신들이 문화 경관의 고정물이며 오랜 역사를 자랑하는 제도라는 점을 알리고 있다.

소비자는 왜 오랜 역사에 끌릴까? 합리주의적 해석에 따르면 소비자는 장수에서 품질을 유추한다. 예금자에게 손실을 끼치거나, 상한 음식을 제공하거나, 허술한 건물을 짓는 기업은 오래 살아남을 수 없다. 따라서 오래 존속한 기업은 제대로 하고 있는 것이 틀림없다. 이런 추론은 분명히 유서 깊은 전통의 매력을 높이는 역할을 한다. 게다가 사람들은 시간의 시험을 통과한 여러 선택 중에서도 더 오래된 혈통 쪽을 선호한다. 심리학자 스콧 아이델먼Scott Eidelman과 크리스 크랜들Chris Crandall에 따르면 침술을 수십 년 전통의 치료법이라고 할 때보다 수백 년 된 치료법이라고 할 때 20% 더 호의적인 평가가 나왔다.[16] 두 경우 모두 철저히 검증된 치료법이었지만 역사가 더 깊다고 할 때 매력이 더 높았다. 여러분은 어떨까? 1996년 이후 이어진 치료법과 1669년부터 시작된 치료법이 있다면 어느 쪽에 더 끌릴까? 아마 유서 깊은 쪽을 선택할 것이다.

역사가 오랜 제도에 참여할 때면 우리는 실질적인 목적 이상의 어떤 의미를 느낀다. 흔히 약간의 경건함과 경외감을 느끼게 되는데, 그 이면에는 전혀 다른 시대에 똑같은 행동을 했던 고대 조상들과의 연결감이 있다. 반드시 직접 유전적 조상일 필요는 없다. 내가 동일시하는 부족(베이징 거주자, 불교 신자, 침술을 좋아하는 사람 등)의 조상, 곧 문화적 조상일 수도 있다. 여러 세대를 이어온 선례들은 부족의 연속성에 대한 우리의 실존적 갈망을 채워준다. 그 전통이 미래에도 여러 세대에 걸쳐 지속될 것으로 믿을 수 있기 때문이다.

조상 본능에서 비롯된, 오랜 전통을 이어가려는 우리의 강한 선호는 이처럼 삶에 풍요로움을 가져다준다. 그러나 동시에 조작에 쉽게 넘어가고 취약하게 만들기도 한다. 같은 초콜릿을 두고 소비자들이 상반된 평가를 내린 자료가 있다. 자국 시장에서 불과 몇 년 전부터 판매되어온 초콜릿을 맛본 참가자들 중 한쪽은 맛없고 매력적이지 않다는 반응을 보였고, 한쪽은 맛있고 호감이 간다고 했다. 후자는 그 브랜드가 여러 세대에 걸쳐 확립된 브랜드라는 말을 들은 후 시식한 이들이었다. 와인 시장에서는 이를 악용한 사기가 판친다. 빈티지 병에 새 술을 담고, 일반 포도를 고대 품종이나 전통 지역 산으로 둔갑시킨다.[17](판매되는 와인의 20%가 이런 식의 가짜로 추정된다.) 이런 현상이 지속되는 이유 중 하나는 내용물이 평범한 싸구려라 해도 와인 애호가들은 특별한 병에서 따른 와인을 맛볼 때 복잡한 풍미를 경험하기 때문이다.[18] 같은 방식으로 골동품 예술품과 가구를 수집하는 사람들도 경외심 탓에 제대로 주의를 기울이지 못해 위조품에 속는다. 우리는 즐거움을 주는 것들의 유래에 관해 쉽게 속아 넘어간다. 청교도의 추수감사절에 관한 이야기에 마음이 흔들리는 것과 같은 이유다.

영국 옥스퍼드대학교의 고딕 첨탑들은 이 학교가 12세기 때부터 있었음을 말해주며 학생들이 과거 세대 학자들의 발자취를 따라 걷도록 유혹한다. 진부한 강의라 해도 수백 년 된 강의실에서 들으면 의미 있는 것처럼 느껴질 수 있다. 1890년 세워진 미국의 시카고대학교는 옥스퍼드와의 친밀감을 표현하기 위해 캠퍼스를 고딕 양식으로 지었다.[19](빨간 벽돌을 사용해 식민지 시대 건축 양식으로 지은 동부 해안의 '오래된 8개Ancient Eight' 대학, 곧 아이비리그의 캠퍼스들보다 더 오래된 양식으로 지으려는 이유도 있었을 것이다.) 이와 유사하게 1878년 뉴욕의 세인트패트릭대성당도 이민자 교구민들에게 익숙한 유럽의 중세 성당들과의 연속성을 염두에 두고 고딕 양식으로 지어졌다. 1893년 세워진 솔트레이크성전은 예외인 것처럼 보이는데, 고딕 양식으로 참고할 만한 중세 모르몬교의 걸작이 없었기 때문이다. 하지만 이것은 규칙을 증명하는 예외에 해당한다. 모르몬교 지도자들은 "모르몬교는 오랜 역사에서 오는 정통성을 누리지 못한다. 현대에 성숙했기 때문에 그 신학과 성스러운 방문saintly visitation이 수 세기의 세월로 덮인 오래된 종교들의 신학 및 방문보다 사람들에게 낯설게 느껴질 수 있다"라는 점을 잘 알고 있다.[20] 모르몬교의 공식 명칭인 예수그리스도후기성도교회The Church of Jesus Christ of Latter-day Saints는 일부 미국인에게 너무 "후기"로 보일 수 있다. 그래서 의도적으로 유대-기독교 전통 내 오래된 종파와의 연속성을 강조하고 있다.[21]

아주 오래된 과거를 암시하는 신호를 보내는 것이 단순히 신규 고객을 끌기 위한 마케팅 기법은 아니다. 집단과 리더십에 대한 기존 구성원들의 충성도에 영향을 미치는 정당화 수단이기도 하다. 미국 대통령의 정통성에 대한 의문이 새로운 것이라고 여길지 모르지만, 링컨이 40% 미만의 득표율로 대통령이 되었고 당시 절반에 가까운 주가 연방에서 탈퇴했으며 남은 많은 주들도 극도로 분열되어 있었다는 사실을 기억해야 한다. 링컨은 초기 미국 정착민들의 전통을 내세움으로써 서사시적인 역사적 인물이라는 무게감을 획득했으며 연방 통합 의제에 대한 지지를 이끌어냈다.

겉보기에는 영국 왕실을 둘러싼 화려한 행사만큼 오래된 것처럼 보이는 것도 드물다. 버킹엄궁전의 근위병 교대식 같은 의례는 오래된 의전의 흔적처럼 보인다. 그러나 영국 왕실의 많은 의례는 실은 산업화로 인한 변화가 과거에 대한 향수를 불러일으킨 뒤 현대에 도입된 것이다.[22] 영국 왕실은 1917년 왕실 가문명이 윈저로 변경되고 1936년 에드워드 왕이 퇴위하는 등 왕조의 연속성이 끊기는 일이 발생하자 의식에서 고대의 선례 신호를 강화했다. 왕실 결혼식을 500년 만에 처음으로 웨스트민스터사원에서 진행했고, 대관식에는 골동품 검과 왕권을 상징하는 보주寶珠 등 고풍스러운 화려함을 도입했다. 이를 두고 역사학자 에릭 홉스봄Eric Hobsbawm은 최근 문제들에 대한 최근의 해결책을 고대로 가장한 것이라며 "발명된 전통"이라고 했다.[23]

발명된 것이든 아니든 전통은 여전히 놀랍도록 매혹적이다. 일본 신화에서 태양의 여신과 폭풍의 신의 후손인 진무神武는 고대 일본의 첫 번째 천황이다. 기겐세쓰紀元節(한국의 개천절에 해당한다-옮긴이)에는 북을 치는 행렬, 신성한 혈통에 대한 증명, 그의 형상에 절하는 의례를 통해 진무의 등극을 기념한다. 태고의 자취로 보이는 기겐세쓰는 1872년 메이지 유신(귀족들이 결탁해 대중의 충성심을 지역 쇼군에게서 천황에게로 돌리고, 근대화와 산업화, 서구화로 국력을 강화하기 위해 입헌군주제를 수립한 일련의 변혁 과정) 이전에는 존재하지 않았다. 예전에는 진무의 등극이 민담이었지만 이제 관련 역사가들은 정확한 시점(기원전 660년 2월 11일)과 장소(나라奈良 지역)를 확정하는 "증거"를 발표했다. 제국주의자들은 그 장소에 아주 오래전부터 있었던 것처럼 보이는 고풍스러운 양식의 동상과 신사를 세우고, 매년 2월 11일 그곳에 모여 초기 조상을 기념했다. 결국 모든 마을이 정해진 날 정해진 방식으로 기겐세쓰를 기념해야 한다는 법령이 제정되어 공식화되었다.[24] 프랑스 사회학자 모리스 알박스Maurice Halbwachs가 설명했듯이 집단 기억은 기념비, 연설, 집단 회상 등 "기념" 행사를 통해 만들어질 수 있다.[25]

근대화 신봉자들이 고대의 반신半神을 홍보한 것은 아이러니다. 하지만 그들은 고대에 대한 부족적 공명共鳴을 알고 있었다. 왕조가 오래되면 오래될수록 전통과 메이지 천황, 나아가 천황제의 나머지 부분에 대한 경외심이 사람들의 마음속에서 커진다. 계획대로 메이지 유신은 이후 수십 년 동안 일본의 급속한 산업화와 군사화를 촉진했다. 기겐세쓰 전통이 미국 추수감사절과 똑같은 과정을 거쳐 만들어졌다는 점에 주목할 필요가 있다. 고대 조상들에 대한 설화를 역사화, 의식화하고 공휴일로 공식화했다. 비슷한 시기에 주세페 가리발디Giuseppe Garibaldi는 고대 로마에 대한 역사적 기억을 참조해 오래 분열되었던 공국들을 통합해서 이탈리아의 국가 정체성을 구축했다. 전 세계에서 19세기의 국가 건설자들은 고대 조상들을 내세우며 자신들의 계획을 제시했다. 그 조상들이 실재했든 상상 속에 존재했든 말이다.

3장에서 우리는 입학식이 의대생들의 직업 규범을 촉발한다는 것을 살펴보았다. 그리스어 선서는 서양 의학의 아버지인 히포크라테스에게서 유래한 끊이지 않는 전통을 암시한다. 그런데 히포크라테스 선서는 그리스 시대 이후 대부분의 시기에 의학 교육에 포함되지 않았다. 현대 의사들이 사혈 시술자 및 이발사와 자신을 구별할 방법과 저명한 조상이 필요해지자 이 선서를 채택했다. 의학계에서 과학자들이 입는 하얀 가운을 걸치게 된 것도 그 무렵이다.[26] 선서와 하얀 가운을 결합한 의식은 1993년에야 발명되었지만,[27] 빠르게 확산되어 지금은 많은 곳에서 준종교적 경건함을 드러내며 행해지고 있다. 전통이 광고하는 것만큼 오래되지 않은 경우는 많다.

감성적이지 않은 직업군에서도 이런 식의 전통을 구축한다. 회계업계에서 장려하는 비공식 휴일인 '국제 회계의 날International Accounting Day'이 그렇다. 1494년 이탈리아 수학자 루카 파치올리Luca de Pacioli가 부기簿記를 분석한 두꺼운 책을 출간한 11월 10일이 그날이다. 한편 학자에서 은행가로 변신한 앨프리드 윈즐로 존스Alfred Winslow Jones는 2와 20 수수료 구조로 헤지펀드를 창안할 때 페니키아 선장들이 고정 수수료 외에 항해 성공 시 수익의 5분의 1을 더 받던 관행을 참고했다.[28](2와 20 구조는 헤지펀드업계의 표준 수수료 체계로 2는 운용 자산의 2%에 해당하는 관리 수수료, 20은 사전에 정한 수익을 넘었을 때 그 금액의 20%에 해당하는 성과 수수료를 의미한다-옮긴이) 과거와 연관이 다소 빈약하더라도 오랜 전통의 일부로 제시되면 외과용 메스든 바가지 수수료든 고객이 꺼릴 가능성이 덜할 것이다.

기업 역시, 특히 제품의 합리성이 다소 약할 경우, 고대인들의 선례를 내세워 홍보한다. 20세기 초 전례 없는 다이아몬드 광맥 발견으로 공급 과잉이 발생하자 드비어스De Beers는 수요를 급격히 늘려야 했다. 그전에는 약혼반지에 보석을 쓰지 않거나 사파이어를 사용했으며 다이아몬드 반지는 왕족이나 벼락부자의 손에서만 볼 수 있었다. 드비어스는 다이아몬드를 둘러싼 이 문화 전통을 변화시키려는 전면적 선전 캠페인에 돌입했다. 인쇄물과 라디오 광고, 학교와 박람회 강연, 잡지와 신문 기사를 전부 이용했다. 업계의 "다이아몬드 정보국"은 고대 힌두교도, 그리스인, 로마인이 다이아몬드를 착용했고, 헌신적인 황제로 유명한 신성로마제국의 카를 5세 같은 중세의 강력한 지배자들에게 다이아몬드 반지가 결혼 헌신의 상징이었다고 (다소 과장되게) 기록한 역사 연구들을 발표했다. "두 개의 의지, 두 개의 마음, 두 개의 열정이 / 다이아몬드 반지에 의해 결혼으로 맺어진다"라는 당시의 시도 소개했다. 다이아몬드 반지의 선례 신호에 관한 이런 일제 사격은 2차 세계대전 이후의 미국인들에게 깊은 인상을 남겼다.[29] 반지를 고르는 것이 예비 신랑의 의식이 되었고, 대부분의 신부가 결혼식장에서 반지를 끼기 시작했다. 한 세대가 지나자 사람들은 결혼식이 늘 그런 식으로 진행되어왔다고 생각하게 되었다. "다이아몬드는 영원하다"라는 캠페인은 오늘날에도 계속 이어지고 있다.

제품 홍보를 위해 역사를 왜곡하는 일은 최근 더 노골적으로 이루어지고 있다. 기네스 펠트로Gwyneth Paltrow의 건강 브랜드인 구프Goop는 자사의 달걀형 옥돌Jade Egg을 두고 중국 후궁들이 호르몬을 자극하고 근육을 단련하는 데 사용했던 "고대 중국 왕조가 엄격히 보호했던 비밀"이라고 선전했다.30 구프는 역사적·의학적 주장이 모두 거짓으로 밝혀져 벌금을 물었다.31 하지만 흥미롭게도 달걀형 옥돌 구매자는 계속 늘고 있다.

디트로이트의 산업 랜드마크에 본사를 둔 시놀라Shinola는 미국 장인 정신에 대한 향수를 내세우는 시계 회사다. 브랜드의 진정성을 인정받아 상도 여러 차례 받았다. 하지만 시놀라는 시계를 실제로 미국에서 만들지 않는다. 2차 세계대전 때 "똥인지 시놀라인지도 모른다You don't know shit from Shinola"(두운이 같은 'sh'인 두 단어를 이용한 표현. 기본 분별력도 없다는 뜻-옮긴이)라는 말이 쓰일 만큼 명성을 얻었다가 오래전 사라진 구두약 브랜드와도 아무 관계가 없다.32(1903년 설립된 구두약 회사 시놀라의 브랜드명만 2011년에 사들여 시계 회사를 설립했다-옮긴이) 허구의 캐릭터가 롤 모델이 될 수 있는 것처럼, 가상 역사도 강력한 전통이 될 수 있다. 폴 버니언Paul Bunyan(미국과 캐나다의 민간 전승에 등장하는 거인 나무꾼-옮긴이) "민담folklore"이 목재 회사 카피라이터가 쓴 "가짜 민담fakelore"이라는 사실이 밝혀지면서 오래전 민속학계가 파문에 휩싸인 적이 있다. 하지만 학자들은 많은 민담이 단체, 정부, 명문집 편집자anthologist(예를 들어 그림 형제)에 의해 만들어졌다는 사실을 인식하게 되었고, 이후에는 민속과 가짜 민속 사이에 뚜렷한 선을 긋지 않는다.

제품, 직업, 계획의 유래가 우리가 그것을 선택할 때 그다지 중요한 이유가 아닌 경우도 있다. 하지만 칠면조와 크랜베리, 조지아 와인, 아니면 달걀형 옥돌을 즐길 때는 역사적 배경이 매력의 큰 부분을 차지한다. 우리의 뇌는 조상 본능을 갖고 있으므로 오래된 과거와 연결되어 있다는 점이 특정 활동에 의미와 정당성을 부여한다. 과거와의 연결을 항상 의식적으로 생각하지는 않지만 전통적 활동은 매혹적이고 변혁적이며 깊은 위안을 주는 것으로 다가온다. 오랜 옛날과의 연계는, 비록 연계가 미약하더라도, 그 활동에 대한 우리의 흥미를 높이고 관련된 조직과 리더에 대한 신뢰를 두텁게 한다. 정치인, 전문가, 기업인이 자신의 새로운 의제를 오래된 과거의 외피로 포장하는 이유가 이것이다.

선례 신호 서사의 특징 둘: 일관성, 집단 정체성을 만들어내는 강력한 구속력

강력한 선례의 한 가지 특징은 오래되었다는 점이고, 다른 하나는 일관된다는 점이다. 오래된 선례는 매력적이지만 현재의 결정과는 느슨하게만 연결되는 경우가 자주 있다. 반면 고도로 일관된 선례는 현 상황과 몹시 유사하기에 더 정확한 구속력을 갖는다. 또 일관된 선례를 따르는 것은 (과거에서 받는 느슨한 영감과 달리) 집단 정체성을 선명하게 만든다. 정체성은 오랜 시간 지속된 것을 바탕으로 만들어지기 때문이다. 리더가 일관성을 강조하는 2가지 방식은 면밀히 살펴볼 가치가 있다. "선택적 회상selective recall"과 "공명 프레이밍resonant framing"이 그것이다.

현대 이스라엘은 탄생 때부터 전쟁 준비 상태였다. 1948년 유엔 지원으로 건국한 이스라엘은 곧바로 인구가 더 많은 인근 5개국의 침략을 받았다. 이스라엘에는 부족의 역사가 모자라지 않았지만 국가 방위라는 시급한 문제를 해결하는 데는 도움이 되지 않았다. 건국 세대는 저명한 랍비, 학자, 상인 등 디아스포라diaspora 직업군의 후손이었다. 전사 정신warrior ethos을 구축하기 위해 선택적 회상이 필요했던 그들은 과거에서 선례로 삼을 적당한 요소를 찾다가 이야기 하나에 달려들었다.

서기 72년 고대 유대 지역을 로마가 점령했던 당시에 이스라엘 반란군 한 무리가 마사다Masada 언덕 위 요새에 숨어 대규모 침략군에 저항하다가 포로가 되는 대신 자살을 택했다는 내용이었다.[33] 《구약성경》 기준으로는 그리 오래된 사건이 아니었고 제대로 기록되어 있지도 않았다. 하지만 이 사건은 이스라엘의 현재 필요와 놀라울 만큼 일치했다. 고고학자이자 장군인 이가엘 야딘

6장 조상 본능, 현재와 미래를 위해 과거를 활용하다

Yigael Yadin이 발굴을 진행했지만 발견된 증거는 기껏해야 엇갈리는 내용이었다. 그래도 그는 공개 기자회견을 열어 마사다 저항의 증거를 발표했다. 이후 이스라엘 사람들은 교과서, TV 프로그램, 정치 연설 등을 통해 이 이야기에 빠져들었고, 이 전통을 따르면서 세계에서 가장 엄격한 병역 의무를 이행했다. 언덕 꼭대기 유적지를 이야기에 맞추어 재구성하고, 수십 년 동안 그곳 사막의 별빛 아래서 "마사다는 다시는 함락되지 않는다"라는 구호와 함께 횃불을 밝히는 의식을 치르며 군사 훈련을 진행했다.[34] 군 복무는 이스라엘 사회를 통합하는 제도가 되었고, 이스라엘에서 태어난 세대들에게는 디아스포라 정체성을 대체하는 사브라Sabra(이스라엘 토박이-옮긴이) 정체성의 기둥을 이루었다. 이후 현대 이스라엘군 자체의 영웅적 자기 방어 기록이 충분한 선례로 쌓이자 군은 더 이상 마사다 이야기를 필요로 하지 않게 되었다.

과거는 여러 목소리로 이야기한다. 우리가 말하는 역사는 매우 선별적으로 초점을 맞춘 것이고, 그러므로 절대 확정적이지 않다. 공식 역사는 무엇을 포함하고 배제할지에 따라 달라지는 전략적인 것이다. 과거의 각기 다른 부분이 한 집단의 현재 행동 방침에 대해 각기 다른 의미를 갖는다. 리더는 자신이 선호하는 계획과 유사한 과거의 특정 부분을 강조함으로써 이를 구속력 있는 선례에 따른 의무, 곧 집단 정체성에 긴요한 것으로 합리화한다. 집단 정체성은 개인의 정체성과 많은 부분 같은 방식으로 발전한다. 기억된 과거와 현재의 행동, 의도, 근거 사이의 일관성 있는 서사를 통해 발전한다. 기억을 잃은 뇌 손상 환자는 정체감을 상실하기 시작한다.[35] 마찬가지로 집단도 역사에 대한 기억과 기록을 집단의 전통과 정체성 개념을 촉진하는 데 사용하며, 이는 미래 전략에도 영향을 미친다. 이런 의미에서 정체성은 단지 현재에 관한 것만이 아니고, 전략은 단지 미래에 관한 것만이 아니다. 2가지 모두 과거에 대한 선별적 회상으로 뒷받침되어야 한다.

역사에 관한 이런 조작은 국가 정치에 한정되지 않는다. 마케터들은 기업의 과거를 선택적으로 상기시켜 현재의 구매를 유도한다. 리바이스는 골드러시 시절의 광부들을 위해 디자인했던 그대로인, 세월이 흘러도 변함없는 501 청바지를 기반으로 제품 라인을 구축하고 있다. 이 회사의 향수를 불러일으키는 광고에는 가죽 재킷을 입은 1950년대의 저항자, 긴 머리의 1960년대 히피, 1970년대 게이 프라이드Gay Pride 행진 참가자가 등장해 개척자들이 오래전부터 이 청바지를 입어왔다는 것을 보여준다. 사람들은 이 내구성 좋은 바지를 오랫동안 물려 입고, 취향대로 꾸미고, 재활용해왔다. 요즘 나온 광고들은 그런 역사가 Z세대의 지속 가능성에 대한 관심과 일치한다는 점을 강조한다. 더 많은 것들이 변할수록 리바이스는 더 변하지 않는다.

부족의 과거를 선택적으로 회상해 구속력 있는 전통을 만드는 것은 2019년 〈스타워즈〉의 스핀오프 시리즈 TV 드라마인 〈만달로리안The Mandalorian〉에서도 반복된 주제다. 이 제목은 종족이 아니라 신조를 바탕으로 강한 전통에 묶여 있는 성간 부족을 가리킨다. 한 에피소드에서 현상금 사냥꾼인 주인공은 험준한 사막 지형의 외딴 행성으로 갔다가 말만 한 커다란 도마뱀인 블러그blurrg들에게 공격당한다. 그는 동정심 많은 현지인 쿠일Kuiil(닉 놀티Nick Nolte가 목소리 연기를 했다)의 간호를 받고 건강을 되찾는다. 쿠일은 사막을 가로질러 주인공의 목표 지점으로 가는 유일한 방법은 블러그를 타는 것이라고 알려준다. 현상금 사냥꾼은 투덜대며 그 교활한 말을 다루려고 애쓰지만 계속 내동댕이쳐지며 좌절한다. 그의 힘을 북돋우기 위해 쿠일은 블러그보다 몸집이 큰 사촌 종인 미소사우르mythosaur에 관한 역사 지식을 끌어온다. "당신은 만달로리안이야! 당신 조상들은 저 거대한 미소사우르를 탔어. 당연히 당신도 이 어린 망아지쯤은 탈 수 있지." 전통에 대한 감각으로 마음을 다진 주인공은 자신감을 얻어 블러그를 길들인다.[36] 성공하는 것이 그의 정체성이고, 나아가 그의 운명이었다.

선택적 회상이 일관성 전략 중 과거에 초점을 맞춘 것이라면, 공명 프레이밍은 현재 활동에 초점을 맞춘다. 리더는 집단의 과거에서 익숙한 부분들과의 일관성을 극대화하는 방향으로 프레임을 구성한다. 링컨은 워싱턴의 용어와 타이밍을 적절히 차용해 자신이 새로 정한 휴일이 90년 전 워싱턴이 보증한 것처럼 만들었다. 새로운 휴일이 과거에 편승해 매력을 얻은 사례는 이것이 처음은 아니었다. 기독교는 이전의 이교도 의례들과 비슷한 시기에 맞추어 성일을 정한 덕분에 유럽 전역으로 퍼졌다(예를 들어 크리스마스는 게르만족의 종교 축제인 율Yule에 맞추었고, 부활절은 봄의 다산 의례에 쓰던 달걀을 차용했다). 유럽에 새로 등장한 민족국가들은 오래된 민속 축제를 기반으로 시민 공휴일을 정했다(예를 들어 노동절인 5월 1일은 앞선 수많은 세대가 5월제 기념 기둥인 메이폴May-pole을 돌며 춤을 추었던 날짜다). 이와 유사하게 신생국은 국기와 국가를 사람들의 기억과 공명할 수 있는 것으로 선택하는 경향이 있다. 미국 국기는 영국 국기의 빨강, 하양, 파랑을 그대로 채택했다. 미국의 비공식 예전 국가인 〈마이 컨트리, 티스 오브 디My Country, 'Tis of Thee(나의 조국, 그분의 땅)〉는 영국 국가 〈갓 세이브 더 퀸God Save the Queen(신이여, 여왕 폐하를 지켜주소서)〉의 선율을 따랐다(이후 나온 국가 〈스타-스팽글드 배너Star-Spangled Banner[성조기]〉는 익숙한 술자리 노래 선율을 따랐다).[37] 새로운 의식은 사람들을 끌어들이기 위해 친숙한 소재로 만들어진다.

새로운 정책은 한 집단의 과거에 확립된 개념들을 중심으로 프레이밍될 수 있다. 1994년 남아프리카공화국 대통령이 된 넬슨 만델라Nelson Mandela는 어려운 딜레마에 직면했다. 오랜 인종차별 정책은 끝났지만 국민은 수십 년에 걸친 잔혹 행위의 악몽에서 벗어나지 못한 상태였다. 만델라는 과거에 대한 심판이 필요하다는 것을 깨달았다. 가장 고통받았으며 여전히 행방불명된 사람들을 찾고 있는 아프리카계, 죄책감과 보복의 공포 속에서 살고 있는 유럽계 후손들 양쪽 모두에게 필요했다. 뉘른베르크(나치 전범 재판이 진행된 독일 도시-옮긴이) 방식 기소는 남아공이 앞으로 나아가기 위해 필요한 이 집단들 간의 공개 협력을 촉진할 수 없었고, 애퍼매톡스(남부군의 항복으로 미국 남북전쟁이 종결된 장소-옮긴이) 식의 사면은 너무 많은 과거를 덮을 우려가 있었다. 만델라는 볼리비아와 아르헨티나의 독재 정권 이후 열린 진실위원회 청문회에 대해서도 알고 있었지만, 남아공에서는 사법부가 한 번도 독립적 중재자 역할을 한 적이 없어 국민이 사법부를 신뢰하지 않았다.

만델라는 아프리카계와 유럽계 공동체를 중재했던 몇 안 되는 권위 있는 인물 중 한 명인 데즈먼드 투투Desmond Tutu 성공회 대주교가 이끄는 '진실화해위원회Truth and Reconciliation Commission'를 구성했다.[38] 만델라는 증언을 대가로 한 면책을 지지하도록 아프리카 공동체를 설득하기 위해 그들의 부족 전통에서 유래한 "우분투ubuntu" 정신이라는 말을 사용해 계획을 제안했다. 줄루족 말인 우분투는 인간의 상호연결성을 의미하는 것으로, 갈등 후 관계를 회복할 때 코사Xhosa족이 진행하는 진실 말하기 의식과 유사하게 작동했다. 만델라의 계획을 거부하는 것은 조상인 코사족에 대한 모독이자 우분투에 대한 믿음이 부족하다는 뜻이 되는 셈이었기에 아프리카 공동체들은 청문회를 강력하게 지지했다. 우분투는 인종차별 반대 운동에서 백인들도 사용한 용어여서 유럽계 정치 운동의 베테랑들 역시 우분투를 다시 지지해야 한다는 정체성 의무를 느꼈다.[39] 이후 전국 곳곳에서 몇 년간 열린 청문회에서 수만 명의 시민이 증언했고, 남아공 공동체들은 과거의 원한을 뛰어넘을 수 있었다.

아프리카너Afrikaner(아프리칸스어 사용자로 대개 남아공의 네덜란드계 사람들-옮긴이) 공동체가 이 민주적 전환에 저항했던 시기, 그들에게 한 가지 위안이 있었다면 아프리카너 럭비팀 스프링복스Springboks의 1995년 럭비 월드컵 출전일 것이다. 이 팀의 녹색-금색 유니폼은 수십 년 동안 인종차별의 상징이었다. 그랬던 팀이 최초로 흑인 선수들을 영입해 월드컵에 나섰고, 만델라는 전 국민에게 응원을 요청했다. 압도적 우승 후보인 뉴질랜드와 맞선 결승전이 열린 날 경기 시작 전에 남아공의 새 국가가 연주되었다. 아프리카너 모티브에 범아프리카 찬송가를 결합한 국가였다. 연주가 끝나자 놀랍게도 스프링복스의 유니폼과 모자를 착용한 만델라가 경기장에 등장해 모든 선수와 인사를 나누었다.[40] 결승전을 보러 온 6만 3000명의 팬들은 99%가 그의 당선에 극렬하게 반대했던 아프리카너들이었다. 그들은 어떤 반응을 보였을까? 경기장의 팬들은 하나가 되어 자리에서 일어나 만델라의 이름을 계속 외쳤다. 이 장면은 전국의 관전 행사들에서도 재현되었고, 팀은 자신들이 전 국민의 지지를 받고 있음을 깨달았다. 스프링복스가 이길 것이라고 진지하게 예상한 해설자는 아무도 없었지만, 그들은 끈질긴 수비 끝에 뉴질랜드 국가대표팀 올 블랙스에 근소한 승리를 거두었다. 만델라가 무지개 나라rainbow nation(데즈먼드 투투 대주교가 아파르트헤이트 이후의 남아공을 설명하기 위해 만든 용어-옮긴이)의 공동 정체성을 구축한 것은 바로 이런 식의 절묘한 전통 구축 역량 덕분이었다.

기업에는 공명 프레이밍이 브랜드 정체성을 구축하는 데 몹시 중요하다. 핵심은 과거의 고전들과 공명하는 새로운 디자인 개발인데, 도로 위에서 이런 환생을 볼 수 있다.[41] 폴크스바겐의 뉴비틀, BMW의 미니쿠퍼, 피아트의 500 등이 그렇다. 패션이나 영화 업계에서는 한 세대가 지나면 옛날 스타일이 단순히 "구식dated"이 아니라 "복고retro"가 된다.[42] 아디다스, 푸마 같은 스포츠 브랜드에는 수십 년 전의 디자인을 재현한 스페셜 에디션 제품을 출시하는 "복고" 부서가 따로 있다. 비슷한 맥락에서 스포츠 팀들은 특별한 경기가 있을 때 과거 유니폼을 입는다. 예를 들어 미국 프로야구 보스턴 레드삭스는 1908년 유니폼을 입고 경기를 뛴 적이 있다. NBA(미국 프로농구)에서 복고 유니폼이 얼마나 인기를 끌었던지 늦게 창단한 팀들(예를 들어 댈러스 매버릭스)은 "가짜 복고faux-back" 유니폼을 만들어야 했을 정도다. 과거 그 시점에 팀이 있었다면 어떤 유니폼이었을지 디자이너들이 상상해서 만들었다!

고전과 공명하도록 최신 제품을 프레이밍하는 것은 방향을 잃은 브랜드를 회복하는 방법이기도 하다. 할리데이비슨Harley-Davidson은 특유의 헤비급 바이크로 거의 20세기 내내 모터사이클 시장을 지배했다. 하지만 날렵한 일본 수입품이 인기를 끌자 할리도 트렌드를 따라가려 했다가 그 때문에 오히려 직원과 고객에게 외면 당했다. 외형과 소리가 혼다와 비슷한 할리는 누구도 원하지 않았다. 그들은 "퍼테이토potato-퍼테이토-퍼테이토"라는 굵은 굉음을 내는 덩치 큰 "돼지"를 그리워했다. 그때 라이더이자 빈티지 바이크 수집가인 윌리 데이비슨Willie Davidson(창업자의 손자이기도 하다)이 구원자로 등장했다. 윌리는 20세기 중반의 주축 모델들을 연상시키는, 눈에 띄게 크고 소리가 시끄러운 슈퍼글라이더Super Glide를 내놓았다. 이런 전환과 함께 회사는 일반적인 광고를 중단하고 할리 팬을 위한 뉴스레터와 모임을 후원했다. 클래식과 새 모델을 나란히 배치해 전통을 판매하는 데 집중했다. 시장 점유율이 개선되었고, 재킷에 할리 패치를 붙이거나 팔에 할리 문신을 하고 대리점을 방문하는 고객이 점점 많아졌다. 할리 문신을 자랑하는 라이더가 혼다로 갈아탈 가능성은 거의 없었다. 이후 할리 브랜드는 일종의 부족 정체성이 되었다.[43]

　NFL은 어렵사리 얻은, 훌륭하고 깨끗한 재미라는 이미지를 거의 잃을 뻔한 일을 겪은 뒤 최근에 회복했다. 2016년부터 시작해 NFL은 가정 폭력, 뇌 부상, 국가 연주 시 아프리카계 미국인 선수들의 무릎 꿇기 시위 등 계속된 악재에 시달렸다. 미국을 대표하는 스포츠인 미식축구가 비애국적이고 위험한 폭력배들의 경기처럼 비쳤고, 평균 시청률이 16% 떨어졌다. NFL은 조직의 유산을 발굴해 현재 전략을 지원하는 컨설팅 회사인 히스토리 팩토리History Factory에 도움을 요청했다. 이들은 리그 창립 100주년인 2019년을 기회로 삼아 과거를 상기시키고 현재를 재규정하기로 했다. 그렇게 해서 일관된 전통과 바람직한 정체성을 회복시킨다는 계획이었다. 캠페인의 시작은 슈퍼볼 광고였다. 광고 도입부는 100주년 기념 블랙타이 리셉션에서 NFL 현역 스타 선수들이 과거의 존경받는 선수들(예를 들어 짐 브라운Jim Brown, 프랭코 해리스Franco Harris, 조 몬태나Joe Montana 등)과 어울리는 모습을 보여주었다.⁴⁴ 그러다 답답한 연설 도중에 미식축구공이 화려하게 장식된 케이크 꼭대기에서 미끄러져 특유의 예측할 수 없는 방식으로 바닥에서 튀어 올랐다. "펌블!"(미식축구에서 공을 가진 선수가 실수나 상대 태클로 공을 땅에 떨어뜨리는 상황-옮긴이)이라는 반사적인 외침이 들렸고, 모두 활짝 웃으며 공을 향해 달려들어 뛰어난 운동 신경을 발휘해 패스, 돌진, 태클을 했다. 정중한 웨이터들이 납작 엎드렸고, 연회 테이블과 샴페인 피라미드가 무너져내렸다. 슬랩스틱 코미디 같은 장면이었다. 이 자연스러운 패싸움은 (화려한 옷차림과 헤어스타일에도 불구하고) 현역 스타들이 과거 세대 영웅들과 똑같다는 것을 전달했다(사실 미국 전역의 놀이터에서 거칠게 뛰노는 아이들과 똑같았다. 훨씬 크고 강할 뿐). 그해에 NFL 광고는 슈퍼볼 광고 순위에서 사상 처음으로 1위를 차지했다. 이듬해 시즌에는 버펄로 빌스가 하프타임 때 50야드 지점에서 결혼식을 진행하는 등 각 팀이 지역 전통을 기념하는 팬테니얼Fantennial 주말 행사를 개최했다. 또 '허들 포 100Huddle for 100'(시간 1억 분 기부를 목표로 100만 명이 자기 시간 100분을 기부하자는 제안-옮긴이)을 통해 팬과 선수가 리그의 연례 자선 행사에서 자원봉사를 하도록 독려했다.[45] 이 모든 것은 미식축구 팬들에게 NFL이 자신의 정체성을 잃지 않았음을 보여주었다. 리그가 100주년 기념 해를 마무리할 무렵에는 시청률이 12% 반등해 인기를 대부분 되찾았다. NFL은 놀라운 회복 이후 시즌마다 역대 최고 시청률 기록을 세우고 있다.[46]

스타벅스가 자금성에서 쫓겨난 까닭은?

2000년 스타벅스는 자금성에 매장을 열었다. 성벽으로 둘러싸인 베이징 중심부의 이 황제 거주지는 한때 평민은 출입이 "금지"된 곳(자금성의 영문명이 "Forbidden City"다-옮긴이)이었고, 외국인은 말할 것도 없었다. 하지만 수십 년 전부터는 궁전, 광장, 박물관을 둘러보고 고풍스러운 찻집과 식당을 즐기려는 국내외 관광객들이 밀려들고 있다. 스타벅스는 보화전保和殿 바로 옆에 매장을 열면서 중국의 옛 찻집처럼 꾸몄으며 기업 로고는 거의 보이지 않도록 했다. 카페인 음료를 제공하는 중국의 오랜 전통의 일부로 자신을 표현한 셈이었다.

중국 특색을 가미한 이 서양식 카페는 별다른 논란 없이 운영되었다. 그러다 2007년에 한 유명 TV 기자가 이를 두고 중국 전통을 "짓밟는다"라고 온라인에서 목소리를 높이는 일이 벌어졌다. 이 격한 표현이 셀 수 없이 많은 블로그와 웹사이트에 게시되었고, 며칠 만에 50만 명의 네티즌이 스타벅스의 공세에 반대하는 청원에 서명했다. 논란은 TV와 신문으로 번졌고, 많은 사람이 스타벅스 건물 앞에서 피켓 시위를 벌였다. 얼마 지나지 않아 당국은 스타벅스의 허가를 취소했고 자금성에서 프라푸치노는 자취를 감추었다.

문제는 커피가 아니었다. 얼마 지나지 않아 그 자리에 자국 브랜드의 커피 바가 문을 열었다. 유적지에 외국 브랜드가 들어온 것이 혐오감을 일으킨 것도 아니었다(KFC는 인접한 겨울궁전을 비롯한 전통 유적지에서 영업을 해왔다). 베이징의 온라인 행동주의자들을 짜증 나게 만든 것은 아마 외양을 찻집처럼 꾸민 스타벅스의 꼼수였을 것이다.[47] 누가 그 미국 기업에 중국 향취를 도용할 권리를 주었단 말인가?

해외 마케팅을 할 때 현지 전통을 도입하는 것은 좋은 의도인 경우가 많지만 자칫하면 심한 불쾌감을 줄 수도 있다. "문화 도용"에 대한 불만을 과민 반응으로 치부하면 안 된다.[48] 앞서 살펴본 것처럼 전통은 매우 가변적이고 따라서 취약하기 때문에 사람들은 전통 보호에 예민하다. 프랑스 정부는 "샴페인"을 "원산지 명칭" 지정으로 보호하고 있는데, 다른 지역의 와인 생산자들이 이 용어를 유용해 샴페인의 의미가 바뀌고 가치가 떨어지는 것을 막기 위해서다. 최근 들어 활동가들은 많은 문화 차용 행위를 절도와 유사한 "문화 도용"으로 규정하고 있다. 이런 비난은 일관된 논리를 따르는데, 사실 와전訛傳 정도, 현지 기업가들의 밀려남, 두 집단의 상대적 힘 같은 관련 요인이 작용한다. 글로벌 미디어와 담론에 대한 영향력이 약한 문화 집단은 외부인에 의한 전통 왜곡에 특히 취약하다. 안토니오 그람시Antonio Gramsci는 힘이 강한 사회가 다른 집단에 자기 프레임워크를 강요하는 방식을 "문화 헤게모니cultural hegemony"라는 용어로 설명했다.[49] 헤게모니를 가진 집단이 자신의 전통을 널리 판매되는 제품에 통합하면 힘이 약한 집단의 자아 개념과 자기 전통에 대한 이해마저 타락시킬 수 있다. 따라서 어떤 문화 차용 행위는 비판을 받고 어떤 행위는 그렇지 않은 것은 이중 잣대가 아니다. 일부 집단의 전통이 더 취약한 것이다.

이를 이해하면 많은 수고를 줄일 수 있다. 요플레는 파예와 초바니의 공세로 시장 점유율을 잃기 시작하자 자체 개발한 뻑뻑한 요구르트인 요플레그릭을 출시했다. 소비자의 평은 좋았으나 활동가들은 요플레를 맹렬하게 공격했다. 어떻게 프랑스 기업(미국 기업과 공동 생산하긴 해도)이 자사 제품에 그리스라는 이름을 붙일 수 있단 말인가? 푸드 블로거와 비평가들은 요플레의 성분을 트집 잡으며 진짜가 아니라고 주장했다. 요플레의 제품 전문가들은 처음부터 다시 시작했다. 프랑스 농부들이 오랫동안 작은 유리병에 우유를 따로 담아 옛날 방식의 요플레를 만들어온 것에 착안해 "프랑스식" 요구르트인 위Oui를 개발했다.[50] 그릭 요거트Greek yogurt(그리스식 요구르트)처럼 걸쭉하고 시큼했지만 비평가들은 진짜라는 사실을 극찬했고, 연 매출이 1억 달러를 돌파했다. 요플레가 채굴할 권리가 있는 전통은 바로 이것이었다. 요구르트라는 것은 어쨌든 발효유cultured milk 제품이니까!

선례 신호가 실패하는 이유가 저항만은 아니다. 때로는 전통에 대한 인식을 너무 강하게 집어넣어 의도하지 않은 결과를 초래하기도 한다.[51] 일본을 근대화시켜 자기 방어가 가능하도록 만들기 위해 천황 숭배를 이용했던 기겐세쓰가 그런 사례다. 산업화가 군사화로 바뀌고 이어 제국주의가 전면화하면서 기겐세쓰는 지나치다 싶을 만큼 잘 작동했다. 20세기 초 공격에 나선 일본은 이길 수 있는 전투보다 더 많은 전투를 감행했다. 결국 2차 세계대전 때 일본이 항복한 이후 기겐세쓰는 위험한 전통으로 간주되어 폐지되었다.

또 다른 예로는 유네스코 인증이 있다.[52] 유네스코는 전 세계 문화유산을 인정하고 보존하며 사람들을 하나로 모으기 위해 설립되었지만 일이 항상 그런 식으로 돌아가는 것은 아니다. 첫 번째 문제는 유네스코의 스탬프가 해당 유적지를 모든 관광객의 "버킷 리스트"에 올려놓는다는 것이다. 페루의 잉카 유적 마추픽추는 몰려든 관광객들로 훼손되고 있으며, 이로 인해 여행사들은 보호운동가들과 갈등을 빚는다. 말레이시아의 조지타운 부두는 유네스코 지정으로 무너져가던 건물들이 보존되었지만 거기 살던 주민들은 내쫓겼다. 그들이 수백 년간 대대로 살아온 집이 엽서 가게로 변하고 있다. 라오스의 옛 수도 루앙프라방에서는 역사적인(그러나 특징 없는) 건물들이 관광객을 끌어들이는 "초전통주의" 건물로 대체되고 있다(테마파크에서 살고 싶지 않은 주민들에게는 안타까운 일이다).

더 심각한 문제는 지정 과정의 정치성에서 비롯된다. 부유한 체제가 로비에 성공해 빈국보다 더 자주 지정받으면서 세계문화유산이 지극히 유럽 중심적으로 편성되는 결과를 초래한다. 정권이 유엔 정치에 얼마나 적합한가도 중요하다. 캐나다는 여러 세계 종교의 요람인 이스라엘보다 더 많은 세계문화유산을 보유하고 있다! 고대 유산의 중요성을 중재하는 것은 위험한 게임이다. 어느 지역에서 어떤 전통이 더 중요한지, 따라서 어떤 거주자들이 더 정당한지에 대한 신호를 보내기 때문이다. 문화유산 지정은 부지불식간에 소수 집단에 대한 억압을 뒷받침할 수 있고, 인정받은 집단이나 위협받은 집단의 공격적인 움직임을 자극할 수도 있다. 세르비아의 코소보에 있는 중세 정교회 수도원들이 문화유산으로 지정되자 무슬림이 다수인 코소보가 분리 독립을 선언했던 것이 그런 사례다. 다행히 유네스코는 이런 문제들을 예방하기 위해 적극적으로 연구해왔으며, 유적지 지정에서 벗어나 영토에 덜 귀속되는 방식으로 공헌을 인정하는 방향으로 전환했다.[53]

역사는 운명이 아니다

직관에 반하지만, 변화 추구가 온전히 미래에 국한된 것이 아니라 인식된 과거와의 관계도 필요하다는 것이 이번 장의 교훈이다. 리더십 또한 합리성뿐 아니라 신화 만들기, 의식, 향수와 관련이 있다. 에이브러햄 링컨처럼 변화를 만들거나 피하려는 리더는 과거와 현재 사이의 연속성에 관한 서사를 교묘하게 만들어내야 한다.

인식된 역사의 가변성이 보여주듯 역사는 운명이 아니다. 한 집단의 과거에 대한 감각은 끊임없이 재구성되고 변경된다. 영웅에 대한 순응과 마찬가지로 전통주의도 변화를 가로막을 수 있지만, 동시에 체인지 메이커의 비밀 무기가 될 수도 있다.

넬슨 만델라처럼 분열된 국가를 통합하는 전통과 제도를 세우는 소명을 받은 사람은 극소수다. 하지만 우리 대부분은 공동체에서 생활하고, 교회에 모여 기도하고, 어느 때보다 다양한 데다 갈등이 발생하기 쉬운 조직에서 일할 것이다. 따라서 우리도 포용성 확대를 위해 전통을 재건하는 지속적인 과정에 참여할 수 있다. 요즘에는 히딩크 감독이 이끌었던 것 같은 스포츠 국가대표팀들도 자국의 글로벌 디아스포라를 활용하면서 다양성을 더욱 넓히고 있다. 2018 남자 축구 월드컵에서 모로코 등 일부 팀 선수들의 4분의 3은 다른 곳에서 태어나고 자란 이들이었다.[54]

2018 동계 올림픽에서 여자 아이스하키의 저변이 취약한 개최국 한국은 한국계 미국인을 포함시키고 북한 선수 12명을 영입해 대표팀을 구성했다.[55] 이 "코리아" 팀은 언어, 문화, 정치 이념, 아이스하키 전술의 차이로 어려움을 겪었다. 하지만 함께 훈련하는 동안 그들은 하나의 융합된 전통을 만들어냈다. 경기가 시작되면 골대를 중심으로 원을 그리며 스케이트를 타고(북한에서도 어색하지 않을 안무다), 흩어지기 전 골키퍼와 하이파이브를 하며 "펼치기"를 하면서(문화 전환) 각자의 위치로 이동했다. 경기가 끝나면

한 줄로 서서 상대 선수들을 향해 스틱을 두드리고(서양 선수들이 존경의 표시로 하는 동작), 상대 감독에게 고개를 숙여 인사했다(한국식 경의 표현). 이 선수들은 차츰 손발이 맞아가면서 서로의 차이점보다는 모두 한국인이고 아이스하키 선수라는 공통점이, 그리고 자신들이 합류한 이 하이브리드 팀에서 예상을 뒤엎겠다는 의지가 더 중요하다는 것을 알게 되었다. 선수들은 대회가 끝날 무렵에는 서로를 "자매" "가족"이라고 불렀다. 그들은 우승하지 못했다. 남북한 간 모든 차이가 해소된 것도 아니었다. 하지만 다원적 선례를 인정함으로써 포용과 통합의 전통을 만들어냈고, 부족의 경계선을 다시 그릴 수 있다는 것을 전 세계에 보여주었다.

3부

Tribal

우리를 지켜준 본능이 우리를 위협할 때

7장

·

왜 어떤 변화는 확산되고
어떤 변화는 소멸하는가

> 보수주의 진리의 핵심은 정치가 아니라 문화가 한 사회의
> 성공을 결정한다는 것이다. 진보주의 진리의 핵심은 정치가 문화를
> 변화시킬 수 있으며, 문화가 초래하는 문제들로부터
> 문화 자체를 구할 수 있다는 것이다.[1]
> 대니얼 패트릭 모이니핸 Daniel Patrick Moynihan, 전 미국 민주당 상원의원

무엇이 에콰도르의
시간 지키기 캠페인의 성패를 갈랐을까

햇빛이 어른거리는 에콰도르 거리에서는 삶이 질주가 아니라 한가로운 산책처럼 느껴진다. 방문객들은 여유롭게 늘어지는 점심시간, 시계에 얽매이지 않고 시작하는 회의를 보며 느긋한 삶의 속도에 감탄한다. 현지인들은 오라 그링가 hora gringa(외국인이 도착하는 시간)와 오라 로칼 hora local(30분 뒤 현지인이 태연하게 들어오는 시간)의 차이를 두고 애정 어린 농담을 한다. 이런 문화 차이는 일반적인 표현에서도 드러난다. 영어에서는 시계가 "달린다 runs"

집단 본능

라고 표현하지만 스페인어에서는 시계가 "걷는다walks"("El reloj camina")라고 쓴다. 이를 강조하기라도 하듯 에콰도르에 오랜만에 유일한 올림픽 메달을 안긴 제퍼슨 페레스Jefferson Pérez의 출전 종목은 경보racewalking였다.² 정부 내에서도 지각은 불문율이다. 정부 관료들은 단호하게 지각을 하며 지위가 높을수록 더 늦는다. 2000년대 초반에는 대략 회의 세 건 중 두 건이 늦게 시작되었다. 외국인 투자자들에게 이는 흔히 문화적 장애물로 작용해 이로 인한 사업 손실액이 GDP의 약 10%에 달하는 것으로 추정되었다.³

 2003년에 루시오 구티에레스Lucio Gutiérrez 대통령(본인도 지각으로 악명 높았다)은 시간 엄수를 장려하기 위한 캠페인을 발표했다. 국제 기업과 NGO들의 지원을 받은 캠페인은 수도 키토Quito의 그림 같은 역사 중심지에서 환호 속에서 시작되었다. 캠페인의 얼굴인 페레스의 사진에 "1초가 차이를 만든다"라는 기억하기 쉬운 슬로건을 적은 포스터가 곳곳에 붙었다. 몇몇 지역 유명 인사들이 연설할 예정이었고, 공무원들은 번지르르하게 제작된 기념품들을 나눠주었다. 시민들이 직장에서 사용하도록 만든 "들어오지 마시오! 회의는 정각에 시작되었습니다"라는 호텔 스타일의 엠보싱 문고리 표지판도 포함되어 있었다.⁴ 브라스 밴드와 풍선, 음료는 호기심에 찬 시민들을 불러모았다. 시민들은 열렬한 박수로 사회자를 맞이했다. 하지만 임무를 앞둔 군인들처럼 다 같이 시계를 맞추자는 말을 듣고는 당황했다.⁵ 구티에레스 본인은 한참 동안 모습을 보이지 않다가 마지막 순간에야 등장했다.[6] 군중이 점점 줄고 쓰레기통이 넘쳐나는 가운데, 대통령은 시민들에게 "신과 국가, 우리 국민과 양심을 위해 시간을 지켜야 합니다"라고 촉구하며 정부도 철저하게 그렇게 하겠다고 약속했다.[7] 그런 다음 페레스가 무대에 올라 정확히 정오에 맞추어 출발 신호 권총을 발사해 시간 엄수 시대의 시작을 알렸다.

캠페인은 정각에 시작되었지만 이후 일이 어떻게 흘러갔는지는 짐작할 수 있을 것이다. 많은 사람을 끌어모으며 시작되었으나 문화 변화는 일으키지 못했다. 키토의 《라오라 La Hora》 신문(하필 신문명도 "시간"이라는 뜻이다)은 공무원들이 공공 행사에 도착하는 시간을 공개해 그들이 계속 지각한다는 것을 폭로했다. 이 캠페인은 키토 사람들의 전반적인 속도를 높이지 못한 것은 물론 후원자들조차 변화시키지 못했다.[8]

한 사회와 시간의 관계는 깊숙이 자리 잡은 문화 패턴이다. 전 세계 공동체들의 삶의 속도를 연구한 심리학자 로버트 러빈Robert Levine은 다양한 문화 층위들에 그 속도가 내재되어 있음을 발견했다.[9] 빠르게 걷기 같은 공유된 습관, 행정 효율성 같은 집단적 이상, 공공 시계에 의존하기 같은 전통 등에서 그런 현상이 관찰되었다. 다시 말해 삶의 속도는 동료 코드, 영웅 코드, 조상 코드와 관련되어 있다. 사회의 속도를 바꾸려면 각기 다른 3가지 부족 코드에 대한 지렛대들이 필요하다는 뜻이다.

집단 본능

키토의 캠페인 주최자들은 이를 잘 알고 있었다. 군중을 끌어모으고(우세 신호), 유명 운동선수와 정치인을 참여시키고(명성 신호), 시간과 관련된 군사와 환대 전통을 상기시키는(선례 신호) 등 다양한 종류의 부족 신호를 계획했다. 하지만 그들은 강압적인 전술이 방어 심리를 높일 수 있다는 점을 고려하지 않았다.[10] 사람들은 호텔 객실, 군사 임무 같은 외부 영역에서 뽑아낸 선례에 분개한다. 자기 스스로 실천하지 않는 것을 설교하는 유명인을 미심쩍게 본다. 군중이 빠르게 줄고 기념품을 버리는 것을 목격하면 대의명분의 대중성을 의심한다. 이런 신호들이 한꺼번에 보내졌기 때문에 방어 심리를 불러일으키기 더 쉬웠다. 시간 엄수 캠페인이 실패한 것은 아이러니하게도 너무 급하게 진행된 탓이었다.

구티에레스 대통령은 에콰도르 내 다른 지역에서 교훈을 얻을 수도 있었다. 앞서 안데스산맥 골짜기의 작지만 근면한 도시 암바토Ambato에서도 같은 문제에 관심을 가진 시민들이 모였다. 학교와 공장에서 지각이 만연해 수업과 교대 근무 시작이 늦어질 정도가 되자 이들은 각자의 직장에서 시간 엄수를 실천하고 이웃들에게도 권유하기로 했다. 그 과정에서 대중교통 병목 현상과 같은 근본 원인에 대해 알게 되어 해결하기 위한 로비도 벌였다. 그러자 최악의 문제 중 일부가 눈에 보이는 방식으로 완화되었다. 주민들의 이웃에 대한 인식이 개선되었고, 이에 따라 시간을 지키려는 노력도 확산되었다.

시간을 지키는 쪽으로 서서히 태도가 변화하는 이 작은 승리 이후, 암바토의 캠페인은 시간 엄수에 관한 공공 이상에 초점을 맞추었다. 이번에는 학교 및 지역 언론과의 관계를 활용했다. 초등학교에서는 시간 엄수를 책임감과 타인에 대한 존중과 연결해 시민의 덕목으로 강조하기 시작했다. 지역 신문은 "(다른 에콰도르인들과 달리) 암바토 사람들은 정시에 나타난다!"라며 이 주제를 도시의 자부심과 연관 짓는 사설을 실었다. 오스발도 우르타도Osvaldo Hurtado 전 에콰도르 대통령은 이 캠페인이 "암바토 사람들의 시간la hora ambateña을 (다른 지역의 시간과 대비시켜) 자주 언급하면서 암바토의 독특한 시민 문화를 적절히 활용했다"라고 주목했다.[11] 고등학교에서는 "우리는 암바토 시간이다Somos la hora ambateña"라는 웅변 대회를 열었다. 이 모든 것들이 명성 신호를 보내면서 시간 엄수를 도시 정체성의 중심 이상으로 만들었다.

마침내 지방 정부도 움직였다. 공무원들은 연설에서 암바토를 세운 선조들의 시간 규율을 극찬했다.[12] 시장은 시의 모든 행사가 정확히 정시에 시작될 것이라고 발표했고, 얼마 지나지 않아 공무원의 지각은 더 이상 높은 지위를 암시하지 않게 되었다. 늦은 사람은 빼놓고 회의가 시작되었기 때문이다. 일반 시민들도 제시간에 도착해야 한다는 압박감을 느꼈다. 동료들이 그렇게 하고 있고, 리더가 그것을 기대하고 있으며, 시민들에게 시간을 알려주는 오래된 시계의 종소리가 엄숙히 그것을 요구하는 듯 보였다. 지각이 전염될 수 있는 것과 똑같이 시간 엄수 역시 전염될 수 있다.

강력하게 진행되었지만 실패한 키토의 캠페인과 달리 암바토의 토착 운동은 목표를 달성했다. 하루에 많은 메시지로 폭격한 것이 아니라 시간을 두고 점진적으로 행동한 것이 도움이 되었다. 하지만 그에 못지않게 중요했던 것은 단계를 밟았다는 점이다. 우선 습관을 바꾸기 위한 우세 신호를 보냈고, 다음에는 새로운 이상을 심어주는 명성 신호를 보냈으며, 이어 전통과 제도를 만들기 위한 선례 신호를 보냈다. 이 순서에서 각각의 변화는 다음 변화를 위한 길을 닦는다. 시간 엄수가 정상적인 것으로 보이게 되자 암바토 사람들은 이를 규범으로 받아들일 준비가 되었다. 이어 그것이 이상으로 확립되자 변화를 "잠금 하기lock in" 위해 시간 엄수를 제도화하는 데 반발하지 않았다. 깊숙이 각인된 문화 패턴을 바꾸려면 이런 일련의 단계를 거쳐야 이 같은 연쇄 반응을 일으킬 수 있다.[13]

평범한 사람들의 일상 습관에서 출발해, 미디어를 통해 공유되는 집단적 이상에 도달하고, 마침내 대중적 전통과 제도를 바꾸는 데까지 이르는 이런 상향식 변화의 진행을 "풀뿌리 운동grassroots movement"이라고 한다.[14] 앞서 6장까지 살펴본 변화 전술 중 일부가 이런 유형의 광범위한 캠페인이나 운동에 포함되어 있다. 금주 운동가들은 먼저 주변 사람들에게 절대 금주 서약을 하도록 설득한 다음 미디어 이미지를 형성하고 끝으로 법 개정을 위한 로비를 펼쳤다. 미투 운동은 개인 대 개인으로 확산되는 게시물에서 시작해 미디어 기사들로 나왔고 이어 업계 정책과 법적 기준의 변화로 이어졌다.

하지만 풀뿌리 모델이 순차적 전략의 전부는 아니다. 이스라엘의 문화적 군사화는 먼저 제도를 통해(마사다 이야기와 군사 훈련을 연결), 이어 집단적 이상을 통해(군사 영웅들의 출현과 사브라 정체성), 그다음에는 일상생활의 습성을 통해(군 복무는 이스라엘 국민을 하나로 묶는 공유된 경험이자 기준점) 이루어졌다. 마찬가지로 싱가포르에서는 급격한 제도 변화(독립과 엄격한 부패방지법)로 이상(리콴유의 검소함과 청렴함 모델링)을 알리는 무대를 마련한 다음 "자유항" 습관(영어와 흰색 유니폼)을 촉발했다. 이는 제도에서 이상으로, 이상에서 습관으로 이어지는 하향식 진행 방식이다. 이 전략은 흔히 "충격 요법shock therapy"이라고도 하는데, 제도 변화가 집단의 평형을 깨트려 새로운 이상과 습성이 결합할 수 있도록 만들기 때문이다.

풀뿌리 전략과 충격파 전략은 각각 적절한 조건에서 잘 작동한다. 이 둘은 앞선 변화가 다음 단계의 추진력을 만들어내는 서로 다른 종류의 파급 효과다. 하지만 조건이 맞지 않으면 둘 다 실패한다. 추진력이 사라지거나 역효과까지 낳게 된다. 왜 특정 조건에서는 풀뿌리 운동이 탄력을 받고 다른 조건에서는 충격파 추진력이 활성화되는지 이해하려면 부족 본능이 도움이 될 수 있다. 부족 본능의 연쇄 반응이 어떻게 일어나는지 알면 주어진 조건에 가장 적합한 순차 전략을 선택할 수 있다.

저항 운동, 선거 운동, 동성 결혼, 총기 규제, 여성 할례: 풀뿌리 운동의 성공 사례와 실패 사례

성공적인 풀뿌리 운동은 부패한 기득권에 맞선 선량한 약자의 승리로 낭만적으로 묘사된다. 대표적인 사례가 간디의 독립 운동이다. 이 운동은 마틴 루서 킹 주니어 목사, 세사르 차베스Cesar Chavez, 넬슨 만델라 등 많은 이들에게 영향을 미쳤다.[15] 간디의 독립 운동은 1920년대에 상업 식민주의에 협력하지 않으려고 일상 습관을 바꾼(서양식 의복, 음식, 주택 거부) 활동가들과 함께 시작되었다.[16] 이들은 모닥불을 피우고, 금식을 조직하고, 공동체를 설립하며 이런 습관을 확산시켰다. 1930년대에는 6만 명이 시위에 나선 강력한 소금 행진Salt March(영국 식민 지배 당국의 과중한 소금세 폐지를 위한 시민 불복종 운동-옮긴이)과 같은 더 대중적인 행동으로 확대되었고, 이런 움직임에 대한 잔인한 탄압으로 식민 지배의 허울이 벗겨지고 영국식 교양의 민낯이 드러났다. (5장에서 살펴본 것처럼) 간디는 인도국민회의Indian National Congress 수장으로서 모범을 보이면서 점차 금욕주의의 화신이 되었다. 1940년대에 보이콧과 파업으로 상업주의 체제가 무너지자 전쟁에 지친 영국은 간디의 당과 협상하며 독립 요구를 묵인할 수밖에 없었다.

　이 승리를 업보로 해석하고 싶은 마음도 들지만 필연적인 것은 아무것도 없었다. 간디는 남아공에서 정치 조직화에 깊숙이 관여했던 경험이 있었으며 부족 심리의 지렛대를 잘 알고 있었다. 간디와 그의 지지자들은 서구 문물의 소비를 중단하는 데서 시작했다. 민족의상인 도티를 입고 인도 커리인 달마카니를 먹는 것은 식민지 경제에 협조하지 않는 행동이었는데, 복장과 음식은 문화 습관을 촉발하는 강력한 계기라는 점에서 특별히 잘 선택된 행동이었다. 운동이 확대됨에 따라 이런 가시적 행동들은 다른 인도인들에게 우세 신호를 보냈다. 시위 규모가 커지면서 추종자들의 더 큰 희생이 요구되자 그는 소금(영국이 가혹한 세금을 매겼던 생활필수품)과 물레(영국 섬유 산업에 대한 저항 도구) 같은 상징물을 통해 헌신을 끌어냈다. 이런 아이콘들은 사티아그라히들satyagrahis(비폭력 저항 운동인 간디의 사티아그라하satyagraha를 따르는 사람들—옮긴이)이 몇 킬로미터를 행진하고 경찰의 구타를 견뎌내도록 만들었다. 간디는 이 운동에 영웅이 필요하다는 것을 알았기 때문에 "마하트마Mahatma"('위대한 영혼'이라는 뜻—옮긴이)라는 높은 칭호를 받아들였다. 한편으로는 영향력 있는 많은 인도인을 부유하게 만든 영국의 식민 지배가 1세기 동안 지속되었다는 것을 감안해, 더 옛날부터 있어온 인도 전통으로 돌아가는 것으로 변화의 프레임을 짰다.

　심리학은 풀뿌리 운동이 어떻게 추진력을 얻는지, 곧 평범한 사람들의 사소한 행동에서 시작된 변화가 쌓이고 확산되어 집단 담론을 대표하는 이상의 수준까지 도달하고, 나아가 집단의 전통과 제도 수준으로 어떻게 발전할 수 있는지 이해하는 데도 도움을 줄 수 있다. 그린피스 활동가가 길거리에서 지나가는 사람을 붙들고 청원에 서명을 요청하는 것은 그 행위가 이어지는 선택에 영향을 미치기 때문이다. 청원에 서명하면 해양 보호를 위해 소액을 기부해달라는 후속 요청을 거절하기 어렵다. 서명 뒤에는 점심 식사 때 참치 주문을 피하게 될 수도 있다. 또 해양 관련 뉴스 기사에 눈길이 쏠리고, 다른 사람들과의 대화에서 그 주제를 꺼낼 가능성도 높아질 것이다. 대의를 위해 행동을 취할 때, 특히 다른 사람들이 있는 곳에서 그렇게 할 때, 우리는 그 대의에 관여하고 있다고 느끼며 거기에 맞추어 일관되게 행동하고 말하려 한다.[17] 특정 의견이나 활동이 내가 속한 집단에 널리 퍼진 것을 보게 되는 것 또한 관여 심리를 불러일으킨다. 그런 의견이나 활동을 나 자신과 어느 정도 동일시하게 되며 옹호하고 싶은 마음이 든다. 대부분의 간호사가 여성일 경우 우리는 대부분의 간호사는 여성이어야 한다는 성급한 가치 판단을 내린다. 부모가 "우리는 X를 하지 않아"에서 어떻게 "넌 X를 하지 말아야 해"로 넘어가는지 생각해보라. 결국에는 "우리는 항상 X를 해왔어"라고 특정 전통을 암시하는 것일 수도 있다. 관여 심리가 고조되는 것을 통해 관습은 명령이 되고, 명령은 전통이 된다.

평범한 사람들의 일상 습관을 바꾸는 데서 시작된 운동은 영향력 행사 시도를 차단하는 심리적 방어를 무력화시킨다. 의심을 불러일으키는 것이 아니라 신뢰할 수 있는 우세 신호(눈에 보이는 행동)를 보낸다. 대중적 확산이 선행할 경우 명성 신호(언론 기사, 유명인의 발언 등)는 "난데없이" 나타나는 것보다 의혹을 덜 일으킨다. 마찬가지로 당국이 민중의 소리vox populi를 반영해 신화 제작과 제도 구축에 나설 경우 전통에 부적절하게 개입한다는 분노를 일으킬 가능성이 낮다. 도널드 트럼프Donald Trump부터 버니 샌더스Bernie Sanders까지 다양한 스펙트럼의 정치인들이 선거 운동을 풀뿌리 운동인 것처럼 내세우는 이유도 이것이다. 그들은 정치 컨설턴트와 당파적 싱크 탱크의 역할을 숨기고 선거 운동을 대중적 전선인 것처럼 홍보한다. 선거 운동 행사 때 군중 규모를 과장하는 일이 잦은 이유 중 하나도 이것이다.

한 집단이 신성하게 여기는 전통에 대해서는 특히, 정치 엘리트들의 강요는 반발을 부르기 때문에 풀뿌리 운동의 점진적 구축이 필수다. 2015년 미국 대법원은 '오버거펠 대 호지스 사건Obergefell v. Hodges' 판결에서 수정 헌법 제14조의 "평등 보호" 조항을 법적 선례로 인용하면서 결혼 평등을 법으로 규정했다. 이는 몇몇 깨우친 판사와 변호사가 주도한 것이 아니었다. 동성 결혼 권리를 목표로 오래 지속된 캠페인이 공감을 끌어내기 위해 "결혼 평등"이라는 프레임을 선택했던 것이다. 연방 판례는 아니었지만 다른 중요한 사건들도 심리적 차원의 선례 신호였다. 판결이 있기 전 10년 동안 37개 주에서 동성 결혼을 인정했고, 대부분의《포천》500대 기업과 장로교 및 감리교 교회도 동성 결혼을 인정했다. 이런 제도 변화의 물결이 일어나기에 앞서, 이 문제에 대한 미국의 집단적 이상이 극적으로 변화했다. 〈윌 앤 그레이스Will & Grace〉 같은 TV 드라마에서 동성 파트너십을 존경받는 인물 간의 성숙한 유대 관계로 묘사해, 이전 수십 년 동안의 희화화와는 전혀 다른 모습을 보여주었다. 할리우드가 이처럼 업데이트할 수 있었던 것은 그보다 전에 평범한 미국인들 사이에 큰 변화가 있었기 때문이다. 동성애자임을 공개적으로 밝힌 사람을 안다고 답한 미국인의 비율이 1983년 30%에서 2000년 73%로 증가한 것을 보면 알 수 있다.[18] 동성애자 인구가 배로 증가했나? 아니다. "커밍아웃" 활동 주도로 벽장에서 탈출한 사람들이 그만큼 많아졌다. 퓨 리서치 센터 Pew Research Center 조사에 따르면 "많은" 동성애자를 아는 미국인은 73%가 동성 결혼 허용에 찬성했지만, "아무도" 모르는 미국인은 32%만 찬성했다.[19] 동성 파트너십이 일상생활에서 가시화되자 미국인들은 이 관계를 더 긍정적으로 평가하면서 제도화할 태세를 더 가다듬게 되었던 것이다.[20]

하지만 여기까지 오는 데 수십 년이 걸렸다. 정치인들이 주도해 하향식으로 진행했다면 더 빠른 변화를 가져올 수 있었을까? 2004년 샌프란시스코 시장 개빈 뉴섬Gavin Newsom은 동성 커플이 시청에서 결혼하는 것을 허용하기로 결정했다. 당시 샌프란시스코에는 동성 간의 관계가 널리 퍼져 있고 인정받는 분위기였기에 그런 움직임은 진심으로 환영받았다. 그러나 결혼은 시의 법이 아닌 주 법의 문제다. 캘리포니아주의 보수적인 지역에서는 정치인이 신성한 문제에 간섭해 권한을 남용한다고 여겼다. 새크라멘토 법원은 시청에서 이루어진 결혼들을 무효화했고, 동성 결혼 반대 운동이 확산되어 캘리포니아주에서는 동성 결혼을 금지하는 법안이 발의되었다. 뉴섬 시장이 동성 결혼을 지지하는 샌프란시스코 지역 밖에까지 변화를 강요하지 않았는데도 역풍이 거셌다.

많은 미국인에게 총기 소유는 신성한 문제다. 미국 수정 헌법 제2조에 "무기를 소지할 권리"가 명시되어 있고, 가정에서는 대대로 소총을 물려받아 쓰기도 한다. 반세기 동안 '브래디 캠페인Brady Campaign' '총기폭력방지연합Coalition to Stop Gun Violence' 등 충분한 자금과 인맥을 갖춘 총기 규제 단체들은 합리적 변화를 이끌어내려고 노력해왔다. 하지만 이 운동은 주목할 만한 성과 없이 처참한 실패만 거듭해왔다. 크리스틴 고스Kristin Goss가 《무장 해제Disarmed: The Missing Movement for Gun Control in America》에서 보여주었듯 이 단체들이 "풀뿌리의 대규모 정치, 사회 변화보다는 국가 차원의 엘리트 정치"를 겨냥했다는 것이 문제다.[21] 반대 지점에 선 "총기 권리" 운동은 대조적으로 회원들의 일상생활에 기반을 두고 있다. 전미총기협회National Rifle Association, NRA는 총기 전시회에서 사람들과 교류하고, 지역 정치인 후보를 지지하고, 사냥과 스포츠 사격, 호신술 등 총기 소유자의 관심사와 관련된 행사를 후원한다. 총기 권리를 지지하는 사람들에게 총기 문제는 단순히 정책 선호가 아니라 삶과 정치적 이상에 기반을 둔 문제다. 미국 성인의 56%는 더 엄격한 총기 규제에 찬성하며 현행법이 유지되어야 한다는 의견은 31%에 불과하다.[22] 하지만 총기 권리를 주장하는 쪽이 더 헌신적으로 참여한다.[23] 지역구 의원에게 로비하고 옹호 단체에 기부할 가능성이 더 높다. 총기 권리 운동은 풀뿌리 기반이 있기에 강력한 운동으로 전개되어왔다. 이제 총기 규제에 찬성하는 다수파가 풀뿌리 운동으로 재편되기 시작하면서 전세가 결국 역전될 가능성이 있다.

평범한 사람들과 함께 운동을 시작한다는 것은 중요한 가치를 지니지만 그렇다고 엘리트 활동가들의 역할이 없지는 않다. 흔히 그들은 시위에 자금을 지원하고, 촉진하고, 홍보하는 등 풀뿌리 운동의 막후에서 역할을 수행한다. 운동의 외형 규모를 키우기 위해 때로는 배우를 고용해 행진에 참여시키거나 건물 앞에서 피켓을 들게 하는 기만적인 일도 해치운다. 단체가 풀뿌리 운동처럼 보이려고 이런 행위를 하는 것을 "아스트로터핑astroturfing"이라고 한다. 석유 회사들은 시민들을 고용해 편집자들에게 편지를 쓰게 하고, "싱크 탱크"를 만들어 전문가들에게 고액 연봉을 주면서 기후 변화에 대한 잘못된 정보를 퍼뜨린다.[24] 일부 기업이 만든 "꼭두각시"그룹(예를 들어 월마트의 "워킹 패밀리")은 탐사 저널리스트들에 의해 폭로되기도 했지만, 기업이 자기 이익에 부합하는 활동가 그룹을 단순히 지원하는 경우는 적발하기 더 어렵다. "아스트로터프astroturf"는 오해의 소지가 있는 비유일 수 있는데, 그 자체로 독자적인 생명을 가질 잠재력이 있기 때문이다.[25] 세금에 반대하는 티 파티Tea Party 운동은 억만장자 코크Koch 형제, 더 정확히는 그들의 다크 머니dark money(선거, 정책 등에 영향을 미치기 위해 지출하는 돈으로 돈의 출처를 공개하지 않는다-옮긴이) 재단인 '번영을 위한 미국인Americans for Prosperity'에 의해 시작되었다.[26] 그러나 그들이 훈련시킨 조직책들은 각자의 지역 사회로 돌아가 모임을 열고 납세자의 진짜 걱정거리를 파고들었다. 그 집회들이 우세 신호로 작용해 티 파티 그룹은 다른 공동체로 자발적으로 확산되었다. 정치 평론가 글렌 벡Glenn Beck 같은 전문가들의 지지는 거기에 명성 신호를 더했다. 이 운동은 영국 식민지 시대의 "나를 밟지 마라Don't Tread on Me" 깃발(노란색 바탕에 똬리를 튼 방울뱀이 그려져 있고 거기에 이 문구가 적혀 있다-옮긴이)을 채택해 전통의 광채를 입혔고, 보스턴 티 파티를 끌어와 의식(예를 들어 마을 오리 연못에 티백 던지기)을 재연했다. 티 파티 운동을 꾀한 것은 엘리트들이었지만 선거와 입법을 염두에 두고 참여하는 사람이 늘면서 영향력을 갖게 되었다.

실제로 대부분의 성공적인 풀뿌리 운동은 어떤 식으로든 외부 활동가들의 조력을 받는다. 간디의 금욕주의 운동가들조차 공감하는 기업가들의 자금 지원에 의존했다. 조지아의 장미 혁명, 키르기스스탄의 튤립 혁명, 우크라이나의 오렌지 혁명 등 구소련 국가들에서 전개되었던 "피플 파워" 색깔 혁명color revolutions은 민주주의 조직가들을 훈련시킨 서구 NGO들에 의해 촉진되었다.[27] 대규모 거리 행진 이후 공감하는 블로그, 언론, 유명 인사들의 연설이 이어졌고, 정부 건물 점거와 경찰과의 충돌로 위기를 조성하는 등 상향식 전술을 따랐다. 장기적 성공 여부는 다양했고, 외국 NGO가 단순히 토착 운동을 지원했는지 아니면 체제 불안정을 야기한 시위를 주도했는지는 여전히 논쟁거리다. 하지만 풀뿌리 운동의 "육성"은 의심할 여지 없이 소프트파워 정치의 핵심 부분이 되었다.[28]

풀뿌리 운동 육성은 개발도상국의 공중 보건 증진에서도 핵심 전략이다. 아프리카(와 다른 지역)의 여성 할례 관습만큼 우려와 논란이 큰 문화 관행도 드물다. 여성 할례는 합병증을 일으키는데도 부모는 딸이 사회적으로 인정받고 결혼할 수 있도록 "절단" 의식을 거치게 한다. 과거 서양 선교사들이 이 관습에 반대하는 설교를 하자 현지인들은 부족 문제를 침해한 선교사들에 분개해 교회를 떠났고, 그 결과 절단 관행은 더 널리 퍼졌다. 이후 세네갈 등 아프리카 정부들이 이를 범죄로 규정했지만, 시골 마을에서는 신성한 전통을 두고 멀리 떨어진 수도에서 지시하는 데 반발하며 의식을 계속 진행했다.[29] 세네갈의 수도 다카르에 본부를 둔 NGO인 토스탄Tostan("돌파구"라는 뜻)은 다른 전략을 개발했다. 이 단체는

(현지 민족 출신의) 개발 인력을 훈련시켜 3년 동안 한 마을에 거주하도록 한다. 그들은 현지 여성들과 정기 워크숍을 열고 그곳 전통 언어와 교육법을 사용해 건강법과 인권에 관해 이야기를 나눈다. 마을 주민들이 지역 관련 사안에 대한 의제를 설정하고 리더십을 발휘하는데, 이 과정에서 자신들이 동의한 계획에 대한 관여도가 높아진다. 대부분의 시간이 문제에 관한 열린 대화에 할애되고, 이 과정에서 여성들은 자신들의 계획에 확신을 얻으며 동료 그룹이 같은 신념을 공유한다는 자신감이 커진다.

말리쿤다 밤바라Malicounda Bambara 마을에서 진행된 프로그램의 초기 버전에서 워크숍 참가자들은 딸의 "절단"이 가져올 의학적·사회적 영향을 저울질하는 한 여성의 이야기를 다룬 희곡을 읽었다. 건강상의 위험을 전달하는 이 매력적인 방식은 그간 공개적으로 논의되지 않았던 주제를 놓고 활발한 그룹 토론을 하는 발판이 되었다. 여성들은 숙고한 끝에 주인공이 그렇게 해서는 안 된다고 결론 내렸고, 이를 계기로 자신들도 더 이상 절단 의식을 행하지 말아야겠다고 결정했다. 혹시 불경스러운 일일까 걱정한 그들은 지역에서 존경받는 이맘imam(무슬림 공동체의 지도자-옮긴이)에게 상담했는데, 《코란》은 절단을 옹호하지 않는다는 놀라운 답이 돌아왔다. 그들이 할례를 중지한다는 소식이 전해지자 전통적으로 혼인 관계를 맺어왔던 이웃 마을들이 분노했다. 말리쿤다 밤바라가 할례 관습을 중단하면 그곳의 아들들은 누구와 결혼할 수 있을까?

또 누가 그곳의 딸들과 결혼하고 싶어 할까? 이 논란은 할례 중단에 관한 신념이 워크숍에 참석한 여성들로부터 전체 공동체로 확산되는 데 도움이 되었다. NGO 토스탄이 이맘의 도움을 받아 다른 마을들에서 워크숍을 열면서 논란은 잦아들었다. 다른 마을의 여성들도 같은 합의에 도달하자 토스탄은 여러 마을의 장로들이 주도하는 "선언의 날"을 조직하는 것을 도왔다. 딸에게 할례를 받지 않게 하고 아들을 할례를 하지 않은 여성과 결혼시키겠다고 여성들이 서약하는 행사였다. 이렇게 해서 새로운 제도가 탄생했다. 이후 토스탄은 세네갈과 인근 국가의 9000개 이상 공동체에서 이 프로그램을 운영하면서 여성 할례를(그리고 이와 관련된 아동 결혼 관행을) 포기하도록 이끌고 있다.

사람들에게 자기 문화의 신성한 전통을 재고하도록 요구하는 것은 예민한 일이다. 외부인이 변화를 요구하면 반발을 부르는 것으로 끝나기 십상이다. 그렇다고 해서 책임감 있게 그리고 효과적으로 진행할 수 없다는 뜻은 아니다. 토스탄 같은 NGO는 자신들이 의사결정을 주도하지 않기만 하면 변화를 만드는 대화를 촉진할 수 있다는 것을 배웠다. 반드시 평범한 사람들로부터 시작해야 한다. 그들이 새로운 관행을 생각해보고, 동료들과 이야기하고, 변화를 결정할 권한이 있다고 여기게 해야 한다. 사람들이 이런 습관을 열심히 실천하면 가치에 관한 공동체의 담론에, 궁극적으로는 비공식적·공식적 제도에 변화를 촉발할 수 있다. 토스탄은 이런 내용을 공유하는 과정에서 다른 시대, 다른 장소에서도 유사한 과정이 작동했다는 것을 발견했다. 20세기 초 중국 진보주의자들이 (그리고 막후의 서구 선교사들이) 나서서 1000년 전통이었던 전족을 없앤 "자연스러운 발" 운동이 그랬다.[30]

이러한 다양한 사례들은 아래로부터 점진적으로 구축되는 풀뿌리 전략이 신성불가침으로 여겨지는 문화 패턴도 변화시킬 수 있음을 보여준다. 평범한 사람들이 새로운 행동에 열성적으로 참여하면 이는 습관 수준을 넘어 이상으로, 제도로 이어지는 더 큰 변화로 눈덩이처럼 불어날 수 있다. 새로운 방식이 확산되고 지위가 높은 오피니언 리더들의 지지를 받으면 이 방식은 이상화되고 종종 제도화되기도 한다. 하지만 반드시 정점에 이르는 것은 아니다. 월가 점령 시위에는 전국적으로 수천 명이 참여해 공원에서 노숙하며 참여 민주주의를 실천했지만, 그런 직접 행동이 문화적 이상이나 제도 변화로 확대되지는 않았다. 우세 신호는 효과적으로 보냈지만 명성 신호나 선례 신호는 그렇지 못했다. 아마 운동 지도자들이 이름을 밝히기를 거절하고 이전 운동과의 비교를 거부했기 때문일 것이다. 반대로 간디, 킹 등 다른 많은 활동가들은 그들의 운동에 종교적 이상을 불어넣는 한편 외부의 자금, 인맥, 전문 지식에도 의존했다. 성공은 트리거와 신호의 신중한 사용을 요구하지만 기적을, 다시 말해 과정의 완벽한 순결성을 요구하지는 않는다.

우측 주행, 금연 운동, 온라인 게시물 규제, 복장 규정: 하향식 충격 요법의 성공 사례와 실패 사례

1967년 9월 3일 일요일 오전 4시 50분, 스웨덴 도로의 모든 차량이 동트기 전의 어둠 속에서 멈춰 섰다. 그 시각 이전까지 스웨덴 사람들은 영국인들처럼 항상 왼쪽 차로로 운행했다. 반면 유럽의 다른 이웃 국가들에서는 모두 미국처럼 우측 주행을 하고 있었다. 국경을 넘는 일이 늘면서 좁은 북유럽 고속도로에서는 수년 동안 충돌 사고가 증가하는 중이었다. 그래도 스웨덴 국민은 운전 정책을 바꾸려 하지 않았다. 국민투표에서 83%가 그대로 왼쪽 차로로 주행하는 쪽에 투표했고, (영국에서 여전히 그런 것처럼) 좌측 주행이 더 나은 교통 규칙이라고 옹호하는 목소리가 높았다. 모든 사회가 그렇듯 스웨덴인들도 자신들의 전통, 특히 고유한 관습이 다른 대안보다 더 합리적이거나 기품 있다고 생각했다. 어쨌거나 좌측 주행 관습은 고대 로마의 도로까지 거슬러 올라가지 않는가.[31]

그렇지만 스웨덴 의회는 이웃 국가들의 우측 주행에 동참하는 것이 현명하다고 판단했다.[32] 우측 차로 변경일은 일찌감치 미리 발표되었다. 정부의 한 위원회는 우유 팩, 색다른 속옷, 노래 경연대회 등을 통해 우측 차로 운전을 홍보했다. 스웨덴 사람들은 어떻게 해야 하는지 (휴가지 경험을 통해) 알고 있었지만 많은 회의론자들은 혼란을 예상했다. 좌측 운전은 평생의 습관이고 독특한 국가

7장 왜 어떤 변화는 확산되고 어떤 변화는 소멸하는가

적 관습이자 역사적인 전통이었는데, 어떻게 하룻밤 사이에 그 모든 것이 바뀔 수 있을까?

운명의 날 아침, 운전자들은 정해진 시간에 차를 세우고 정부의 지시를 기다리며 라디오에 귀를 기울였다. 도로 작업자와 자원봉사자들이 우측 주행을 위한 새로운 표지판을 공개하고 우측 주행 차선을 그렸다. 우측 주행이 시작되자 운전자들은 조심스럽게 반대편 차로로 건너가 운행을 계속했다. 선량한 시민으로서 그들은 지시에 따랐다. 집단적인 주의도 부분적으로 작용해 사고가 40% 감소했고, 이후 몇 달 만에 여론은 급격하게 새 정책에 찬성하는 쪽으로 기울었다.[33] 회의적이던 언론도 옹호하는 쪽으로 돌아섰다. 연말이 되자 우측 주행은 사람들이 자동으로 따르는 습관이 되없고 당연한 것으로 여겨졌다. 몇 년 뒤에는 에스컬레이터와 인도에서도 우측 통행이 표준이 되었다. 제도 변화로 시작된 것이 문화적 이상과 문화 습관의 변화로 이어졌다.

인류학자 마거릿 미드Margaret Mead는 "사려 깊고 헌신적인 소수의 시민이 세상을 바꿀 수 있다는 것을 절대 의심하지 마라. 실제로 그것이 지금까지 세상을 바꿔온 유일한 힘이다"라고 했다.[34] 그런데 미드가 덧붙인 말은 너무 멀리 나갔다. 아무튼 일부 심층적인 문화 변화는 일반 시민이 아니라 의회 등 권력을 가진 엘리트로부터 시작된다. 갑작스러운 제도 변화가 공동체에 충격을 주어 행동의 안정적인 균형이 깨지면서 이상과 습관의 변화를 촉발하는 하향식 순서로 진행된다. 정치 엘리트뿐 아니라 기업 임원, 교장, 코치도 집단의 정책과 전통에 개입해 이런 하향식 변화를 자극할 수 있다.

스웨덴에서 전환일이 발표되었을 때 비판자들은 극단적이고 독재적인 조치라고 했다. 좀 더 점진적으로 진행하는 것이 더 수월하지 않았을까? 시민들이 참여 시기를 선택할 수 있어야 했던 것 아닐까? 점진적 접근 방식은 많은 종류의 변화에 적합하지만 교통 규칙에는 그렇지 않다. 조기 수용자는 8월에 전환하고 느림보는 10월에 하라는 것은 통하지 않는다. 첫 주에는 오토바이에, 다음 주에는 자동차에, 그리고 그다음 주에는 트럭에 변경을 적용하는 것도 마찬가지다. 상호 의존도가 매우 높은 행동 영역에서는 전원이 일시에 전환해야 한다. 부과된 제도 변화는 모든 사람이 (보는 눈이 있을 때만이라도) 순응하도록 강요한다. 이런 경험이 이상과 습관의 변화를 일으키기를, 최소한 그 길을 열어주기를 희망하는 것이다.

하향식 변화의 또 다른 예는 흡연 금지다. 2002년 마이클 블룸버그Michael Bloomberg 시장이 뉴욕시 술집에서 흡연을 금한다고 발표했을 때 타블로이드 신문들은 그가 순진하다고 했다(다른 많은 별명도 붙였다). 바텐더들은 시청 앞에 모여 한 손가락 경례로 그를 맞았다. 하지만 첫 번째 금연의 밤이 지나자 많은 술집 직원과 고객은 맑은 공기가 얼마나 큰 즐거움인지 깨닫고 놀랐다. 흡연자들은 보도로 나가 담배를 피우는 등 새로운 습관을 갖게 되었다. 몇 달 만에 금연 술집은 새로운 표준이 되었고, 블룸버그는 정치적인 타격에서 벗어났다.

고섬Gotham(뉴욕의 별칭-옮긴이) 사람들은 금연 구역 지정에 불평했지만 심하게 저항하지는 않았다. 운전과 마찬가지로 흡연의 결과물은 상호의존적이다. 한 사람이 뿜어낸 연기가 다른 사람의 눈, 폐, 옷에 닿는다. 간접흡연 문제는 정당한 규제 영역이다. 그런데 얼마 지나지 않아 블룸버그는 일부 지역을 괴롭히는 비만과 당뇨병 문제를 해결하기 위해 대용량 "가당 음료" 금지를 제안했다. 이번에는 뉴욕 사람들이 받아들이지 않았다. 판매업체들은 예외(스무디, 다이어트 탄산음료, 프라푸치노 등)를 인정해달라고 압박했고,

지역 지도자들은 빈곤 지역들에 대한 간접 차별이라고 주장했다. 결국 법원은 보건부에 "무제한적인 권한"을 부여해 권한 범위를 초과했다는 점을 들어 금지 조치를 폐지했다. 설탕은 담배만큼이나 건강에 해로울 수 있으나 간접 탄산음료 같은 것은 없다. 정부는 우리가 타인에게 해를 끼치는 것을 막을 수 있지만, 우리가 우리 자신을 해치는 것을 막을 수 있는 것은 "보모 국가nanny state"뿐이다.[35]

하향식 변화의 핵심 장애물은 권력자가 문화 제도에 개입하는 것에 대한 사람들의 저항이다. 2014년 온라인 게시판 웹사이트 레딧은 "방 안의 어른adult in the room"(한 집단 내부에서 성숙하고 합리적으로 행동하는 사람-옮긴이)이 절실히 필요하다는 것을 깨달았다. 이 게시판은 수백만 개의 토론 스레드thread가 게시되고, 여기에 사용자들(주로 청년, 남성, 진보주의자)이 찬반 투표를 하는 방식이다. 이런 개방성 덕분에 레딧은 여과되지 않은 진솔함이 특징이지만, 2014년에는 한 해에 대형 스캔들 두 건이 터졌다. 여성 코더coder를 협박한 "게이머게이트Gamergate"와 해킹된 유명인의 누드 사진을 게시한 "패프닝Fappening" 스캔들이었다. 이로 인해 광고주들이 경계심을 갖게 되어 레딧의 가치 평가는 떨어지고 있었다. 회사에 합류한 지 얼마 지나지 않은 변호사이자 투자자인 엘런 파오가 임시 CEO로 임명되어 몇 가지 제한을 설정하는 임무를 맡았다.

그녀의 첫 번째 정책 변경은 당사자의 의사에 반해 공유된 누드 게시물을 금지하는 것이었다. 리벤지 포르노를 금지하는 새로운 법률에 맞춘 조치였다. 이 정책이 별다른 반발 없이 받아들여지자 파오는 "안전한 토론"을 장려하기 위해 특정 개인을 괴롭히는 게시물에 반대하는 정책을 발표했고, 이어 몇몇 문제 되는 스레드(구독자 17만 명으로 과체중자를 조롱하는 게시판인 'r/fat-peoplehate' 등)를 강제 폐쇄한다고 발표했다. 합리적인 조치라고 생각할 사람들도 있겠지만 레딧 사용자들에게는 상상도 할 수 없는 일이었다.[36] 발표가 나오고 몇 시간 만에 1만 5000개의 댓글이 달렸다. 대부분 부정적인 내용으로 "파오 주석Chairman Pao"(다른 인종차별, 성차별 별칭도 많았다)이 "검열"을 한다고 반발했다. 위기 상황에서 CEO들이 늘 하는 대로, 즉각 그녀는 더 명확하게 소통하지 못한 것에 대한 사과문을 올렸다. 하지만 그 게시물은 분노한 온라인 폭도의 비추천으로 묻혔다. 한편 인터넷 청원 사이트인 체인지change. org에서는 파오의 퇴진을 요구하는 청원에 서명한 사람들의 수가 순식간에 20만 명을 돌파했다. 비판 여론이 고조되면서 결국 그녀는 사퇴했다.

  파오는 외부인이 보기에는 대단히 합리적으로 보이는 변화를 제안했지만, 레딧 사용자들에게는 부족의 전통을 짓밟는 일이었다. 9년 동안 사용자들은 스레드를 만들고 거기에 투표하면서 민주적인 상향식 방식으로 레딧을 만들어왔다. 그랬는데 새로 온 경영자가 17만 명이 읽은 스레드를 그냥 폐쇄할 수는 없는 법이었다. 또 새 CEO는 "언론 자유"가 아니라 "안전한 공간"이라는 수사를 강조하는 것처럼 들렸다. 기업들은 "상황 흔들기"를 염두에 두고 종종 외부에서 CEO를 데려오지만 CEO 승계에 관한 대규모 연구에 따르면 외부인은 문화적 뉘앙스를 제대로 읽지 못해 기업 내 이해관계자들의 반발을 사기 때문에 오히려 실적이 저조하다.[37] 레딧의 경우 사용자는 직원보다 더 자격 있는 이해관계자 그룹이다. 사용자들이 그 사이트를 구축하기 때문이다.

레딧의 문화가 너무 규칙이 적어 어려움을 겪었다면, GM(제너럴 모터스)의 문화는 너무 규칙이 많은 것이 문제였다. 100년에 가까운 기간을 세계 1위 자동차 회사로 군림했던 GM에는 숨 막히는 관료주의가 만연했다.[38] 본사는 사소한 결정(예를 들어 세인트루이스에 있는 뷰익Buick 사무실 임대 계약)에도 관여해 혁신을 저해하고 실행을 늦추었다. 메리 배라Mary Barra는 그런 분위기를 누구보다 잘 알고 있었다. GM 계열사에서 일한 아버지를 둔 그녀는 폰티액 공장에서 펜더를 검사하는 일을 시작으로 18살 때부터 GM에서 일했다. 오랜 근무 기간 동안 그녀는 관리자들이 위계적 지시에 얽매여 혁신하지 못하는 것을 보아왔다.

2009년 회사가 파산 위기에 직면했을 때 최고 경영진에 들어간 배라가 가장 먼저 한 일은 분사나 구조 조정이 아니었다. 하필 GM의 복장 규정에 관한 부분이었다. 당시에는 시대에 뒤떨어진 내용들이 뒤죽박죽된 복장 규정이 늘어나 10쪽 분량의 책자 형태로 신입 사원들에게 배포되었다. 대개 나눠주는 직원들은 어깨를 으쓱하는 것으로 나도 마음에 안 들지만 위에서 내려온 것이라는 뜻을 전했다. 배라가 바꾼 새로운 규범은 딱 두 단어, "적절하게 입기"가 전부였다. 중간 관리자들이 즉각 반응을 나타냈다. 당황한 그들은 앞다퉈 배라에게 이메일을 보냈다. "적절하게"를 어떻게 정의할 겁니까? 직원들이 불쾌감을 주는 티셔츠를 입는다면 무슨 근거로 막을 수 있나요? 배라는 모든 사람에게 일일이 답장을 보내면서도 관리자들 자신이 직원들과 협력해 적합한 답을 찾아야 한다고 고집했다. 직원들이 각 부서에 적절한 복장을 두고 브레인스토밍을 하면서 조직 전체가 떠들썩해졌다. 얼마 뒤 배라에게는 자신들이 도달한 해결책을 설명하는 이메일이 다시 쇄도했다.

복장 규정은 내부자가 이해할 수 있다는 점에서 잘 선택된 목표였다. 이 변화는 모든 직원에게 영향을 미쳤지만 기업 활동은 건드리지 않았다. 기존 복장 규정이 광범위한 무력감을 상징한다고 널리 비웃음을 당하던 터에 직원들이 스스로 자기 역할에 "적절한" 것을 결정하는 일은 신선한 충격이었다. 그녀의 제스처는 회사가 어떻게 변해야 할지 알려주는 역할을 했다. 의사 결정을 아래로 분산시켜야 한다는 뜻이었다.[39] 배라의 결정은 또 직원들의 일상적인 경험에도 변화를 가져왔다. 최고 경영진부터 조립 라인에 이르기까지, GM 직원들은 더욱 다양한 옷차림으로 출근해 일터에서 더 진솔한 자기 모습을 보여주었다. 아래로부터 시작된 변화는 아니었지만 복장 규정 변경은 관리자와 직원에게 활력을 불어넣었고, 그들은 그 변화를 실행하기 위해 적극적으로 협력했다.

　1년이 지나자 회사는 파산과 구조 조정의 잿더미에서 다시 일어섰고 새롭게 시작하자는 기운이 감돌았다. 이런 새로운 정신을 담아내기 위해 배라는 태스크포스를 구성해 빠르게 성장하는 직원들을 대상으로 새로운 GM의 이상에 관해 인터뷰했다. 인터뷰에서 반복된 주제는 "대담해져라" "지금 혁신하라" "나에게 달려 있다"와 같은 간결한 격언이 되었다. 새로운 이상의 위력은 그녀가 CEO로 승진하고 얼마 지나지 않아 안전 스캔들이 터졌을 때 분명하게 드러났다. 회사는 어느 때보다 투명하고 신속하게 대응했다.[40] 직원들은 책임감을 높이기 위해 더 명확한 언어를 사용하고 회의 기록을 보존하는 등 변화된 업무 습관을 지켜나갔다. 이후 GM에는 더 큰 변화가 찾아왔다. 해외 사업부를 분사하고, 전기차와 자율주행차로 방향을 전환한 것이다. 배라는 여섯 단어로 된 성명에서 근본적으로 다른 미래를 약속했다. "충돌 제로, 배출 제로, 혼잡 제로."[41] 복장 규정보다는 길지만 그래봤자 고작 네 단어를 더 썼을 뿐이다.

맹목적 순종인가, 적극적 순응인가

행동과학자들은 스웨덴 운전자, 뉴욕 흡연자, GM 직원들 사이에서 일어난 종류의 파급 효과를 이해하려 오랫동안 노력해왔다. 이것은 헌신적인 노력이 확대되면서 풀뿌리 운동에 추진력을 부여하는 것과 동일한 역학이 아니다. 실력자가 변화를 강요했을 때와 같은 방식으로 심리가 작동하지도 않는다. 권위에 관한 고전적 연구에서 사회심리학자 스탠리 밀그램Stanley Milgram은 부정적 강화를 통한 학습 연구라는 명목으로 뉴헤이븐 마을 주민들을 모집했는데, 나중에 악명이 높아진 연구다. 교사 역할을 맡은 참가자들은 학습자인 동료 참가자들이 답을 틀릴 때마다 컨트롤 패널을 사용해 전기 충격을 가하도록 지시받았다(한편 비밀리에 참가자로 가장한 배우는 고통스러운 전기 충격을 받는 시늉을 했다). 실험이 진행되면 실험자는 충격 강도를 점점 더 높이라고 지시했다. 대부분의 교사 역 참가자들은 450볼트까지 강도를 높였는데, 패널에 잠재적으로 치명적이라고 표시된 수치였다. 이후 밀그램은 이 실험을 다양하게 변형시켰다. 실험이 예일대학교 캠퍼스가 아니라 밖에서 진행된 경우, 실험자를 전문 과학자라고 소개하지 않는 경우, 실험자 2명의 의견이 엇갈릴 경우 순종률이 더 낮았다. 참가자들은 실험자를 합법적인 과학 권위자로 인식한 경우에만 매우 유해한 것으로 표시된 수위까지 지시를 따랐다.

밀그램도 그랬고, 그의 연구 결과에 대해 기사를 쓴 많은 언론인도 이를 맹목적인 복종이라고 설명했다. 참가자가 권위자에게 복종해 행동을 내맡긴 것이라고 봤다. 하지만 최근의 여러 연구에 따르면 참가자들의 체험은 복종과는 다소 달랐다. 밀그램의 연구 기록을 재분석한 자료에 따르면 종료 인터뷰에서 참가자의 84%가 연구에 참여하게 되어 "기쁘다" 또는 "매우 기쁘다"라고 답했고, 77%는 연구 목표에 몰입했다고 했다.[42] 이는 참가자들의 반응이 수동적인 복종이 아니었음을 시사한다. 적극적인 순응, 리더에 대한 지지에 가까웠다.[43] 이들은 전기 충격을 가하는 교사라는 낯선 역할에도 불구하고 중요한 과학 연구를 지원하기 위해 실험자와 협력했던 것이다. 후속 연구에서는 충격 강도를 높이라고 실험 참가자를 자극하는 문구를 다양하게 변형했다.[44] 연구의 중요성을 강조하는 문구("이 실험에는 당신이 계속 충격을 가하는 것이 필요합니다.")가 권위를 강압적으로 주장하는 문구("당신은 선택권이 없습니다. 계속 해야만 합니다.")보다 효과가 높았다. 참가자들에게 프로젝트에 기여하려는 동기가 있었고, 프로젝트를 이끄는 과학자의 지시를 신뢰했음을 암시한다.

권위에 순응하는 심리에 관한 이런 통찰은 사람들이 새롭고 낯선 정책을 언제 받아들이는지, 그것이 어떻게 다른 변화의 길을 열어주는지 이해하는 데 도움이 된다. 사람들은 합법적인 권위, 곧 해당 사안에 결정권을 가진 리더와 함께 행동하고 있다고 느낄 때 전통이나 제도에 주어진 변화에 동참한다. 대부분의 스웨덴 사람들은 개인적으로 우측 차로 주행을 선호하지 않았지만 의회가 그 역사적 변화에 동참하라고 요청하자 순응했고, 그것을 지지하고 습관적으로 실천하게 되었다. 뉴욕의 니코틴 중독자들은 흡연 금지에 불평했지만, 그것이 집단적 가치임을 인식하자 인도로 나가서 담배를 피우는 일에 익숙해졌다. GM 관리자들은 기존 복장 규정이 없어지는 것을 두고 조바심을 냈지만 생각을 바꿔 추진해나갔으며, 변화를 인식하고 동참하게 되었다. 하향식 추진력은 억지로 밀어붙여 복종시키는 것이 아니라 정당한 권한, 공동체에 대한 기여, 관련자들과의 협력을 통해 구성원들의 동기를 활성화하는 데서 나온다.

경제학자 제프리 색스Jeffrey Sachs는 역사적 초인플레이션 시기(예를 들어 독일 바이마르공화국 시대)가 급격한 정책 변화로 종결되었다는 사실에 주목해 하향식 변화에 관심을 갖게 되었다. 그는 통제 불능 상태에 빠진 경제는 심장 박동이 빨라진 심장병 환자와 같아서 점진적인 개입이 아니라 갑작스러운 충격으로 회복될 수 있다는 가설을 세웠다.[45] 색스는 1989년에 이를 검증할 기회를 잡았다. 폴란드에 새로 들어선 연대Solidarity 정부가 만성적 인플레이션을 해결하기 위해 그를 영입했다. 그들은 수출입 허용, 외환 시장의 변동환율제 채택, 국영 기업에 대한 경제적 보호 폐지 등 일련의 변화된 정책을 함께 설계했다. 수십 년간의 계획 경제 이후 시장 경제 체제로 복귀하는 시동을 걸기 위해서였다. 이 "충격"이 가해지자 인플레이션은 멈추었으나 대규모 실업과 혼란이 발생했다.[46] 하지만 그 고통이 독립과 "유럽으로 복귀"의 대가라고 납득했기에 폴란드 국민은 레흐 바웬사Lech Wałęsa 대통령과 그의 경제 전문가들의 지시에 의문을 제기하지 않았다. 그들은 신생 시장 경제를 지원하기 위해 전쟁을 치르듯 결집했다. 기업가들은 영웅으로 추앙받았고, 실직한 노동자들은 새로운 기술을 열성적으로 배웠으며, 소비자들은 민영화된 기업들을 후원했다. 얼마 지나지 않아 고용이 회복되었고 GDP는 자유화 이전보다 80%나 증가했다. 달라진 정책과 전통이 상쾌한 충격을 주어 새로운 이상과 행동 형성에 활력을 불어넣었다.

몇 년 뒤 색스는 러시아 보리스 옐친Boris Yeltsin 정부의 요청으로 전면적인 자유 시장 개혁에 관한 자문에 다시 응했다. 하지만 구소련 이후 러시아에서는 같은 방식의 충격 요법이 "먹히지" 않았다. 러시아의 귀중한 천연자원 기업들이 민영화되었을 때 노동자들은 가치 있는 주식을 받았다. 하지만 그들 대부분은 바로 쓸 수 있는 현금을 손에 넣으려고 즉시 올리가르히oligarch(구소련권의 자본주의 도입 과정에서 형성된 신흥 재벌 집단-옮긴이)에게 팔았다. 창업자들에 대한 존경심이나 새로운 일을 배우려는 열의도 부족했다. 여론은 곧 자유 시장 개혁에 반대하는 쪽으로 급격히 기울었고, 공산주의 계획 경제에 대한 향수가 일었다. 실업률이 치솟고 극심한 불황이 뒤따랐다. GDP가 40% 감소했으며 평균 수명은 6년 줄었다. 대공황보다 훨씬 심각한 인도주의적 재난humanitarian disaster(지역 사회나 대규모 집단의 건강, 안전, 복지 등을 위협하는 사건-옮긴이)이었다.

이 경험은 경제학자들에게 국가에 대한 충격 요법을 심장병 환자에게 하듯 보편적으로 처방해서는 안 된다는 사실을 보여주었다. 치료의 성공 여부는 중요한 심리적 무형 요소, 곧 지도자의 정당성과 지배력에 대한 인식에 달려 있다. 보리스 옐친은 인기가 있었지만 레흐 바웬사처럼 도덕적 권위를 지니고 있지는 않았다. 폴란드에서는 시장 경제에 필요한 행동에 관한 기억이 살아 있었다는 점도 작용했다. 시장이 없어진 지 40년밖에 되지 않았고 농업 등 일부 분야에서는 명맥을 유지했기 때문이다. 또 시장 제도로의 복귀는 독립과도 연관된 문제였다. 한편 러시아에서는 70년 동안 시장이 없었고, 시장으로 돌아간다는 것은 적의 체제에 항복하는 것처럼 느껴졌다. 이런 변화가 제국의 상실과 맞물린 것도 도움이 되지 않았다.[47]

정부와 경제 지도자는 사람들에게 새로운 전략에 참여하고 실행하도록 강요할 수 없다. 하향식 충격 요법은 사람들이 새로운 행동에 참여하는 "방법"을 아는 것만이 아니라 권위와 그 계획을 "승인"할 때만 작동한다.

집단 본능

혁신적 변화에는
상향식과 하향식이 함께 필요하다

몇 년 전에 레고Lego는 세계에서 가장 강력한 브랜드 순위에서 페라리를 제쳤다. 하지만 레고가 항상 빠른 차로에서 달린 것은 아니었다. 덴마크 빌룬드에 위치한 이 가족 경영 완구 제조업체는 첫 60년 동안 한 번도 적자를 기록하는 일 없이 꾸준히 느릿느릿 성장해왔다. 수제 나무 블록을 추상화가 몬드리안Mondriaan에게 영감받은 색상의 대량 생산 플라스틱 브릭으로 전환해 전 세계에서 고객을 확보했다. 하지만 21세기에 접어들자 상황이 달라졌다. 플레이스테이션과 닌텐도를 하며 자란 아이들은 화려한 플라스틱 브릭에 감탄하지 않았다. 레고는 마텔Mattel이 바비 인형을 넘어 사업을 다각화한 데서 착안해 테마파크, 보석, 의류 사업부를 만들었다. 나이 든 디자인 직원들을 은퇴시키고 유럽 최고의 디자인 학교 졸업생들을 고용해, 새 TV 프로그램을 중심으로 세트를 개발하고 조명 광섬유 케이블 등 특이한(그리고 값비싼) 부품을 포함시켰다. 이 복잡한 레고 세트들이 팔리지 않은 채 창고에 쌓이면서 손실은 더 심해졌다.

2003년 레고 이사회에서 예르겐 비 크누스토르프Jørgen Vig Knudstorp라는 젊은 임원이 회사가 파산으로 치닫고 있다는 수치를 제시해 이사진을 놀라게 했다. 그는 외부인의 시각이 필요했던 레고에서 2년 전 전략 담당 이사로 영입했던 매킨지McKinsey 컨설턴트 출신이었다. 크누스토르프는 이사회 보고를 하면서 반쯤 해고를 예상했지만 오히려 더 큰 팀을 맡아 분석을 계속하게 되었다. 1년 뒤, 35살 크누스토르프는 창업자 가족이 아닌 인물로는 처음으로 CEO에 임명되었다. 그는 다양한 구조물을 만들 수 있는 단순한 세트의 전통으로 돌아가 재고를(따라서 제조 비용을) 줄일 것을 요구했고, 테마파크, 보석, 의상 사업부를 매각했다. 그는 새로운 디자이너들에게 어린 자녀가 있는 가정에서 생활하며 아이들이 어떻게 노는지, 뭔가를 어떻게 만드는지, 그것들을 어떻게 해체하고 재조합하는지 인류학자처럼 관찰하라고 요구했다. 자존심이 상하긴 했지만 직원들은 비용 절감과 방향 전환의 필요성을 이해했다.

변화의 경험은 새로운 통찰력과 새로운 업무 습관으로 이어졌다. 디자이너들은 많은 부모가 아이들 못지않은 레고 팬이라는 사실을 알게 되었다. 회사는 웹사이트를 통해 성인 사용자들과 소통하기 시작했고, 얼마 지나지 않아 이 열성 팬들은 제품 아이디어를 제안하고 다른 사람들의 제안도 평가하게 되었다. 레고는 온라인 크라우드소싱crowdsourcing(기업 활동에 소비자와 대중을 참여시키는 방식-옮긴이)과 "공동 창작"으로 디자인, 시장 조사, 마케팅 비용을 절감할 수 있다는 사실을 한 발 앞서 깨달았다. 이 과정에서 레고는 자사 제품이 픽셀pixel(화소)과 유사해 디지털 렌더링rendering(이미지 합성)에 적합하다는 데 주목하고 실제 조립을 시뮬레이션하는 모바일 게임과 디지털 앱을 만들기 시작했다. 단편 애니메이션을 제작해 상을 받기도 했다. 이것이 포스트모던 장난감 이야기 애니메이션인 〈레고 무비The Lego Movie〉로 이어져 놀라운 성공을 거두었다(마텔은 애니메이션 영화 〈바비〉 시리즈의 최근 버전에서 이를 반영했다). 레고는 세계에서 가장 가치 있는 장난감 회사를 넘어 그 이상의 존재가 되었다.[48] 이 덴마크 회사는 블록을 하나하나 쌓아 올리며 실제와 가상 영역을 아우르는 제품의 선구자로 거듭났다.

10년에 걸친 레고의 재창조 드라마에는 상향식 전략이나 하향식 전략보다 더 많은 우여곡절이 있었다. 하지만 이 변화 스토리에는 다소 낯익은 듯 보이는 부분이 있다. 이번 장에서 살펴본 부족의 파급 효과와 관련된 부분이다. 장기 혁신적 변화에는 풀뿌리 전략의 헌신 기반 동력과 충격파 전략의 순응 기반 동력 양자 모두 통합되는 경우가 많다. 컨설팅업계에서 온 크누스토르프는 절반쯤은 외부인이었다. 컨설팅은 조직에 대한 정신분석과 마찬가지여서 다년간 계약해 가이드형 변화 관리를 제공한다. 매킨지처럼 종합 컨설팅을 하든 코터Kotter처럼 변화에 특화되어 있든 간에, 이 서비스를 제공하는 회사들은 변화를 일련의 단계로 개념화한다.[49] 단계의 수(7단계, 8단계, 10단계, 12단계 모델 등)와 명칭(기업마다 고유한 명칭이 필요하다!)은 다양하지만, 대부분은 쿠르트 레빈Kurt Lewin의 고전적 통찰을 정교하게 다듬은 것이다. 레빈은 문화 전환을 위해서는 개발 단계에 앞서 기존 패턴을 "해빙unfreezing"하고,

개발 후에는 새로운 패턴을 "재동결refreezing"해야 한다는 모델을 제시했다.[50] 해빙 단계의 구성 요소들은 대략 충격파 전략에 해당한다. 개발과 재동결 단계의 요소들은 대개 풀뿌리 전략에 해당한다. 다시 말해 기존 문화를 없애는 것은 하향식으로, 새로운 문화를 구축하는 것은 상향식으로 진행된다.

가이드형 혁신의 과정은 하향식으로 출발하는 경향이 있다. 기존 질서에서 벗어나는 것은 고통스러운 일이므로 충격파 전략이 가진 속도가 필요하다. 변화 관리 모델에는 "불만 조성" "선두 연합 구성" "변화 비전 전달" 같은 단계가 포함된다.[51] 이때 컨설턴트들은 "불타는 플랫폼" 비유를 즐겨 쓴다. 플랫폼에 불이 붙었을 때 해양 유정 작업자들이 하듯 직원들이 미지의 영역으로 자진해 뛰어들 수 있도록 발밑에 불을 놓아서 독려한다는 뜻이다.[52] 변화를 좋아하는 사람은 아무도 없지만 "뛰어내리지 않으면 타 죽는" 상황에서는 직원들이 더 기꺼이 믿고 따른다. 처음에 크누스토르프는 레고의 기존 방식은 파산을 의미한다고 강조했고, 이는 비용 절감을 위해 제품과 사업을 대폭 축소하자는 제안에 회사 측이 귀를 기울이는 동기로 작용했다.

혁신적 변화의 후반부는 새로운 문화를 구축하고 정착시키는 상향식 과정이다. "장벽 제거" "단기 성과 발견" "변화 기반 구축" "변화 제도화" 등의 단계에서 암바토의 시간 엄수 캠페인이나 간디의 독립 운동 사례에서 보았던 풀뿌리 절차를 볼 수 있다. 레고는 회사를 잘못된 길로 이끌었던 다각화 전략을 하향식으로 해체한 뒤, 디지털 접근 방식에 대한 관여를 확대하는 상향식 과정을 시작했다. 이 과정은 새로운 습관(크라우드소싱을 활용해 새로운 아이디어 개발)에서 시작해 새로운 이상(레고는 물리적 영역과 가상 영역 모두에서 조립해 만들기에 전념하는 기업이라는 점을 재확인)을 세우는 것으로 이어졌다. 결국에는 잠재적 경쟁자인 〈포트나이트Fortnite〉(온라인 비디오 게임) 개발사 에픽게임즈Epic Games와 협력해 블록 구조의 메타버스metaverse(확장 가상 세계)를 만들어 디지털 전환을 제도화하는 데까지 이르렀다. 덴마크의 작은 마을에서 나무 블록을 판매하며 이름을 알린 가족 기업이 꽤 멀리 온 셈이다. 레고의 현재는 하향식으로 시작해 다시 상향식으로 변화를 이루어낸 긴 과정의 정점이다.

 레고 이야기는 서로 다른 2가지 동력이 어떻게 하나의 확장된 거대한 변화로 결집될 수 있는지 보여준다. 이야기 구조가 친숙하게 느껴지지 않는가? 부족의 전환에 관한 전형적인 어느 이야기를 떠올리게 하는 구조다. 《성경》의 두 번째 권인 〈출애굽기〉에서, 모세는 이스라엘 민족이 이집트에서 떠나오는 물리적 여정과 노예에서 자기 주인으로 전환하는 영적 여정을 이끌도록 보내진 반¥이방인이다. 처음에 그의 과업은 이집트의 규범적 질서를 "해빙"하는 것이었다. 이집트 생활이 비참하다 해도 이스라엘 사람들은 익숙해져 있었기 때문에 전혀 모르는 곳으로 가기를 꺼렸다. 게다가 파라오는 이스라엘인들을 보내는 것에 강한 거부감을 보였다. 그래서 모세는 재앙을 내려 삶의 제도들을 혼란에 빠뜨리고 현 상황을 견딜 수 없는 것으로 만들었다. 그런 뒤 이스라엘 장로들에게 조상들이 받은 약속을 들려주자 그들도 젖과 꿀이 흐르는 땅에 대한 비전을 공유하게 되었다.

이스라엘 사람들은 짧은 여행을 준비하기로 동의했고, 파라오도 잠시 사막에 다녀오는 것을 허락했다. 몇 걸음으로 시작된 여정은 날마다 계속되는 행군이 되었다. 홍해가 막아서자 모세는 물을 갈라 길을 열었다. 이 바닷물은 다시 밀려와 추격하던 군대를 삼켰고, 돌아갈 길이 막힌 이스라엘인들은 의지가 더 굳어졌다. 하지만 대열 안에서는 불만이 터져 나왔다. 아직도 멀었나? 먹을 것은 있나? 도대체 이집트가 뭐가 그렇게 나빴다는 건가? 수십 년간의 노예 생활로 타락한 그들에게 모세는 만나manna(이스라엘 민족이 40년간 광야를 떠돌 때 여호와가 내려주었다는 양식-옮긴이)를 모으고 안식일을 지키는 미덕을 가르쳤다. 존경받는 이들을 재판관으로 뽑아 다른 사람들에게 이상을 가르치도록 했다. 그런 다음 고대 언약의 선례를 인용하면서 시내산Har Sinai에 올라 그들의 사회를 구성할 십계명을 받았다. 새로운 사막 문화는 습관의 변화에서 시작해 새로운 이상으로, 궁극적으로는 새로운 제도로 이어졌다. 이집트에서 이스라엘까지 걸어서 가는 데는 며칠밖에 걸리지 않지만, 모세는 그들이 약속의 땅에 갈 준비가 될 때까지 40년 동안 여정을 이어가게 했

다.[53]

요점은 모세가 최초의 경영 컨설턴트였다는 것이 아니다. 애초에 그가 말한 것은 불타는 플랫폼이 아니라 불타는 덤불이었다! 익숙하게 굳어진 질서로부터 강력한 단절, 그리고 새로운 공동체의 느린 육성이라는 이 대탈출 이야기의 요점은 예부터 전해온 부족 심리가 어떻게 집단의 변화를 구조화하는지 보여준다. 이 신화가 수많은 세대의 체인지 메이커들에게 영감을 준 데는 이유가 있다. 부족 변화의 반복적인 역학 관계에 대해 간명한 교훈을 알려주기 때문이다. 리더는 부족을 변화시킬 수 있지만, 새로운 뭔가의 성장을 양성하기에 앞서 우선 낡은 문화부터 깨트려야 한다.

8장

•

오늘날의 극단적 분열과 갈등을
어떻게 극복할 것인가

> 어쩌면 우리가 너무 밀어붙였는지도 모른다.
> 어쩌면 사람들은 그저 자신의 부족으로 돌아가고 싶을지도 모른다.[1]
>
> 버락 오바마Barack Obama

트럼프 승리와 힐러리 패배가 알려준
극단적 분열의 현실

2016년 힐러리 클린턴의 대선 전야 파티는 제이컵 재비츠 컨벤션 센터에서 열렸다. 유리 천장glass ceiling(여성 등 특정 집단이 높은 자리에 올라가지 못하게 막는, 눈에 보이지 않는 장벽. 재비츠 센터가 유리 건물이다-옮긴이)의 상징성 때문이었다. 힐러리의 행동과학 컨설턴트로 일했던 나는 역사적인 정점에 함께하게 되어 기뻤다. 힐러리는 몇 달 동안 여론 조사에서 우세를 보인 참이었다. 우리 모두는 여름부터 결과가 이미 정해졌다고 생각했고 감동적인 승리 연설을 기대하고 있었다.

고문, 정치인, 기금 모금가 등 이름난 정치꾼들이 도착하자 분위기가 달아올랐다. 일부와는 만난 적 있었지만 TV을 통해서만 본 사람들도 많았다. "미래는 여성이다" 티셔츠를 입은 밀레니얼세대 직원들이 그들을 반갑게 맞았다. 힐러리와 동시대인들 중에서는 그녀의 선거 유니폼에 경의를 표하는 의미로 밝은 파란색 바지 정장을 입은 사람들도 있었다.

이른 저녁, 높게 걸린 대형 스크린에는 CNN이 메릴랜드주, 코네티컷주 등 동부 해안 주들의 결과를 "선언"하는 장면이 나왔다. 진행자 울프 블리쳐Wolf Blitzer가 색깔로 구분된 지도를 한 주씩 파란색으로 바꿔가자 청중은 환성을 지르며 잔을 부딪쳤다. 이 선거가 다른 선거보다 더 큰 의미가 있다는 것, 파란 옷을 입은 여성들에게는 특히 그렇다는 것을 그들의 목소리에서 알아챌 수 있었다. 드디어 여성들의 차례가 온 것이다!

하지만 몇 시간이 지나자 축제 분위기에 김이 빠지기 시작했다. 오하이오주, 플로리다주, 노스캐롤라이나주는 빨간색으로 판정 났다. 축하 분위기가 점차 긴장된 대화로 바뀌었다. 이제 힐러리의 압승을 이야기하는 사람은 아무도 없었다. 어떤 사람들은 전화를 받았고, 어떤 사람들은 안심할 만한 뉴스를 찾으려고 전화기를 만지작거렸다. 내 휴대폰에도 친구들의 문자가 계속 들어왔다.

"걱정해야 되는 거야?"

"괜찮을까요?"

"뭐지? 무슨 일이야?"

출구 조사에서 파란색이었던 펜실베이니아주를 포함해 선거 지도의 많은 주들이 빨간색으로 바뀌면서 더욱 조용해졌다. 도대체 무슨 일이 벌어지고 있는 걸까? 승리로 향한 길이 좁아지자 모여 있던 민주당원들은 파란색으로 예상되는 나머지 주들의 선거인단 득표율을 집계하며 서로를 안심시켰다. 위스콘신주와 미시간주에 대한 뉴스가 불길하게 지연되고 있었다. 어떤 사람들은 휴대폰을 보다가 흐느끼기 시작했다. 화를 못 이겨 큰 소리로 욕설을 내뱉는 사람들도 있었다. 내 앞에 있던 70대들은 관절염으로 울퉁불퉁한 주먹을 흔들었다. 대형 스크린을 올려다보자 "도널드 트럼프 당선자"가 젠체하며 웃고 있는 사진이 보였다.

악몽을 꾸는 것만 같았다. 느닷없이 당했다는 느낌이었다. 나는 힐러리가 이길 것이라고 확신했고, 내가 아는 모든 사람도 그렇게 생각했다. 증거는 전혀 없었지만 어떤 부정행위를 의심할 수밖에 없었다. 뱃속 깊은 곳에서 분노가 치밀어 그곳에 머물러 있을 수가 없었다. 인파를 헤치고 미로 같은 건물에서 빠져나와 주차장의 통제 구역을 지나서 거리로 나갔다. 모든 사람이 얼빠지고 심란한 표정으로 스크린들을 쳐다보고 있었다. 택시를 잡지 못해 여러 블록을 걸었다.

 마침내 나는 우버 풀Uber Pool의 뒷좌석에 올라탔다. 실크 드레스에 진주를 착용한 30대 금발의 승객이 (내가 몇 시간 만에 처음 보는) 여유로운 미소로 인사를 건넸다.

 "그 행사에서 오는 길인가요?" 신난 목소리였다.

 "재비츠 센터요?" 내가 물었다.

 "아뇨, 미드타운 힐턴…."

 갑자기 모든 조각이 맞추어졌다. 그녀는 바로 도널드 트럼프 지지자였다!

 몇 분간 어색한 침묵이 흐른 뒤 호기심이 나를 이겼다. "그쪽 이벤트에 참석한 사람들은 결과에 놀랐나요?"

 그녀가 대답했다. "전혀요. 그는 중서부에서 돌풍을 일으켰잖아요. 게다가 아무도 그녀를 좋아하지 않아요!" 이어 그녀는 트럼프의 선거 운동 동력을 두고 몇 가지를 늘어놓았다. 전부 처음 듣는 이야기였다.

 그날 밤에 트럼프 지지자를 만나게 될 줄은 몰랐다. 또한 선거 결과에 전혀 놀라지 않는 사람을 만날 줄은 더더욱 예상하지 못했다. 내가 봤던 모든 증거는 힐러리의 압승을 가리키고 있었다. 하지만 듣자 하니 이 공화당원 역시 증거를 근거로 자신의 후보가 승리할 것이라고 똑같이 확신하고 있었다. 우리는 같은 차에 앉아 있었지만 같은 현실을 공유하지 않았다.

8장 오늘날의 극단적 분열과 갈등을 어떻게 극복할 것인가

나는 궁금했다. 어떻게 이런 평행 현실이 존재할 수 있을까? 그리고 이 나라 절반의 사람들이 이런 현실에서 살고 있다면 나는 왜 그 존재를 전혀 알아차리지 못한 것일까?

공화당원과 민주당원의 "현실" 사이의 균열은 계속 벌어지고 있고, 이에 따라 상호 불신도 커지고 있다. 레드와 블루 유권자들은 이제 데이트 사이트에서도 서로 어울리지 않는다.[2] 휴대폰 위치 데이터에 따르면 정치 성향이 다른 가족들은 안타깝게도 최근 몇 년 동안 추수감사절 저녁을 같이하는 횟수가 줄었다.[3] 2018년 조지아주에서는 중간 선거에서 민주당이 패배하자 결과 부인과 소송이 이어졌다. 2020년 대선에서는 "레드 물결"이 "블루 시프트blue shift"(직접 투표 집계에서는 공화당이 유리했는데 이후 부재자 투표 등의 집계에서 민주당이 역전하는 현상 – 옮긴이)로 바뀐 후 '스톱 더 스틸Stop the Steal' 운동은 소송을 제기하는 한편 주 정부를 압박했고, 1월 6일 의사당 행진으로 정점을 찍었다. 이는 민주당원들에게는 폭동이었지만 많은 공화당원들에게는 진정한 애국심이었다. 현재 미국인들은 향후 선거에서 패배한 쪽에서 폭력을 행사할 것으로 예상하며, 상당수는 자신들이 지지하는 쪽에서 폭력을 행사할 경우 지지할 수도 있다고 답했다.[4]

이러한 균열은 의사당 밖에서와 마찬가지로 의사당 안에서도 당연히 뚜렷하게 나타난다. 점점 더 분리된 현실에서 살게 되면서 양당 의원들은 법안 통과를 위한 "초당적 협상" 능력을 상실했다.

우리의 민주주의는 입법 협상, 곧 상대편이 받아들일 수 있는 법안을 만들려면 어떤 양보가 필요한지 파악하는 능력에 달려 있다. 하지만 지속적인 프로그램에 필요한 초당적 입법 협상은 이제 거의 없다. 최근에는 의회가 거의 모든 사안에서 합의에 이르지 못하면서 입법 교착 상태가 상습화되었다.[5] 이로 인해 행정부의 일방주의가 더욱 심해져 당파적 분노를 더 부채질한다.

인식론적 부족주의:
착한 부족 본능은 어떻게 독성 부족주의가 되는가

선거 결과 부정, 의회 교착 상태 등 양당제 기능 붕괴는 단순히 정부 기능을 저해하는 데 그치지 않고 민주 제도에 대한 대중의 신뢰를 약화시킨다.[6] 전문가들은 이러한 현상이 민주주의의 종말을 부를 수 있다고 우려한다.[7] 이 모든 것을 설명하는 것이 "부족주의"다. "독성 부족주의toxic tribalism"라고도 한다.[8] 이 용어가 토론, 트윗, 라디오 방송의 전화 연결에서 점점 더 자주 들리고, 정치 저널리스트들은 이 단어의 의미를 설명하려 애쓰고 있다.[9]

《뉴욕타임스》 칼럼니스트인 토머스 프리드먼Thomas Friedman은 미국이 중동에서 "부족주의 바이러스"에 걸렸다며, 정치적 반대자를 동료 시민이 아니라 불구대천의 원수로 보는 이 사고방식 탓에 이기지 못한 선거는 부정될 수밖에 없다고 해석했다.[10] 정치 평론가 앤드루 설리번Andrew Sullivan은 이런 역사적 순간에 자극받아 오랫동안 묻혀 있던 맹목적인 충성심과 외부인에 대한 원초적 증오가 다시 깨어났다고 설명했다.[11] 《타임》지의 앨릭스 올트먼Alex Altman은 대선 정치에 뛰어들어 다른 사람들도 자기처럼 행동하기를 강요한 적대적 "부족 전사tribal warrior" 탓이라고 했다.[12] 상황을 조장한 원인에 대해서는 전문가마다 의견이 다르지만, 이런 설명들은 전부 독성 부족주의를 원초적인 공포와 혐오가 봉인에서 풀려난 것이라고 묘사한다. 지니genie가 병에서 탈출했고 다시 돌려놓을 수 없다는 것이다.

독성 부족주의 비유는 저널리즘을 다채롭게 만들지만 정확한 이해나 실용적 해결책에는 도움이 되지 않는다. 앞에서 살펴본 것처럼 우리 종은 "우리"와 "그들"을 구분하는 심리 체계를 진화시켰고, 그 결과로 생긴 인지적 편견과 동기 부여가 정치를 비롯한 여러 삶의 영역에서 우리의 행동을 이끄는 것은 맞다. 하지만 우리가 살펴본 부족 본능에는 외부인에 대한 맹목적인 증오는 포함되어 있지 않다.[13] 진화에서 집단에 관련된 동기는 우리 조상들이 가끔씩 마주쳤던 외부 집단인 "그들"이 아니라 날마다 함께 지냈던 내부 집단인 "우리"에 초점이 맞추어졌다. 인간은 서로 다른 종류의 지식을 공유하는 집단들을 통합하고, 돕고, 보존하려는 연대 본능을 진화시켜왔다. 이런 본능이 다른 집단과의 갈등에 간접적으로 작용할 수는 있지만, 집단 내 연대가 다른 집단에 대한 적대감을 직접 수반하지는 않는다. 갈등이 적대감으로 확대될 수는 있다. 하지만 갈등의 시작점이 적대감이라고 가정하는 것은 정확하지 않고 도움도 되지 않는다.

이 책에서 소개한 3가지 부족 본능에 초점을 맞추면 미국 민주주의를 옥죄는 당파적 갈등, 그 속에서 보이는 우리의 진화한 집단 심리의 역할을 더 잘 이해할 수 있다. 이 본능은 동료와 맞물려 돌아가고, 씨족을 돕고, 더 상위 집단인 부족을 유지하기 위한 심리적 시스템이다. 이런 충동은 건설적인 협업을 유도하기 때문에 석기 시대부터 오늘날까지 인간 집단의 생존에 도움이 되었다. 만약 우리가 외부인에게 강박적으로 집착하고 반사적으로 증오하도록 배선되어 있었다면 하나의 종으로서 우리는 결코 여기까지 오지 못했을 것이다. 하지만 때로 이런 연대의 과정이 건전한 범위를 벗어날 수도 있다. 각각의 부족 본능은 연쇄 반응과 피드백 고리로 인해 특정 조건에서 통제 불능 상태가 될 수 있다.

따라서 집단 갈등을 이해하기 위한 첫 번째 단계는 범위를 벗어난 "우리" 본능의 징후를 찾는 것이다. 동료 본능의 어울림이 망상적 집단 사고로 전이된 것은 아닌가? 영웅 본능이 더 넓은 정의를 훼손하는 씨족 편애로 변질되지는 않았는가? 조상 본능의 전통주의가 다른 부족의 제도와 정당성에 대한 공격으로 바뀐 것은 아닌가? 다음 단계는 이와 관련된 연쇄 반응과 피드백 고리를 찾는 것이다. 어떤 부족 본능에 문제가 있는지 파악하면 어떤 종류의 트리거와 신호가 관련되어 있는지, 그리고 문제를 해결하려면 어떤 트리거와 신호가 필요할지 유추할 수 있다. 3가지 기본 부족 본능의 관점에서 생각하면 이 세상의 집단 갈등을 모조리 해결할 수 있다는 뜻은 아니다. 하지만 갈등이 외부인에 대한 원초적 증오에서 시작된다고 가정할 때보다는 분명 더 나은 대응책을 마련할 수 있다고 장담한다.

미국 양당제를 괴롭히는 문제의 경우 동료 본능적 순응성이 핵심이라는 것은 어렵지 않게 알아차릴 수 있다. 4장에서 이야기한 심리학자 솔로몬 아시의 시력 테스트 실험을 떠올려보자. 사람들은 자기 눈으로 본 증거보다 다수의 잘못된 의견을 따르지 않았던가? 추가 연구를 보면 참가자들은 이런 순응적 판단을 새로운 상호작용에 적용해 그들에게도 영향을 미친다.[14] 요즘 정당들은 아시 실험의 스테로이드 버전과 같다. 정당 지지자 대부분은 이웃, 뉴스 프로그램, 온라인 네트워크에서 온종일 비슷한 의견을 꾸준히 접한다. 당파적 견해를 표현할 기회, 그것을 통해 인정과 찬사를 받을 기회가 그 어느 때보다 많다. 이러한 순응 학습과 순응 표현 사이클은 이데올로기적으로 근친 교배된 공동체를 만든다. 마을 사람들 전부가 벌거숭이 왕의 새 옷이 아름답다고들 하면 내 눈에도 그 옷이 보이게 된다.

역사적으로 미국에서는 자유 언론과 공개 토론 같은 제도 덕분에 시민들이 정치 문제에 대한 다양한 관점을 접할 수 있었다. 이 제도들, 그리고 그것을 보호하는 수정 헌법 제1조는 진실이 승리할 수 있도록 언론의 자유가 허용되어야 한다는 전제에 기초하고 있다.[15] 대법원 판결은 이 전제를 진실한 사상은 "시장 경쟁"에서 승리한다는 은유로 요약했다.[16] 이런 경쟁은 사상의 발전에 도움이 되지만 관련된 개인에게는(특히 확실성을 추구하는 성격의 소유자에게는) 스트레스가 될 수 있다. 다행히 미국인들은 같은 생각을 가진 공동체(종교 모임, 소수 민족 공동체, 노동조합 지부, 재향군인회 회관 등)에서 위안을 얻고, 합의와 인식론적 안정을 경험할 수 있었다. 과거에는 정당이 다차원으로 이루어진 범주여서 이런 심리적 역할을 하지 못했다.[17] 20세기 대부분 시기에 양당 내부에는 진보 진영과 보수 진영이 공존했다. 또 당원이라고 해서 특별히 눈에 띄는 삶의 방식이 있는 것도 아니었다. 선거 때마다 잔디밭에 표지판을 세우는 소수 열성파를 빼면 지인 중 누가 공화당원이고 누가 민주당원인지 알기 어려웠다.

하지만 20세기 후반이 되자 이런 소속 구조가 녹아내려 해체되었다. 종교 단체 참여가 급격하게 줄었다. 종교 소속에 관한 설문 조사에서 "없음"이 가장 일반적인 답변이 되었다. 사회학자 로버트 퍼트넘Robert Putnam은 2000년에 출간한 《나 홀로 볼링Bowling Alone》에서 공동체의 결속력 약화를 경고했다. 미국인들은 그 어느 때보다 볼링을 많이 치지만 이제는 조를 짜서 하지 않는다. 좋든

8장 오늘날의 극단적 분열과 갈등을 어떻게 극복할 것인가

나쁘든(대부분 좋은 쪽이지만) 인종상 동질적인 이웃과 사는 미국인이 전보다 줄어든 대신 같은 당파 성향을 지닌 사람들끼리 점점 "떼짓기"를 하게 되었다.[18] 민주당 지지자들은 해안 도시와 대학 도시로 옮겼고, 공화당 지지자들은 내륙과 시골로 몰렸다. 정당 소속 구분이 노인/젊은이, 백인/비백인, 이성애자/퀴어 등 다른 구분과 점점 더 많이 겹친다.[19] 과거 세대가 소속되어 있던 동질 집단들이 쇠퇴하면서, 정당 성향이 점점 뚜렷이 나타나 그 공백을 채웠다.

이와 동시에 뉴스 미디어 환경이 분열되었다. 다양한 스펙트럼을 아우르며 정치적으로 균형 잡힌 뉴스를 제공하던 신문과 TV 네트워크가 당파 성향 케이블 채널, 웹사이트, 소셜 미디어 네트워크로 점차 대체되었다. 미국인들은 어느 때보다 많은 뉴스를 접하고 있지만(따라서 자신감도 매우 높지만), 대부분의 사람은 전체 정치 뉴스와 의견 중 한 부분집합만 보고 있다. 기술 탓이 아니다. 좀 더 합리적인 종이라면 선택 폭이 넓어진 뉴스를 활용해 자기 생각을 의심해보고 다듬을 수 있겠지만, 부족으로서 우리 좋은 마음에 드는 것만 찾는 편향된 시각을 가지고 뉴스에 빠져든다.[20] 우리는 비슷한 생각을 가진 미디어 커뮤니티로 자신을 둘러싸고 있으며, 그 결과 불완전하고 부정확한 정보를 얻게 된다.

또 소셜 미디어는 정치 신념을 표현해 동료의 동의와 인정을 얻는 일을 훨씬 쉽게 만들었다.[21] 이제는 정치 모임에 나가서 이야기할 필요가 없다. 라디오 토크쇼에 전화할 필요도 없다. 문구를 입력하거나 뉴스 사이트의 링크를 붙여넣기만 하면 정치색이 비슷한 동료들의 "좋아요"와 찬성 댓글이 쏟아진다. 소셜 미디어 플랫폼은 입소문을 더 무성하게 하려고 알고리즘을 조정했고, 우리 삶에는 강력하고 새로운 순응주의 신호들이 밀려 들어왔다.

우리의 동료 본능은(그리고 전통적으로 이를 수용하던 집단의 위축은) 주거 공동체와 온라인 커뮤니티에서 당파성 "거품"을 일으켰다. 이 거품은 우리의 의견을 재확인해주는 뉴스와 의견을 가진 동료들로 우리를 둘러싸고, 반대되는 관점으로부터 절연시킨다. 게다가 이 거품은 에코 효과를 내는 반향실反響室이 되어 순응적 표현을 촉진하고 동료의 지지 반응을 제공한다. 이런 순응 학습과 순응 행동의 사이클로 인해 공화당과 민주당 내부의 합의는 공고해졌고 양당 사이의 간격은 넓어졌다.

현실을 바라보는 시각도 점점 더 나뉘고 있다. 본래 공화당 진영과 민주당 진영은 주관적인 평가(대통령이 잘하고 있는가?)에 대해 항상 의견이 달랐다. 하지만 이제는 객관적인 사실(대통령이 무슨 일인가?)에 대해서조차 점점 더 의견이 일치하지 않는다. 2016년 대선 때 두 진영은 지구 온난화, 프래킹fracking(수압 파쇄. 셰일가스 개발 방식-옮긴이), 힐러리 이메일, 트럼프와 러시아의 관계, 그리고 다른 여러 사안에 대해 사실에 근거한다고 생각하는 신념factual belief(현실과 부합한다고 의도된 신념)이 서로 달랐다.[22] 동료 본능에 따른 순응 학습을 통해 결론에 도달하는 과정을 의식하지 않기 때문에 우리는 이런 문제들에 대한 믿음이 현실을 직접 반영한다고 (순진하게) 생각한다.[23] 당파적 거짓과 우리의 "순진한 현실주의"가 결합되어 잘못된 예측을 낳는다. 공화당과 민주당 모두 무소속 유권자들이 특정 문제에 대해 자신들과 입장이 같을 것이라고 예상한다(그 문제를 이런 "현실 기반" 방식으로 보지 않는 것이 어떻게 가능하단 말인가?). 따라서 양쪽 모두가 박빙의 선거에서 이길 것이라고 기대한다. 이 탓에 선거 운동에서 실수할 수 있고, 패배한 쪽은 선거 당일 밤의 결과에 진심으로 놀란다.

우리는 또 상대방에 대한 뒤틀린 인식을 형성한다. 자신의 신념이 정치적으로 필터링된 것이라는 사실을 모르는 탓에 상대방의 신념이 매우 왜곡된 것처럼 보인다. "그들"은 이념이나 사리사욕에 눈이 먼 것이 틀림없다고 단정한다. 공화당원은 민주당원 중 38%가 게이, 레즈비언, 양성애자라고 생각하는데 실제로는 6%다. 민주당원은 공화당원의 44%가 연간 소득 25만 달러 이상이라고 생각하는데 사실은 2%다.[24] 공화당원은 민주당원의 50%가 "대부분의 경찰은 나쁜 사람들"이라는 진술을 지지한다고 추정하지만 실제로는 15%만 그렇다. 민주당원은 공화당원의 절반만 "미국에서 인종차별이 여전히 문제"라는 말에 동의한다고 추정하지만 사실은 79%가 동의한다.[25]

이것이 "인식론적 부족주의epistemic tribalism"다.[26] 동료 본능의 폭주로 인해 부족적 순응이 점점 더 진실보다 우선시된다. 주거와 온라인 거품이 가속화한 순응을 통해 정치 신념을 얻는 일이 더 잦아지면서 미국인들의 세계관이 갈라졌다. 그로 인해 선거 결과에 놀라고 불신을 갖는다. 상대 정당을 당혹스럽고 소통이나 협력이 불가능한 존재로 여기며, 때로는 분노, 경악, 혐오를 불러일으키는 대상으로 생각한다. 이전 세대는 종교나 인종에 따른 고정관념과 적대감이 강했지만, 설문 조사를 보면 요즘에는 분기점이 정당이고 거기가 사회적 편견이 가장 강하다. 분명히 민주당과 공화당은 서로에 대해 부정적인 감정을 품고 있다. 하지만 이는 세계관의 균열에서 비롯된 것이지 외부인에 대한 원초적 증오에서 온 것이 아니다.

2016년을 돌아보면 내가 문화적 편견을 연구하는 심리학자면서도 인식론적 부족주의에 그토록 취약했다는 사실이 조금 우울하게 느껴진다. 나는 나를 둘러싼 공동체들의 블루 부족 진실을 열렬히 흡수했다. 지나치게 자신만만했고, 뒤통수를 맞은 듯 느꼈고, 불신으로 반응했다. 아무튼 우연히 집에 가는 길에 동승하게 된 것을 계기로 상대 진영과 더 많이 이야기하는 일이 시작된 것은 기쁘다. 새로운 상황이나 새로운 정보에 자신을 노출하는 것이 인식론적 부족주의의 순환 고리를 끊는 첫걸음이 될 수 있다.

어떻게 하면 편파적 당파성에서
벗어날 수 있을까

주민들이 말하는 방식을 보면 그 동네가 공화당 텃밭인지 아니면 민주당 쪽인지 짐작할 수 있다. "신이 주신 번영"이라고 하는가, 아니면 "백인 특권"이라고 하는가? 듣는 음악을 통해서도 가능하다. 컨트리인가, 아니면 힙합인가? 타고 다니는 차량도 단서다. 픽업트럭인가, 하이브리드 승용차인가? 정치 분석가인 데이브 와서먼Dave Wasserman에 따르면 유기농 전문 식품 기업인 홀 푸즈Whole Foods 매장은 78%가, 미국 남부 가정식 전문 레스토랑 체인인 크래커 배럴Cracker Barrel 매장은 27%만이 민주당 지지 지역에 위치해 있다.[27] 옷 매장도 정통 아메리칸 스타일 브랜드인 브룩스 브라더스Brooks Brothers는 레드 부족, 프리미엄 기능성 스포츠웨어 브랜드인 룰루레몬Lululemon은 블루 부족의 영역이다.

당연히 이런 레드 또는 블루 단서는 당파적 부족 표지다.[28] 민주당 지지자가 출근길에 홀 푸즈나 룰루레몬을 지나치면 "그들"을 단수 대명사로 사용하는 식의 블루 부족 습관이 발동한다. 공화당원이 크래커 배럴이나 브룩스 브라더스를 보면 참전 용사에게 "노고에 감사드립니다"라고 인사하는 것 같은 레드 부족의 반사 신경이 작동한다. 당파적 사고방식을 드러내는 것에는 장단점이 있다. 지역 주민들과 어울리고 유대감을 형성하는 과정은 쉬워진다. 하지만 기존의 진보주의적(또는 기존의 보수주의적) 답변의 틀을 따르는 쪽으로 마인드셋이 굳어질 수 있다. 지역 문제 해결을 위해 애쓰는 중이라면 이 방법이 효과적일지 모른다. 그러나 계속 이런 식으로 생각하다보면 상상력이 제한된다. 다양한 종류의 문제를 통합한 해결책, 더 넓은 범위에서 받아들여질 수 있는 해결책을 떠올리기 어렵다.

편파적인 당파성 유발 트리거에서 벗어나는 한 가지 방법은 다른 정치 문화에 자신을 심는 것이다. 당파적 정체성이 지속적으로 유발되지 않으면 다른 세계관을 더 쉽게 이해할 수 있고, 당파적 분열을 초월하는 아이디어를 상상할 수 있게 된다. 흥미로운 예가 래퍼인 릴 나스 엑스Lil Nas X다.[29] 애틀랜타의 빈민가에서 자란 그는 힙합 문화에 흠뻑 빠져 지냈다. 고등학교 시절에는 아버지와 함께 교외로 이사해서 "밈 문화meme culture"에 몰두했고, 이후 조지아주 서부의 시골 대학을 선택해 컨트리 음악을 많이 들었다. 이 모든 영향이 합쳐져 〈올드 타운 로드Old Town Road〉가 탄생했고, 이 곡은 블루 종족 차트와 레드 종족 차트 모두에서 히트했다. 정치인 피트 부티지지Pete Buttigieg도 마찬가지다. 그는 2014년 출신 대학이 있는 도시인 인디애나주 사우스벤드의 시장직을 내려놓고 해군에 입대해 아프가니스탄으로 파병 갔다. 이런 환경과 동료의 변화는 그가 2016년 대선 때 퍼플 주, 곧 경합 주의 예비 선거에서 잘 먹혔던 화제話題를 만드는 데 분명 도움이 되었을 것이다. 만

약 힐러리 클린턴의 선거 운동이 블루 거품 바깥에 기반을 두었더라면 미시간주와 위스콘신주 유권자들과 단절되어 있음을 관련자 누구나 알아차렸을 것이다. 브루클린의 선거 운동 본부는 비건 카페, 진보적 학교, 침술 클리닉 등 블루 부족의 선입견을 우선 떠올리게 만드는 표지들에 둘러싸여 있었다.

당파 신호와 관련해 상대를 설득할 때는 자기 부족 언어를 조심해야 한다. 스탠퍼드대학교의 매슈 파인버그Matthew Feinberg와 롭 윌러Robb Willer는 정치 지지자들이 자기 정당의 상투적 표현을 사용하는 경향이 있다는 것을 발견했다. 하지만 다른 정치 부족을 설득하려고 할 때는 그들의 어휘를 사용하는 것이 더 효과적이다.[30] (예를 들어 환경운동가들은 보수주의자들을 설득하려고 할 때 "사회 정의" 대신 "지구의 신성함"을 내세울 수 있다.) 올바른 부족 표지는 특정 계획의 설득력을 높이는 데 매우 중요할 수 있다. 공화당원들은 "탄소세"에는 반대하지만 "탄소 상쇄"는 받아들인다.[31] 이제 환경운동가들은 보수 성향 정치인들에게 로비를 벌일 때 성직자와 신앙 기반 언어를 점차 더 많이 사용하고 있다.[32]

장기적인 해결책을 찾으려면 즉각적인 트리거를 넘어 블루 부족 또는 레드 부족 선입견에 영향을 미치고 업데이트하는 신호에 주목해야 한다. 2016년 대선에서 미디어의 역할에 대한 우려가 커지자 많은 기술 전문가들이 미디어 편향성을 완화하기 위한 도구를 고안했다.[33] 예를 들어 플립피드FlipFeed는 사용자가 지지하는 정치 진영과 반대되는 진영의 트위터(현재 X) 피드를 전송하는 프로그램이다. 2017년 듀크대학교의 크리스 베일Chris Bail이 그 효과를 실험해봤다. 당파적인 트위터 사용자들에게 돈을 지불하고, 반대 진영 오피니언 리더들의 메시지를 매일 24개씩 리트윗하는 봇을 한 달 동안 팔로우하도록 했다. 공화당원들은 버락 오바마 등에게서 나온 게시물, 민주당원들은 도널드 트럼프 등에게서 나온 게시물 업데이트를 받았다. 이 연구의 사전 조사와 사후 조사에서는 정치 문제에 대한 응답이 의도와는 정반대 결과를 나타냈다. 공화당원들은 훨씬 더 보수적으로 변했고, 민주당원들은 약간 더 진보적으로 바뀌었다.[34]

이런 역효과는 의심스럽게 여겨지는 신호에 대한 방어 기제가 있음을 반영한다.[35] 자신을 바로잡으려고 가해지는 외부 집단의 압력이 거기에 해당한다. 2011년 오바마가 장문의 출생증명서를 공개하자 그가 외국 태생이라고 믿는 공화당원의 비율은 감소한 것이 아니라 오히려 증가했다.[36] 오랫동안 사회심리학자들은 당파주의자들이 자기편이 소중히 여기는 신념에 불리한 증거는 무시하지만 유리할 때는 같은 종류의 증거를 받아들이는 현상을 관찰해왔다.[37] 예일대학교 로스쿨의 댄 카한Dan Kahan에 따르면 이런 선택적 태도는 교육 수준이 높은 사람들에게서 가장 두드러진다.[38] 사람들은 자신의 신념에 이의를 제기하는 외부인의 증거에 맞서 방어하기 위해 학력學力을 이용한다.

하지만 당파주의자도 상대가 다른 진영이라는 사실이 강조되는 것이 아니라 사람으로 다가올 때는 귀를 기울일 수 있다.[39] 펜실베이니아대학교의 사회학자 데이먼 센톨라Damon Centola는 공화당원들과 민주당원들에게 기후 예측 게임을 하도록 요청했다. 참가자들은 기후 관련 지표를 예측하기 전과 후에 초당파 그룹과 의견을 공유했다. 그들에게 제시된 것은 최근 수십 년 동안의 북극의 빙하 두께 추이에 관한 NASA(미국항공우주국) 차트였다. 차트의 선은 아래로 기울어 있었지만 지그재그로 움직였는데, 이를 바탕으로 2025년의 빙하 두께를 추론하라는 것이었다. 민주당 지지자들은 큰 폭 감소를 예상한 반면 공화당 지지자들은 거의 변화가 없을 것으로 예측하는 경향이 나타나 당파적 동료 코드와 일치했다. 이어 참가자들은 정치적으로 다양한 동료 그룹과 (그들의 소속 정당은 모르는 채로) 의견을 교환한 뒤 2차 추정치를 내놓았다. 대부분의 경우 업데이트된 추정치는 더 정확한 방향으로 움직였다. 다양한 의견에 노출된 이후의 우세 신호가 참가자들의 초기 당파적 편견을 완화하는 효과를 보인 것이다. 반면에 의견을 공유한 동료들의 민주당 또는 공화당 소속이 강조된 다른 조건에서는 2차 예측의 정확도가 높아지지 않았다. 신호를 보내는 쪽의 정치 성향이 너무 두드러지면 반대 진영으로부터 배우는 것을 차단하려고 방어 태세를 취한다는 교훈을 얻을 수 있다.

'브리지 더 디바이드Bridge the Divide' '하이 프롬 디 아더 사이드Hi

From The Other Side'·'UR 액션Urban Rural Action'등 최근의 레드-블루 대화 프로그램들이 극적인 진전을 보이지 못하는 것은 아마 이 때문일 것이다. 이런 프로그램은 참가자들에게 "반대편"과 대화한다는 점을 강조하기 때문에 사람들의 방어벽을 높일 수 있다. 직관과 다소 어긋나지만, 컬럼비아대학교의 에릭 샌토로Erik Santoro와 캘리포니아대학교 버클리캠퍼스의 데이비드 브룩먼David Broockman의 실험에 따르면 지지 정당이 다른 사람들 간의 대화에서는 비정치적인 주제(예를 들어 "완벽한 하루")가 정치적인 주제보다 효과적이다.[40] 그 밖에 음식, 커피, 신념 등 비정치적인 관심사와 관련된 '메이크 아메리칸 디너 어게인Make America Dinner Again'·'커피 파티 유에스에이Coffee Party USA'·'시빅 스피릿Civic Spirit' 같은 프로그램들도 정치색이 다른 사람들 간의 대화를 유도한다.[41] 대립적이지 않은 대화를 시작하고 모임 이후에도 지속되어 장기적 효과를 발휘하는 데는 이쪽이 더 유용할 것이다.

사람들은 또 자기 정당의 행동에서 우세 신호가 나오면 유연해진다. 심리학자 제프리 코언Geoffrey Cohen은 예일대학교 학생들에게 의회 표결에 관한 가짜 신문 기사를 보여주었다. 복지 계획에 대한 표결 내용을 보여주고 개인적으로 찬성하는지 물었는데, 빈곤층에 관한 조항을 관대하거나 엄격하게 만든 각기 다른 버전의 가짜 기사들이었다. 실험에서는 표결에 대한 정보도 중요했다. 공화당이 주로 그 계획을 지지했다거나 반대로 민주당이 압도적으로 지지했다거나 하는 식이었다. 놀랍게도 학생들의 평가는 정책 정보보다 정당 정보에 더 영향을 받았다.[42] 지지하는 정당의 의원들 대부분이 그 계획에 찬성했다는 정보를 받은 경우 그들은 복지 계획을 긍정적으로 평가했다. 복지 혜택이 관대한지 엄격한지에 상관없이 말이다! 평가의 근거를 묻는 질문에 학생들은 우세 신호가 영향을 미쳤다는 것을 부정했다. 그 정책의 세부 사항, 곧 관대함(아니면 엄격함)이 자신의 "정부에 대한 철학"과 부합한다고 합리화했다. 대개 우리는 부족 신호들이 우리에게 어떤 영향을 미치는지 인식하지 못하며, 자기 행동에 대해 사후적으로 설명을 만들어내는 데 몹시 능숙하다.

당파 갈등이 원초적 적대감이라는 독성 부족주의에서 비롯한다는 전문가들의 주장은 정답에 근접했지만 정확하지는 않다. 물론 당파 갈등에는 부족 심리가 개입되어 있고 적대감이 존재하는 것도 사실이다. 그러나 적대감은 문제의 시작점이 아니며, 그렇게 생각하면 유용한 해결책이 나오지 않는다.[43] 이 문제의 핵심에 있는 "우리" 본능(동료 본능의 순응성)을 인식해야 지난 10년간 이 문제가 어떻게 확대되어왔는지 이해할 수 있고, 동료 본능의 트리거(레드 표지와 블루 표지), 신호(미디어 노출, 상호작용, 메시지에서 받는 우세 신호)와 관련된 개입을 파악할 수 있다. 즉각적인 해결책은 없지만 이런 전술을 채택한 정치인과 시민 단체는 진전을 보이고 있다.

안타깝게도 부활한 부족적 적대감 탓이라고들 하는 현대 쇼비니즘(광신적 애국주의, 국수적 이기주의)의 유일한 원인이 정치 당파 갈등은 아니다. 지난 몇 년 사이 인종 불평등이 대중 담론의 중심으로 떠올랐고, 터커 칼슨Tucker Carlson 같은 비평가들은 학교에서 인종에 대해 가르치는 방식이 "부족주의를 조장"한다고 주장한다.⁴⁴ 또한 다른 종교를 가진 이들에 대한 테러와 군사 공격을 두고 부족적 분노로의 회귀라고들 한다.⁴⁵ 그렇지만 만능 설명, 특히 진화론자들이 거의 인정하지 않는 어떤 본능을 들먹이는 설명은 경계해야 한다. 이런 추악한 갈등들을 일상 심리와 멀리 떨어뜨려놓고 싶을 수도 있겠지만, 그렇게 하면 갈등을 해결할 최선의 방법을 보지 못하게 된다.

윤리적 부족주의: 차별의 근본 요인은 외집단 혐오가 아니라 내집단 편애다

1971년 변호사 모리스 셀리그먼 디스Morris Seligman Dees와 조지프 레빈Joseph Levin은 남부빈곤법률센터Southern Poverty Law Center, SPLC를 설립하고 앨라배마주 몽고메리의 오래된 주택가에 있는 단층 건물에 사무실을 냈다. 그들은 직장과 교도소 등 여러 환경에서 인종차별에 반대하는 전형적인 민권 소송으로 출발했다. 그러다

8장 오늘날의 극단적 분열과 갈등을 어떻게 극복할 것인가

1980년대에 들어서면서 디스는 피해자를 대리해 KKK를 상대로 손해 배상 소송을 제기하는 쪽으로 초점을 옮겼다. 당시 KKK가 파산 상태여서 받아낸 금액은 거의 없었지만, 디스가 법정에서 KKK의 "병사들"과 "황제 마법사imperial wizard들"(KKK 최고위 지도자들. 대개 '대마법사grand wizard'라고 한다-옮긴이)을 굴복시킨 여러 장면은 꾸준히 전국 언론의 주목을 받았다. 어느 날 밤 KKK 조직원들이 사무실에 폭탄을 터뜨리는 일까지 발생하자 그는 현대판 애티커스 핀치Atticus Finch(소설 《앵무새 죽이기》의 주인공-옮긴이)처럼 보였다. 남부빈곤법률센터는 다이렉트 메일direct mail, DM 모금 활동으로 많은 후원금을 모았다.

표준적인 민권 활동에 중점을 두었던 법무팀원들이 다른 곳으로 대거 떠나자 디스는 레빈의 동료 리처드 코언Richard Cohen을 법무국장으로 영입했고, 코언은 자신의 제자 론더 브라운스타인Rhonda Brownstein을 데려왔다. 두 사람은 센터의 영향력을 키운 혐오 단체 목록과 인기 있는 뉴스레터 〈헤이트워치Hatewatch〉를 함께 개발했다. 2000년대로 접어들 무렵 남부빈곤법률센터는 9자리 숫자의 기부금, 새 건물, 인종 억압에 대항하는 보루라는 전국적인 명성을 얻었다.

그 무렵 작가 밥 모서Bob Moser는 "일을 시작하기도 전에 이미 내가 옳다고 독선적으로 생각하면서" 선한 싸움에 동참하려고 몽고메리로 갔다. 어려운 여건 속에서 지칠 줄 모르고 고객을 변호하는 강단 있는 변호사 무리에 합류할 것으로 기대했다. 하지만 그가 도착한 곳은 강철과 시멘트로 지어진 번쩍이는 포스트모던 타워였다. 지역 주민들은 그곳을 "빈곤의 궁전"이라 불렀다. 그는 남부빈곤법률센터가 다이렉트 메일 모금에 지나치게 집중하는 것에 당황했고, 인종 형평성이 결여되어 있다는 사실에는 더욱 당황했다.[46] 임원진은 거의 전원 백인이고, 스스로를 "도우미"라고 비꼬듯 말하는 행정 직원들은 대부분 흑인이었다.

회의적인 언론인들이 이런 불일치를 지적했지만, 디스는 그들이 가진 채용 편견이 오히려 "역차별"이라며 "흑인 변호사를 구하기는 쉽지 않다. 어떤 조직이든 그렇게 말할 것"이라고 반박했다.[47] 디스와 다른 백인 임원들은 아프리카계 미국인 직원들의 일을 노예에 비유하는 등 일상 발언에서 그들을 모욕하는 일도 있었다. 몇 안 되는 유색 인종 변호사 중 한 사람에 따르면 인종 편견 교육 중 (사장으로 승진한 코언 후임으로) 새로 법무국장을 맡은 브라운스타인이 질의응답 세션에서 "사람들이 … 인종차별이라고 하는데 사실은 그들이 틀린 거라면 어떨까요?"라고 묻기도 했다. 가끔은 그런 질문이 필요할 때도 있지만 맥락상 경영진이 조직 내에 인종 편견이 있다고 의심하는 신호인 것 같았다.[48]

그렇지만 지난 10년간 극우 단체들이 부상했기 때문에, 2017년 샬러츠빌에서 열린 백인 우월주의자들의 '유나이트 더 라이트Unite the Right' 집회 이후에는 더더욱, 디스가 선견지명이 있었던 것처럼 보였다. 이 센터는 5억 달러에 가까운 기부금을 모아 모금액 규모에서 비영리 인권 단체인 미국시민자유연맹American Civil Liberties Union, ACLU과 대부분의 대학들을 앞섰다. 이를 바탕으로 남부빈곤법률센터는 대화형 웹사이트 〈헤이트 맵Hate Map〉, 팟캐스트 〈사운즈 라이크 헤이트Sounds Like Hate〉 등 여러 새로운 활동에 자금을 지원했다. 하지만 조직 내부의 인종 불평등은 점점 견디기 힘든 것이 되어갔다.

긴장은 법무부국장 메러디스 호턴Meredith Horton의 사직으로 극에 달했다. 최고위급 아프리카계 미국인 직원이었던 그녀는 "남부빈곤법률센터는 우리가 대외적으로 추구하는 가치를 내부적으로 실천하는 곳이 아니다"라고 밝혔다.[49] 직원 그룹은 이사회에 우려 사항 목록을 제출했고, 며칠 후 디스는 해고되었다. 이어 몇 주 만에 코언과 브라운스타인도 사직했다.

남부빈곤법률센터의 내분은 역설적이다. 차별과 맞서 싸우는 데 커리어를 바친 변호사들과 사상가들이 어떻게 자기네 뒷마당에서 그런 일을 저지를 수 있었을까? 몇 가지 원인은 분명하다. 디스를 비롯한 리더들은 자신의 미덕을 과신했고, 채용 관행에 대해 무심했으며, 자기 말이 어떻게 받아들여지는지 그다지 의식하지 않았다. 그런데 여기에는 두 종류의 차별에 관한 교훈도 존재한다. 남부빈곤법률센터가 극단주의 단체들을 대상으로 모니터링한 소수 민족에 대한 적대감, 무해해 보이지만 실제로는 더 큰 문제일 수 있는 동족 편애가 그것이다.

남부빈곤법률센터의 포용성과 형평성 실패가 엄청난 잘못이긴 해도 드문 일은 아니다. 지난 10년 동안 여러 단체가 다양성 프로그램을 확산시켰음에도 흑인과 백인 미국인의 소득 격차는 더 이상 좁혀지지 않고 있으며 일부 지표에서는 다시 벌어지기 시작했다. 오바마가 처음 당선되었을 때 일부 낙관론자들은 "탈脫인종주의" 미국을 환호했다. 하지만 2020년에는 역사상 가장 규모가 큰 인종차별 시위가 벌어졌다. 백인이 아닌 사람들은 특정 환경에서 민족 차별을 경험한다. 퓨 리서치 센터의 집계에 따르면 2015년 경찰로부터 부당한 대우를 받은 비율은 흑인 18%, 히스패닉 11%, 백인 3%였다. 한편 직장 내 부당한 대우는 더 흔해서 흑인 21%, 히스패닉 16%, 백인 중에서는 4%가 경험한 것으로 나타났다.[50]

차별 대우가 단지 인식의 문제가 아니라 실제 존재한다는 것을 보여주는 다른 증거가 있다. 신입 사원 채용에 그레그 스미스Greg Smith, 저말 존스Jamal Jones, 호세 크루즈José Cruz가 지원서를 냈다고 가정해보자(저말은 아랍계, 호세는 히스패닉계 이름이다-옮긴이). 누가 면접 요청을 받을 가능성이 더 높을까? 연구자들은 자격 요건은 같지만 (암시적으로) 민족이 다른 가짜 이력서를 보내 이를 테스트한다. 최근 30년간의 이런 현장 실험들에 대한 메타분석에 따르면 백인 지원자는 흑인 지원자보다 평균 36%, 히스패닉 지원자보다 24% 더 회신을 많이 받았으며 이 기간 동안 차별 비율은 거의 변하지

않았다.[51]

독성 부족주의라는 비유가 유행하면서 많은 경제 저널리스트들과 컨설턴트들은 직장 내 민족 차별을 이런 식으로 설명해왔다.[52] 대부분 백인인 경영진과 관리자가 민족적 반감에 근거해 비백인 지원자와 직원을 부정적으로 평가한다는 것을 사실로 가정한다. 한 세기 또는 반세기 전에 조직의 백인 관리자들이 이런 동기로 행동했다는 것은 분명하다. 그러나 전국적인 조사에 따르면 그 이후 민족적 적대감은 급격히 감소한 반면 불평등한 대우는 여전히 만연해 있다.[53] 차별이 (부족적 분노에 뿌리를 두든 그렇지 않든) 적대감에서 비롯된다는 통념을 감안할 때, 적대감이 감소했음에도 차별이 여전히 존재한다는 것은 당혹스럽다. 적대감 없이 차별한다는 것이 가능한 일일까?

이 난제에 대한 답을 찾기 위해 행동과학자들은 차별과 불평등이 다른 방식으로 발생할 수 있는지를 놓고 고민했다. 백인 고용주는 이력서에서 저말이나 호세라는 이름을 보고 민족적 적대감을 느낄지 모르지만, 그레그라는 이름에서 민족적 친밀감을 느낄 수도 있다. 자신의 내집단을 끌어올리려는 동기는 외집단을 억누르려는 동기와 심리적으로 구별된다.[54] 이는 "그들"에 대한 부정적인 반사 작용이 아니라 "우리"를 향한 긍정적인 충동이다. 사회적 태도에 대한 설문 조사를 보면 자기 인종에 대한 긍정적인 감정이 다른 인종에 대한 강한 부정적 감정보다 10배 더 자주 발생한다.⁵⁵ 조사에 응한 사람들이 인종적 적대감을 인정하기 꺼려서 그런 것일까? 그런데 같은 패턴이 어린이들의 행동 증거에서도 나타난다. 어린이들은 3세부터 민족 내집단에 대한 긍정적인 감정을 표현하지만 6세까지는 민족 외집단에 대한 혐오를 나타내지 않는다.⁵⁶(미취학 아동을 연구하는 데는 방법론적인 어려움이 있지만 정치적 올바름은 거기에 해당하지 않는다.) 내집단 동기가 우세하다는 것은 진화론상으로 타당하다. 유아들은 생존을 위해 집단 내 유대에 의존하며 외부 집단들과는 거의 상호작용하지 않기 때문이다.

링컨 대통령은 1865년 3월 두 번째 취임식에서 "누구에게도 악의를 품지 말고 모두에게 관용을 베풉시다"라고 미국인들에게 촉구했다.⁵⁷ 관리자 입장에서 관용은 재량에 따라 관심과 자원을 할당하는 것을 의미한다. 특이한 이력서를 유리하게 해석해주거나 입이 얼어붙은 면접자에게 질문에 답할 수 있는 두 번째 기회를 제공하는 것이 관용이다. 따라서 차별은 링컨이 거부한 악의와 그가 요청한 관용 양자 모두에서 비롯될 수 있다. 관용이 모두에게 확대되지 않는다면 그렇다. 그런데 모든 사람을 향한 관용은 불가능하지는 않더라도 어려운 기준이다. 우리는 대개 충동적으로 가끔 관용을 베풀지만 시간과 자원이 제한되어 있으므로 온종일 그렇게 하지는 않는다. 영웅 본능의 충동에서 나오는 관용은 모든 상호작용에서 작동하는 것은 아니다.

우리는 모든 인류가 아니라 우리 씨족이나 우리 공동체에 베풀도록 배선되어 있다. 진화생물학자들은 이런 선택성을 "편협한 이타주의parochial altruism"라고 부른다. 우리는 많은 공동체에 속해 있지만 "피는 물보다 진하다"라는 속담은 부인할 수 없는 진실을 전달한다. 같은 인종이나 민족에 속해 있다는 것은 같은 직업, 조직에 속해 있는 것보다 더 강력하게 관용 충동을 자극한다. 따라서 대부분의 채용 관리자와 같은 "피"를 가진 지원자들은 이런 영웅 본능의 충동에서 혜택을 볼 수 있다. 이는 미국처럼 한 인종 집단이 경제적 기회 대부분을 통제하는 사회에서 특히 문제가 된다. 무의식적인 집단 내 편애가 민족 불평등을 재생산하는 작용을 할 수 있다.[58]

직장 내 차별에서 내집단 관용과 외집단 적대감을 구분한 보기 드문 한 연구는 내집단 편애가 주된 요인임을 지지한다. 연구자들은 배우 지망생들을 훈련시켜 웨이터 면접을 보게 했다(그들에게는 그리 힘든 배역이 아니었다). 한 명은 백인, 한 명은 소수 인종인 한 쌍의 배우가 똑같은 자격을 갖춘 이력서를 제출하고, 채용 관리자들(주로 백인)과의 면접에서 대본대로 비슷한 답변을 했다. 면접이 끝난 뒤 면접을 본 사람들은 자신들이 경험한 관대함(예를 들어 더 많은 시간을 할애함)과 무례함(예를 들어 면접관이 인사하면서 자기 이름을 부르지 않음)을 집계했다.[59] 평균적으로 소수 인종 면접자들은 무례함을 더 경험하지는 않았지만 관대함을 덜 경험했다. 결국 이들이 채용 제안을 받을 가능성은 절반에 불과했다.

이민자 공동체들에서도 채용 시에 이런 유형의 선별 지원이 나타나는데, 이를 사회학자들은 "민족적 기회 사재기ethnic opportunity hoarding"라고 한다.⁶⁰ 하지만 기회 사재기를 가장 많이 하는 것은 백인이다. 럿거스대학교 경영대학원의 낸시 디토마소Nancy DiTomaso가 인터뷰한 결과를 보면 미국 백인의 70%는 지인, 주로 다른 백인의 도움을 통해 현재 직장을 구한다.⁶¹(백인들은 90%가 백인으로 구성된 네트워크를 가지는 경향이 있다.⁶²) 조직에는 연고주의를 방지하고 다양성을 높이기 위한 인사 절차가 있지만 비공식적 네트워크 기반 프로세스가 나란히 작동한다. 채용 관리자는 연줄을 통해 "물밑 작업을 하고", 지원자는 인맥을 동원해 "한마디 거들어 달라"라고 요청한다. 남부빈곤법률센터는 이런 점에서 전형적인 사례다. 흑인 변호사들을 채용한다는 목표를 세웠지만 중요한 자리는 코언이나 브라운스타인처럼 인맥을 통해 온 백인 지원자들로 채웠다.

인맥을 통해 채용된 지원자는 더 빨리 적응하고 더 오래 근무한다. 기업들은 이런 유형의 적합성을 강조하는 채용 정책을 점점 더 많이 채택하고 있다. 예를 들어 "문화적 적합성"을 기준으로 삼는 정책 아래에서는 채용 관리자가 무형의 요소들을 고려할 수 있다.⁶³ 몇몇 "화이트슈 기업white-shoe firm"(아이비리그를 졸업한 상류층 엘리트로 구성된 전문 서비스 기업-옮긴이) 컨설팅 회사들에 대한 연구에 따르면 이 기업들에서는 라크로스, 조정, 스쿼시에 대한 놀라운 관심이 관찰되었다.(기업 문화에 적합할 수도 있으나 미국 사회의 주류 계급인 WASP[백인 앵글로색슨 프로테스탄트] 특유의 스포츠임을 부인할 수 없다.) 또 하나의 트렌드는 직원들에게 자신이 아는 사람을 공석에 소개하도록 요청하는 공식화된 추천 프로그램이다. 현재 세계 4대 회계법인 중 하나인 언스트 앤 영에서는 경력직 입사자의 절반이 추천을 통해 채용되고 있다.[64] 시설 관리 회사 소덱소에서는 추천을 받은 후보자의 채용 가능성이 외부 지원자보다 10배 높다. 단점은 역시 다양성이다. 경제학자 조지오 토파Giorgio Topa의 연구에 따르면 관리자의 72%가 같은 인종과 민족인 직원을 추천한다.[65]

인종 내집단에 대한 관용이 항상 차별의 원인이었다고 쳐도 지난 10년간의 인사 동향은 이 과정을 가속화했다. 내집단 관용이라는 동기가 기업들을 직원 추천제와 "문화 적합성"에 따른 선발로 이끌었고, 결과적으로 편파 채용을 정당화해왔다. 부족 관용이 더 넓은 정의를 가로막는다는 뜻에서, 영웅 본능의 이런 전이를 "윤리적 부족주의ethical tribalism"라고 할 수 있겠다. 사정에 따라 규칙을 바꾸거나 같은 부족의 누군가에게 유리하도록 판단하는 윤리적 부족주의는 차별처럼 느껴지지 않는다. 친절처럼 느껴진다. 거기에는 분노, 악의, 불쾌감이 전혀 개입되지 않는다. 횃불 행진이나 인종차별 구호와는 분명 다른 세상이다. 그럼에도 윤리적 부족주의는 불평등을 영속화한다.

윤리적 부족주의를 해결하는 방법:
코카콜라와 인텔, 로스앤젤레스 필하모닉, 크레스 백화점

좋은 의도에서 나왔다고 해서 이런 종류의 차별이 덜 유해한 것은 아니다. 하지만 문제가 내집단 관용에서 시작된다는 점을 인식하면 대안 해결책이 드러난다. 특히 윤리적 부족주의는 영웅 본능에 주도되기 때문에 영웅 코드의 트리거와 신호를 사용해 가장 해로운 영향을 완화할 수 있다.

해고와 사직 폭격을 맞은 뒤 남부빈곤법률센터는 남부연합Confederacy(연방 탈퇴를 선언하고 남북전쟁을 한 미국 남부 7개 주 - 옮긴이)의 최초 백악관 건너편에 새 본부를 세웠다. 한 블록 아래 있는 앨라배마주 의사당에는 남부연합 참전 용사를 기리는 27미터 높이 기둥과 남부연합 대통령 제퍼슨 데이비스Jefferson Davis의 동상이 있고, (최근까지) 남부연합 깃발이 휘날리고 있었다. 남부빈곤법률센터 직원들은 본사에 근무하지 않을 때는 테니스 코트, 집안일 하는 사람, 무장 경비원을 갖춘 모리스 디스의 850만 제곱미터 규모 시골 저택에서 열리는 행사에 가끔 참석했다. 이데올로기적으로 "올드 사우스Old South"에 반대함에도 남부빈곤법률센터 직원들은 줄곧 그 상징에 노출되어 있었다.

디스는 남부연합의 요람에서 생활하고 일한다는 것 자체가 하나의 성명서라고 주장할 것이다. 실제로 몽고메리에 있는 남부 분리 독립 기념비들을 방문하는 백인 민족주의 순례자들에게 남부 빈곤법률센터의 위풍당당한 요새는 위협적인 광경일지 모른다.

그런데 그 영향력이 다른 방향으로 작용했을 수도 있을까? 주변을 둘러싼 남부연합의 상징이 남부빈곤법률센터의 경영진과 직원들에게 영향을 미쳤을까? 백인 간부들의 무신경한 행동과 발언 중 일부는 잠재되어 있던 올드 사우스에 촉발되었을지 모른다. 흑인 직원들은 다른 의미로 "촉발"되었을 수 있다. 직장에서 접하는 주위 환경이 개인적·집단적 트라우마 기억을 유발했을 수 있다. 남부빈곤법률센터가 덜 부담스러운 장소를 선택했으면 어땠을지 상상해볼 만한 가치가 있다. 그랬다면 경영진과 직원들이 좀 더 평등하고 서로 믿는 관계가 되었을까?

더 과감한 방식은 공공장소에서 남부연합 상징물을 제거하는 것이다. 10년 전 일부 도시의 활동가들이 이를 주장했는데, 좌파 기성 세대는 지나치게 도발적인 정체성 정치identity politics(젠더, 종교, 민족 등 집단 정체성을 기반으로 배타적인 정치 동맹을 추구하는 정치 운동-옮긴이)라고 일축했다. 깊이 있는 변화는 경제와 법의 근본 구조를 바꿀 때만 가능하다며 동상statue이 아니라 법령statute을 바꿔야 한다고 했다. 하지만 부족 심리의 관점에서 보면 기념비가 예산과 법령만큼이나 중요한 이유를 알 수 있다. 공공 상징물은 잠재된 이상을 촉발하고, 영광을 향한 열망을 전하는 아이콘이다.[66] 2015년 찰스턴 교회 학살 사건의 주범들은 남부연합 전투 깃발에 집착하는 백인 우월주의자들이었다. 2017년 우익 단체들이 샬러츠빌로 모인 것은 남군 총사령관 로버트 E. 리Robert E. Lee 동상 철거에 항의하기 위해서였고, 그들이 들었던 남부연합 깃발과 KKK 스타일의 횃불이 반대 시위대와 충돌을 낳아 끔찍한 폭력 사태로 이어졌다.

남부연합 상징 자극은 고용 차별이라는 더 광범위한 문제에도 영향을 미칠 수 있다. 2008년 플로리다주립대학교에서 실시한 연구에서 남부연합 깃발이 15밀리초 동안 지나가는 서브리미널 방식으로 장면을 본 백인 대학생들은 버락 오바마가 아니라 힐러리 클린턴에게 투표하려는 의향을 나타냈다.[67] 흑인 대학생들은 그렇지 않았다. 남부연합 기를 버젓이 보여준 경우에도 백인 학생들은 흑인에 대해 부정적인 태도를 가진 소수만이 아니라 전반적으로 영향을 받았다. 이 연구에서는 깃발이 활성화한 동기를 명확히 구분할 수 없었지만 영향의 범위로 미루어 일반적으로 가정하는 외집단에 대한 적대감만이 아니라 내집단 편애를 촉발한다고 추정할 수 있다.

백인 우대 코드의 트리거를 줄이는 것에 더해 코드를 재교육해 관용이 더 포괄적으로 이루어지도록 하는 장기 전략이 필요하다. 남부빈곤법률센터처럼 인종차별 문제를 감지한 조직은 대개 인종 편견 교육을 통해 이를 시정하려 하는데, 하지 말아야 할 일을 나열하는 것이 전형적인 교육 내용이다. 대놓고 적대적인 언행에서부터 의도하지는 않았지만 그렇게 받아들여질 수 있는 "미세 공격

microaggressions"에 이르기까지 여러 사례를 들어 설명한다.

안타깝게도 편견 교육은 대개 목표를 달성하지 못한다는 증거가 있다.[68] 메타분석에 따르면 태도가 일시 개선되기는 하지만 효과는 며칠 안에 사라지고 관련 행동을 바꾸지는 못한다. 일부 백인 직원들은 부당하게 비난받는다고 생각해 분개하고, 다른 직원들은 "살얼음판"을 걷는 것처럼 조심해야 한다는 걱정에 사로잡혀 소수자 동료들과 교류하기를 꺼리게 된다. 사회학자 프랭크 도빈Frank Dobbin과 알렉산드라 칼레브Alexandra Kalev가 830곳 이상의 미국 기업을 추적 조사한 결과 편견 교육 이후에도 경영진의 소수 집단 비율이 증가하지 않았으며 일부 범주에서는 도리어 감소한 것으로 나타났다.[69]

외집단에 대한 적대감 문제를 강조하는 편견 교육은 내집단 편애라는 덜 인식된 문제를 부지불식간에 악화시킬 수 있다.[70] 직원들이 편견 교육은 직업 등 다른 정체성 차원은 무시하고 인종과 민족의 중요성만 부각한다고 불평하는 점이 특히 눈에 띈다. 직원들이 자신의 "씨족"에 대한 충성심에 휘둘려 동료 직원들에 대한 관용에서 이미 영향받고 있는 것이 아니라면, 인종 범주를 유독 두드러지게 하는 편견 교육이 그렇게 만들 위험이 있다.

다른 종류의 집단 활동이 집단 간 협력을 실제로 촉진한다는 점을 고려할 때 널리 사용되는 편견 교육의 성과가 저조한 것은 안타까운 일이다. 연구 결과들은 심리학자 고든 올포트Gordon Allport의

"접촉 가설contact hypothesis"을 전반적으로 뒷받침한다.[71] 공동 목표를 갖고 있으며 지위 차이가 최소화된 집단들 사이의 상호작용이 편견과 차별을 줄이는 데 도움이 된다는 가설이다. 스포츠 팀들에 대한 실험 연구에 따르면 팀원들의 교차 소속이 도입되면 인종은 사회적 분류의 기본으로서 의미를 잃는다.[72] 서로 불신하는 민족 집단들이 축구에 대한 열정을 공유하는 이라크에서 최적 접촉의 힘을 검증하는 현장 실험이 있었다. 정치학자 살마 무사Salma Mousa는 새로운 아마추어 축구 리그를 조직했는데, 리그의 절반 팀은 다수자 공동체 출신들로 선수단을 구성하고, 나머지 절반 팀에는 소수자 집단 출신 선수들을 포함시켰다. 많은 훈련과 경기를 거치면서 롤 모델의 행동, 감독의 승인 등 명성 신호가 선수들에게 민족 구분을 뛰어넘는 팀워크의 이상을 심어주었다.[73] 혼합 팀에서 뛰었던 다수자 집단 출신 참가자들은 단 한 시즌 만에 다른 민족 출신 선수들을 더 포용적으로 대하게 되었다. 다른 집단 출신 선수들에게 스포츠맨십 상을 줄 가능성이 높아졌고, 앞으로도 함께 훈련하고 경기하고 싶은 의향이 높아졌다.

일부 기업에서도 인종과 민족을 초월한 포용성을 기르기 위해 유사한 접근 방식을 채택하고 있다. 의무적인 편견 교육이 아니라 "포용적 리더십" 개발을 위한 자발적 참여 프로그램이다.[74] 예를 들어 코카콜라는 고위 관리자들 대상으로 장기 멘토링 프로그램을 마련해 10년 전 거의 제로에 가까웠던 고위 경영진 내 소수자 비율을 목표치인 25%까지 끌어올렸다.[75] 멘토링에 참여한 고위 관리자들은 잠재력이 뛰어난 젊은 직원들과 짝을 이루었는데 그들 대부분이 소수자였다. 이런 프로그램은 악당이 아니라 영웅을 찾는다.

채용 정책은 문제를 악화시킨 것과 같은 방식으로 문제 해결에 기여할 수 있다. 추천 프로그램을 조정해 직원들이 소외된 집단의 후보자를 추천하도록 요청하면 된다.[76] 인텔은 이런 방식으로 소수자 채용을 20% 늘리고 다양성 목표를 몇 년 앞당겨 달성했다.[77] 핀터레스트는 소수자 추천을 두고 부서별 경쟁을 붙였다.[78] 이런 프로그램은 자신이 추천하는 후보에 대한 직원들의 지식과 관계를 활용해 포용성 확대 목표를 향해 나아가는 것이다.

마찬가지로 "문화 적합culture fit" 정책은 "문화 추가culture add" 지향으로 바뀔 수 있다. 조직이 현재 문화에 맞추는 것이 아니라 그것을 뛰어넘는 무형의 자질을 찾는 것이다. 2007년 로스앤젤레스 필하모닉은 26살 구스타보 두다멜Gustavo Dudamel을 음악감독으로 영입했다. 대단한 활력을 지닌 그는 베네수엘라 출신의 천재 지휘자였다. 대부분의 미국 주요 관현악단들은 청중이 줄고 지역 사회의 지지가 감소하고 있는데, 도시의 인구 변화를 따라잡지 못한 것이 일부 원인이다.[79] 2018년 미국 관현악단에서 아프리카계 미국인은 전체 단원의 1.8%, 히스패닉계는 2.5%에 불과했다. 2015년 분석에서는 공연작 가운데 작곡자가 백인 남성이 아닌 곡은 5%

에 지나지 않았다.[80] 하지만 "더 듀드the Dude"(로스앤젤레스 사람들이 두다멜을 부르는 별칭)는 로스앤젤레스 필하모닉의 단원 구성과 레퍼토리를 다양화하기 시작했다.[81] 그는 라틴아메리카 작곡가들의 곡을 더 많이 포함시켰다. 또 장르를 넘나드는 콘서트를 기획해 듀크 엘링턴Duke Ellington 기념 공연을 비롯해 카페 타쿠바Café Tacvba(멕시코 록밴드), 현지 팝스타인 그웬 스테퍼니Gwen Stefani 및 빌리 아일리시Billie Eilish와의 협업 등을 진행했다. 로스앤젤레스 필하모닉은 더 대중 친화적인 행보와 음악을 선보이기 시작했고, 이런 진전 덕분에 "미국에서 가장 중요한 오케스트라"라는 평가를 받고 있다.[82]

2018년 남부빈곤법률센터 사무실에서 세 블록 떨어진 앨라배마주 몽고메리에서는 랜드마크인 크레스 백화점Kress department store의 용도를 변경하는 프로젝트가 진행되었다.[83] 이 백화점은 짐크로법Jim Crow laws 시대에 흑인들의 지상층 출입을 제한해 민권 시위의 주요 표적이 되었다(짐크로법은 1876년부터 1965년까지 시행된 미국의 주 법으로 남부연합 내 공공 기관에서 인종 분리를 합법화했다-옮긴이). 오랫동안 비어 있던 건물에는 현재 공유 사무실, 카페, 소기업 등이 입주해 있고, 몽고메리의 인종 관계 진화와 관련된 내용이 전시되어 있다. "스토리 부스story booth"에서는 주민들이 인종 장벽을 뛰어넘은 개인 이야기를 기록하는데 대개 인종 간 우정, 가족, 직장의 역할에 관한 것이다.[84] 방문객들은 편견과 불신을 극복한 몽고메리 동료 시민들의 공감 가는 이야기를 몇 시간이고 듣는다. 크레스 백화점 건물은 이제 분리의 상징이 아닌 포용의 아이콘이 되었다. 인종 간 경계를 넘어 협력하는 것에 관한 우세 신호를 보내고, 인종 화해의 영웅들을 소개한다.

이 모든 노력, 곧 코카콜라의 포용적 리더십 프로그램, 두다멜의 강렬한 영향력, 크레스 백화점 빌딩의 재탄생 등은 우세 신호를 통해 변화를 촉진한다. 사람들에게 새로운 영웅을 제시함으로써 존경의 새로운 기반, 새로운 기여 방법을 가르친다.

조상 본능과 전통주의:
인종, 종교 학살의 근본 원인

1984년 유고슬라비아 사라예보에서 동계 올림픽이 열렸을 때 세계는 그곳의 종교 다양성에 놀랐다. 보스니아의 수도였던 사라예보에는 다수인 무슬림이 정교회 세르비아인, 가톨릭 크로아티아인, 세파르딤sephardim(이베리아반도와 북아프리카계 유대인-옮긴이)과 뒤섞여 살고 있었다. 물론 발칸 민족들이 항상 조화롭게 살았던 것은 아니다(적대시하는 여러 작은 지역으로 분열시킨다는 뜻의 "발칸화balkanize"라는 말도 그래서 나왔다). 그러나 20세기 남부 슬라브족의 연합인 유고슬라비아연방은 역사적인 분열을 완화했다. 이웃

한 공화국들은 서로 다른 알파벳으로 글을 썼지만 공통 언어를 사용했다.(유고슬라비아는 1945년부터 1992년까지 존속한 연방 형태 일당제 공산국가로 오늘날의 보스니아 헤르체고비나, 크로아티아, 북마케도니아, 몬테네그로, 세르비아[코소보, 보이보디나 포함], 슬로베니아 7개 자치 공화국으로 이루어졌으며, 수도는 베오그라드였다-옮긴이)

그런데 얼마 지나지 않아 세르비아의 야심 찬 정치인 슬로보단 밀로셰비치Slobodan Milošević가 포퓰리즘의 북을 치기 시작했다. 그는 세르비아의 광대했던 중세 왕국에 대해, 최근 알바니아계 무슬림이 다수라는 이유로 연방에서 일부 자치권을 부여한 코소보를 잃은 불공평함에 대해 목소리를 높였다. 대부분의 세르비아인은 "대大세르비아"에 대한 열변에 무관심했다. 그들은 민족주의를 경멸하는 사회주의자들이었고, 비동맹이던 유고슬라비아연방은 냉전 기간 내내 모든 쪽과 관계를 맺으며 번영을 누려왔으며, 다양한 민족으로 구성되어 있었다. 그러니 케케묵은 역사를 파헤치는 것이 무슨 소용이 있겠는가?

하지만 몇 년 지나는 사이 연방 내부에 단층선이 나타나기 시작했다. 값싼 수입품과 값비싼 국제 차관으로 계획 경제의 제조업이 약화되어 전체 일자리 중 4분의 1을 제공하던 공장들이 문을 닫았다. 시민들이 연방 내에서 사정이 나은 공화국으로 이주하면서 인구 구성이 바뀌었다. 경기 침체가 심해지자 세르비아인 중에서 다른 공화국에 거주하던 30%는 일자리를 구하기가 점점 어려워졌

8장 오늘날의 극단적 분열과 갈등을 어떻게 극복할 것인가

다. 세르비아는 인구가 가장 많은 지역이었지만 연방 정책 결정에서 한 표밖에 행사하지 못했고, 다른 곳에 사는 자국민을 차별에서 보호하기 위한 새 연방법을 통과시키지 못했다.

1989년 밀로셰비치가 코소보에 대한 지배권 재주장을 내세워 세르비아 대통령에 당선된 것이 변화의 신호탄이었다. 당선 직후 그는 알바니아 무슬림 지도부에 압력을 가하기 위해 군대를 코소보에 파견했다. 동시에 그는 1389년 오스만제국의 침략에 저항하다 사망한 라자르Lazar 왕자의 코소보전투 600주년 기념행사를 세르비아 정교회와 협력해 진행했다. 1년간 행진과 철야 기도가 이어졌고, 당시의 전투 현장에서 온종일 열린 기념식에서 분위기는 절정에 달했다. 밀로셰비치는 1389년 동맹국들의 지원이 불충분했다는 세르비아인의 역사적 불만을 이웃 공화국들에 대한 동시대적 불만과 융합시켜 군중을 사로잡았다. 그는 1389년에 대한 선택적 기억을 이용해 이것을 세르비아의 희생으로 그려냈다. "6세기 전 세르비아는 코소보 전장에서 영웅적으로 자신을 방어했지만 그것은 또한 … 유럽 문화, 종교, 유럽 사회 전반을 방어한 것이기도 했습니다"라고 연설했다. 현재의 도전 과제를 이 과거와 연결해 "6세기가 지난 지금, 우리는 다시 전투를 벌이고 있습니다. … 무장 전투는 아니지만 그것을 아직 배제할 수는 없습니다"라고 했다.[85] 이는 유고슬라비아의 반민족주의 이데올로기에서 급격히 벗어난 행태였다.[86] 기념식에 참석해 "초조하고 불편한" 기색을 보였던 슬로베니아와 크로아티아 대표들은 그런 민족주의 정서가 아마 코소보의 평화 정착 가능성을 파괴했을 것이라고 지적했다.

이듬해 베를린 장벽이 무너지고, 바르샤바조약기구가 해체되고, 주권에 대한 갈망이 발칸반도로 퍼져나갔다. 세르비아의 반대에도 불구하고 첫 번째로 알프스에 위치한 슬로베니아가, 이어 해안 지대의 크로아티아가 독립을 선언했다. 이들 분리 공화국에서 세르비아 소수 민족의 상황이 악화되자 밀로셰비치의 "대세르비아" 수사修辭가 더 먹혀들기 시작했다. 사회주의자로서 종교 정체성을 거부했던 시민들이 세르비아 정교회 십자가를 착용하고, 과거와 현재의 정교회 신자들이 겪은 불의를 곱씹게 되었다.[87] 세르비아 국경 지역의 민병대는 크로아티아의 잔학 행위에 대한 언론 보도에 자극받아 살육을 저질렀고, 양측의 보복은 민족 청소와 민간인 학살을 동반한 비정기적 종파 분쟁으로 확대되었다.

1992년 보스니아(보스니아 헤르체고비나)가 독립을 선언하자 베오그라드(세르비아 수도) 선전 기관이 맹공을 퍼부었다. 과학자들은 무슬림 보스니아인이 유럽 원주민이 아니라 이주자들이라고 "증명"했다. 뉴스에서는 보스니아 수도인 사라예보의 동물원에서 세르비아 어린이들을 사자 밥으로 주고 있다는 보도가 나왔다. 이는 중세 투르크 시대 이후 볼 수 없었던 악행이었다. 얼마 지나지 않아 세르비아 준군사 조직이 주변 언덕에서 사라예보를 포위하기 시작했다. 포격으로 유서 깊은 모스크들과 이슬람 도서관들이 파괴되었다. 저격수들은 빵을 사려고 줄을 서 있던 민간인들에게 총을 쏘았다. 시골에서는 보스니아인들이 세르비아계 지역에서 쫓겨났고, 반대 경우도 마찬가지였다. 스레브레니차에서는 3만 명에 달하는 보스니아 여성과 어린이가 난민이 되었고 일부는 고문과 강간을 당했다. 학살당한 남성도 8000명 이상이었다.

몇 년 후 밀로셰비치의 군대는 세르비아의 통치에 맞서는 반군이 때로는 폭력적으로 저항하고 있던 코소보를 향해 남쪽으로 진군했다. 수십만 명의 알바니아 무슬림이 강제로 집에서 쫓겨났다. 메자, 부치트린 같은 마을에서는 다수 민간인을 포함해 수천 명이 재판 없이 처형당했다. 공정하든 불공정하든 나토는 베오그라드와 군사 목표물에 공습을 가하며 개입했다. 밀로셰비치의 군대는 코소보에서 철수했고, 대부분의 세르비아 민족은 이주했으며, 유엔평화유지군은 소수 민족의 자치권을 보호했다.

평화롭던 유고슬라비아는 어떻게 이토록 빠르게 종파 학살로 치달았을까?

민간인 대량 학살은 비인도적이고 끔찍한 일로 우리에게 충격을 주지만 처음부터 인류 역사의 일부였다. 그리스인들은 트로이 사람들을 학살하고 성벽에서 유아들을 내던졌다. 이스라엘인들은 가나안 사람들을 몰살했다. 유럽인들은 아메리카 원주민을 도륙하면서 "신세계"에 정착했다. 20세기에는 나치 정권이 유대인과 롬Rom인(흔히 '집시'라는 멸칭으로 불렸던 유랑 민족 집단-옮긴이)을 대량 학살했다. 홀로코스트 이후의 "절대적 재발 방지" 조치들에도 불구하고 "타자others" 대량 학살은 곳곳에서 벌어졌다. 유고슬라비아뿐 아니라 르완다, 다르푸르, 미얀마에서도(다름 아닌 노벨 평화상 수상자가 지켜보는 중에) 자행되었다. 알카에다, ISIS, 바그너 그룹 Wagner Group(러시아 정부의 지원을 받는 준군사 조직-옮긴이) 등 여러 비국가 조직도 마찬가지로 대량 학살을 저지르고 있다.[88]

이 극단적 폭력은 다른 종류의 갈등과 비교해 증오에서 기인한다고 간주하는 경우가 아마 더 많고, 때로는 과거 원초적 진화 과정에서 고착된 적대감으로 설명하기도 한다. 하지만 이런 추악함을 유인원 조상들의 탓으로 돌리는 것은 증거에 반한다. 침팬지는 분명 매우 폭력적인 동물이지만 이웃 무리의 방랑자들을 공격할 때 먹을 만큼만 죽인다. 무리 전체를 한꺼번에 죽이지는 않는다. 우리가 아는 한 고대 인류도 마찬가지다. 초기 동굴 예술에는 사냥 장면이 많지만 학살을 묘사한 장면은 없다. 학살을 암시하는 뼈 무덤이 고고학 기록에 등장하는 것은 석기 시대 끝 무렵이다. 조상 본능이 진화한 이후에야 비로소 공동체 전체를 제거하는 것이 인류의 행동 레퍼토리에 포함되었다.[89] 군사 재판에서는 잔학 행위를 피에 대한 욕망에서 비롯된 것이라고 보는 경우도 있지만 생물학자들에 따르면 우리 종은 상어나 늑대처럼 피 냄새에 반응하지 않는다. 홀로코스트의 잔혹성을 폭로한 언론인 아서 케스틀러 Arthur Koestler는 그런 잔혹성이 이드id보다는 초자아superego에 가깝고, 통제되지 않은 욕망이라기보다는 과도한 승화sublimation라고 설명했다. 그는 "전쟁은 의례, 치명적인 의례다War is a ritual, A deadly ritual"라고 결론지었다.[90]

전통을 유지하려는 조상 본능은 성당, 법원, 대학 등 인류의 일부 고귀한 노력을 추진하는 힘이다. 그러나 이 "최고의 본능"은 때로 우리의 "최악의 본능"이기도 하다. 전통주의traditionalism의 위험은 절대주의absolutism와 흑백 사고black-and-white thinking다. 이는 도덕적 확신을 낳고 부수적인 피해를 변명한다. 신중한 비용 편익 의사결정이 정체성의 명령에 따라 무시된다. 위협이 닥치면 우리는 부족 전통이 방해받거나 약화될까봐 걱정한다. 우리와 다른 전통을 가진 사람들, 곧 국경 너머의 "다른 부족", 다른 신앙을 가진 방문자들과 이민자들, 심지어 오랫동안 우리와 함께 살아온 소수 종교 신자들에 대해서도 걱정하기 시작한다. 나치 독일에서 유대인은 전체 인구의 1%도 되지 않았으며 바이마르공화국이 겪은 경제 부담의 원인도 아니었지만, 눈에 띄고 성공한 소수 민족으로서 아마 그들은 아리안 기독교 우월주의의 서사에 거슬리는 존재였을 것이다. 마찬가지로 유고슬라비아가 세계화의 압력으로 분열되기 시작하자 밀로셰비치는 정교회 전사들의 시선을 이웃의 무슬림에게 집중시켰다. 서로 다른 전통은 암묵적인 위협이다.[91]

기본적으로 평화, 사랑, 화합을 옹호하는 종교가 그토록 자주 가장 잔인한 폭력을 조장하는 이유는 전통 수호의 중요성에서 찾을 수 있을 것이다. 종교는 인류가 지닌 가장 오래된 부족 전통이다. 심리학 연구에 따르면 우리는 자신의 전통이 오래될수록 더 긍정적으로 느끼지만 경쟁 집단의 전통에 대해서는 오래될수록 더 위협을 느낀다.92 소수 집단이 사회의 다수와 종교나 이념을 공유하지 않으면 폭력적인 갈등이 발생할 가능성이 크게 높아진다.93 다른 형태의 폭력이 감소하는 것과 달리 종파 극단주의가 지속되는 것은 서로 다른 부족들을 불편한 근접 상태로 밀어 넣는 세계화의 힘을 반영한 현상일 수 있다.94

예를 들어 스웨덴으로 이민자를 가장 많이 보내는 나라가 예전에는 핀란드였지만 몇 년 전부터는 시리아다. 지난 10년 동안 유럽 전역에서 무슬림 인구가 늘면서 모스크가 교회를, 부르카가 비키니를 대체하는 등 생활방식이 변할 것이라는 불안감이 커지고 있다. 미국에서도 이러한 종파 불안감이 커져 배타적인 정책과 폭력적인 극단주의를 부채질하고 있다.95 종교 소수 집단에 대한 학살이 발생하기 전 온라인에 게시된 "거대 대체 이론great replacement theory"에 관한 글들에서 이런 피해망상이 극에 달했다.96 2012년 위스콘신주 시크교 사원 학살 사건, 2018년 펜실베이니아주 유대교 회당 총격 사건, 2019년 뉴질랜드 모스크 학살 사건 등이 그랬다. 문제는 이런 피해망상이 소수 과격파에 국한된 것이 아니라는 사실이다. 미국인 중 무려 3분의 1은 이민자 증가가 미국 정체성에 위협이 될 것이라고 우려하며, 거의 같은 수가 음모 개입을 의

심하고 있다.[97]

　대량 학살은 희생자를 비인간화함으로써 발생한다고 가정하는 것이 표준 설명이다. 다시 말해 외집단 구성원이 동물이나 곤충으로 재분류될 때 그들을 제거하는 것은 집단 학살이 아니라 집 청소가 된다는 것이다. 하지만 이것이 전부는 분명 아니다. 종파 극단주의의 가해자들은 피해자들을 동물보다 훨씬 더 심하게 대한다. 특히 그들은 피해자들을 모욕한다. 나치는 유대 경전인 《토라》를 불태우면서 지역 주민들에게 그 장면을 지켜보도록 강요했다. 이와 관련해 종파 분쟁에는 상대 집단의 역사적 주장을 부정하는 수사가 자주 포함된다. 예를 들어 일부 이스라엘인들은 자신들의 조상은 《성경》 시대부터 있었던 반면 《성경》의 역사 기록에 팔레스타인 사람들은 별개 집단으로 나타나지 않는다고 주장한다. 이에 대해 팔레스타인 사람들은 《성경》 기록을 우월주의 설화로 일축한다. 그러면서 1948년 이스라엘의 폭력적인 팔레스타인인 강제 이주 민족 청소인 나크바Nakba가 벌어지기 이전에 수 세대에 걸쳐 예루살렘을 비롯한 인근 여러 지역에 살았다는 법적 거주 문서들을 제시한다. 이는 다른 집단의 전통을 파괴하거나 폄하하는 것으로, 상대 집단을 "부족 해체detribalizing"하려는 것이다.

분열과 갈등을 넘어
화해와 협력으로 가는 법

세계화로 인해 많은 나라의 종교 지형이 극적으로 변하면서 종파 극단주의라는 추악한 결과를 초래했다. 이는 어느 정도는 "실존적 부족주의existential tribalism"를 반영하는 것으로, 자신의 전통을 지키려는 충동이 다른 집단의 전통을 파괴하는 쪽으로 향했다. 이런 종파 분쟁이 부족적 증오가 아니라 전통주의에서 비롯된 것이라 말한다고 혐오감이 덜하다는 뜻은 아니다. 하지만 그렇게 보면 예방을 위한 몇 가지 가능한 접근 방식이 다시 한 번 분명해진다.

유고슬라비아 붕괴 과정에서 폭력을 유발한 요인은 많지만 그중 중요한 한 가지 트리거는 의식이었다. 순교자 라자르의 유물 행렬을 정교회가 조직하자 세르비아인들은 모여서 철야 기도를 하며 고무되었고, 이것이 열광적인 정치 집회로 바뀌는 경우가 잦았다. 코소보의 600주년 기념 행사에는 100만 명의 신자들이 모였고, 이때 밀로셰비치는 가지메스탄 기념비 앞에 설치된 넓은 무대에서 연설을 했다. 무대 뒤편의 거대한 금 십자가에는 "사모 슬로가 스르비나 스파사바Samo sloga Srbina spasava(오직 단결만이 세르비아인을 구한다)"라는 구호가 새겨져 있고, 라자르가 흘린 피를 상징하는 붉은 모란 장식과 함께 1389와 1989라는 숫자가 돋을새김되어 있었다. 밀로셰비치를 라자르 왕자에 비유하는 피켓을 든 군

8장 오늘날의 극단적 분열과 갈등을 어떻게 극복할 것인가

중은 연설 도중 세르비아 전사들이 무기를 잡았다는 말이 나오자 감격에 휩싸였다. 그들은 "코소보는 세르비아다. 코소보는 세르비아다. 코소보는 세르비아다"라고 외쳤다. 의식과 전통주의, 그리고 이로 인한 고무 효과로 분위기가 후끈 달아올랐다.

　전통에 대한 열정에 불을 붙이기 위해 의식을 이용하는 것이 밀로셰비치나 세르비아인에게 특유한 현상은 아니다. 델리, 테헤란, 예루살렘 등 전 세계의 종교 의식에서는 신화적 효과에 사로잡혀 매료된 군중을 볼 수 있다. 선전 영화〈의지의 승리Triumph of the Will〉는 나치 전당 대회 정치 집회로 변화된 뉘른베르크 군중을 보여준다.[98] 의식은 넋을 빼놓는 행동 동기화와 공감을 일으키는 역사적 상징을 결합한다. 사람들이 현재의 난제를 집단 전통의 관점

에서 해석하도록 유도한다. 의식은 역사적 의미가 있는 교회를 보존하기 위해 지역 사회를 동원하는 수단이 되기도 하지만, 같은 방식으로 소수 종교의 예배당을 파괴하도록 사람들을 자극하기도 한다. 미국에서는 2017년 샬러츠빌, 2021년 국회의사당에서 벌어진 정치적 폭력 사태에 앞서, 우익 단체들에 싸울 것을 요구하는 집회들이 먼저 열렸다.

이런 문제들을 일으키는 정치적 의식이 그만한 가치가 있는지 의문이 제기될 수밖에 없다. 언론과 집회의 자유는 미국 전통의 핵심이기 때문에 미국인들은 이를 제한하는 것을 꺼린다. 안전상의 이유로 많은 예외를 두기는 하지만 서점이나 강의실에서 모든 생각을, 심지어 나쁜 생각도 허용하기를 원한다. 나쁜 생각을 처리하는 과정이 좋은 생각을 다듬는 데 도움이 될 수 있기 때문이다. 하지만 의식은 다른 종류의 모임이다. 의식은 생각을 다듬는 방향으로 작동하지 않는다. 상대주의와 반대되는 절대적 헌신을 고착시킨다. 그것도 나름 중요하지만 생각을 다듬는 데는 도움이 되지 않는다. 미국에서는 극단주의자들이 나치 깃발을 들거나 취약 계층을 모욕하고 위협하는 구호를 외치며 도시를 행진하는 것이 허용된다. 하지만 다른 민주주의 국가에서는 종파 갈등을 부추길 위험이 있는 행사를 금지한다.

독일과 오스트리아에서는 공공의 평안을 교란하는 행위인 대중증오선동죄Volksverhetzung에 대한 처벌법을 통해 종교, 인종, 민족 집단에 대한 억압이나 모욕을 조장하는 모든 발언을 금지하며 인쇄물에서도 허용하지 않는다. 미국에서는 선동에 대한 법적 기준이 예전에는 "명백하고 현존하는 위험"이었지만 1960년대 이후 "임박한 불법 행위"로 바뀌었다.[99] 법원은 이 규칙을 확대해 생각의 장을 크게 줄이지 않고도 선동적인 정치 행진을 제한할 수 있었다. 캠퍼스에서도 비슷한 문제가 발생하는데, 의식 위주 행사(철야, 기도)보다 관점 교환을 촉진하는 정치 행사(토론, 패널 토론)를 더 많이 허용함으로써 의식화된 절대주의가 아니라 비판적 사고를 장려할 수 있다.[100] 학생들은 소속 집단에 대한 물리적 위협으로부터 안전하다고 느껴야 하지만, 자기 공동체의 선입견에 도전하는 생각에 대해서는 그렇지 않다.

극단주의 폭력을 조장하는 의식을 제한하는 것 외에, 분열적인 조상 코드를 주입하는 신호들에 초점을 맞추는 장기 전략을 생각해볼 수 있다. 밀로셰비치만 해도 국민이 자국의 역사를 이해하는 프레임을 잡는 데 몇 년을 투자한 이후 그 서사를 폭력 행위에 동원했다. 중세 왕자의 전투가 그 자체로 현대 군인들에게 동기를 부여하지는 않는다. 수호해야 할 신성한 집단 전통으로 포장될 때만 가능하다. 밀로셰비치는 정치 연설과 미디어 선전을 통해 1389년 전투 및 그것과 현재의 관련성에 대한 대중의 이해를 점차 재구성했다. 세르비아인이 이슬람 침략자들에게 맞서 유럽 기독교를 수호한다는 프레임이 형성되었고, 이 서사는 무슬림 공화국 및 그 지역에 대한 침략을 정당화하는 신화가 되었다.

인간은 본능적으로 전통을 갈망하기 때문에 조상들의 방식에 대한 정보를 열성적으로 흡수한다. 따라서 편협한 선례 신호에 대응하는 가장 좋은 방법은 더 강력한 포용적 선례 신호다. 연구에 따르면 9.11 테러 이후 위협적 상황에 처한 미국 기독교인들은 다수 무슬림 민간인을 살해할 위험이 있는 극단적 군사 조치를 지지할 가능성이 높아졌다.[101] 하지만 용서를 촉구하는 《성경》 구절을 먼저 보여준 실험에서는 위협을 받은 기독교인들이 군사적 조치를 지지할 가능성이 낮아졌다. 마찬가지로 이란에서 실시한 실험에서도 《코란》에 나온 관용 선례를 주지시키자 근본주의 무슬림이 미국에 대한 지하드를 지지할 가능성이 낮아졌다. 여기서 중요한 것은 두 집단의 공격적 충돌이 다른 집단의 관용 메시지를 통해 억제되지 않았다는 사실이다. 선례 신호는 자기 집단의 전통에서 나와야만 했다.[102] 위협에 처한 시기에는 전통에 따라 행동하지 않도록 설득하는 것보다 집단이 인식하는 전통을 재구성하는 것이 더 쉬울 수 있다.

사회는 또한 문화 정책을 통해 소수자 공동체에 대한 선례 신호를 보낸다. 20세기 후반에 대부분의 서방 국가들은 "다문화주의 multiculturalism" 정책을 채택했다.[103] (프랑스계의 분리 독립을 막기 위해 캐나다에서 처음 개발되었다) "다문화주의"라는 말은 입장에 따라 각양각색의 의미로 받아들여지지만, 정부 정책으로서의 다문화주의는 소수 집단이 동화 압력에 맞서 자기 전통을 보존할 수 있도록 학교나 예술 센터 같은 자원을 제공하는 것을 뜻한다. 그런데 이 정책이 자라나는 세대에 전통에 대한 분열적인 견해를 주입하는 분리주의자들에게 힘을 실어주는 경향이 있다는 것이 문제다. 2004년 네덜란드에서 영화감독 테오 반 고흐Theo van Gogh가 살해된 사건(이슬람 여성을 다룬 단편 영화를 만들었다가 모로코계 네덜란드인 이슬람주의자에게 살해당했다-옮긴이)에서 드러났듯, 안타깝게도 일부 지역에서는 주류 문화로부터의 소외가 "자생적" 지하드 폭력으로 확대되었다. 네덜란드, 독일, 영국 등의 지도자들은 다문화주의 정책이 실패했다고 선언했다.

다른 지역에서는 문화적 전통이 서로 얽혀 있고 진화하는 것으로 보는 "상호문화주의interculturalism"라는 변형 정책을 채택했다. 카탈루냐의 경우 스페인과 프랑스 사이에 있는 국제적인 지역인 만큼 이민자 공동체에 대한 정책의 우선순위를 자연스럽게 보존이 아니라 대화에 둔다. 나는 몇 년 전 카탈루냐에 살 때 문화 정책 책임자인 라몬 사나우하Ramon Sanahuja를 만난 적이 있었다. 그의 책상 위에는 문화 프로그램 제안서들이 놓여 있었다. 에콰도르, 모로코, 이탈리아 등에서 온 여러 이민자 팀들이 참가하는 토너먼트 후원에 관한 축구 클럽 제안서, 스페인 플라멩코, 아르헨티나 탱고, 쿠바 살사를 함께 선보이는 축제에 관한 댄스 단체의 제안서 등이었다. 라몬은 축구 토너먼트가 집단의 경계를 강화할 수 있다고 생각해 거절했지만, 댄스 페스티벌은 각각의 춤들이 다른 문화 전통의 요소를 차용해 발전했다는 점을 보여준다고 봐서 후원을 결정했다. 과거에 문화가 영향을 주고받았다는 것을 보여주면 현재 서로 섞이는 것에 대한 실존적 위협이 줄어든다.

카니발 기간 동안 카탈루냐 사람들은 대개 맛있는 돼지고기 소시지인 부티파라를 먹으며 축제를 즐기지만 점차 늘어나는 파키스탄 무슬림은 축제에 참여할 수 없었다. 라몬이 속한 기관은 카탈루냐의 역사를 조사해 일부 지역에서 예전부터 치즈를 축제에 포함시켰다는 사실을 찾아냈다. 그들은 이를 홍보하고 전통 치즈를 전시하는 부스를 마련해 축제 참가자들의 폭을 넓혔다. 한편 바르셀로나 차이나타운의 사업가들이 중국 신년 퍼레이드에 대한 허가를 요청하자 라몬은 카탈루냐의 라 마르세 축제 퍼레이드의 용, 코레포크Correfoc(불꽃놀이) 등 지역의 다른 풍습들을 참고할 것을 요구하기도 했다. 보존론자들은 카니발이나 퍼레이드가 역사적 사실과 어긋난다고 불평할지 모른다. 하지만 라몬을 비롯한 카탈루냐 사람들은 마드리드나 베이징에서 행해지는 것, 또는 100년 전에 행해졌던 것과 일치 여부보다 지역 특성을 반영한 고유한 의례가 더 진짜라고 반박할 것이다.

카탈루냐는 유럽의 다른 지역을 괴롭히는 실존적 부족주의의 2가지 공포인 우익의 모스크 총격과 자생적 지하드 폭탄 테러에서 거의 벗어나 있다. 여기에는 카탈루냐를 하나의 통합된 메타부족

meta-tribe으로 만든 상호문화주의 정책도 분명 한몫을 했다.[104] 카탈루냐는 선례에 대한 올바른 신호를 보냄으로써 서로 다른 언어, 종교, 이데올로기 간의 대화라는 전통을 발전시키고 있다.

부족 안에서 함께할 때
우리는 번영할 수 있다

별들은 우리를 이끌지만 우리를 구속하지는 않는다 Astra inclinant, sed non obligant.

— 라틴 속담

우리 시대의 긴급한 정치적·민족적·종파적 갈등이 부족주의와 관련이 있음을 살펴보았다. 하지만 이런 부족주의는 외부인에 대한 인간 본연의 원초적 분노가 아니다. 이런 갈등이 적대감으로 번질 수는 있지만 적대감에서 비롯되는 것은 아니다. 갈등은 이 책에서 살펴본 3가지 기본 부족 본능에서 비롯된다. 당파적 맹목성은 거주지 분류와 온라인 반향실에 의해 지나치게 강화된 동료 코드 순응성에서 나온다. 이는 진실보다 부족이 우선시되는 인식론적 부족주의 사례다. 민족 불평등은 동족에게 베풀고 싶은 충동과 그 충동을 가속화하는 채용 절차에서 발생한다. 이는 부족적 충성심이 더 넓은 정의를 방해하는 윤리적 부족주의 사례다. 종파 극단주의는 전통에 대한 세뇌, 지각된 위협, 매혹적인 의식을 통한 선동에서 발생한다. 이는 다른 부족의 전통을 비난하는 실존적 부족주의의 사례다. 부족 심리를 뒷받침하도록 진화한 심리 체계가 하나만 있는 것이 아닌 것처럼, 부족 본능이 피드백 고리에 갇혀 역기능을 일으키는 방식도 하나가 아니다.

진단마다 다른 치료법이 필요하지만 몇 가지 공통된 주제가 있다. 패턴을 억제하는 단기 전략은 무엇이 트리거인지 이해하는 것이다. 부족 코드를 떠올리게 하는 환경 단서, 그 실행을 촉진하는 내적 욕구를 모두 알아야 한다. 더 지속적인 방식으로 규범을 바꾸려면 신호를 이해해야 한다. 더 나은 습관을 개발하려면 새로운 동료를, 더 나은 열망을 키우려면 새로운 영웅을, 더 나은 전통을 만들려면 새로운 조상을 찾아야 할 수 있다.

내가 추천하는 방식은 더 합리적인 결정을 내리는 방법에 대한 학자들의 전형적인 조언과는 다르다. 나는 합리성이 우리 종의 강점이 아니라고 생각한다. 우리는 경제인 Homo economicus이 아니라 부족인 Homo tributus이다. 물론 부족 본능은 많은 긴급한 갈등에서 문제의 일부다. 하지만 또한 부족 본능은 이런 갈등의 중요한 해결책이 될 수 있고, 그래야만 한다고 나는 생각한다.

석기 시대에 생존을 위해 고군분투했던 우리 조상들에게 부족 간 교류는 사회적 결속의 범위를 넓히고, 단합된 힘으로 협력해 작업하고, 즉각적인 보상을 받지 못하는 방식으로 협력하고, 과거의 지혜를 기반으로 유지하고 발전하는 방식이었다. 부족 심리는 우리 종이 이웃에 대한 공격성을 내집단 협력으로 대체하는 데 도움을 주었다. 하지만 협력과 외골수적 전통 수호에 대한 우리의 역량이 집단 갈등을 야기할 수도 있다. "우리"라는 진화적 축복이 필연적으로 "그들"에 대한 폭력으로 이어지는 것은 아니다. 하지만 그런 가능성에 대비하기 위해 우리의 부족 심리를 잘 자각해야 한다.

부족 심리는 우리 조상들이 북방 대초원과 호주 사막에 적응할 수 있는 새로운 생활방식을 개발하는 밑거름이 되었다. 기후 변화가 10도나 되었던 마지막 빙하기를 조상들이 극복하는 데 도움을 주었다.[105] 오늘날 우리는 또 다른 기후 문제에 직면해 있다. 나는 부족 본능이 우리에게 다시 한 번 도움을 줄 것이라고 믿는다. 일부 합리주의 경제학자들 입장에서는 탄소 연료의 종말보다 지구의 종말을 상상하기가 더 쉽다. 공유 천연자원 개발이 과도하게 이루어질 것이라는 "공유지의 비극"도 개인 차원에서는 그렇게 하는 것이 합리적이기 때문이다.[106] 우리가 정말로 합리적 이기심으로만 움직인다면 그런 비극은 피할 수 없을지 모른다.

하지만 부족적 동물인 우리는 자기 이익뿐 아니라 동료, 영웅, 조상에게 얽매여 있다. 일부는 무의식적으로 발현되지만 인식하게 되면 더욱 강력한 힘을 발휘할 수 있다. 동료 코드는 사회 변화에 뒤처지는 경향이 있기에 우리는 기후 변화 대응에 대한 대중의 지지를 몹시 과소평가한다.[107] 사람들의 행동이 느린 것은 관심 부족이 아니라 지식 부족 탓이므로 절망해서는 안 된다.[108] 교육자들은 기후 행동의 이점을 설명하는 것으로 중요한 차이를 만들 수 있다. 우리가 옥상에 태양광 패널을 설치하면 이웃들이 몇 년 안에 이를 채택할 가능성이 훨씬 높아진다. 그들의 머릿속에 (나와 어슷비슷한 사람들이 그렇게 하고 있다는) 생각을 심어주게 된다. 이처럼 강력한 동료 효과를 대중이 더 자각하게 된다면, 태양열 패널에 투자하는 것이 자신의 탄소 발자국을 줄이는 데 그치지 않고 공동체의 다른 사람들에게 탄소 발자국을 줄이도록 설득하는 행동임을 알게 될 것이다. 우리 자신을 부족으로서 이해하면 우리 행동의 파급 효과를 알아차리는 데 도움이 된다.

공동체로서 상호작용할 때 우리의 행동은 공동선을 향해 나아간다. 메인주의 바닷가재잡이 어부, 네팔의 벌목꾼 등 전 세계 지역 공동체를 연구한 정치학자 엘리너 오스트롬Elinor Ostrom은 그들이 손에 넣을 수 있는 모든 것을 취하는 것이 아니라 지속 가능한 소비 규칙을 세우는 것으로 희소성에 대응한다는 사실을 발견했다.[109] 아마 이런 규칙들은 집단 내 전통을 조율, 협력, 유지하는 인간의 진화한 역량과 관련이 있을 것이다. 강의하면서 자원 딜레마 게임을 진행해보면 학생들은 공유지의 비극을 재연하는 경향이 있다. 단 그들이 선택하기 전에 서로 이야기를 나눌 시간을 주지 않았을 때 그렇다. 사전에 대화를 나누었을 때는 집단 이익이라는 공동 이상을 설정하고, 집단 협력 유지를 위해 자신들의 선택을 공개하는 쪽으로 움직인다.

인도네시아 발리에서는 복잡하게 얽힌 관개 수로들이 고원 지대의 화산 호수들에서 시작되어 층층이 얹힌 계단식 논들을 지나 바다로 이어진다. 1000년 동안 농부들은 이 관개 수로의 중간 지점인 "물 사원water temple"에 소규모로 모였다. 물 사원은 꽃문양이 새겨진 의식용 문들과 탑들이 있는 화려한 목조 구조물이다. 이 사원에서 농부들은 물을 공정하게 분배하는 방법을 두고 집단 결정을 내리기 위해 의례를 행했다. 그러다 1970년대에 서구에서 온 녹색혁명 농학자들이 미신적인 이 모든 허튼 관습을 자신들의 계산에 근거한 관개 일정으로 대체했다. 그러나 그들의 과학적 접근 방식은 최적화 문제가 너무 복잡했던 탓에 처참한 실패라는 결과를 낳았다. 농부들은 신성한 전통으로 돌아가는 것이 허용되자 지속 가능한 물 배분 패턴을 되살렸다.[110] 여기서 합리성은 부족적 사고와 아예 상대가 되지 않았다.

나는 부족적 직관이 반드시 이 지구와 우리의 모든 분열을 치유할 것이라고 맹목적으로 믿지는 않는다. 하지만 도움이 될 수 있다는 증거가 내 눈에는 많이 보인다.[111] 우리의 오래된 과거는 미래 유연성을 위한 자원이다. 새로운 환경에 대응해 새로운 문화 코드를 진화시키는 우리의 역량은 한없이 놀랍다. 이것이 가장 어려운 시기에도 희망의 원천이 될 것이다.

가장 초기의 조상들조차 알았던 것처럼, 한 가지는 분명하다. 지금 과제들은 개인의 힘으로는 해결할 수 없다. 우리는 부족 안에서 함께할 때만 번영할 수 있다.

감사의 말

이 책을 쓰면서 너무나 많은 분들께 빚을 너무 많이 져서 일일이 감사 인사를 전하는 것이 불가능하다. 이 아이를 키우는 데는 한 부족, 아니 여러 부족의 도움이 필요했다.

이 책의 출발점은 내 에이전트인 리처드 파인Richard Pine과 나눈 대화였다. 그는 내가 과학 저널에 쓴 문화적 프라이밍cultural priming과 다문화주의 역학에 관한 논문들을 읽고 그 내용의 확장성에 대해 심도 깊은 질문을 던졌다. 잉크웰 매니지먼트의 재능 있는 그의 동료 윌리엄 캘러핸William Callahan은 초고를 더 이해하기 쉬운 스토리 중심으로 바꾸는 방법을 알려주었다. 운이 좋아서 이 책의 제안서는 펭귄랜덤하우스의 유능한 편집자 니키 파파도풀로스Niki

Papadopoulos와 메리 선Merry Sun의 손에 들어갔다. 니키의 전략적 탁월함에 감사드리고, 긴 집필 여정 동안 꾸준히 지원하며 적절히 조언해준 메리에게 고마움을 전한다. 원고를 간결한 형태로 정리할 때 편집 자문에 응해준 베르토 리터러리의 개러스 쿡Gareth Cook에게도 감사드린다.

이 프로젝트를 시작하기 전부터 나는 로버트 치알디니, 대니얼 길버트Daniel Gilbert, 맥스 바저맨Max Bazerman, 제프리 페퍼Jeffrey Pfeffer, 필립 테틀록Phillip Tetlock, 칩 히스Chip Heath, 조너선 하이트Jonathan Haidt, 애덤 그랜트Adam Grant 등 행동과학에 관한 책 쓰기의 선봉에 선 이들과 대화를 나누면서 광범위한 독자를 위한 글을 쓰고 싶다는 꿈을 키워왔다. 나는 찰스 다윈Charles Darwin, 윌리엄 제임스, 마거릿 미드Margaret Mead부터 리처드 도킨스Richard Dawkins, 스티븐 핑커Steven Pinker, 재러드 다이아몬드에 이르기까지 과학적 아이디어를 일상적인 언어로 표현한 책을 좋아했고, 그래서 대중적 글쓰기에 관심을 갖게 되었다.

그런 서적과 일족 외에도 이 프로젝트는 나를 연구자로 키워준 학계 부족들에게도 빚을 지고 있다. 나는 미시간대학교 대학원에서 리처드 니스벳Richard Nisbett과 에드워드 스미스Richard Nisbett의 지도하에 사회적 인지의 문화 차이를 연구했다. 미시간주 앤아버의 평등주의적 환경에서 로버트 자욘스Robert Zajonc, 헤이즐 마커스Hazel Markus, 클로드 스틸Claude Steele, 데이비드 버스David Buss, 래리

감사의 말

허슈펠드Larry Hirschfeld, 스콧 에이트란Scott Atran, 리처드 슈위더Richard Shweder, 대니얼 스퍼버Daniel Sperber 같은 다른 부족의 원로들과 교류하는 특권을 누렸다. 이러한 학제 간 대화가 미시간대학교의 '문화와 인지' 프로그램으로 발전했다. 내가 그 프로그램을 준비할 수 있었던 것은 오직 그레고리 머피Gregory Murphy, 윌리엄 워런William Warren, 조지 모건George Morgan, 배럿 헤이즐틴Barret Hazeltine, 마이클 하퍼Michael Harper와 같은 참을성 있는 교수들이 브라운대학교 학부생인 나를 위해 시간을 내어 도와주었기 때문이다. 언급하지 않은 다른 많은 학문적 후원자들께도 감사드린다.

책의 논지를 구성하는 아이디어를 공동 집필하거나 비평하거나 명확히 해준 공동 작업자들과 동료들에게 고마움을 전하고 싶다. 미시간대학교의 기타야마 시노부Shinobu Kitayama, 펑카이핑, 리처드 래릭Richard Larrick, 알레한드로 로페즈-루소Alejandro López-Rousseau, 스탠퍼드대학교의 에이머스 트버스키Amos Tversky, 리 로스Lee Ross, 짐 마치Jim March, 조앤 마틴Joanne Martin, 로드 크레이머Rod Kramer, 이타마르 시먼슨Itamar Simonson, 조엘 포돌니Joel Podolny, 제니퍼 애이커Jennifer Aaker, 소냐 류보머스키Sonja Lyubomirsky, 도널 브라일리Donnel Briley, 캐시 필립스Kathy Phillips, 타냐 메넌Tanya Menon, 유리코 젬바Yuriko Zemba, 마이아 영Maia Young, 빌레인 설리번Bilaine Sullivan, 홍콩중문대학교의 쿽 렁Kwok Leung, 마이클 본드Michael Bond, 다리우스 챈Darius Chan. 버클리대학교의 베로니카 베네-마르티네스Verónica Benet-Martínez, 대니얼 에임스Daniel Ames, 에릭 놀스Eric Knowles, 홍콩대학교의 치유에 치우Chi-yue Chiu, 홍잉이, 호잉 (잔) 푸Ho-ying (Jeanne) Fu, 컬럼비아대학교의 조엘 브로크너Joel Brockner, 시나 아잉가Sheena Iyengar, 엘케 웨버Elke Weber, 애덤 갈린스키Adam Galinsky, 말리아 메이슨Malia Mason, 크레이그 폭스Craig Fox, 에밀리 아마나툴라Emily Amanatullah, 로이 추아Roy Chua, 캐니 저우Canny Zou, 오릴리어 목Aurelia Mok, 크리슈나 사바니Krishna Savani, 지 루이 Zhi Lui, 슈 장Shu Zhang, 앤디 야프Andy Yap, 재이 초Jaee Cho, 카트리나 핀처Katrina Fincher, 잭슨 루Jackson Lu, 자이지아 류Zaijia Liu, 유 딩Yu Ding, 기타 조하르Gita Johar, 에릭 존슨Eric Johnson, 비키 모위츠Vickie Morwitz, 남라타 고얄Namrata Goyal, 실파 마단Shilpa Madan, 김민희, 루시 류Lucy Liu에게 감사드린다.

내가 일하는 괴팍한 부족인 컬럼비아대학교에도 빚이 많다. 컬럼비아 경영대학원, 글로벌사고위원회, 헤이먼인문학센터에 특히 그렇다. 또한 전에 몸담았던 스탠퍼드대학교, 그중에서도 경영대학원, 국제분쟁협상센터, 인종민족비교연구센터에 특별히 감사드린다. 홍콩중문대학교와 홍콩대학교에서 안식년을 보내면서 연구의 돌파구가 열리기도 했다. 특히 이 책은 2022년 가을에 (파리의 장니코드연구소와) 인시아드-유럽INSEAD-Europe을, 2023년 봄에 (홍콩이공대학과) 싱가포르의 인시아드-아시아를 방문한 지난 안식년 기간에 완성되었다. 그 즐거운 시간을 마련해준 로더릭 스와

브Roderick Swaab, 리 황Li Huang, 프레데릭 고다르Frederic Godart, 앤디 야프, 구와바라 고Ko Kuwabara, 위고 메르시에Hugo Mercier, 크리슈나 사바니Krishna Savani와 다른 분들에게 고마움을 전한다.

이 책을 현실로 만드는 데는 우리 가족이 토대가 되었다. 책을 사랑하는 부모님 토머스와 섀런에게서 주입된 강박적인 호기심이 없었다면 이 프로젝트를 시작할 수 없었을 것이다. 형제들의 도움도 컸다. 마거릿은 먼저 책을 써서 나에게 길을 보여주었고, 그녀의 남편 더그는 기술업계의 신화와 의식을 자세히 알려주었다. 캐슬린과 브래드 부부는 나의 절친이자 컨설턴트였고 손님 접대에도 뛰어났다. 베스와 클라우스 부부는 워싱턴 정가에 관한 지혜를 나눠주었고, 내가 부재중일 때 집안일을 도맡았다. 톰과 그의 아내 도리는 텍사스의 관점에서 나를 점검해주었다. 조카들은 Z세대 포커스 그룹 역할을 해주었다. 내 아내 타티아나 골Tatjana Gall은 예리한 귀와 민첩한 정신, 깊은 마음으로 첫 단어부터 시작해 마지막까지 나를 안내했다.

끝으로, 이 긴 여정에서 내 기운을 북돋아준 동료들에게 감사드린다. 앨리슨, 앤디, 고든, 어니, 브라이언, 시라, 셸라, 렉시, 데이비드, 에마누엘레, 자나, 주지, 폴라, 말리아, 모두페, 애덤, 댄, 스테펀, 샘, 새디, 니나, 콘스탄티노, 모린, 제임스, 나탈리, 키위, 엘런, 카트리나, 애나, 멜라니, 제시카 그리고 언급되지 않은 이들에게도 감사드린다. 나의 부재와 부주의, 혼란스러운 기분을 참아준 팀원들도 고맙다. 예이츠의 시구 그대로다. "인간의 영광이 어디서 시작하고 끝났는지 생각해보라 / 나의 영광은 훌륭한 친구들을 가진 데 있었다."

주

머리말

1 Daniel Taylor, "Sweat and Self-Belief Are the Secrets of Hiddink's Korea," *Guardian*, June 23, 2002, https://www.theguardian.com/football/2002/jun/24/worldcupfootball2002.sport2.

2 Nammi Lee, Steven J. Jackson, and Keunmo Lee, "South Korea's 'Glocal' Hero: The Hiddink Syndrome and the Rearticulation of National Citizenship and Identity," *Sociology of Sport Journal* 24, no. 3 (2007): 283–301.

3 Simon Kuper, "The Miracles of Guus," *The Monthly*, October 2005, https://www.themonthly.com.au/monthly-essays-simon-kuper-miracles-guus-can-thoughtful-dutchman-who-worshipped-korea-take-socceroos.

4 Rob Hughes, "Transmitting a Gift That Goes Beyond Words," *New York Times*, March 23, 2010, https://www.nytimes.com/2010/03/24/sports/soccer/24iht-soccer.html.

5 "A Revolution of Korea Soccer from Zurich to Sang-Am," *Moonhwa Ilbo Press*, July 18, 2002, 17.

6 Taylor, "Sweat and Self-Belief Are the Secrets of Hiddink's Korea."

7 다른 네덜란드 출신 감독들 덕분에 이 전술은 바르셀로나에서 세계 최고의 티키타카 스타일로 발전했다.

8 Simon Kuper and Stefan Szymanski, *Soccernomics* (New York: Bold Type Books, 2018).

9 "Viktor Maslov: Soviet Pioneer of the 4-4-2 Formation and the Inventor of Pressing," *Sports Illustrated*, June 28, 2019.

10 Adrian Bell, Chris Brooks, and Tom Markham, "The Performance of Football Club Managers: Skill or Luck?," *Economics & Finance Research* 1, no. 1 (2013): 19–30.

11 John Reed Swanton, *Contributions to the Ethnology of the Haida* (Leiden: E. J. Brill,

1905): 294-97.

12 David C. McClelland, *The Achieving Society* (New York: Free Press, 1961).
13 Ulf Hannerz, *Transnational Connections: Culture, People, Places* (New York: Routledge, 1996).
14 Richard A. Shweder, *Thinking Through Cultures: Expeditions in Cultural Psychology* (Cambridge, MA: Harvard University Press, 1991).
15 2023년 문화심리학 우수 공로상Outstanding Contribution to Cultural Psychology Award을 받은 것을 비롯해 내가 한 작업은 많은 인정을 받았다.
16 1962년 오스카 루이스Oscar Lewis가 해외 빈민가의 "빈곤 문화"를 설명한 이래로 보수 정치인들은 이 개념을 끌어와 빈곤층에 대한 경제적 지원을 반대하는 데 사용했다(예를 들어 조 맨친Joe Manchin 상원의원은 웨스트버지니아주의 빈곤층이 자녀 세액 공제를 약물 구매에 악용해 빈곤 문제가 더 심화할 것이라고 우려를 표했다). 반대로 사회학 같은 진보적 학문 문야에서는 이 이론을 혐오했다. 최근 들어서야 학자들은 문화 규범이 특정 집단의 경제 프로필에 영향을 미친다는 것을 설명하는 설득력 있는 방식을 찾아냈다. 하지만 이 영향이 배타적이거나 비타협적인 것은 아니다. W. J. Wilson, "Why Both Social Structure and Culture Matter in a Holistic Analysis of Inner-City Poverty," *Annals of the American Academy of Political and Social Science* 629 (2010): 200-219.
17 Deborah A. Prentice, and Dale T. Miller, "Psychological Essentialism of Human Categories," *Current Directions in Psychological Science* 16, no. 4 (2007): 202-6.
18 Peter Bergen and Swati Pandey, "The Madrassa Myth," *New York Times*, June 14, 2005, http://www.nytimes.com/2005/06/14/opinion/the-madrassa-myth.html.
19 C. Christine Fair, Neil Malhotra, and Jacob N. Shapiro, "Faith or Doctrine? Religion and Support for Political Violence in Pakistan," *Public Opinion Quarterly* 76, no. 4 (2012): 688-720; Mark Tessler and Michael D. H. Robbins, "What Leads Some Ordinary Arab Men and Women to Approve of Terrorist Acts against the United States?," *Journal of Conflict Resolution* 51, no. 2 (2007): 305-28.
20 Isabel Coles and Ned Parker, "How Saddam's Men Help Islamic State Rule," Reuters, December 11, 2015, https://www.reuters.com/investigates/special-report/mideast-crisis-iraq-islamicstate; Milan Obaidi et al., "Cultural Threat Perceptions Predict Violent Extremism via Need for Cognitive Closure," *Proceedings of the National*

Academy of Sciences 120, no. 20 (2023): e2213874120.

21 Islam for Dummies: Aya Batrawy, Paisley Dodds, and Lori Hinnant, "'Islam for Dummies': IS Recruits Have Poor Grasp of Faith," Associated Press, August 15, 2016, https://apnews.com/article/lifestyle-middle-east-africa-europe-reli gion-9f94ff7f1e-294118956b049a51548b33.

22 Joby Warrick, "Jihadist Groups Hail Trump's Travel Ban as a Victory," *Washington Post*, January 29, 2017, https://www.washingtonpost.com/world/national-security/jihadist-groups-hail-trumps-travel-ban-as-a-victory/2017/01/29/50908986-e66d-11e6-b82f-687d6e6a3e7c_story.html.

23 Walt Whitman, *Leaves of Grass* (Philadelphia: David McKay, 1891–1892).

24 국방부 직원 대상 콘퍼런스에서 나는 아프가니스탄에서의 성공적인 임무 수행으로 존경받는 장군 마이클 T. 플린Michael T. Flynn과 (위성 전화로) 인터뷰를 진행했다. 시간이 흐른 뒤 플린이 정치적 의례에서 어려움을 겪는 것을 보면서 직업 문화가 국가 문화만큼이나 넘기 어려운 장벽임을 다시 한 번 깨달았다. National Research Council, *Sociocultural Data to Accomplish Department of Defense Missions: Toward a Unified Social Framework: Workshop Summary* (Washington, DC: National Academies Press, 2011).

25 Catherine Stupp, "U.S. Intelligence Wants to Use Psychology to Avert Cyberattack: IARPA Scientists Are Taking Up the Nascent Field of Cyber Psychology to Predict and Counter Hacker Behavior," *Wall Street Journal*, January 25, 2023, https://www.wsj.com/articles/u-s-intelligence-wants-to-use-psychology-to-avert-cyberattacks-11674670443.

26 Cislaghi, Ben, Karima Manji, and Lori Heise, "Social Norms and Gender-Related Harmful Practices: Theory in Support of Better Practice," *Learning Report* 2 (2018), London School of Hygiene & Tropical Medicine.

27 Benedict Carey, "Academic 'Dream Team' Helped Obama's Effort," *New York Times*, November 12, 2012, https://www.nytimes.com/2012/11/13/health/dream-team-of-behavioral-scientists-advised-obama-campaign.html.

28 말디니는 안정환보다 키가 7.6센티미터 크고, 축구 역사상 가장 위대한 수비수로 평가받는 선수다. 안정환은 페루자에서 뛰었기 때문에(주로 벤치 멤버) 이탈리아 사람들은 그를 알고 있었는데, 체력은 그의 강점이 아니었다. 월드컵에서 이탈리아를 탈

락시켰다는 이유로 페루자는 안정환을 즉시 방출했다. George Vecsey, "South Korea Stuns Italy in World Cup," *New York Times*, June 18, 2002, https://www.nytimes.com/2002/06/18/sports/south-korea-stuns-italy-in-world-cup.html.

29 Hee-Kyung Hwang and Sang-Hee Kim, "Korea-Italy Match Notes: Celebration in Apartments, Residential Complex," *Yonhap News*, June 18, 2002.

30 Nam-Kwon Kim and Sang-Hoon Lee, "Biggest Tae-Guk Parade since March 1st Liberation Movement," *Yonhap News*, June 14, 2002.

31 Jin-Hong Kim, Kyung-Hwan Maeng, "President Kim's Tears of Victory after Winning against Spain," *Kookmin Ilbo*, June 23, 2002.

32 축구 대표팀의 교훈을 다른 종류의 조직에 적용한 책이 이후 5년 동안 200권 넘게 출간되었다. Lee, Jackson, and Lee, "South Korea's 'Glocal' Hero."

33 "The Light and Shadow Side of the Hid-dink Phenomenon," *Hankyoreh Newspaper*, July 8, 2002, 9.

34 Rachael Miyung Joo, "Consuming Visions: The Crowds of the Korean World Cup," *Journal of Korean Studies* 11, no. 1 (2006): 41–67.

35 Edward O. Wilson, *The Insect Societies* (Cambridge, MA: Harvard University Press, 1971).

36 Robin I. M. Dunbar and Susanne Shultz, "Evolution in the Social Brain," *Science* 317, no. 5843 (2007): 1344–47.

37 침팬지, 돌고래, 범고래 등 영리한 포유류 종은 집단 내에서 단순한 학습 행동을 공유하므로 문화적 동물이기도 하다. 하지만 이들은 더 복잡한 사회 구조의 접착제 역할을 하는 풍부한 문화를 만들어내지는 않는다.

38 "고난은 우리 부족의 상징이다sufferance is the badge of all our tribe"라는 샤일록의 대사.

39 Henry Sumner Maine, *Ancient Law: Its Connection with the Early History of Society and Its Relation to Modern Ideas* (London: John Murray, 1897); Lewis Henry Morgan and Eleanor Burke Leacock, *Ancient Society: Or Researches in the Lines of Human Progress from Savagery through Barbarism to Civilization* (New York: Henry Holt, 1877).

40 Malcolm Yapp, "Tribes and States in the Khyber, 1838–42," in *The Conflict of Tribe and State in Iran and Afghanistan*, ed. Richard L. Tapper (London: Croom Helm, 1983), 150–91.

41 비서구 사회 중 일부는 규모 면에서 유럽 국가들과 경쟁했고 정교한 공학, 천문학, 의학, 농업, 예술을 발전시켰다. 원시적이고 폐쇄적이며 의심스러운 야만인이라는 인상을 준 이유 중 하나는 그들이 서구의 침략, 질병, 노예 무역, 그리고 서양 학자들이 뒤늦게 인식한 그 밖의 여러 영향으로 휘청거렸기 때문이다. Alexander Koch, Chris Brierley, Mark M. Maslin, and Simon L. Lewis, "Earth System Impacts of the European Arrival and Great Dying in the Americas after 1492," *Quaternary Science Reviews* 207 (2019): 13–36; Nathan Nunn and Leonard Wantchekon, "The Slave Trade and the Origins of Mistrust in Africa," *American Economic Review* 101, no. 7 (2011): 3221–52.

42 Meyer Fortes and Edward E. Evans-Pritchard, *African Political Systems* (Oxford: Oxford University Press, 1940); Marshall Sahlins, *Tribesmen* (Englewood Cliffs, NJ: Prentice-Hall, 1968).

43 Marvin Harris, "India's Sacred Cow," *Human Nature* 1, no. 2 (1978): 28–36.

44 다시 말해 인류학은 자기 성찰에 여전히 많은 노력을 기울이고 있다. Akhil Gupta and Jessie Stoolman, "Decolonizing US Anthropology," *American Anthropologist* 124, no. 4 (2022): 778–99.

45 Michael Tomasello, "The Human Adaptation for Culture," *Annual Review of Anthropology* 28, 1 (1999): 509–29.

46 Joseph Henrich, *The Secret of Our Success: How Culture Is Driving Human Evolution, Domesticating Our Species, and Making Us Smarter* (Princeton, NJ: Princeton University Press, 2017).

47 Peter J. Richerson and Robert Boyd, *Not by Genes Alone: How Culture Transformed Human Evolution* (Chicago: University of Chicago Press, 2008).

48 Lawrence Rosen, "'Tribalism' Gets a Bum Rap," *Anthropology Today* 32, no. 5 (2016): 3.

49 Akbar Ahmed, Frankie Martin, and Amineh Ahmed Hoti, "Re-Tribalization in the 21st Century, Part 1," *Anthropology Today* 39, no. 5 (2023): 3–6.

50 나는 "본능"을 진화한 능력과 반응 체계라는 뜻으로 쓴다. 진화인류학자 로버트 보이드Robert Boyd와 피터 리처슨Peter Richerson의 용어를 차용했다. 그들은 인간 특유의 "부족 본능"을 친족 선택 등 기존의 영장류 본능과 구별했다. Peter J. Richerson and Robert Boyd, "The Evolution of Subjective Commitment to Groups: A Tribal Instincts

Hypothesis," *Evolution and the Capacity for Commitment* 3 (2001): 186 – 220.

51 행동과학자들은 이를 설명적 규범descriptive norms, 지시적 규범injunctive norms, 제도적 규범institutional norms이라고 부르기도 한다. 전문 용어는 분야별로 매우 다양하게 변용되기 때문에 나는 더 단순한 용어를 쓰려고 한다. Michael W. Morris, Ying-Yi Hong, Chi-Yue Chiu, and Zhi Liu, "Normology: Integrating Insights about Social Norms to Understand Cultural Dynamics," *Organizational Behavior and Human Decision Processes* 129 (2015): 1 – 13. 진화심리학자들은 규범 심리의 진화가 물결처럼 진행되었다는 주장을 제기했다. Maciej Chudek and Joseph Henrich, "Culture-Gene Coevolution, Norm-Psychology and the Emergence of Human Prosociality," *Trends in Cognitive Sciences* 15, no. 5 (2011): 218 – 26.

52 Sebastian Junger, *Tribe: On Homecoming and Belonging* (New York: Twelve, 2016). 식민 지배를 당했던 사람들에게 "부족"이라는 단어는 고통스러운 기억을 수반한다. 그래서 나는 흔히 이런 집단을 민족, 국가, 사회라고 칭한다. 일부 활동가들은 이런 집단에만 "부족"이란 단어 사용을 허용하자고 주장한다. 하지만 전 세계 대부분의 사람은 부족이란 말에 적합하다(예를 들어 내 가족은 아일랜드의 골웨이 12부족 중 한 부족의 후손이다). 식민주의 이전에 오랜 세월 동안 부족이라 자칭했던 유대인 같은 집단에도 공평하지 않은 듯하다. 용어를 더 폭넓게 사용하는 것이 여전히 남아 있는 경멸적인 함축을 씻어내는 가장 좋은 해법이 될 것이다.

53 Seth Godin, *Tribes: We Need You to Lead Us* (New York: Portfolio, 2008).

54 Amy Chua, *Political Tribes: Group Instinct and the Fate of Nations* (New York: Penguin Books, 2019); Stephen Hawkins, Daniel Yudkin, Miriam Juan-Torres, and Tim Dixon, *Hidden Tribes: A Study of America's Polarized Landscape* (New York: More in Common, 2019).

55 Bernard Cova, Robert V. Kozinets, and Avi Shankar, eds., *Consumer Tribes* (New York: Routledge, 2007).

56 Dale C. Spencer and Kevin Walby, "Neo-Tribalism, Epistemic Cultures, and the Emotions of Scientific Knowledge Construction," *Emotion, Space and Society* 7 (2013): 54 – 61.

57 Michel Maffesoli, *The Time of the Tribes* (London: Sage Publications, 1995); Michel Maffesoli, "From Society to Tribal Communities," *Sociological Review* 64, no. 4 (2016): 739 – 47; Andy Bennett, "Subcultures or Neo-Tribes? Rethinking the Re-

lationship between Youth, Style and Musical Taste," *Sociology* 33, no. 3 (1999): 599–617.

58 Andrew Sullivan, "Can Our Democracy Survive Tribalism?," *New York Magazine* 105, September 18, 2017; Thomas L. Fried-man, "Have We Reshaped Middle East Politics or Started to Mimic It," *New York Times*, September 14, 2021.

59 Dominic Packer and Jay Van Bavel, "The Myth of Tribalism," *Atlantic*, January 3, 2002.

1장

1 Joseph P. Lash, *Helen and Teacher: The Story of Helen Keller and Anne Sullivan Macy* (New York: Delacorte Press/Seymour Lawrence, 1980).

2 Matthew R. Bennett et al., "Early Hominin Foot Morphology Based on 1.5-Million-Year-Old Footprints from Ileret, Kenya," *Science* 323, no. 5918 (2009): 1197–1201.

3 Kevin G. Hatala et al., "Footprints Reveal Direct Evidence of Group Behavior and Locomotion in Homo Erectus," *Scientific Reports* 6 (2016): 28766.

4 Ewen Callaway, "Homo erectus Footprints Hint at an Ancient Hunting Party," *Nature* (2015).

5 Louis Liebenberg, "The Relevance of Persistence Hunting to Human Evolution," *Journal of Human Evolution* 55 (2008): 1156–59.

6 Michael Tomasello, "Why Don't Apes Point?," in *Roots of Human Sociality*, eds. N. J. Enfield and Stephen C. Levinson (New York: Routledge, 2006), 506–24.

7 Yoel Melamed et al., "The Plant Com-ponent of an Acheulian Diet at Gesher Benot Ya'aqov, Israel," *Proceedings of the National Academy of Sciences* 113, no. 51 (2016): 14674–79.

8 Nira Alperson-Afil, Daniel Richter, and Naama Goren-Inbar, "Phantom Hearths and the Use of Fire at Gesher Benot Ya'aqov, Israel," *PaleoAnthropology* 2007 (2007): 1–15. 오늘날의 "구석기 다이어트" 순수주의자들에 대해서는 말을 아껴야겠다. 그들은 날고기를 먹으려고 애쓰는데 채소, 견과류, 훈제 생선, 구운 사슴고기를 먹었던 훌라계곡의 구석기 시대 조상들은 그런 식단을 경멸의 눈으로 봤을 것이다.

9 조리는 음식에서 흡수하는 칼로리를 높이는 동시에 씹고 소화하는 데 필요한 칼로리를 획기적으로 줄인다. 침팬지가 조리하지 않은 식물 줄기, 도마뱀 등에서 영양분을

추출하려면 하루에 8시간까지 씹어야 한다. 이는 문화 진화가 유전 진화에 영향을 미친 또 다른 예다. 조리는 선택 압력을 변화시켜 유인원 같은 턱과 내장을 쓸모없게 만들고 더 큰 뇌가 가능하게 만들었다. Richard W. Wrangham et al., "The Raw and the Stolen: Cooking and the Ecology of Human Origins," *Current Anthropology* 40, no. 5 (1999): 567 – 94; Richard Wrangham, *Catching Fire: How Cooking Made Us Human* (New York: Basic Books, 2009).

10 증거가 없다는 것이 곧 존재하지 않는다는 증거가 아니라는 점이 고고학의 영원한 난제다. 새로운 접근법들을 통해 이 시기의 다양한 유적지에서 불을 다루었다는 증거가 더 많이 나오고 있다. Katharine MacDonald et al., "Middle Pleistocene Fire Use: The First Signal of Widespread Cultural Diffusion in Human Evolution," *Proceedings of the National Academy of Sciences* 118, no. 31 (2021): e2101108118.

11 Herbert S. Terrace, Laura Ann Petitto, Richard Jay Sanders, and Thomas G. Bever, "Can an Ape Create a Sentence?," Science 206, no. 4421 (1979): 891 – 902.

12 Michael C. Corballis, "From Mouth to Hand: Gesture, Speech, and the Evolution of Right-Handedness," Behavioral and Brain Sci-ences 26, no. 2 (2003): 199 – 208; Marina Lozano et al., "Right-Handed Fossil Humans," Evolutionary Anthropology: Issues, News, and Reviews 26, no. 6 (2017): 313 – 24.

13 침팬지의 몸짓은 훈련받지 않은 사람도 정확하게 추측할 수 있으며 인간 유아의 몸짓과 많이 겹친다. Ingrid Wickelgren, "Humans Can Correctly Guess the Meaning of Chimp Gestures," *Scientific American*, January 24, 2023, https://www.scientificamerican.com/article/humans-can-correctly-guess-the-meaning-of-chimp-gestures/.

14 Robert C. Berwick, and Noam Chomsky, *Why Only Us: Language and Evolution* (Cambridge, MA: MIT Press, 2016).

15 선형적 연속성을 표시하는 이 이미지는 복잡한 가계도를 잘못 전달한다. 진화는 깔끔하지 않다. 진화는 겹치는 종과 길가에 버려지는 파생 종을 만들어낸다. 사람족은 경사진 이마를 가진 호모 에렉투스, 다부진 네안데르탈인, 호빗처럼 체구가 작은 플로레시엔시스*floresiensis* 등 신체상으로 다양했다. 더욱 놀라운 것은 이 3가지 독특한 인류 종이 같은 시기에 지구상에 존재했다는 사실이다! 유인원에서 인간으로 이어지는 여정은 각 고인류 종이 배턴(또는 화강암 몽둥이)을 넘겨주는 릴레이 경주가 아니라 여럿이 경쟁해서 일부는 쓰러지고 일부는 후계자를 확보하는 난투극과 같았다.

16 뇌와 몸집의 비율로 따지면 인간이 가장 영리하고 돌고래와 범고래는 2위로 밀려난다! 침팬지와 보노보가 공동 3위다. 다음으로 오랑우탄과 고릴라 등 "대형 유인원", 여러 종류의 원숭이 순이다. 코끼리, 개, 다람쥐 등 머리가 큰 다른 동물들이 그 뒤를 잇는다. 다소 실망하는 사람들도 있겠지만 고양이는 조금 더 순위가 처진다.

17 Robin I. M. Dunbar, "The Social Brain Hypothesis," *Evolutionary Anthropology* 6, no. 5 (1998): 178–190.

18 Matthew D. Lieberman, *Social: Why Our Brains Are Wired to Connect* (Oxford: Oxford University Press, 2013).

19 Ralph Adolphs, "The Social Brain: Neural Basis of Social Knowledge," *Annual Review of Psychology* 60 (2009): 693–716.

20 Esther Herrmann et al., "Humans Have Evolved Specialized Skills of Social Cognition: The Cultural Intelligence Hypothesis," *Science* 317, no. 5843 (2007): 1360–66.

21 Peter J. Richerson, and Robert Boyd, "The Evolution of Subjective Commitment to Groups: A Tribal Instincts Hypothesis," *Evolution and the Capacity for Commitment* 3 (2001): 186–220. Mark Van Vugt, Robert Hogan, and Robert B. Kaiser, "Leadership, Followership, and Evolution: Some Lessons from the Past," *American Psychologist* 63, no. 3 (2008): 182; Mark Van Vugt and J. Park, "Guns, Germs, and Tribal Social Identities: Evolutionary Perspectives on the Social Psychology of Intergroup Relations," *Social and Personality Psychology Compass* 3 (2009): 927–38; Daniel R. Kelly, "Moral Disgust and the Tribal Instincts Hypothesis," *Cooperation and Its Evolution* (2013): 503–24.

22 Julian De Freitas, Kyle Thomas, Peter DeScioli, and Steven Pinker, "Common Knowledge, Coordination, and Strategic Mentalizing in Human Social Life," *Proceedings of the National Academy of Sciences* 116, no. 28 (2019): 13751–58.

23 Jared Diamond, *The World Until Yesterday: What Can We Learn from Traditional Societies?* (New York: Penguin Books, 2013). 과거 일부 학자들은 이런 행동이 유럽에서 5만 년 전에, 또는 동아프리카에서 10만 년 전에 시작되었다고 시기를 넉넉하게 추정했다. 하지만 그런 추정치조차 광범위한 협업의 첫 시작을 놓치고 있다.

24 David Graeber and David Wengrow, *The Dawn of Everything: A New History of Humanity* (New York: Farrar, Straus & Giroux, 2021).

25 집단 채집은 칼로리 수익률이 높으며, 공급이 부족하거나 고르지 않을 때 특히 유리하다. 다른 사람들과 공동으로 작업하는 것은 사냥꾼이나 채집자가 불운에 대비하는 보험이다. Mathieu Lihoreau et al., "Collective Foraging in Spatially Complex Nutritional Environments," *Philosophical Transactions of the Royal Society B: Biological Sciences* 372, no. 1727 (2017): 20160238.

26 Daniel B. M. Haun, Yvonne Rekers, and Michael Tomasello, "Children Conform to the Behavior of Peers; Other Great Apes Stick with What They Know," *Psychological Science* 25, no. 12 (2014): 2160–67.

27 원숭이는 "거울 뉴런mirror neuron"(거울 신경세포)을 갖고 있어서 운동 동작을 능숙하게 모방한다. 거울 뉴런이 지나치게 강조되고 있는데 그것으로는 공감, 치료, 외교를 설명하지 못한다(내가 마지막으로 확인했을 때도 원숭이는 그런 일을 하지 못했다). 고도의 사회 행동에는 부족 본능을 더 복잡하게 공유하는 능력이 필요하다.

28 Hiromi Kobayashi and Shiro Kohshima, "Unique Morphology of the Human Eye and Its Adaptive Meaning: Comparative Studies on External Morphology of the Primate Eye," *Journal of Human Evolution* 40, no. 5 (2001): 419–35; Michael Tomasello, Brian Hare, Hagen Lehmann, and Josep Call, "Reliance on Head versus Eyes in the Gaze Following of Great Apes and Human Infants: The Cooperative Eye Hypothesis," *Journal of Human Evolution* 52, no. 3 (2007): 314–20. 흥미롭게도 개는 밝은색의 공막을 가지고 있는데, 아마 우리 조상들이 개를 사육하면서 "가독성"과 의사소통을 중시했기 때문일 것이다. 개는 인간의 시선을 따라갈 수 있고, 가리키는 곳을 유인원보다 잘 따라간다. Sarah C. P. Williams, "In the Eyes of a Dog," *Science*, January 5, 2012, https://www.science.org/content/article/eyes-dog.

29 자폐증에서 이런 일련의 심리 과정이 선택적으로 손상되는 것은 이 과정들이 진화된, 상호 연결된 기반을 지니고 있다는 개념을 뒷받침한다. 대개 부모들은 아이가 3살 무렵에 눈 맞추기와 사회적 상호작용이 미숙한 것을 보고 자폐를 알아챈다. 하지만 더 앞서는 증상은 영아기의 낮은 시선 추적 능력이다. Rachael Bedford et al., "Precursors to Social and Communication Difficulties in Infants At-Risk for Autism: Gaze Following and Attentional Engagement," *Journal of Autism and Developmental Disorders* 42 (2012): 2208–18.

30 "자폐증autism"이라는 단어는 "혼자"를 뜻하는 그리스어 "오토스autos"에서 유래했지만, 또 다른 암시적인 의미는 자율성이다. 이 신경 장애를 가진 사람들은 의도를 추론

하고, 조정하고, 순응할 수 있지만 대부분의 사람이 하듯 쉽게 자동으로 하지는 못한다. 알베르트 아인슈타인Albert Einstein이나 일론 머스크Elon Musk 등 일부 위대한 혁신가는 경미한 자폐증으로 알려져 있다. 남들과 똑같이 생각해야 한다는 끊임없는 압박에서 벗어나면 기술적 문제를 명확하게 생각하는 데 도움이 될 수 있다. Simon Baron-Cohen, Sally Wheelwright, Amy Burtenshaw, and Esther Hobson, "Mathematical Talent Is Linked to Autism," *Human Nature* 18 (2007): 125–31. 워런 버핏Warren Buffett, 조지아 오키프Georgia O'Keeffe 등 많은 혁신가는 대부분의 직업상 동료들이 있는 환경에서 벗어남으로써 동료의 영향으로부터 자기를 보호하는 전략을 취한다.

31 마이크로소프트는 6만 명의 직원을 대상으로 이메일, 메시지, 통화, 일정 알림을 6개월 동안 추적해 업무 흐름의 변화를 측정했다. 재택근무 시에는 그룹 간 조율에 소요된 시간이 25% 감소하고 커뮤니케이션이 덜 동기화되어 업무 형태가 더 "고립된" 것으로 나타났다. 같은 공간에서 일하지 않으면 동료들과 같은 생각을 공유하기가 더 어렵다는 것이 동료 본능이 주는 교훈이다. 기술업계는 메타버스metaverse 회의 도구를 통해 이 문제를 해결하려고 서두르고 있지만 얼굴에 착용하는 플라스틱 장치를 통해 문화와 조율이 유도될 수 있을지는 미지수다. Longqi Yang et al., "The Effects of Remote Work on Collaboration among Information Workers," *Nature Human Behaviour* 6, no. 1 (2022): 43–54.

32 C. M. Turnbull, *A History of Singapore 1819–1975* (Oxford: Oxford University Press, 1977).

33 Christopher Bayly and Tim Harper, *Forgotten Wars: The End of Britain's Asian Empire* (London: Allen Lane, 2007).

34 "Excerpts from an Interview with Lee Kuan Yew," *New York Times*, August 29, 2007, https://www.nytimes.com/2007/08/29/world/asia/29iht-lee-excerpts.html.

35 Katie Hunt and Susannah Cullinane, "Lee Kuan Yew: Singapore's Founding Father Divided Opinion," CNN, August 9, 2015, https://www.cnn.com/2015/03/22/asia/singapore-lee-kuan-yew-obit/index.html.

36 Nina Mazar and Pankaj Aggarwal, "Greasing the Palm: Can Collectivism Promote Bribery?," *Psychological Science* 22, no. 7 (2011): 843–48.

37 "Lee Kuan Yew," *The Economist*, Obituary, March 22, 2015, https://www.economist.com/obituary/2015/03/22/lee-kuan-yew.

38 식민지 싱가포르에 부패가 없었다거나 "자유항"이 고상한 원칙에 따라 추진되었다는

뜻이 아니라고 강조하고 싶다. 래플스는 네덜란드가 지배적인 식민 세력이던 이 지역에서 영국 해군의 존재를 정당화하려고 했다. 자유 무역은 이 목적을 위한 수단이었고, 따라서 모든 선박은 동등하게 대우받았다.

39 흰색 제복은 중국 문화에서 따온 것이 아니다(중국에서 흰색은 장례식 색상이다). 리콴유의 당은 과거 영국 해군이 보였던 효율성과 질서를 약속했다. 시간이 지나면서 흰색 제복은 청렴을 상징하게 되었다.

40 많은 정치 지도자가 집단의 과거를 강조하지만, 독립 국가의 지도자가 식민지 과거를 상기시키는 동상을 설치하는 것은 극히 드문 일이다. 대부분의 해방 운동가는 식민 지배자의 동상을 철거하며, 식민주의 시절의 이름(로디지아는 짐바브웨로 나라 이름을 바꾸었다)과 관습(런던의 고급 양복점 정장 대신 서아프리카의 전통 의상 다시키dashiki를 입었다)을 없애는 데서 기쁨을 느낀다. 리콴유는 싱가포르가 "외국인 혐오 후유증"에서 비교적 자유로웠기 때문에 항구를 식민지 시절을 상기시키는 장치들로 꾸며 과거의 습관을 적절히 활용할 수 있었다고 설명했다. Lee Kuan Yew, *Extrapolating from the Singapore Experience* (Singapore: Publicity Division, Ministry of Culture, 1978). Lee Kuan Yew, *The Singapore Story: Memoirs of Lee Kuan Yew*, vol. 1 (New York: Times Editions, 1998).

41 국제투명성기구의 부패인식지수Corruption Perceptions Index, CPI는 각 국가에 만연한 부패 정도를 측정한다. 주로 스칸디나비아와 영연방 국가들이 가장 부패가 덜한 나라로 꼽히는데, 싱가포르는 아시아 국가로는 이례적으로 꾸준히 10위권에 든다. "Corruption Perceptions Index," Transparency International, www.transparency.org/cpi.

42 리콴유는 친서구도 반서구도 아니었다. 그는 잠재된 문화 코드를 촉발하는 지렛대를 이해한 실용적인 문화공학자였다. 리콴유는 당시 자신의 무역 전략을 가장 잘 뒷받침하는 문화 자본을 이끌어냈다.

43 Raymond Fisman and Edward Miguel, "Corruption, Norms, and Legal Enforcement: Evidence from Diplomatic Parking Tickets," *Journal of Political Economy* 115, no. 6 (2007): 1020–48. Fisman is now at Boston University.

44 Nils C. Köbis, Jan-Willem Van Prooijen, Francesca Righetti, and Paul A. M. van Lange, "'Who Doesn't?'—The Impact of Descriptive Norms on Corruption," *PloS one* 10, no. 6 (2015): e0131830; Klaus Abbink, Esteban Freidin, Lata Gangadharan, and Rodrigo Moro, "The Effect of Social Norms on Bribe Offers," *Journal of Law, Economics, and Organization* 34, no. 3, August 2018, 457–74.

45 Abigail Barr and Danila Serra, "Corruption and Culture: An Experimental Analysis," *Journal of Public Economics* 94, no. 11–12 (2010): 862–69.

46 Marcel Proust, *Swann's Way: In Search of Lost Time*, vol. 1 (New Haven, CT: Yale University Press, 2013).

47 내부인과 외부인에 대한 이런 예측은 여러 연구에서 검증되었다. Jeanne Ho-Ying Fu, Chi-Yue Chiu, Michael W. Morris, and Maia J. Young, "Spontaneous Inferences from Cultural Cues: Varying Responses of Cultural Insiders and Outsiders," *Journal of Cross-Cultural Psychology* 38, no. 1 (2007): 58–75.

48 Nicole Kobie, "Inside Cyberjaya, Malaysia's Failed Silicon Valley," *Wired*, April 5, 2016, https://www.wired.co.uk/article/malaysia-cyberjaya-silicon-valley-smart-cities.

49 Jeremy Malcolm, "Malaysian Internet Censorship Is Going from Bad to Worse," Electronic Frontier Foundation, March 7, 2016, https://www.eff.org/deeplinks/2016/03/malaysian-internet-censorship-going-bad-worse.

50 Michael W. Morris and Kaiping Peng, "Culture and Cause: American and Chinese Attributions for Social and Physical Events," *Journal of Personality and Social Psychology* 67, no. 6 (1994): 949. 후속 연구에서는 펭귄, 말, 화성인에 대한 유사한 질문을 개발해 해석의 차이가 물고기에만 국한되지 않음을 확인했다. Tanya Menon, Michael W. Morris, Chi-Yue Chiu, and Ying-Yi Hong, "Culture and the Con-strual of Agency: Attribution to Individual versus Group Dispositions," *Journal of Personality and Social Psychology* 76, no. 5 (1999): 701.

51 이 연구는 실험사회심리학회Society of Experimental Social Psychology의 논문상을 수상해 주목받았고, 내 커리어를 시작하는 데 도움이 되었다. 이후 카이펑은 중국에서 손꼽히는 심리학자가 되어 명문 칭화대학교의 학장에 올랐다.

52 Xi Zou et al., "Culture as Common Sense: Perceived Consensus versus Personal Beliefs as Mechanisms of Cultural Influence," *Journal of Personality and Social Psychology* 97, no. 4 (2009): 579.

53 John Joseph Gumpertz and Dell H. Hymes, *Directions in Sociolinguistics: The Ethnography of Communication* (Oxford: Basil Blackwell, 1986).

54 Susan Ervin-Tripp, "An Issei Learns English," *Journal of Social Issues* 23, no. 2 (1967): 78–90.

55 Nan M. Sussman and Howard M. Rosenfeld, "Influence of Culture, Language, and Sex on Conversational Distance," *Journal of Personality and Social Psychology* 42, no. 1 (1982): 66; Edward T. Hall, *Beyond Culture* (New York: Anchor Books/Doubleday, 1976).

56 Armando M. Padilla, "Bicultural Development: A Theoretical and Empirical Examination," in R. G. Malgady and O. Rodriguez, eds., *Theoretical and Conceptual Issues in Hispanic Mental Health* (Malabar, Florida: Robert E. Krieger Publishing Co., 1994), 30.

57 주어진 문화의 동료 코드가 (기억으로부터) 마음의 전면에 떠오르면서 추론과 행동을 유도할 가능성이 높아진다는 뜻이다. 촉발된 문화 코드가 의식적인 사고로 침투해 문화 관습에 대해 반성적으로 숙고하게 되는 때도 있지만, 대개는 의식 수준 바로 아래에서 일어나는 정신 처리 과정인 '전의식preconscious'에서 작동한다.

58 나는 또 다른 문화적 카멜레온인 베로니카 베넷-마르티네스Veronica Benet-Martinez와 함께 캘리포니아주의 이중문화 아시아계 미국인을 대상으로 병행 실험도 진행했다. Ying-Yi Hong, Michael W. Morris, Chi-Yue Chiu, and Veronica Benet-Martinez, "Multicultural Minds: A Dynamic Constructivist Approach to Culture and Cognition," *American Psychologist* 55, no. 7 (2000): 709 – 20.

59 Donnel A. Briley, Michael W. Morris, and Itamar Simonson, "Cultural Chameleons: Biculturals, Conformity Motives, and Decision Making," *Journal of Consumer Psychology* 15, no. 4 (2005): 351 – 62; Maykel Verkuyten and Katerina Pouliasi, "Biculturalism among Older Children: Cultural Frame Switching, Attributions, Self-Identification, and Attitudes," *Journal of Cross-Cultural Psychology* 33, no. 6 (2002): 596 – 609; Michael J. Halloran and Emiko S. Kashima, "Social Identity and Worldview Validation: The Effects of Ingroup Identity Primes and Mortality Salience on Value Endorsement," *Personality and Social Psychology Bulletin* 30, no. 7 (2004): 915 – 25; David Matsumoto, Ana Maria Anguas-Wong, and Elena Martinez, "Priming Effects of Language on Emotion Judgments in Spanish-English Bilinguals," *Journal of Cross-Cultural Psychology* 39, no. 3 (2008): 335 – 42. 다른 연구팀들에서는 개인주의/독립성 또는 집단주의/상호의존성이라는 상황 단서가 참가자의 판단에 상응하는 변화를 가져온다는 더 직접적인 연관성을 실험했다. Shinobu Kitayama, Hazel Rose Markus, Hisaya Matsumoto, and Vinai Norasakkunkit, "Individual and Collective

주

Processes in the Construction of the Self: Self-Enhancement in the United States and Self-Criticism in Japan," *Journal of Personality and Social Psychology* 72, no. 6 (1997): 1245; Daphna Oyserman and Spike W. S. Lee, "Does Culture Influence What and How We Think? Effects of Priming Individualism and Collectivism," *Psychological Bulletin* 134, no. 2 (2008): 311.

60 내 연구실에서는 이 중요한 지점을 깊이 파고들었다. 일부 실험에서 "아시아인" 또는 "미국인"이라는 단어를 서브리미널subliminal 방식으로 문화 단서로 제시했다(의식적으로 알아차리기에는 너무 빠르게, 하지만 무의식적으로 인식할 수는 있을 만큼 충분히 길게 표시하는 방식이다). Aurelia Mok and Michael W. Morris, "Managing Two Cultural Identities: The Malleability of Bicultural Identity Integration as a Function of Induced Global or Local Processing," *Personality and Social Psychology Bulletin* 38, no. 2 (2012): 233–46. 마찬가지로 우리는 전환이 이루어질 때 참가자들이 사회적 판단을 의식적으로 내릴 필요가 없다는 것을 발견했다. 행동에 대한 설명을 요구하지 않고도 이야기를 회상하는 과정에서 발생한 오류를 통해 동일한 귀인 편향을 평가할 수 있다. 참가자에게 판단을 전혀 요구하지 않아도 사회적 판단은 문화 단서에 따라 변화한다. Michael W. Morris and Aurelia Mok, "Isolating Effects of Cultural Schemas: Cultural Priming Shifts Asian-Americans' Biases in Social Description and Memory," *Journal of Experimental Social Psychology* 47, no. 1 (2011): 117–26.

61 첫째, 우리는 각 참가자의 동료 코드를 측정했고, 그것이 제시된 단서에 따라 변하지 않는다는 것을 발견했다. 둘째, 참가자의 귀인 정도가 동료 코드와 상관관계가 있음을 확인했다. Xi Zou et al., "Culture as Common Sense," 579.

62 Veronica Benet-Martinez, Janxin Leu, Fiona Lee, and Michael W. Morris, "Negotiating Biculturalism: Cultural Frame Switching in Biculturals with Oppositional versus Compatible Cultural Identities," *Journal of Cross-Cultural Psychology* 33, no. 5 (2002): 492–516; Aurelia Mok and Michael W. Morris, "An Upside to Bicultural Identity Conflict: Resisting Group-think in Cultural Ingroups," *Journal of Experimental Social Psychology* 46, no. 6 (2010): 1114–17; Andy Molinsky, *Global Dexterity: How to Adapt Your Behavior across Cultures without Losing Yourself in the Process* (Cambridge, MA: Harvard Business Review Press, 2013).

63 오바마는 언론인 제니퍼 시니어Jennifer Senior에게 이렇게 말했다. "이전 세대는 이 문제들과 씨름해야 한다는 자의식이 어느 정도 있었지만 나는 그럴 필요가 없다고 생각

합니다." "Dreaming of Obama," *New York Magazine*, September 22, 2006, https://nymag.com/news/politics/21681/; Aurelia Mok and Michael W. Morris, "Bicultural Self-Defense in Consumer Contexts: Self-Protection Motives Are the Basis for Contrast versus Assimilation to Cultural Cues," *Journal of Consumer Psychology* 23, no. 2 (2013): 175–88.

64 White Guy vs Kevin Durant," Facebook, August 4, 2017, https://www.facebook.com/watch/?v=1597294 740312917; Comedy Central, "Key & Peele — Obama Meet & Greet," YouTube, September 24, 2014, https://www.youtube.com/watch?v=nopWOC4SRm4.

65 Shu Zhang, Michael W. Morris, Chi-Ying Cheng, and Andy J. Yap, "Heritage-Culture Images Disrupt Immigrants' Second-Language Processing through Triggering First-Language Interference," *Proceedings of the National Academy of Sciences* 110, no. 28 (2013): 11272–77.

66 Katherine D. Kinzler, Kristin Shutts, Jasmine DeJesus, and Elizabeth S. Spelke, "Accent Trumps Race in Guiding Children's Social Preferences," *Social Cognition* 27, no. 4 (2009): 623; Danielle Labotka and Susan A. Gelman, "The Development of Children's Identification of Foreigner Talk," *Developmental Psychology* 56, no. 9 (2020): 1657.

67 Katherine D. Kinzler, Emmanuel Dupoux, and Elizabeth S. Spelke, "The Native Language of Social Cognition," *Proceedings of the National Academy of Sciences* 104, no. 30 (2007): 12577–80.

68 Zoe Liberman, Amanda L. Woodward, Kathleen R. Sullivan, and Katherine D. Kinzler, "Early Emerging System for Reasoning about the Social Nature of Food," *Proceedings of the National Academy of Sciences* 113, no. 34 (2016): 9480–85.

69 Tamara Rakić, Melanie C. Steffens, and Amélie Mummendey, "Blinded by the Accent! The Minor Role of Looks in Ethnic Categorization," *Journal of Personality and Social Psychology* 100, no. 1 (2011): 16; Jim A. C. Everett et al., "Covered in Stigma? The Impact of Differing Levels of Islamic Head-Covering on Explicit and Implicit Biases toward Muslim Women," *Journal of Applied Social Psychology* 45, no. 2 (2015): 90–104.

70 Lee Kuan Yew, *My Lifelong Challenge: Singapore's Bilingual Journey* (Singapore:

주

Straits Times Press, 2012).

71 보잉은 항공기 추락률과 위계 규범 사이에 뚜렷한 상관관계가 있음을 여러 나라에서 발견했다. 미국 연방교통안전위원회National Transportation Safety Board는 대한항공의 일부 추락 사고와 관련해 조종실 대화의 관련 결함을 지적했다. 맬컴 글래드웰Malcolm Gladwell은 이 문제를 다룬 책에서 관련 증거들을 모아 제시했다. 하지만 가장 놀라운 사실은 그 이후의 변화다. 위계 규범은 실제로 강력한 문화 영향력이었지만 완전히 변형 가능한 요인이었다. Boeing Airplane Company, *Accident Prevention Strategies: Removing Links in the Accident Chain* (Seattle, WA: Boeing Commercial Airplane Group, 1993); National Transportation Safety Board, *Aircraft Accident Report: Controlled Flight into Terrain, Korean Air, Flight 801, Boeing 747-300, HL7468, Nimitz Hill, Guam, August 6, 1997* (Wash-ington, DC: 1999); Malcolm Gladwell, *Outliers: The Story of Success* (New York: Lit-tle, Brown, 2008).

72 "Rakuten's Decision on English Not Welcomed by Everyone," Japan Today, July 19, 2010.

73 Claude M. Steele, "The Psychology of Self-Affirmation: Sustaining the Integrity of the Self," *Advances in Experimental Social Psychology* 21 (1988): 261–302; Adam Hajo and Adam D. Galinsky, "Enclothed Cognition," *Journal of Experimental Social Psychology* 48, no. 4 (2012): 918–25.

74 Laurence Miller, "Undercover Policing: A Psychological and Operational Guide," *Journal of Police and Criminal Psychology* 21, no. 2 (2006): 1–24.

75 Arie W. Kruglanski and Tallie Freund, "The Freezing and Unfreezing of Lay-Inferences: Effects on Impressional Primacy, Ethnic Stereotyping, and Numerical Anchoring," *Journal of Experimental Social Psychology* 19, no. 5 (1983): 448–68.

76 Chi-Yue Chiu, Michael W. Morris, Ying-Yi Hong, and Tanya Menon, "Motivated Cultural Cognition: The Impact of Implicit Cultural Theories on Dispositional Attribution Varies as a Function of Need for Closure," *Journal of Personality and Social Psychology* 78, no. 2 (2000): 247.

77 Donna M. Webster and Arie W. Kruglanski, "Individual Differences in Need for Cognitive Closure," *Journal of Personality and Social Psychology* 67, no. 6 (1994): 1049.

78 Ankica Kosic, Arie W. Kruglanski, Antonio Pierro, and Lucia Mannetti, "The Social

Cognition of Immigrants' Acculturation: Effects of the Need for Closure and the Reference Group at Entry," *Journal of Personality and Social Psychology* 86, no. 6 (2004): 796.

79 Jeanne Ho-Ying Fu et al., "Epistemic Motives and Cultural Conformity: Need for Closure, Culture, and Context as Determinants of Conflict Judgments," *Journal of Personality and Social Psychology* 92, no. 2 (2007): 191; Melody Manchi Chao, Zhi-Xue Zhang, and Chi-Yue Chiu, "Adherence to Perceived Norms across Cultural Boundaries: The Role of Need for Cognitive Closure and Ingroup Identification," *Group Processes & Intergroup Relations* 13, no. 1 (2010): 69–89.

80 Uri Bar-Joseph and Arie W. Kruglanski, "Intelligence Failure and Need for Cognitive Closure: On the Psychology of the Yom Kippur Surprise," *Political Psychology* 24, no. 1 (2003): 75–99. Ronen Bergman and Adam Goldman, "Israel Knew Hamas's Attack Plan More than a Year Ago," *New York Times*, November 30, 2023, https://www.nytimes.com/2023/11/30/world/middleeast/israel-hamas-attack-intelligence.html.

81 James Boyd, Zak Keefer, and Alec Lewis, "Vikings Overcome 33-Point Deficit to Defeat Colts, Complete Largest Comeback in NFL History," *The Athletic*, December 17, 2022, https://theathletic.com/4011868/2022/12/17/colts-vikings-comeback; Dan Pompei, "Overlooked Kirk Cousins Has Studied His Way to the Top of the Game," *Bleacher Report*, January 7, 2016, https://bleacherreport.com/articles/2605673-overlooked-kirk-cousins-has-studied-his-way-to-the-top-of-the-game.ss.

2장

1 William Shakespeare, *The Plays of William Shakespeare*, vol. 1 (Philadelphia: Charles Willliams, 1813).

2 이 표본은 석기 시대 후기에 죽음을 맞았지만, 가죽이 두꺼운 거대한 동물을 사냥하고 돌날 창을 사용했다는 증거는 50만 년 전인 석기 시대 중기로 거슬러 올라간다. Vladimir V. Pitulko et al., "Early Human Presence in the Arctic: Evidence from 45,000-Year-Old Mammoth Remains," *Science* 351, no. 6270 (2016): 260–63; University of Southampton, "Giant Prehistoric Elephant Slaughtered by Early Humans," *Science-Daily*, September 19, 2013, www.sciencedaily.com/releas-

es/2013/09/130919085710.htm.

3   Kim Sterelny, The Evolved Apprentice: How Evolution Made Humans Unique (Cambridge, MA: MIT Press, 2012).

4   Nicholas J. Conard et al., "Excavations at Schöningen and Paradigm Shifts in Human Evolution," *Journal of Human Evolution* 89 (2015): 1 – 17; Jordi Serangeli, Utz Böhner, Thijs Van Kolfschoten, and Nicholas J. Conard, "Overview and New Results from Large-Scale Excavations in Schöningen," *Journal of Human Evolution* 89 (2015): 27 – 45.

5   William J. Goode, *The Celebration of Heroes: Prestige as a Social Control System* (Berkeley: University of California Press, 2022).

6   Maciej Chudek and Joseph Henrich, "Culture-Gene Coevolution, Norm-Psychology and the Emergence of Human Prosociality," *Trends in Cognitive Sciences* 15, no. 5 (2011): 218 – 26; Ryan P. Jacobson, Chad R. Mortensen, and Robert B. Cialdini, "Bodies Obliged and Unbound: Differentiated Response Tendencies for Injunctive and Descriptive Social Norms," *Journal of Personality and Social Psychology* 100, no. 3 (2011): 433.

7   이를 "간접 호혜성indirect reciprocity"이라 한다. 내게 수혜를 받는 사람과 나에게 보답하는 사람이 동일인이 아니기 때문이다. 이 역학은 "당신이 그들의 장례식에 가지 않으면 그들도 당신 장례식에 오지 않을 것"이라는 요기 베라Yogi Berra의 말이 잘 설명해준다. Martin A. Nowak and Karl Sigmund, "Evolution of Indirect Reciprocity," *Nature* 437, no. 7063 (2005): 1291 – 98.

8   Robb Willer, "Groups Reward Individual Sacrifice: The Status Solution to the Collective Action Problem," *American Sociological Review* 74, no. 1 (2009): 23 – 43.

9   Jonathan Haidt, *The Righteous Mind: Why Good People Are Divided by Politics and Religion* (New York: Vintage Books, 2012).

10 Paul Rozin, Jonathan Haidt, and Katrina Fincher, "From Oral to Moral," *Science* 323, no. 5918 (2009): 1179 – 80; Hanah A. Chapman and Adam K. Anderson, "Things Rank and Gross in Nature: A Review and Synthesis of Moral Disgust," *Psychological Bulletin* 139, no. 2 (2013): 300.

11 윤리적 위반을 목격했을 때 유발되는 감정은 혐오감만이 아니다. 혐오감은 인간의 사회적 적응을 통해 진화한 또 다른 원초적 감정 반응인 분노와 흔히 결합된다. 분노가

처벌을 촉구한다면 혐오는 배척을 촉구한다. 타인의 도덕적 과실에 대한 비난이 난무하는 오늘날의 소셜 미디어에서는 이런 반사적인 거리두기 충동이 "등 돌림 문화cancel culture"로 이어진다. Molly J. Crockett, "Moral Outrage in the Digital Age," *Nature Human Behaviour* 1, no. 11 (2017): 769–71.

12 Dacher Keltner and Jonathan Haidt, "Approaching Awe, a Moral, Spiritual, and Aesthetic Emotion," *Cognition and Emotion* 17, no. 2 (2003): 297–314; Dacher Keltner, *Awe: The New Science of Everyday Wonder and How It Can Transform Your Life* (New York: Penguin Press, 2023).

13 Robin I. M. Dunbar, *Grooming, Gossip, and the Evolution of Language* (Cambridge, MA: Harvard University Press, 1998).

14 초기 그리스 사회에서는 전사들만 영웅이 될 수 있었지만, 나중에는 부유한 시민들이 오늘날의 자선 활동과 유사한 전례liturgy 제도를 통해 "공동의 이익을 위해 행동함으로써 영웅 지위를 얻을 수" 있었다. Dominic Frisby, "Voluntary Taxation: A Lesson from the Ancient Greeks," *Aeon*, June 2, 2017, https://aeon.co/ideas/voluntary-taxation-a-lesson-from-the-ancient-greeks.

15 Marshall D. Sahlins, "Poor Man, Rich Man, Big-Man, Chief: Political Types in Melanesia and Polynesia," *Comparative Studies in Society and History* 5, no. 3 (1963): 285–303.

16 Michael Gurven, "To Give and to Give Not: The Behavioral Ecology of Human Food Transfers," *Behavioral and Brain Sciences* 27, no. 4 (2004): 543–60.

17 단순히 놀림당한 것이 아니라 정말로 모욕감을 느꼈다면 심각한 의욕 저하 문제가 발생했을 것이다. 다음번에는 사냥해서 고기를 집으로 가져오려고 열심히 노력하지 않을 테니까! Christopher R. Von Rueden and Adrian V. Jaeggi, "Men's Status and Reproductive Success in 33 Nonindustrial Societies: Effects of Subsistence, Marriage System, and Reproductive Strategy," *Proceedings of the National Academy of Sciences* 113, no. 39 (2016): 10824–29.

18 George E. Newman and Daylian M. Cain, "Tainted Altruism: When Doing Some Good Is Evaluated as Worse Than Doing No Good at All," *Psychological Science* 25, no. 3 (2014): 648–55.

19 Gary Younge, *The Speech: The Story behind Dr. Martin Luther King Jr.'s Dream* (Chicago: Haymarket Books, 2023).

20 Gary Younge, "Martin Luther King: The Story behind His 'I Have a Dream' Speech," *Guardian*, August 9, 2013, https://www.theguardian.com/world/2013/aug/09/martin-luther-king-dream-speech-history.

21 칼뱅주의자들은 폭동을 일으켜 교회 그림과 조각상을 파괴했다. 하지만 역사적으로 아이콘은 다양한 방식으로 무력화되었다. 스핑크스는 코가 없어졌고, 수피교도들은 단지 외관만 훼손했다. 오스만제국은 이스탄불의 비잔틴 모자이크를 흰색으로 덧칠했다(의도치 않게 보존 효과를 가져왔다).

22 언어학에서 아이콘은 그것이 나타내는 대상과 지각적으로 닮은 상징이다(예를 들어 "밤"과 "낮"처럼 임의적인 단어와 대조되는 "쉭쉭" 같은 의성어). 디자인에서 아이콘도 마찬가지다. 지각적 연관성 때문에 아이콘 상징은 특히 강렬한 연상을 일으킨다. 종교 아이콘도 마찬가지다(예를 들어 십자가는 십자가형과 기독교인의 희생정신을 떠올리게 한다). 대중 담론에서 "아이콘"은 매우 친숙하고 연상이 잘되는 상징을 강조한다.

23 Nicolas Guéguen, Christine Bougeard-Delfosse, and Céline Jacob, "The Positive Effect of the Mere Presence of a Religious Symbol on Compliance with an Organ Donation Request," *Social Marketing Quarterly* 21, no. 2 (2015): 92–99.

24 Azim F. Shariff, Aiyana K. Willard, Teresa Andersen, and Ara Norenzayan, "Religious Priming: A Meta-Analysis with a Focus on Prosociality," *Personality and Social Psychology Review* 20, no. 1 (2016): 27–48.

25 Isabelle Pichon, Giulio Boccato, and Vassilis Saroglou, "Nonconscious Influences of Religion on Prosociality: A Priming Study," *European Journal of Social Psychology* 37, no. 5 (2007): 1032–45; Max Weisbuch-Remington, Wendy Berry Mendes, Mark D. Seery, and Jim Blascovich, "The Nonconscious Influence of Religious Symbols in Motivated Performance Situations," *Personality and Social Psychology Bulletin* 31, no. 9 (2005): 1203–16.

26 Annetta Snell, Miron Zuckerman, and Bonnie M. Le, "Does Religious Priming Induce Greater Prejudice? A Meta-Analytic Review," *Personality and Social Psychology Bulletin* (2022): 0146167222 1135956.

27 로마 군대와 나폴레옹 군대는 상징적인 청동 독수리가 장식된 깃발을 앞세워 행진했다. 영토 탈환이 아니라 독수리나 깃발을 되찾기 위해 피를 흘리는 경우도 많았다. 깃발을 드는 것은 큰 영광인 동시에 위험한 역할이었다. 예를 들어 미국 남북전쟁 중 앤티텀의 선큰로드전투에서는 뉴욕 69보병대의 깃발을 든 병사가 쓰러지면 매번 다른 병사가

깃발을 이어 들고 연대를 이끌었는데, 이들 8명은 몇 시간 만에 전원 사살당했다.
28 Michael Billig, *Banal Nationalism* (London: Sage Publica-tions, 1995).
29 David A. Butz, E. Ashby Plant, and Celeste E. Doerr, "Liberty and Justice for All? Implications of Exposure to the US Flag for Intergroup Relations," *Personality and Social Psychology Bulletin* 33, no. 3 (2007): 396 – 408. 이와 관련된(그리고 논란이 많은) 질문은 국기가 보수적인 투표를 유도하는지 여부다. 한 연구에 따르면 2008년 선거 이전에는 그랬지만 이후에는 영향이 같은 정도로 유지되지 않았다. Travis J. Carter et al., "Has the Effect of the American Flag on Political Attitudes Declined over Time? A Case Study of the Historical Context of American Flag Priming," *Social Cognition* 38, no. 6 (2020): 489 – 520. 이런 차이는 군사적 위기 상황(3장에서 살펴볼 위협의 효과와 관련된 내용)에서 현직 대통령에 대한 지지가 급증하는 "국기 주변 결집 효과rally 'round the flag effect"에 따른 것일 수 있다. William D. Baker and John R. Oneal, "Patriotism or Opinion Leadership? The Nature and Origins of the 'Rally 'Round the Flag' Effect," *Journal of Conflict Resolution* 45, no. 5 (2001): 661 – 87.
30 Pierrick Gomez and Carlos J. Torelli, "It's Not Just Numbers: Cultural Identities Influence How Nutrition Information Influences the Valuation of Foods," *Journal of Consumer Psychology* 25, no. 3 (2015): 404 – 15.
31 Nicolas Guéguen, Angélique Martin, and Jordy Stefan, "Holding Your Flag: The Effects of Exposure to a Regional Symbol on People's Behavior," *European Journal of Social Psychology* 47, no. 5 (2017): 539 – 52.
32 Wikipedia, s.v. "Anishinaabe Clan System," last modified December 16, 2023, https://en.wikipedia.org/wiki/Anishinaabe_clan_system.
33 기업 상징에는 제품을 홍보하는 것도 있고 직원들을 일깨우는 것도 있다. 다단계업체 메리 케이가 지역에서 마케팅하는 "뷰티 컨설턴트"들을 호박벌 상징으로 에워싼 것은 우연이 아니다. 꽃들 사이를 바쁘게 오가며 개화를 돕고 그 과정에서 여왕벌을 위해 다양의 꿀을 만드는 호박벌 이미지와 꼭 맞는다. 기업 이념을 일깨우는 공유된 작업장이 없는 상황에서 이 상징은 그들을 자극하고 열망의 방향성을 정해준다.
34 Albert H. Hastorf and Hadley Cantril, "They Saw a Game: A Case Study," *Journal of Abnormal and Social Psychology* 49, no. 1 (1954): 129.
35 Mark Levine, Amy Prosser, David Evans, and Stephen Reicher, "Identity and Emergency Intervention: How Social Group Membership and Inclusiveness of Group

주

Boundaries Shape Helping Behavior," *Personality and Social Psychology Bulletin* 31, no. 4 (2005): 443–53.

36 Samuel L. Gaertner and John F. Dovidio, *Reducing Intergroup Bias: The Common Ingroup Identity Model* (London: Psychology Press, 2014).

37 Randall Smith and Dan Fitzpatrick, "Cultures Clash as Merrill Herd Meets 'Wal-Mart of Banking,'" *The Wall Street Journal*, November 14, 2008.

38 "BoA Employee Sings A Very Heartfelt Song," YouTube, April 9, 2014, https://www.youtube.com/watch?v=DE5QBlC4gQM.

39 William D. Cohan, "The Final Days of Merrill Lynch," *Atlantic*, September 1, 2009, http://www.theatlantic.com/magazine/archive/2009/09/the-final-days-of-merrill-lynch/307621/.

40 Alex Brownsell, "Iconic Merrill Bull Axed in Bank of America Rebrand," *Marketing Magazine*, June 18, 2009, http://www.marketingmagazine.co.uk/article/914269/iconic-merrill-lynch-bull-axed-bank-america-rebrand.

41 Edward Robinson, "Brokers Disdain Toaster Salesmen in Bank of America Deal," Bloomberg, January 9, 2009.

42 David Weidner, "Another Write-Off at B of A," MarketWatch, January 6, 2009, http://www.marketwatch.com/story/mccanns-departure-a-big-blow-to-bank-of-america.

43 Simon English, "Rising Star Calls Citigroup to Account," *Daily Telegraph*, September 29, 2004, https://www.telegraph.co.uk/finance/2895976/Rising-star-calls-Citigroup-to-account.html.

44 Julia La Roche, "The Amazing Life of Sallie Krawcheck, the Former Banker Who Has Everyone Captivated Again" *Business Insider*, November 29, 2012, http://www.businessinsider.com/everything-you-need-to-know-about-sallie-krawcheck-2012-11?op=1.

45 Roben Farzad, "The Bull Whisperer," Bloomberg, March 3, 2011.

46 "Merrill Lynch Brings Back the Bull," *Mahony Partners*, June 7, 2012, https://www.mahonypartners.com/2012/06/07/merrill-lynch-brings-back-the-bull/.

47 Linette Lopez, "The Real Reason Why High-Powered Brokers Are Leaving Merrill Lynch," *Business Insider*, December 2, 2014,https://www.businessinsider.com/mer-

rill-lynch-brokers-tired-of-new-bac-2014-12.

48 D. J. Terry and M. A. Hogg, "Group Norms and the Attitude-Behavior Relationship: A Role for Group Identification," *Personality and Social Psychology Bulletin* 22 (1996): 776–93.

49 Sarah E. Cavrak and Heather M. Kleider-Offutt, "Pictures Are Worth a Thousand Words and a Moral Decision or Two: Religious Symbols Prime Moral Judgments," *International Journal for the Psychology of Religion* 25, no. 3 (2015): 173–92; Mark W. Baldwin, Suzanne E. Carrell, and David F. Lopez, "Priming Relationship Schemas: My Advisor and the Pope Are Watching Me from the Back of My Mind," *Journal of Experimental Social Psychology* 26, no. 5 (1990): 435–54; Max Weisbuch-Remington, Wendy Berry Mendes, Mark D. Seery, and Jim Blascovich, "The Nonconscious Influence of Religious Symbols in Motivated Performance Situations," *Personality and Social Psychology Bulletin* 31, no. 9 (2005): 1203–16.

50 Amit Bhattacharjee, Jonah Berger, and Geeta Menon, "When Identity Marketing Backfires: Consumer Agency in Identity Expression," *Journal of Consumer Research* 41, no. 2 (2014): 294–309; Tiffany Barnett White, Debra L. Zahay, Helge Thorbjørnsen, and Sharon Shavitt, "Getting Too Personal: Reactance to Highly Personalized Email Solicitations," *Marketing Letters* 19 (2008): 39–50.

51 Xi Zou, Michael W. Morris, and Veronica Benet-Martinez, "Identity Motives and Cultural Priming: Cultural (Dis)Identification in Assimilative and Contrastive Responses," *Journal of Experimental Social Psychology* 44, no. 4 (2008): 1151–59; Aurelia Mok and Michael W. Morris, "Bicultural Self-Defense in Consumer Contexts: Self-Protection Motives Are the Basis for Contrast versus Assimilation to Cultural Cues," *Journal of Consumer Psychology* 23, no. 2 (2013): 175–88.

52 Matthew Feinberg, Robb Willer, and Michael Schultz, "Gossip and Ostracism Promote Cooperation in Groups," *Psychological Science* 25, no. 3 (2014): 656–64.

53 Robert P. Moses, "Speech on Freedom Summer at Stanford University," April 24, 1964, American RadioWorks, transcript, https://americanradioworks.publicradio.org/features/blackspeech/bmoses.html.

54 Doug McAdam, "Recruitment to High-Risk Activism: The Case of Freedom Summer," *American Journal of Sociology* 92, no. 1 (1986): 64–90.

55 Sebastian Junger, *Tribe: On Homecoming and Belonging* (New York: Twelve, 2016).

56 Simon Cottee, "Jihadism as a Subcultural Response to Social Strain: Extending Marc Sageman's 'Bunch of Guys' Thesis," *Terrorism and Political Violence* 23, no. 5 (2011): 730–51.

57 Anand Giridharadas, *Winners Take All: The Elite Charade of Changing the World* (New York: Vintage Books, 2019); Teresa Jean Odendahl, *Charity Begins at Home: Generosity and Self-Interest among the Philanthropic Elite* (New York: Basic Books, 1990).

58 Alex Bradley, Claire Lawrence, and Eamonn Ferguson, "Does Observability Affect Prosociality?," *Proceedings of the Royal Society B: Biological Sciences* 285, no. 1875 (2018): 20180116.

59 Daniel Kahneman, Jack L. Knetsch, and Richard H. Thaler, "Fairness and the Assumptions of Economics," *Journal of Business* (1986): S285–S300.

60 Ryan J. Dwyer, William J. Brady, Chris Anderson, and Elizabeth W. Dunn, "Are People Generous When the Financial Stakes Are High?," *Psychological Science* (2023): 09567976231184887.

61 Julia Ulber, Katharina Hamann, and Michael Tomasello, "Young Children, but Not Chimpanzees, Are Averse to Disadvantageous and Advantageous Inequities," *Journal of Experimental Child Psychology* 155 (2017): 48–66; Jing Li, Wen Wang, Jing Yu, and Liqi Zhu, "Young Children's Development of Fairness Preference," *Frontiers in Psychology* 7 (2016): 1274.

62 Elizabeth Dunn and Michael Norton, *Happy Money: The Science of Happier Spending* (New York: Simon and Schuster, 2014).

63 Emmanuel Petit, Anna Tcherkassof, and Xavier Gassmann, "Sincere Giving and Shame in a Dictator Game," *Cahiers de GREThA*, no. 25 (2012).

64 경증 자폐증이 동료 본능 처리 과정의 선택적 손상을 수반하는 것과 마찬가지로, 경증 사이코패스는 영웅 본능 과정의 선택적 손상을 수반할 수 있다. 다른 면에서는 정신적으로 멀쩡하지만 친사회적 행동을 촉진하고 반사회적 행동을 억제하는 일련의 심리 과정만 결여된다. 선택적 손상은 진화한 심리 체계를 증명하는 것이기도 하다. Robert D. Hare, *Without Conscience: The Disturbing World of the Psychopaths Among Us* (New York: Guilford Press, 1999). 길모어와 다른 연쇄 살인범들의 말은 다음 책에 길게 인용되어 있다. Paul Bloom, *Just Babies: The Origins of Good and Evil*

(New York: Crown Publishers, 2014).

65 "교만은 패망의 앞잡이" "수치스럽게 사느니 죽는 것이 낫다"라는 말을 들어보았을 것이다. 프로이트와 그의 추종자들은 이런 감정을 자아 일관성에 대한 집착으로 보았다. 자만심은 눈을 멀게 한다. 수치심은 마비를 일으키고 이어 폭발적인 분노를 낳는다. 하지만 임상 사례에 근거한 이 통념은 대부분의 사람이 대부분의 시간 동안 이런 감정을 경험하는 방식과 일치하지 않는다. H. Gershman, "Neurotic Pride and Self-Hatred According to Freud and Horney," *American Journal of Psychoanalysis* 7, no. 1 (1947), 53 – 55; June P. Tangney, Patricia Wagner, Carey Fletcher, and Richard Gramzow, "Shamed into Anger? The Relation of Shame and Guilt to Anger and Self-Reported Aggression," *Journal of Personality and Social Psychology* 62, no. 4 (1992): 669; Jeffrey Stuewig et al., "Shaming, Blaming, and Maiming: Functional Links among the Moral Emotions, Externalization of Blame, and Aggression," *Journal of Research in Personality* 44, no. 1 (2010): 91 – 102.

66 사회적 평가와 관련해 자부심은 긍정적 상관관계가 행복이나 흥분보다 더 강하고, 수치심은 부정적 상관관계가 슬픔이나 분노보다 더 강하다. 특정 행동(예를 들어 18살에 집을 떠나는 것)과 관련된 자부심은 사회마다 크게 다르다. 상황의 차이 때문이 아니라 그 행동이 어떻게 평가되는지에 따라 달라진다. Daniel Sznycer et al., "Cross-Cultural Regularities in the Cognitive Architecture of Pride," *Proceedings of the National Academy of Sciences* 114, no. 8 (2017): 1874 – 79; Daniel Sznycer et al., "Cross-Cultural Invariances in the Architecture of Shame," *Proceedings of the National Academy of Sciences* 115, no. 39 (2018): 9702 – 7. 이 연구는 수치심과 죄책감의 차이도 설명한다. 죄책감은 의미 있는 타자들에 대한 관계 실패에서 유발되는 이중적 감정으로, 관계 회복을 위한 행동을 하게 만든다. 따라서 관객의 존재는 어떤 행동에 대해 느끼는 죄책감의 정도에 영향을 미치지 않는다.

67 자부심과 수치심의 일부인 표현적 반사 작용은 우리의 기여를 드러내거나 실수를 최소화하기 때문에 평판에도 도움이 된다. 자부심의 본능적인 자세(주먹 치켜들기, 가슴 펴기)는 다른 사람의 시선을 모으는 반면, 수치심의 자세(어깨 움츠리기, 고개 숙이기)는 시선을 다른 데로 돌린다. 자부심은 우리가 자신의 행동에 대해 이야기하도록 자극하지만, 수치심은 잘못을 입에 올리지 못하게 한다. 따라서 이러한 감정 체계는 과장과 은폐를 낳고, 더 큰 선에 기여하지 못한다. 이것이 바로 문학과 삶에서 영웅이 그토록 쉽게 악당으로 변하는 이유일 수 있다. 영웅주의를 이끄는 동기는 평판을 유지

하려는 마키아벨리주의적 행동을 이끌기도 한다.
68 Joel M. Caplan, Leslie W. Kennedy, and Gohar Petros-sian, "Police-Monitored CCTV Cameras in Newark, NJ: A Quasi-Experimental Test of Crime Deterrence," *Journal of Experimental Criminology* 7 (2011): 255–74.
69 이런 상품은 존재하지 않는다. 판매하는 것은 염료가 아니라 표지판뿐이다!
70 Ara Norenzayan, *Big Gods: How Religion Transformed Cooperation And Conflict* (Princeton, NJ: Princeton University Press, 2013).

3장

1 G. K. Chesterton, *Orthodoxy*, vol. 12 (New York: Image, 2012).
2 "The Gorges of the Ardèche," Avignon & Provence, https://www.avignon-et-provence.com/en/natural-sites/gorges-ardeche.
3 *Cave of Forgotten Dreams*, directed by Werner Herzog (London: Revolver Entertainment, 2011), film.
4 라스코동굴은 1940년에 10대인 마르셀 라비다Marcel Ravidat가 발견했다. 자신의 개 로보Robot를 따라 도르도뉴Dordogne 숲의 어느 바위 틈새로 내려가 동굴을 찾아냈다.
5 프랑스 고고학자 장미셸 제네스트Jean-Michel Geneste는 1994년 비공식 연구에서 호주 원주민인 은가린Ngarinyin족 장로 4명의 라스코동굴 방문을 주선했다. 그는 그 동굴이 자신의 조상들이 살았던 곳이라고 그들에게 알렸다. 장로들은 동굴에 들어가기 전에 체모를 뽑아 한 무더기 태우고 연기 사이로 오가야 한다고 했다. 동굴 안으로 들어가 벽화를 보고 감탄하던 그들은 그 그림들이 자기 부족의 정령 숭배 신화를 연상시키며, 벽화의 기하학적 표시들이 원주민 부족의 휘장과 비슷하다고 지적했다. 그들은 이 동굴이 주술사가 의식을 시작하는 장소였을 것이라고 추측했다. Judith Thurman, "First Impressions: What Does the World's Oldest Art Say about Us?," *New Yorker*, June 16, 2008, https://www.newyorker.com/magazine/2008/06/23/first-impressions.
6 Gregory Curtis, *The Cave Painters: Probing the Mysteries of the World's First Artists* (New York: Anchor Books, 2007).
7 긴 세월이 흐른 뒤 라스코동굴에서도 동일한 목탄 기법이 사용되었다. 여기서도 수세기 전 시작된 장면에 계속 추가된 그림들을 반영해 생생한 동물 묘사가 이루어졌다. 그리고 오늘날에도 비슷한 목탄 드로잉 기법이 사용되고 있다. 라스코동굴을 찾은 피카소는 그들이 이미 "모든 것을 발명"했다고 말했다.

8   Deborah Netburn, "Chauvet Cave: The Most Accurate Timeline Yet of Who Used the Cave and When," *Los Angeles Times*, April 12, 2016, https://www.latimes.com/science/sciencenow/la-sci-sn-chauvet-caves-time line-20160412-story.html; Anita Quiles et al., "A High-Precision Chronological Model for the Decorated Upper Paleolithic Cave of Chauvet-Pont d'Arc, Ardèche, France," *Proceedings of the National Academy of Sciences* 113, no. 17 (2016): 4670–75.

9   Edward Shils, *Tradition* (Chicago: University of Chicago Press, 1981).

10 빙하가 녹으면서 당시에 얼어붙어 묻힌 가족이 발견된다면 종이 다른 사람들처럼 보이지 않을 것이다. 그저 생활방식이 아주 다른 사람들, 신체가 건강하지만 심한 고난을 겪고 위생이 취약한 사람들로 보일 것이다.

11 우리 종의 유전적 다양성이 (다른 영장류에 비해) 낮은 것은 전체 개체 수가 수천 쌍으로 감소하면서 멸종 위기에 처했던 "유전자 병목 현상"을 암시한다. 지질학자들은 약 7만 5000년 전 초화산super-volcano인 토바Toba 화산이 폭발해 10년 동안 겨울이 지속된 것이 원인이라고 오랫동안 지목해왔다. 하지만 시추 연구들에서는 그 시기에 대량 멸종 징후가 있었다는 증거가 발견되지 않았다. Lily J. Jackson, Jeffery R. Stone, Andrew S. Cohen, and Chad L. Yost, "High-Resolution Paleoecological Records from Lake Malawi Show No Significant Cooling Associated with the Mount Toba Supereruption at ca. 75 ka.," *Geology* 43, no. 9 (2015): 823–26.

12 지난 10만 년 동안의 이 이주 결과 오늘날의 모든 비아프리카인은 대개 그들의 후손이다. 하지만 최근 증거에 따르면 더 이른 시기에 더 작은 규모의 이주가 있었다. 과학이 발전함에 따라 우리의 과거에 대한 그림이 더욱 선명해지고 있다.

13 최초로 발견된 네안데르탈인의 골격은 척추측만증이 있는 노인의 것이었다. 골격이 구부정한 종이라는 이미지는 고고학에 근거해 오래전 수정되었다. 이런 이미지가 지속되는 것, 특히 대중문화에서 이런 현상이 나타나는 것은 호모 사피엔스 우월주의를 반영하는 듯하다. Martin Haeusler et al., "Morphology, Pathology, and the Vertebral Posture of the La Chapelle-aux-Saints Neandertal," *Proceedings of the National Academy of Sciences* 116, no. 11 (2019): 4923–27.

14 두 종의 유적이 각기 다른 장소에서 발견되었기 때문에 최근까지 고고학자들은 이들이 만난 적 있는지 확신하지 못했다. 하지만 고대 DNA 분석의 혁신으로 의문이 풀렸다. 두 종은 만났을 뿐 아니라 짝짓기까지 했다. 현대인 대부분은 약 2% 정도(나처럼 머리카락이 붉은 사람은 최대 4%) 네안데르탈인이다. 오늘날 네안데르탈인 유전자

가 없는 유일한 사람들은 아프리카인이다. Bruce Bower, "Europe's Oldest Known Humans Mated with Neandertals Surprisingly Often," *ScienceNews*, April 7, 2021, https://www.sciencenews.org/article/europe-oldest-known-humans-mated-neandertals-dna-fossils.

15 고전적인 유럽 고고학자들은 이 석기 시대의 교양인들을 크로마뇽인이라고 불렀고, 더 이전의 유적지에 비해 크로마뇽인의 문화 복잡성이 높은 것은 지능을 높인 돌연변이 때문이라고 가정했다. 그러다 진짜 이유는 이주에 있다는 사실을 알게 되었다. 아프리카에서 훨씬 더 일찍 문화 복잡성이 발생했다는 사례들을 발견한 것이다. Eleanor M. L. Scerri and Manuel Will, "The Revolution That Still Isn't: The Origins of Behavioral Complexity in Homo Sapiens," *Journal of Human Evolution* 179 (2023): 103358.

16 Kim Sterelny, *The Evolved Apprentice: How Evolution Made Humans Unique* (Cambridge, MA: MIT Press, 2012).

17 Erica Klarreich, "Biography of Richard G. Klein," *Proceedings of the National Academy of Sciences* 101, no. 16 (2004): 5705–7.

18 Dirk L. Hoffmann et al., "U-Th Dating of Carbonate Crusts Reveals Neandertal Origin of Iberian Cave Art," *Science* 359, no. 6378 (2018): 912–15. 새로운 증거에 따르면 몇 개의 유적지에서 여러 세대에 걸쳐 이어진 단순한 동굴 예술이 발견되었지만 호모 사피엔스의 예술과는 달리 확장되고 축적되지 않았다. 네안데르탈인은 호모 사피엔스만큼 영리했는데도 전통주의자가 아니었기 때문에 같은 수준의 문화 복잡성을 축적하지 못했을지 모른다.

19 Alison S. Brooks et al., "Long-Distance Stone Transport and Pigment Use in the Earliest Middle Stone Age," *Science* 360, no. 6384 (2018): 90–94.

20 Martin Sikora et al., "Ancient Genomes Show Social and Reproductive Behavior of Early Upper Paleolithic Foragers," *Science* 358, no. 6363 (2017): 659–62.

21 Stanley H. Ambrose, "Coevolution of Composite-Tool Technology, Constructive Memory, and Language: Implications for the Evolution of Modern Human Behavior," *Current Anthropology* 51, no. S1 (2010): S135–S147.

22 Erik Trinkaus, Alexandra P. Buzhilova, Maria B. Mednikova, and Maria V. Dobrovolskaya, *The People of Sunghir: Burials, Bodies, and Behavior in the Earlier Upper Paleolithic* (New York: Oxford University Press, 2014).

23 Mikhail Sablin, Natasha Reynolds, Karina Iltsevich, and Mietje Germonpré, "The Epigravettian Site of Yudinovo, Russia: Mammoth Bone Structures as Ritualised Midden," *Environmental Archaeology* (2023): 1–21.

24 Tracy B. Henley, "Introducing Göbekli Tepe to Psychology," *Review of General Psychology* 22, no. 4 (2018): 477–84; Oliver Dietrich et al., "The Role of Cult and Feasting in the Emergence of Neolithic Communities. New Evidence from Göbekli Tepe, South-Eastern Turkey," *Antiquity* 86, no. 333 (2012): 674–95.

25 현대의 수렵채집 집단을 예전에는 고립된 무리나 씨족으로 보았다. 하지만 연결 관계를 파악하는 새로운 방식을 적용하자 그들이 공유 제도들을 가진 대규모 네트워크, 곧 부족에 속해 있다는 사실이 밝혀졌다. Douglas W. Bird, Rebecca Bliege Bird, Brian F. Codding, and David W. Zeanah, "Variability in the Organization and Size of Hunter-Gatherer Groups: Foragers Do Not Live in Small-Scale Societies," *Journal of Human Evolution* 131 (2019): 96–108; Peter Richerson and Joseph Henrich, "Tribal Social Instincts and the Cultural Evolution of Institutions to Solve Collective Action Problems," *Cliodynamics: The Journal of Theoretical & Mathematical History* 3, no. 1 (2012).

26 Joseph B. Birdsell, "Ecological Influences on Australian Aboriginal Social Organization," in *Primate Ecology and Human Origins*, eds. I. S. Bernstein and E. O. Smith (New York: Garland, 1979), 117–51.

27 Patrick D. Nunn and Nicholas J. Reid, "Aboriginal Memories of Inundation of the Australian Coast Dating from More than 7000 Years Ago," *Australian Geographer* 47, no. 1 (2016): 11–47.

28 Stelios Michalopoulos and Melanie Meng Xue, "Folklore," *Quarterly Journal of Economics* 136, no. 4 (2021): 1993–2046.

29 Daniel H. Stein et al., "When Alterations Are Viola-tions: Moral Outrage and Punishment in Response to (Even Minor) Alterations to Rituals," *Journal of Personality and Social Psychology* 123, no. 1 (2022): 123.

30 역사학자들은 출애굽 사건이 실제로 일어나지 않았던 일이라고 본다. 파라오의 자세한 기록에 언급되지 않았기 때문이다. 세데르의 깊은 의미는 사실 여부에 달려 있는 것이 아니라 반복에서 비롯된다. 유대인들은 기원전 600년 바빌로니아 포로 시기에서부터 시작해 로마령 고대 유대 내내(예수의 "최후의 만찬"도 세데르였다), 이후 스페

주

인, 러시아, 모로코, 예멘, 북아프리카, 멀리 인도와 중국의 디아스포라 집단을 거쳐 현대에 이르기까지 수 세기 동안 세데르를 지켜왔다.

31 As with the peer and hero instinct, ancestor-instinct processes map onto a genetically determined condition. Judith L. Rapoport and Alan Fiske, "The New Biology of Obsessive-Compulsive Disorder: Implications for Evolutionary Psychology," *Perspectives in Biology and Medicine* 41, no. 2 (1998): 159–75.

32 Pascal Boyer and Charles Ram-ble, "Cognitive Templates for Religious Concepts: Cross-Cultural Evidence for Recall of Counter-Intuitive Representations," *Cognitive Science* 25, no. 4 (2001): 535–64; Ara Norenzayan, Scott Atran, Jason Faulkner, and Mark Schaller, "Memory and Mystery: The Cultural Selection of Minimally Counterintuitive Narratives," *Cognitive Science* 30, no. 3 (2006): 531–55.

33 Monika Bauerlein, "Sea Change: They Out-smarted the Tsunami, but Thailand's Sea Gypsies Could Be Swept Away by an Even Greater Force," *Mother Jones* 30, no. 6 (November 2005): 56–61.

34 Joseph Henrich, *The Secret of Our Success: How Culture Is Driving Human Evolution, Domesticating Our Species, and Making Us Smarter* (Princeton, NJ: Princeton University Press, 2017).

35 György Gergely, "Ostensive Communication and Cultural Learning: The Natural Pedagogy Hypothesis," *Agency and Joint Attention* (2013): 139–51.

36 Zanna Clay and Claudio Tennie, "Is Over-imitation a Uniquely Human Phenomenon? Insights from Human Children as Compared to Bonobos," *Child Development* 89, no. 5 (2018): 1535–44.

37 Derek E. Lyons, Andrew G. Young, and Frank C. Keil, "The Hidden Structure of Overimitation," *Proceedings of the National Academy of Sciences* 104, no. 50 (2007): 19751–56; Ben Kenward, Markus Karlsson, and Joanna Persson, "Over-Imitation Is Better Explained by Norm Learning than by Distorted Causal Learn-ing," *Proceedings of the Royal Society B: Biological Sciences* 278, no. 1709 (2010): 1239–46.

38 Mark Nielsen, Ilana Mushin, Keyan Tomaselli, and Andrew Whiten, "Where Culture Takes Hold: 'Overimitation' and Its Flexible Deployment in Western, Aboriginal, and Bushmen Children," *Child Development* 85, no. 6 (2014): 2169–84.

39 Rachel E. Watson-Jones, Nicole J. Wen, and Cristine H. Legare, "The Psychological

Foundations of Ritual Learning," in *Handbook of Advances in Culture and Psychology*, eds. M. J. Gelfand, Chi-Yue Chiu, and Ying-Yi Hong (New York: Oxford University Press, 2021), 163–94; Harvey Whitehouse, *The Ritual Animal: Imitation and Cohesion in the Evolution of Social Complexity* (New York: Oxford University Press, 2021).

40 Dimitris Xygalatas, *Ritual: How Seemingly Senseless Acts Make Life Worth Living* (New York: Little, Brown Spark, 2022).

41 Wikipedia, s.v. "Prophecies about Joan of Arc," https://en.wikipedia.org/wiki/Prophecies_about_Joan_of_Arc.

42 Timothy Wilson-Smith, *Joan of Arc: Maid, Myth and History* (Cheltenham, UK: History Press, 2011).

43 Régine Pernoud, *Joan of Arc: By Herself and Her Witnesses* (New York: Scarborough House, 1982); M. G. A. Vale, *Charles VII* (Berkeley: Univer-sity of California Press, 1974), 55.

44 셰익스피어가《헨리 5세 Henry V》에서 묘사한 성크리스핀의 날 연설은 아쟁쿠르전투에 참전한 병사들의 직접 증언을 바탕으로 했다.

45 일상 용어에서 "의식"과 "전통"은 서로 바꿔 사용할 수 있으므로 의식에 노출되면 전통주의가 생긴다는 것은 순환 논리처럼 들릴 수 있다. 하지만 여기서는 용어를 좀 더 정확하게 사용하려 한다. "의식"이란 사람들이 사회 환경의 일부로 경험하는 정교하게 구성된 이벤트를 의미한다. "전통"이란 한 집단의 사람들을 과거 세대와 연결해주는 집단 내의 이야기와 관습을 뜻한다.

46 Cristine H. Legare and Rachel E. Watson-Jones, "The Evolution and Ontogeny of Ritual," in *The Handbook of Evolutionary Psychology*, ed. David M. Buss (Hoboken, NJ: John Wiley, 2015), 1–19.

47 Harvey Whitehouse, "Dying for the Group: Towards a General Theory of Extreme Self-Sacrifice," *Behavioral and Brain Sciences* 41 (2018).

48 Robert D. Putnam and David E. Campbell, *American Grace: How Religion Divides and Unites Us* (New York: Simon and Schuster, 2012).

49 전 주장 웨인 "벅" 셸퍼드 Wayne "Buck" Shelford는 사타구니에 충격적인 스크럼 킥을 맞은 적이 있다. 그는 피를 흘리며 극심한 고통을 겪었고 한쪽 고환이 몸 밖으로 노출된 채로 쓰러졌다. 하지만 사이드라인에서 몇 바늘을 꿰맨 뒤 다시 나가겠다고 고집했

고, 결국 경기장에서 뛰다가 기절했다. 선수 생활이 끝나고 오랜 시간이 흐른 뒤 팬들은 "벅을 다시 데려와라Bring Back Buck"라는 팻말을 들고 그의 희생정신에 감사를 표했다. "Is Wayne Shelford the Hardest Man to Play Rugby?," *All Blacks*, May 7, 2021, https://www.allblacks.com/news/is-wayne-shelford-the-hardest-man-to-play-rugby/.

50 Bruno Gingras, Gerald Pohler, and W. Tecumseh Fitch, "Exploring Shamanic Journeying: Repetitive Drumming with Shamanic Instructions Induces Specific Subjective Experiences but No Larger Cortisol Decrease than Instrumental Meditation Music," *PloS one* 9, no. 7 (2014): e102103; Emma R. Huels et al., "Neural Correlates of the Shamanic State of Consciousness," *Frontiers in Human Neuroscience* 15 (2021): 140.

51 Scott S. Wiltermuth and Chip Heath, "Synchrony and Cooperation," *Psychological Science* 20, no. 1 (2009): 1–5; Emma E. A. Cohen, Robin Ejsmond-Frey, Nicola Knight, and Robin I. M. Dunbar, "Rowers' High: Behavioural Synchrony Is Correlated with Elevated Pain Thresholds," *Biology Letters* 6, no. 1 (2010): 106–8.

52 Kyle M. Jasmin, Carolyn McGettigan, Zarinah K. Agnew, Nadine Lavan, Oliver Josephs, Fred Cummins, and Sophie K. Scott, "Cohesion and Joint Speech: Right Hemisphere Contributions to Synchronized Vocal Production," *Journal of Neuroscience* 36, no. 17 (2016): 4669–80; Leonie Koban, Anand Ramamoorthy, and Ivana Konvalinka, "Why Do We Fall into Sync with Others? Interpersonal Synchronization and the Brain's Optimization Principle," *Social Neuroscience* 14, no. 1 (2019): 1–9; Marta Zaraska, "All Together Now," *Scientific American* 323, no. 4 (2020): 64–69, https://www.scientificamerican.com/article/moving-in-sync-creates-surprising-social-bonds-among-people/.

53 Aimee L. Drolet and Michael W. Morris, "Rapport in Conflict Resolution: Accounting for How Face-to-Face Contact Fosters Mutual Cooperation in Mixed-Motive Conflicts," *Journal of Experimental Social Psychology* 36, no. 1 (2000): 26–50.

54 올림픽에서 몹시 이례적인 성과가 나오는 이유가 의식 때문일 수도 있다. 개막식부터 메달 시상식에 이르기까지 선수들은 동기화된 행동과 전통에 대한 언급에 내내 둘러싸여 있다. 1968년 멕시코시티에서 밥 비먼Bob Beamon은 제시 오언스Jesse Owens로 거슬러 올라가는 미국의 멀리뛰기 전통을 잇고자 했다. 몇 번의 시도에서 그는 미친 듯 전력 질주를 했지만 목표 지점을 놓쳤다. 마지막 시도에서 하늘에 먹구름이 몰려드는

가운데 그는 도움닫기 발판의 가장 끝에서 몸을 날려 믿을 수 없을 만큼 오래 공중을 날았다. 착지점이 측정 장치의 범위를 벗어나 줄자로 확인해야 했다. 인간이 할 수 있다고 여겨졌던 한계를 뛰어넘은 믿을 수 없이 긴 거리였다. 그는 세계 신기록을 60센티미터나 경신했다(신기록은 대개 2~5센티미터 단위로 바뀐다).

55 이 내용은 기원전 5세기에서 기원전 3세기 사이에 히포크라테스(기원전 460년~기원전 370년)의 추종자들이 작성했다. "해를 끼치지 마라"라는 표현은 없으나 해악을 저지르지 않는다는 일반적인 원칙을 드러낸 글이다. 일부 의과대학에서는 그리스 신에 대한 언급과 당시의 편견을 생략한 현대화된 버전으로 바꾸었다.

56 이 3가지 상황 단서는 배타적인 범주가 아니라 오히려 동심원 집합이다. 부족 표지는 집단의 존재를 알려주는 지각적 세부 사항이고, 부족 상징은 부족이 자신을 나타내기 위해 사용하는 부족 표지의 부분집합이다. 부족 의식은 상징이 표시되는 방식의 하나로, 역사를 참조해 정교하게 구성된 이벤트다. 이는 트리거들 또한 겹친다는 것을 뜻한다. 힌두교 신자에게 푸자puja 의식은 조상 코드를 촉발하지만 의식에 사용되는 상징은 영웅 코드를, 표지는 동료 코드를 촉발한다.

57 Ida Susser, "An Anthropological Take on the Aftermath of 9/11, in New York City," *Critique of Anthropology* 24, no. 1 (2004): 5 – 7; Jeremy E. Uecker, "Religious and Spiritual Responses to 9/11: Evidence from the Add Health Study," *Sociological Spectrum* 28, no. 5 (2008): 477 – 509.

58 Brian Thomas Gallagher, "Eating Our Feelings: Finding Comfort in Comfort Food," *New York Observer*, September 7, 2011, https://observer.com/2011/09/eating-our-feelings-finding-comfort-in-food/. 이런 생각을 증명하듯 본래 9.11기념관에는 미국 고유의 음식과 국내산 와인을 제공하는 대니 마이어 식당이 들어올 예정이었다. 하지만 유가족들이 고인들의 안식처 위에서 "와인을 마시고 식사를 하는 것"에 정당하게 반대했기 때문에 무산되었다.

59 Brian Wansink and Craig S. Wansink, "Are There Atheists in Foxholes? Combat Intensity and Religious Behavior," *Journal of Religion and Health* 52 (2013): 768 – 79.

60 Cyril Falls, *The First World War* (Barnsley, UK: Pen and Sword, 2014).

61 Bronislaw Malinowski, "Fishing in the Trobriand Islands," *Man* 18 (1918): 87 – 92.

62 Mary Douglas, *Purity and Danger: An Analysis of Concepts of Pollution and Taboo* (New York: Routledge, 2003).

63 Ernest Becker, *The Denial of Death* (New York: Free Press, 1973).

64 원래 실험들 중 일부는 재현했을 때 일관성이 없었다. 그래서 연구자들은 그 효과가 처음에 나타난 것보다 더 약하며 정치적 맥락에 더 좌우된다고 확신하게 되었다. Lihan Chen, Rachele Benjamin, Addison Lai, and Steven Heine, "Managing the Terror of Publication Bias: A Comprehensive P-Curve Analysis of the Terror Management Theory Literature," *PsyArXiv*, January 3, 2023, doi.org/10.31234/osf.io/kuhy6.

65 Eva Jonas, Immo Fritsche, and Jeff Greenberg, "Currencies as Cultural Symbols—An Existential Psychological Perspective on Reactions of Germans toward the Euro," *Journal of Economic Psychology* 26, no. 1 (2005): 129–46; Tom Pyszczynski et al., "Whistling in the Dark: Exaggerated Consensus Estimates in Response to Incidental Reminders of Mortality," *Psychological Science* 7, no. 6 (1996): 332–36.

66 Silvia Fernandez, Emanuele Castano, and Indramani Singh, "Managing Death in the Burning Grounds of Varanasi, India: A Terror Management Investigation," *Journal of Cross-Cultural Psychology* 41, no. 2 (2010): 182–94. 나는 이 배경에 대한 다큐멘터리 〈좋은 죽음으로 죽어라Die the Good Death〉에서 내레이션을 맡았다. https://vimeo.com/30387484

67 Hammad Sheikh, Jeremy Ginges, Alin Coman, and Scott Atran, "Religion, Group Threat and Sacred Values," *Judgment and Decision Making* 7, no. 2 (2012): 110.

68 교황은 많은 군중을 확보하기 위해 참석만 해도 작은 사면을 베풀었고, 십자군으로 등록한 사람에게는 더 큰 사면을 베풀었다. 유난히 호응이 좋았던 설교는 기록되고 복사되어 다른 지역에서 활동하는 모집 담당자들에게 모범 설교로 공유되었다. Alan V. Murray, ed., *The Crusades to the Holy Land: The Essential Reference Guide* (Santa Barbara, CA: ABC-CLIO, 2015), 215.

69 Michael A. Zárate, Christine Reyna, and Miriam J. Alvarez, "Cultural Inertia, Identity, and Intergroup Dynamics in a Changing Context," in *Advances in Experimental Social Psychology* 59 (Cambridge, MA: Academic Press, 2019), 175–233.

70 Felix Danbold and Yuen J. Huo, "No Longer 'All-American'? Whites' Defensive Reactions to Their Numerical Decline," *Social Psychological and Personality Science* 6, no. 2 (2015): 210–18; Maureen A. Craig and Jennifer A. Richeson, "Hispanic Population Growth Engenders Conservative Shift among Non-Hispanic Racial Minorities," *Social Psychological and Personality Science* 9, no. 4 (2018): 383–92.

71 Arlie Russell Hochschild, *Strangers in Their Own Land: Anger and Mourning on the*

American Right (New York: New Press, 2018). 포퓰리스트 정치인들은 연속성 상실에 대한 두려움을 이용한다. 범죄, 실업 등의 문제를 소수자와 이민자 탓으로 돌리고 배제 조치(실제로는 국가의 전통과 일치하지 않는 조치도 포함)를 통해 "좋았던 시절"을 회복하겠다고 약속한다. 포퓰리스트와 진정한 보수주의자가 갈리는 지점이 여기다.

72 Justin McCurry, "Fukushima 50: 'We Felt Like Kamikaze Pilots Ready to Sacrifice Everything,'" *Guardian*, January 11, 2013, https://www.theguardian.com/environment/2013/jan/11/fukushima-50-kamikaze-pilots-sacrifice.

73 "The Yoshida Testimony," *Asahi-Shimbun*, December 3, 2014, http://www.asahi.com/special/yoshida_report/en/, Investigation Committee on the Accident at the Fukushima Nuclear Power Stations, *Final Report* (Tokyo: ICANPS, 2012).

74 Dan Kedmey, "Lessons in Courage, from a Team of Japanese Firefighters," ideas.ted.com, January 20, 2016, https://ideas.ted.com/lessons-in-courage-from-a-team-of-japanese-firefighters.

4장

1 Matt Tyrnauer, "Architecture in the Age of Gehry," *Vanity Fair*, June 30, 2010, https://www.vanityfair.com/culture/2010/08/architecture-survey-201008.

2 Wikipedia, s.v. "Department of Scientific Temperance Instruction," https://en.wikipedia.org/wiki/Department_of_Scientific_Temperance_Instruction.

3 Joseph P. Pollard, *The Road to Repeal: Submission to Conventions* (New York: Brentano's, 1932), 107.

4 Jeremy Norman, "The 'Literary Digest' Straw Poll Correctly Predicts the Election of Woodrow Wilson," historyofinformation.com, https://www.historyofinformation.com/detail.php?entryid=1652.

5 David Karol, "Has Polling Enhanced Representation? Unearthing Evidence from the Literary Digest Issue Polls," *Studies in American Political Development* 21, no. 1 (2007): 16–29.

6 John C. Gebhart, "Movement against Prohibition," *Annals of the American Academy of Political and Social Science* 163, no. 1 (1932): 172–80.

7 Shiry Ginosar et al., "A Century of Portraits: A Visual Historical Record of American High School Yearbooks," in *Proceedings of the 2015 IEEE International Conference*

on Computer Vision Workshops.

8   Gregory S. Berns et al., "Neurobiological Correlates of Social Conformity and Independence During Mental Rotation," *Biological psychiatry* 58, no. 3 (2005): 245–53; Malia F. Mason, Rebecca Dyer, and Michael I. Norton, "Neural Mechanisms of Social Influence," *Organizational Behavior and Human Decision Processes* 110, no. 2 (2009): 152–59.

9   Serge Moscovici, "Toward a Theory of Conversion Behavior," *Advances in Experimental Social Psychology* 13 (1980): 209–39.

10 Damon Centola, Joshua Becker, Devon Brackbill, and Andrea Baronchelli, "Experimental Evidence for Tipping Points in Social Convention," *Science* 360, no. 6393 (2018): 1116–19.

11 사람마다 동료들 사이의 유행에 대한 임계값이 다르다. 사회학자 에버렛 로저스Everett Rodgers는 "초기 수용자early adopters" "대다수 수용자majority adopters" "지각 수용자laggards"로 구분하는 고전적인 틀을 제시했다. Everett M. Rogers, *Diffusion of Innovations* (New York: Free Press of Glencoe, 1962).

12 Beniamino Cislaghi et al., "Changing Social Norms: The Importance of 'Organized Diffusion' for Scaling Up Community Health Promotion and Women Empowerment Interventions," *Prevention Science* 20 (2019): 936–46.

13 Chad R. Mortensen et al., "Trending Norms: A Lever for Encouraging Behaviors Performed by the Minority," *Social Psychological and Personality Science* 10, no. 2 (2019): 201–10.

14 Jonathan Moed, "Start-Up Chile's Impact 2010–2018: Inside the Revolutionary Startup Accelerator," *Forbes*, November 19, 2018, https://www.forbes.com/sites/jonathanmoed/2018/11/19/start-up-chiles-impact-2010-2018-inside-the-revolutionary-startup-accelerator/?sh=70c374ed6dc5.

15 Abby Ohlheiser, "The Woman behind 'Me Too' Knew the Power of the Phrase When She Created It—10 Years Ago," *Washington Post*, October 19, 2017, https://www.washingtonpost.com/news/the-intersect/wp/2017/10/19/the-woman-behind-me-too-knew-the-power-of-the-phrase-when-she-created-it-10-years-ago/.

16 Zeynep Tufekci, *Twitter and Tear Gas: The Power and Fragility of Networked Protest* (New Haven, CT: Yale University Press, 2017).

17 Timur Kuran, *Private Truths, Public Lies: The Social Consequences of Preference Falsification* (Cambridge, MA: Harvard University Press, 1997).

18 Dale T. Miller, "A Century of Pluralistic Ignorance: What We Have Learned about Its Origins, Forms, and Consequences," *Frontiers in Social Psychology* 1 (2023): 1260896.

19 Oleg Urminsky and Abigail Bergman, "The Masked Majority: Underprediction of Widespread Support for Covid-19 Safety Policies," *PsyArXiv Preprints*, February 4, 2021, https://doi.org/10.31234/osf.io/fhdkv.

20 Samantha Heiman et al., "Descriptive Social Norms Caused Increases in Mask Wearing during the COVID-19 Pandemic," *Scientific Reports* 13 (2023).

21 다음에 목록을 발표할 때 이름이 없으면 불참 사실이 드러날 것이라는 위협도 가미된다. Alan S. Gerber, Donald P. Green, and Christopher W. Larimer, "Social Pressure and Voter Turnout: Evidence from a Large-Scale Field Experiment," *American Political Science Review* 102, no. 1 (2008): 33–48.

22 Robert M. Bond et al., "A 61-Million-Person Experiment in Social Influence and Political Mobilization," *Nature* 489, no. 7415 (2012): 295–98.

23 지금이라면 이 수치가 약 4000억 개가 될 것이다. 실제로는 패티 개수인데(빅맥은 2개로 계산된다) 우세 신호를 부풀리기 위해 자주 사용되는 미심쩍은 집계 방식의 전형이다.

24 허츠는 (한때) 부지, 차량, 거래에서 업계 선두를 차지한 것을 자랑의 근거로 내세웠다. 브리티시에어웨이스는 (예전에) 국제선 여객 마일리지 부문에서 선두를 차지했다는 것을 근거로 삼는다. 치과 의사 관련 내용은 어디서 왔을까? 트라이던트는 시장 조사 기관에 의뢰해 1200명의 치과 의사를 대상으로 껌을 씹는 환자에게 'a) 가당 껌, b) 무설탕 껌, c) 껌을 전혀 권하지 않는 것' 중 어떤 것을 추천할지 물었다. 치과 의사들은 5명 중 4명꼴로 b를 선택했는데, 그 항목에는 트라이던트가 명시되어 있지 않았다. 5명 중 나머지 1명은 c를 골랐다. 트라이던트는 c에 대해서는 언급하지 않았다.

25 Thu-Hong Ha, "The psychology of saving energy: Alex Laskey at TED2013," TED Blog, February 27, 2013, https://blog.ted.com/the-psychology-of-saving-energy-alex-laskey-at-ted2013/. Mark Joseph Stern, "A Little Guilt, a Lot of Energy," *Slate*, March 1, 2013, https://slate.com/technology/2013/03/opower-using-smiley-faces-and-peer-pressure-to-save-the-planet.html.

26 P. Wesley Schultz, et al., "The Constructive, Destructive, and Reconstructive Power of Social Norms," *Psychological Science* 18, no. 5 (2007): 429–34.

27 Hunt Allcott and Todd Rogers, "The Short-Run and Long-Run Effects of Behavioral Interventions: Experimental Evidence from Energy Conservation," *American Economic Review* 104, no. 10 (2014): 3003–37.

28 "University of North Carolina," *Social Norms National Research & Resources*, http://www.socialnormsresources.org/casestudies/unc.php. H. Wesley Perkins and Alan D. Berkowitz, "Perceiving the Community Norms of Alcohol Use Among Students: Some Research Implications for Campus Alcohol Education Programming," *International Journal of the Addictions* 21, no. 9–10 (1986): 961–976.

29 이런 개입에 관한 자세한 내용은 미시간주립대학교 국가사회규범센터(http://socialnorms.org.)를 참조하라. 공중 보건 연구자들은 이런 종류의 개입을 규범 수정 norms correction 개입이라고 한다. 새로운 관행을 적극적으로 육성하는 규범 변환 norms transformation 개입과 구별되는 개념이다. Beniamino Cislaghi and Alan D. Berkowitz, "The Evolution of Social Norms Interventions for Health Promotion: Distinguishing Norms Correction and Norms Transformation," *Journal of Global Health* 11 (2021).

30 Richard H. Thaler and Cass R. Sunstein, *Nudge: Improving Decisions about Health, Wealth, and Happiness* (New York: Penguin Books, 2009).

31 Michael Wenzel, "Misperceptions of Social Norms about Tax Compliance: From Theory to Intervention," *Journal of Economic Psychology* 26, no. 6 (2005): 862–83.

32 Leonardo Bursztyn, Alessandra L. González, and David Yanagizawa-Drott, "Misperceived Social Norms: Women Working Outside the Home in Saudi Arabia," *American Economic Review* 110, no. 10 (2020): 2997–3029.

33 Eliot Brown and Maureen Farrell, *The Cult of We: WeWork, Adam Neumann, and the Great Startup Delusion* (New York: Crown, 2021).

34 Marian Friestad and Peter Wright, "The Persuasion Knowledge Model: How People Cope with Persuasion Attempts," *Journal of Consumer Research* 21, no. 1 (1994): 1–31; Margaret C. Campbell and Amna Kirmani, "I Know What You're Doing and Why You're Doing It: The Use of the Persuasion Knowledge Model in Consumer Research," *Handbook of Consumer Psychology* (2008): 549–74.

35 Mathew S. Isaac and Kent Grayson, "Beyond Skepticism: Can Accessing Persuasion

Knowledge Bolster Credibility?," *Journal of Consumer Research* 43, no. 6 (2017): 895–912.

36 Traci Mann et al., "Are Two Interventions Worse Than None? Joint Primary and Secondary Prevention of Eating Disorders in College Females," *Health Psychology* 16, no. 3 (1997): 215.

37 Dan Brooks, "Norm Macdonald, Still in Search of the Perfect Joke," *New York Times Magazine*, August 30, 2018, https://www.nytimes.com/2018/08/30/magazine/norm-macdonald-still-in-search-of-the-perfect-joke.html.

38 Martin Fishbein et al., "Avoiding the Boomerang: Testing the Relative Effectiveness of Antidrug Public Service Announcements before a National Campaign," *American Journal of Public Health* 92, no. 2 (2002): 238–45; Dan Werb et al., "The Effectiveness of Anti-Illicit-Drug Public-Service Announce-ments: A Systematic Review and Meta-Analysis," *Journal of Epidemiology and Community Health* 65, no. 10 (2011): 834–40.

39 "Partnership for a Drug-Free America—Everybody's Doing It," Musical PSAs, Public Information Film Wiki, https://pif.fandom.com/wiki/Part nership_for_a_Drug-Free_America_-_Everybody%27s_Doing_It.

40 Robert B. Cialdini et al., "Managing Social Norms for Persuasive Impact," *Social Influence* 1, no. 1 (2006): 3–15.

41 인구가 4년 전보다 늘었으므로 이 말은 사실이다. 그래서 바이든은 수락 연설에서 오바마보다 더 많은 표를 얻었다고 사실에 근거해 자랑할 수 있었다. 우리 그룹은 비밀리에 작업하지만 세부 사항 일부는 공개되었다. Michael Grunwald, "How Obama Is Using the Science of Change," *Time*, April 2, 2009, https://content.time.com/time/subscriber/article/0,33009,1889153,00.html; Benedict Carey, "Academic 'Dream Team' Helped Obama's Effort," New York Times, November 12, 2012, https://www.nytimes.com/2012/11/13/health/dream-team-of-behavioral-scientists-advised-obama-campaign.html.

42 Alan S. Gerber and Todd Rogers, "Descriptive Social Norms and Motivation to Vote: Everybody's Voting and So Should You," *Journal of Politics* 71, no. 1 (2009): 178–91; Todd Rogers, Donald P. Green, John Ternovski, and Carolina Ferrerosa Young, "Social Pressure and Voting: A Field Experiment Conducted in a High-Sa-

lience Election," *Electoral Studies* 46 (2017): 87 – 100.

5장

1   "Husbands and Wives Script," Scripts on Screen, https://scripts-onscreen.com/tag/husbands-and-wives-screenplay/.

2   Eliana La Ferrara, Alberto Chong, and Suzanne Duryea, "Soap Operas and Fertility: Evidence from Brazil," *American Economic Journal: Applied Economics* 4, no. 4 (2012): 1 – 31.

3   자녀에게 "특이한" 이름(예를 들어 남아의 경우 이선Ethan, 여아의 경우 소피아Sophia)을 지어준 많은 부모는 그 이름이 유치원에서 흔하다는 사실을 알게 된다. 독창적인 이름을 지으려 할 때도 우리는 명성 신호에 이끌리게 된다.

4   Alberto Chong, and Eliana La Ferrara, "Television and Divorce: Evidence from Brazilian Novelas," *Journal of the European Economic Association* 7, no. 2 – 3 (2009): 458 – 68.

5   흠모하는 유명인이나 캐릭터를 따라 하다 못해 자살 행위까지 모방한다. 존경받던 코미디언 로빈 윌리엄스Robin Williams가 자살하자 이후 몇 달 동안 미국의 자살 사망자가 9.85% 증가했다. 자살자는 주로 백인 중년 남성이었으며 목을 매 자살하는 형태가 유달리 증가했다. David S. Fink, Julian Santaella-Tenorio, and Katherine M. Keyes, "Increase in Suicides the Months after the Death of Robin Williams in the US," *PloS one* 13, no. 2 (2018): e0191405. 허구의 캐릭터로 인해 자살이 급증하기도 한다. 괴테가 1774년 쓴 소설 《젊은 베르테르의 슬픔》에서부터 2019년 넷플릭스 시리즈 〈13가지 이유13 Reasons Why〉에 이르기까지 다양한 사례가 있다. 대규모의 지속적인 문화 변화는 아니지만 이런 일이 일어난다는 것 자체는 영웅 본능이 개인의 이익을 어떻게 압도할 수 있는지 보여준다.

6   Sunita Desai and Anupam B. Jena, "Do Celebrity Endorsements Matter? Observational Study of BRCA Gene Testing and Mastectomy Rates after Angelina Jolie's New York Times Editorial," *Britsh Medical Journal* 355 (2016); Narendra Nath Basu et al., "The Angelina Jolie Effect: Contralateral Risk-Reducing Mastectomy Trends in Patients at Increased Risk of Breast Cancer," *Scientific Reports* 11, no. 1 (2021): 2847.

7   Albert Bandura, Dorothea Ross, and Sheila A. Ross, "Transmission of Aggression

through Imitation of Aggressive Models," *Journal of Abnormal and Social Psychology* 63, no. 3 (1961): 575.

8   Maciej Chudek, Sarah Heller, Susan Birch, and Joseph Henrich, "Prestige-Biased Cultural Learning: Bystander's Differential Attention to Potential Models Influences Children's Learning," *Evolution and Human Behavior* 33, no. 1 (2012): 46–56.

9   이 강렬한 동일시 현상은 여전히 일어나고 있다. 배우 케이트 델 카스티요Kate del Castillo가 인기 텔레노벨라에서 마약 밀매범을 연기했을 때, 진짜 마약 밀매범인 엘 차포 El Chapo가 위험을 자초하며 그녀에게 문자를 보내다가 체포되었다. Juliana Jiménez Jaramillo, "'I Will Take Care of You More Than I Do My Own Eyes': El Chapo's Texts to Kate del Castillo," *Slate*, January 13, 2016, https://slate.com/news-and-politics/2016/01/el-chapos-texts-to-mexican-actress-kate-del-castillo.html.

10 Deborah Smith, "The Theory Heard 'Round the World," *Monitor on Psychology* 33, no. 9 (2002): 30–32.

11 Jeff Crider, "Adult Literacy, Birth Control Addressed in Dramas: Third World Soaps Tackle Social Problems," *Los Angeles Times*, September 20, 1987.

12 Arvind Singhal, Michael J. Cody, Everett M. Rogers, and Miguel Sabido, eds., *Entertainment-Education and Social Change: History, Research, and Practice* (New York: Routledge, 2003).

13 Peter W. Vaughan, Everett M. Rogers, Arvind Singhal, and Ramadhan M. Swalehe, "Entertainment-Education and HIV/AIDS Prevention: A Field Experiment in Tanzania," *Journal of Health Communication* 5, no. sup1 (2000): 81–100.

14 Eric Arias, "How Does Media Influence Social Norms? Experimental Evidence on the Role of Common Knowledge," *Political Science Research and Methods* 7, no. 3 (2019): 561–78.

15 Elizabeth Levy Paluck, "Reducing Inter-group Prejudice and Conflict Using the Media: A Field Experiment in Rwanda," *Journal of Personality and Social Psychology* 96, no. 3 (2009): 574.

16 간디의 동료인 독립 운동가 사로지니 나이두Sarojini Naidu는 간디가 가난하게 지내는 데는 돈이 많이 들었다고 빈정거렸다. 3등 열차에서 간디에게 안전을 제공하는 것이 물리적으로 힘들었기 때문이다.

17 Shannon Miller, "Dove's 'Courage Is Beautiful' Wins Cannes Print and Publishing

Grand Prix," *Adweek*, June 21, 2021, https://www.adweek.com/agencies/doves-courage-is-beautiful-wins-cannes-print-and-publishing-grand-prix/.

18 Kenneth Roman, "The House That Ogilvy Built," *Strategy + Business*, February 24, 2009, https://www.strategy-business.com/article/09103

19 WeAreNetflix, "Netflix Culture: Taking Risks, Making Bets," YouTube, December 10, 2018, https://www.youtube.com/watch?v=PDD5dt7GJ9I.

20 Satya Nadella, *Hit Refresh: The Quest to Rediscover Microsoft's Soul and Imagine a Better Future For Everyone* (New York: Harper Business, 2017).

21 애플리케이션이 로컬에 설치되는 소프트웨어가 아닌 온라인 서비스로 제공되면서 고객들이 경쟁사 제품으로 바꿀 때 전환 비용이 크게 감소했고 사용량 기준으로 비용을 지불하게 되었다.

22 Vineet Nayar, "A Maverick CEO Explains How He Persuaded His Team to Leap into the Future," *IEEE Engineering Management Review* 40, no. 1 (2012): 24–29.

23 Infosys Stories, https://www.infosys.com/infosys-stories.html.

24 또래의 존경을 받은 학생들은 누구였을까? 힌트. 졸업식에서 고별사를 하는 졸업생 대표들이 아니었다. 교사들이 뽑을 만한 모범생 유형도 아니었다. 일부는 괴롭힘이 집중되는 갈등(예를 들어 운동선수와 고스족goths 간 "드라마")의 한가운데에 놓였던 학생들이었다. 몇 가지 공통점은 운동을 잘하고, 남자친구나 여자친구가 있고, 아니면 학교에 손위 형제자매가 있다는 것이다. 여러분도 아마 고등학교 시절 다른 학생들이 우러러봤던 무도회의 여왕과 왕이 누구였는지 떠올릴 수 있을 것이다.

25 Elizabeth Levy Paluck, Hana Shepherd, and Peter M. Aronow, "Changing Climates of Conflict: A Social Network Experiment in 56 Schools," *Proceedings of the National Academy of Sciences* 113, no. 3 (2016): 566–71.

26 Marc Galanter, "Engaged Members of the Unification Church: Impact of a Charismatic Large Group on Adaptation and Behavior," *Archives of General Psychiatry* 40, no. 11 (1983): 1197–1202; Eileen Barker, *The Making of a Moonie* (Oxford: Basil Blackwell, 1984).

27 로스앤젤레스에 거주하는 모르몬교 변호사를 떠올려보자. 모르몬교는 강력하고 위계적인 문화지만 이 사람은 획일화된 명성 신호들의 거품 속에서 살지 않는다. 성전에서는 사제나 주교가 명백한 권위를 갖고, 직장에서는 선배 파트너와 판사가 큰 존재감을 보이고, 거리에서는 할리우드 스타가 신비로움을 과시한다. 서로 경쟁하는 이상

들이 있기에 어떤 개별 이상에 대해서든 의문을 제기할 수 있다.

28 Douglas Pratt, *Religion and Extremism: Rejecting Diversity* (London: Bloomsbury Publishing, 2017).

29 Yu Ding, Gita V. Johar, and Michael W. Morris, "When the One True Faith Trumps All: Low Religious Diversity, Religious Intolerance, and Science Denial," *PNAS nexus* 3, no. 4 (2024): 144.

30 "세뇌"라는 용어는 교사, 선교사 등 중국 사상 개조 수용소에 수감되었던 사람들이 석방된 후에도 마오 주석을 찬양했던 현상과 관련해 만들어졌다. 이들을 연구한 정신과 의사들에 따르면 수용소에서는 이색적인 세뇌 방법을 사용하지 않았다. 오랜 시간 계속되는 카리스마 넘치는 강의, 자아비판 시간, 집단 토론 등이 전부였다. Robert J. Lifton, "'Thought Reform' of Western Civilians in Chinese Communist Prisons," *Psychiatry* 19, no. 2 (1956): 173–95.

31 Assaf Moghadam, *The Globalization of Martyrdom: Al Qaeda, Salafi Jihad, and the Diffusion of Suicide Attacks* (Baltimore, MD: Johns Hopkins University Press, 2008); Ariel Glucklich, *Dying for Heaven: Holy Pleasure and Suicide Bombers—Why the Best Qualities of Religion Are Also Its Most Dangerous* (New York: HarperCollins, 2009); Paul Gill, "A Multi-Dimensional Approach to Suicide Bombing," *International Journal of Conflict and Violence* 1, no. 2 (2007): 142–59.

32 Matthew DeMichele, Peter Simi, and Kathleen Blee, *Research and Evaluation on Domestic Radicalization to Violent Extremism: Research to Support Exit* USA (Washington, DC: Office of Justice Programs (2021).

33 Mary Carmichael, "Graphic Details Emerge from BU Hockey Panel Reports: Sex, Drinking Escapades by Hockey Players," *Boston Globe*, September 6, 2012, https://www.boston.com/news/local-news/2012/09/06/graphic-details-emerge-from-bu-hockey-panel-reports/.

34 Leon Neyfakh, "How to Change a Cul-ture," *Boston Globe*, September 23, 2012, https://www.bostonglobe.com/ideas/2012/09/22/how-change-culture/HitMpC95xP-FidEjEl2cx9J/story.html.

35 Hannah Natanson, "The Ways Things Linger," *Harvard Crimson*, December 10, 2018, https://www.thecrimson.com/article/2018/12/10/consequences/.

36 엄격한 조치는 종종 의도하지 않은 결과를 초래한다. 이라크 군대에서 바트당원이 전

원 해고됐을 때도 그랬다. 숙련된 군인들로 구성된, 억울함과 박탈감을 느낀 세력이 만들어졌다. 그들 중 다수가 ISIS에 자신의 전문성을 제공했다 Liz Sly, "The Hidden Hand behind the Islamic State Militants?" Saddam Hussein's," *Washington Post*, April 4, 2015, https://www.washingtonpost.com/world/middle_east/the-hidden-hand-behind-the-islamic-state-militants-saddam-husseins/2015/04/04/aa97676c-cc32-11e4-8730-4f473416e759_story.html.

37 예를 들어 월드컵에서 여러 차례 우승했던 질 엘리스Jill Ellis가 남자 팀 감독직에 관심을 표명했다. 여성들은 남자 대학 팀과 클럽 팀을 성공적으로 지도하고 있다.

38 코디는 수십 년 동안 할리우드에서 "가장 많이 찾는 인디언"이었다. 촬영장 밖에서도 모카신moccasin을 신고, 술이 달린 사슴가죽옷fringed buckskin을 입고, 땋은 가발braided wig을 착용하는 것으로 유명했다.

39 "The Crying Indian—Full Commercial—Keep America Beautiful," YouTube, uploaded May 1, 2007, https://www.youtube.com/watch?v=j7OHG7tHrNM.

40 이 캠페인은 오염을 낭비성 산업 관행의 문제가 아닌 "쓰레기 투기자" 문제로 묘사했다. 아마 산업 컨소시엄의 지원을 받았기 때문일 것이다.

41 캐릭터와 배우가 전통적인 아메리카 원주민으로 등장했기 때문에 메시지를 전달하려는 대상에게는 내집단 소속이 아니었다. 황당하게도 코디는 뉴올리언스로 이주한 시칠리아 이민자의 아들인 "가짜 인디언"으로 나중에 밝혀졌다. Angela Aleiss, "Iron Eyes Cody: Wannabe Indian," *Cineaste* 25, no. 1 (1999): 30–31.

42 Geoffrey D. Munro, Carrie Weih, and Jeffrey Tsai, "Motivated Suspicion: Asymmetrical Attributions of the Behavior of Political Ingroup and Outgroup Members," *Basic and Applied Social Psychology* 32, no. 2 (2010): 173–84.

43 이 문구는 텍사스 토착민의 말처럼 들리도록 만들어진 참신한 슬로건이었는데 정말로 텍사스 사람들이 하는 말이 되었다. 내집단 영웅을 모방하려는 충동을 암시하는 또 다른 사례에 해당한다.

44 "Don't Mess with Texas commercial (1987)," YouTube, uploaded January 10, 2014, https://www.youtube.com/watch?v=V2qIF-3PL7IQ.

45 Johannes Knoll and Jörg Mat-thes, "The Effectiveness of Celebrity Endorsements: A Meta-Analysis," *Journal of the Academy of Marketing Science* 45 (2017): 55–75.

46 연관성은 브랜드 확장에서도 똑같이 중요하다. 식품 회사 플랜터스가 땅콩버터를 출시했을 때,《플레이보이》잡지사가 나이트클럽을 열었을 때, 생활용품 제조업체 클로

락스가 변기 세정제를 만들었을 때 고객들은 자연스럽게 받아들였다. 하지만 부자연스러운 확장은 기업이 단기간에 돈을 벌기 위해 이름만 빌려주는 것이라는 의혹을 일으킨다. 치약 회사 콜게이트의 냉동 라자냐?《코스모폴리탄》잡지사의 요구르트? 휘핑크림 브랜드 레디윕의 레디-베이컨?

47 의심은 코로나19 백신 접종을 꺼리는 일부 공동체를 설득하는 데 가장 큰 장애물이었다. 최근 실험에서 백신을 접종하지 않은 공화당 지지자들의 접종 가능성은 도널드 트럼프의 백신 지지 소식을 들은 뒤에는 높아지고 바이든의 백신 지지 소식을 들으면 낮아졌다. 접종을 하지 않은 기독교인은 의료 전문가가 자신이 기독교인이라고 밝혔을 때 그렇지 않았을 때보다 조언을 따를 가능성이 높았다. 다시 말하지만 메신저가 중요하다. 공중 보건 캠페인은 백신에 저항하는 공동체 내부에서 백신을 옹호할 문화적 영웅을 찾아야 한다는 실무 시사점을 얻을 수 있다. Sophia L. Pink et al., "Elite Party Cues Increase Vaccination Intentions among Republicans," *Proceedings of the National Academy of Sciences* 118, no. 32 (2021): e2106559118; James Chu, Sophia L. Pink, and Robb Willer, "Religious Identity Cues Increase Vaccination Intentions and Trust in Medical Experts among American Christians," *Proceedings of the National Academy of Sciences* 118, no. 49 (2021): e2106481118.

48 Anthony Swofford, "'Full Metal Jacket' Seduced My Generation and Sent Us to War," *New York Times Magazine*, April 18, 2018, https://www.nytimes.com/2018/04/18/magazine/full-metal-jacket-ermey-marine-corps.html; Max Hauptman, "How 'Saving Private Ryan,' 'Black Hawk Down' and Other Films Inspired a Generation to Join the Military," *Task & Purpose*, July 8, 2022, https://taskandpurpose.com/culture/movies-television-joining-us-military/.

49 Gene Siskel, "The Touch That Transcends Violence and Death," *Chicago Tribune*, November 11, 1973, 2.

50 Neil Vidmar and Milton Rokeach, "Archie Bunker's Bigotry: A Study in Selective Perception and Exposure," *Journal of Communication* 24, no. 1 (1974): 36–47.

51 Jody C. Baumgartner and Jonathan S. Morris, "One 'Nation,' under Stephen? The Effects of The Colbert Report on American Youth," *Journal of Broadcasting & Electronic Media* 52, no. 4 (2008): 622–43.

52 풍자는 다른 장르에서도 역효과를 낳는다. 스탠드업 코미디에서는 관객이 패러디한 인종차별주의자 캐릭터를 보고 웃는 것이 아니라 그 캐릭터와 함께 웃는 것을 "피의

웃음"이라고 한다. 닐 영의 〈로킹 인 더 프리 월드〉나 브루스 스프링스틴의 〈본 인 더 유에스에이〉처럼 맹목적 애국주의를 풍자하는 노래들도 국가주의 찬양가로 오인되어 매파 정치인들에 의해 악용된다.

53 이 다큐멘터리는 (당시에는 거의 알려지지 않았던) 교도소 문화를 세상에 보여주었다는 이유로 아카데미상을 받았다.

54 Anthony Petrosino, Carolyn Turpin-Petrosino, and James O. Finckenauer, "Well-Meaning Programs Can Have Harmful Effects! Lessons from Experiments of Programs Such as Scared Straight," *Crime & Delinquency* 46, no. 3 (2000): 354–79; Timothy Wilson, *Redirect: The Surprising New Science of Psychological Change* (London: Allen Lane, 2011).

55 John L. Worrall, "The Effect of Three-Strikes Legislation on Serious Crime in California," *Journal of Criminal Justice* 32, no. 4 (February 2004): 283–96, doi:10.1016/j.jcrimjus.2004.04.001; David J. Harding et al., "A Natural Experiment Study of the Effects of Imprisonment on Violence in the Community," *Nature Human Behaviour* 3, no. 7 (2019): 671–77; David L. Weisburd, David P. Farrington, and Charlotte Gill, "What Works in Crime Prevention and Rehabilitation: An Assessment of Systematic Reviews," *Criminology & Public Policy* 16, no. 2 (2017): 415–49.

56 잘못된 명성 신호로 인해 좌초된 범죄 예방 프로그램은 이것이 처음이 아니다. 20세기 중반에 실시된 케임브리지-서머빌 청소년 연구Cambridge-Somerville Youth Study에서는 빈민가의 비행 청소년과 무비행 청소년을 뒤섞어 다년간 풍성한 여름 캠프에 참여하도록 했다. 10년 뒤 캠프 참가자들의 범죄율을 대조군과 비교했더니 참가자들의 범죄율이 현저히 높았다. 캠프 상담 기록을 검토한 연구자들은 이 프로그램이 비행 청소년들이 자신의 비행을 자랑하고 다른 청소년들의 롤 모델이 되는 장이었다고 결론 내렸다. Joan McCord, "Cures That Harm: Unanticipated Outcomes of Crime Prevention Pro-grams," *Annals of the American Academy of Political and Social Science* 587, no. 1 (2003): 16–30.

57 Melanie Wakefield et al., "Effect of Televised, Tobacco Company–Funded Smoking Prevention Advertising on Youth Smoking-Related Beliefs, Intentions, and Behavior," *American Journal of Public Health* 96, no. 12 (2006): 2154–60.

58 Editorial, "When Don't Smoke Means Do," *New York Times*, November 27, 2006, 22; Zoe Wood, "Tobacco Firm Philip Morris Calls for Ban on Cigarettes within De-

cade," *Guardian*, July 25, 2021, https://www.theguardian.com/business/2021/jul/25/tobacco-firm-philip-morris-calls-for-ban-on-cigarettes-within-decade.

59 Sara G. Miller, "Live and Let Die: James Bond's Smoking Habits over the Years," *LiveScience*, January 17, 2017, https://www.live science.com/57519-james-bond-smoking-habits.html.

60 "It's All about the Evidence," Smoke Free Media, University of California San Francisco, https://smokefreemedia.ucsf.edu/research/evidence.

61 청소년의 흡연이 증가하는 또 다른 이유는 그들이 정책을 준수하는 주류 스튜디오뿐 아니라 스트리밍 미디어 플랫폼을 통해 더 다양한 영화와 프로그램을 접한다는 데서 도 찾을 수 있다. "Smoking in the Movies," CDC, November 10, 2020, https://www.cdc.gov/tobacco/data_statistics/fact_sheets/youth_data/movies/index.htm.

6장

1 William Faulkner, *Requiem for a Nun* (New York: Vintage, 2011).

2 이 편지는 식민지에 자금을 지원하는 투자자들에게 보낸 것이다. 따라서 필그림 파더스의 효용성과 관대함을 과장했을 것이다. 다른 기록에서는 이 청교도들이 첫해의 힘든 시기에 살아남을 수 있었던 것은 아메리카 원주민 덕분이었다는 사실이 분명하게 드러난다. 예를 들어 여러 현지 언어 외에 영어와 스페인어를 구사했던 아메리카 원주민 티스콴텀Tisquantum은 토종 작물 심는 방법을 가르쳐주고 평화로운 관계를 중재했다. 이런 조력자들에게 돌아온 보답은 치명적 질병이었고, 결국엔 적대적 공격이었다. David J. Silverman, *This Land Is Their Land: The Wampanoag Indians, Plymouth Colony, and the Troubled History of Thanksgiving* (New York: Bloomsbury, 2019).

3 Arthur George, "Thanksgiving: Our American Mythmaking in Action," in *The Mythology of America's Seasonal Holidays: The Dance of the Horae* (London: Palgrave Macmillan, 2020), 175-91.

4 "Sarah J. Hale to Abraham Lincoln, Monday, September 28, 1863 (Thanksgiving)," Abraham Lincoln Papers at the Library of Congress, https://www.loc.gov/static/classroom-materials/thanksgiving/documents/sarah_hale.pdf.

5 Abraham Lincoln, "First Inaugural Address," in Emily Mofield and Tamra Stambaugh, *Finding Freedom* (New York: Routledge, 2021), 79-89.

6 Abraham Lincoln, "Proclamation 118," Thanksgiving Day, 1864, https://

주

obamawhitehouse.archives.gov/sites/default/files/docs/transcript_for_abraham_lincoln_thanksgiving_proclamation_1863.pdf.

7   David S. Reynolds, "How Lincoln Turned Regional Holidays into National Celebrations," *Atlantic*, November 24, 2021, https://www.theat lantic.com/ideas/archive/2021/11/how-lincoln-redefined-thanksgiving-and-christmas/620800/.

8   Benedict Anderson, *Imagined Communities: Reflections on the Origin and Spread of Nationalism* (New York: Verso, 2006).

9   평소의 예민한 감성을 잃은 듯 루스벨트는 추수감사절이 "완벽히 매년 날짜가 달라지는 축제moveable feast며 … 거기에 신성한 것은 아무것도 없습니다"라고 기자회견에서 말했다. Abram Brown, "When President Roosevelt Tried to Save Christmas—And America Ended Up with Two Thanksgivings," *Forbes*, November 28, 2019, https://www.forbes.com/sites/abrambrown/2019/11/28/when-president-roose velt-tried-to-save-christmas-and-america-ended-up-with-two-thanksgivings/?sh=672b2c3f53fe.

10 이로써 미국에서 또 하나의 전통이 시작되었다. 자기가 동의하지 않는 사람을 히틀러와 동일시하는 것 말이다!

11 Lisa Blee and Jean M. O'Brien, *Monumental Mobility: The Memory Work of Massasoit* (Chapel Hill: University of North Carolina Press, 2019).

12 Lawrence Rosen, "'Tribalism' Gets a Bum Rap," *Anthropology Today* 32, no. 5 (2016): 3−4.

13 정당성legitimacy과 정체성identity이라는 이중 목표는 기업의 역사를 설명하는 조직수사학organizational rhetoric에 관한 비즈니스 연구에서 논의된다. Roy Suddaby and Peter Jaskiewicz, "Managing Traditions: A Critical Capability for Family Business Success," *Family Business Review* 33, no. 3 (2020): 234−43; Roy Suddaby and Royston Greenwood, "Rhetorical Strategies of Legitimacy," *Administrative Science Quarterly* 50, no. 1 (2005): 35−67.

14 노란색 라벨에 "1772년 설립된 기업Maison Fondée en 1772"이라고 적혀 있다.

15 Sarah Hucal, "Why the World Is Talking about Georgian Wine," DW, October 15, 2019, https://www.dw.com/en/why-the-world-is-talking-about-georgian-wine/a-50798532; Dimitri Avaliani, Magda Gugu-lashvili, and Mikhail Shevelev Jr., "All You Need to Know about Georgian Wine Boom," JAM News, December 11, 2021, https://jam-news.net/all-you-need-to-know-about-georgian-wine-boom/.

16　Scott Eidelman, Jennifer Pattershall, and Christian S. Crandall, "Longer Is Better," *Journal of Experimental Social Psychology* 46, no. 6 (2010): 993; Scott Eidelman and Christian S. Crandall, "The Intuitive Traditionalist: How Biases for Existence and Longevity Promote the Status Quo," *Advances in Experimental Social Psychology* 50 (2014): 53–104.

17　Donato Romano et al., "A SAM-Based Analysis of the Economic Impact of Frauds in the Italian Wine Value Chain," *Italian Economic Journal* 7 (2021): 297–321; Peter Hellman, "Color-shifting Ink and Secret Wafer-Thin Security Tags: How Top-End Wineries Are Fighting Back against the New Age of Scammers," *Business Insider*, September 16, 2021, https://www.businessinsider.com/winemakers-use-ultraviolet-ink-and-microprinting-to-deter-scammers-2021-9?r=US&IR=T.

18　Hilke Plassmann, John O'Doherty, Baba Shiv, and Antonio Rangel, "Marketing Actions Can Modulate Neural Representations of Experienced Pleasantness," *Proceedings of the National Academy of Sciences* 105, no. 3 (2008): 1050–54.

19　이 가짜 앤티크 스타일은 미국 자본주의가 급속히 발달한 도금시대Gilded Age 미국 대학의 확장기에 엄청나게 유행했다. 이 시기에 미국의 캠퍼스 건물은 새것일수록 더 오래된 것처럼 보였다!

20　Jason Horowitz, "Is Mitt Romney's Mormonism Fair Game?," *Washington Post*, June 1, 2012, https://www.washingtonpost.com/opinions/is-mitt-romneys-mormonism-fair-game/2012/06/01/gJQAhDo56U_story.html.

21　Ruth H. Warner and Kristin L. Kiddoo, "Are the Latter-Day Saints Too Latter Day? Perceived Age of the Mormon Church and Attitudes toward Mormons," *Group Processes & Intergroup Relations* 17, no. 1 (2014): 67–78.

22　David Carradine, "The Context, Performance and Meaning of Ritual," in *The Invention of Tradition*, eds. Eric Hobsbawm and Terence Ranger (Cambridge: Cambridge University Press, 1983), 101–64.

23　Eric Hobsbawm, "Introduction: Inventing Traditions," in *The Invention of Tradition*, eds. Hobsbawm and Ranger.

24　Alan Cheng, "National Foundation Day: Japan's Forgot-ten Holiday," *Unseen Japan*, February 19, 2020, https://unseen-japan.com/national-foundation-day-japan/#The_%E2%80%9CFounding%E2%80%9D_of_a_Nation.

주

25 Maurice Halbwachs, *On Collective Memory* (Chicago: University of Chicago Press, 2020).

26 Raphael Hulkower, "The History of the Hippocratic Oath: Outdated, Inauthentic, and Yet Still Relevant," *Einstein Journal of Biology and Medicine* 25, no. 1 (2016): 41–44.

27 1993년 컬럼비아대학교 의과대학에서 린다 루이스Linda Lewis와 아널드 골드Arnold Gold 박사가 최초로 흰 가운 선서식을 기획했다.

28 그가 투자 기법에서 우위를 점하고 있었기 때문에 그의 고객들은 상당한 수익을 올렸다. 오늘날 대부분의 헤지펀드는 시장을 능가하지 못하지만 완전히 제도화된 20% 수수료를 여전히 받는다.

29 Uri Friedman, "How an Ad Campaign Invented the Diamond Engagement Ring," *Atlantic*, February 13, 2015, https://www.theatlantic.com/international/archive/2015/02/how-an-ad-campaign-invented-the-diamond-engagement-ring/385376/.

30 "Better Sex: Jade Eggs for Your Yoni," Goop, January 17, 2007.

31 Jennifer Gunter and Sarah Parcak, "Vaginal Jade Eggs: Ancient Chinese Practice or Modern Marketing Myth?," *Urogynecology* 25, no. 1 (2019): 1–2; Dorson, Richard M. *Folklore and Fakelore*: *Essays Toward a Discipline of Folk Studies* (Cambridge: Harvard University Press, 1976); Wang, Amy, "Gwyneth Paltrow's Goop Touted the 'Benefits' of Putting a Jade Egg in Your Vagina. Now It Must Pay," *Washington Post* 5 (2018).

32 J. C. Reindl, "FTC Tells Shinola: Stop Saying 'Where American Is Made,'" *Detroit Free Press*, June 17, 2016.

33 이 시기의 방대한 기록 중에서 뉴스거리가 될 만한 것으로 보이는 유일한 언급은 유대계 로마인 정치가이자 역사가인 플라비우스 요세푸스Flavius Josephus가 남긴 기록이다. 역사가들은 그의 기록을 의심스러운 사료로 본다.

34 Nachman Ben-Yehuda, *The Masada Myth*: *Collective Memory and Mythmaking in Israel* (Madison: University of Wisconsin Press, 1996).

35 Endel Tulving, "Memory and Consciousness," *Canadian Psychology/Psychologie Canadienne* 26, no. 1 (1985): 1.

36 Ashkhan, "Taming a Blurrg—The Mandalorian Season One (2019)," YouTube,

https://www.youtube.com/watch?v=Tq2u3dhdxJA.

37 "The Star-Spangled Banner," Smithsonian, audio, https://amhistory.si.edu/starspangledbanner/mp3/song.anac.dsl.mp3.

38 Jay A. Vora and Erika Vora, "The Effectiveness of South Africa's Truth and Reconciliation Commission: Perceptions of Xhosa, Afrikaner, and English South Africans," *Journal of Black Studies* 34, no. 3 (2004): 301−2; James L. Gibson, "Overcoming Apartheid: Can Truth Reconcile a Divided Nation?," *Annals of the American Academy of Political and Social Science* 603, no. 1 (2006): 82−110.

39 Stanlake John Thompson Samkange and Tommie Marie Samkange, *Hunhuism or Ubuntuism: A Zimbabwe Indigenous Political Philosophy* (Salisbury, UK: Graham Publishing, 1980); Desmond Tutu, *No Future without Forgiveness* (New York: Image Books, 2009).

40 John Carlin, "Nelson Mandela Unites a Nation with His Choice of Jersey," *Guardian*, January 6, 2007, https://www.theguardian.com/sport/2007/jan/07/rugbyunion.features1.

41 Stephen Brown, Robert V. Kozinets, and John F. Sherry, Jr., "Teaching Old Brands New Tricks: Retro Branding and the Revival of Brand Meaning," *Journal of Marketing* 67, no. 3 (2003): 19−33.

42 Paul Grainge, "Nostalgia and Style in Retro America: Moods, Modes, and Media Recycling," *Journal of American Culture* 23, no. 1 (2000).

43 Arpita Agnihotri, "Turnaround of Harley Davidson—Cult Brand or Strategic Fit Approach?," *Journal of Strategic Marketing* 21, no. 3 (2013): 292−301; Douglas B. Holt, *How Brands Become Icons: The Principles of Cultural Branding* (Cambridge, MA: Harvard Business School Press, 2004).

44 Tim Rohan, "NFL 100 Commercial Succeeds in Making Fans Forget the League's Many Issues," *Sports Illustrated*, February 7, 2019, https://www.si.com/nfl/2019/02/07/nfl-100-commercial-roger-goodell-colin-kaepernick-boycott; "NFL 100 Super Bowl Commercial," YouTube, uploaded February 9, 2019, https://www.youtube.com/watch?v=E6JjyRhfjOE.

45 "Celebrating 100 Years of Football," NFL, https://www.nfl.com/100/.

46 "Average Television Viewership of the NFL Regular Season from 2010 to 2023,"

주

Statista, January 2023, https://www.statista.com/statistics/289979/nfl-number-of-tv-viewers-usa/; "NFL Playoffs and Conference Championship Games Draw Highest Viewership Average on Record," AP News, January 30, 2024, https://apnews.com/article/nfl-playoffs-tv-ratings-bf435642324a34a6 9e6b258e033d249d.

47 Chi-Yue Chiu et al., "Culture and Consumer Behavior," *Foundations and Trends in Marketing* 7, no. 2 (2014): 109–79.

48 Rui Zhang, Melody Manchi Chao, Jaee Cho, and Michael W. Morris, "Appropriate or Appropriative? Diversity Ideologies, Judgment Factors, and Condemnation of Cultural Borrowing," PsyArXiv Preprints, November 8, 2023, doi.org/10.31234/osf.io/qpzsh; Ariel J. Mosley, Larisa Heiphetz, Mark H. White, and Monica Biernat, "Perceptions of Harm and Benefit Predict Judgments of Cultural Appropriation," *Social Psychological and Personality Science* (2023): 19485506231162401.

49 James O. Young, *Cultural Appropriation and the Arts* (Hoboken, NJ: John Wiley & Sons, 2010).

50 Charles Duhigg, "Yoplait Learns to Manufacture Authenticity to Go with Its Yogurt," *New York Times*, June 26, 2017, https://www.nytimes.com/2017/06/26/business/yoplait-learns-to-manufacture-authenticity-to-go-with-its-yogurt.html.

51 Robert K. Merton, "The Unanticipated Consequences of Purposive Social Action," *American Sociological Review* 1, no. 6 (1936): 894–904.

52 Elizabeth Betsy Keough, "Heritage in Peril: A Critique of UNESCO's World Heritage Program," *Washington University Global Studies Law Review* 10 (2011): 593; Lior Bear, Jackie Feldman, and Nir Avieli, "The Politics of Authentication in a UNESCO World Heritage Site: Luang Prabang, Laos," *Journal of Tourism and Cultural Change* 18, no. 4 (2020): 404–20.

53 "Global Strategy," UNESCO World Heritage Convention, https://whc.unesco.org/en/globalstrategy/.

54 Stephen Osserman and Youyou Zhou, "How Migration Has Shaped the World Cup," Vox, December 8, 2022, https://www.vox.com/c/world/2022/12/8/23471181/how-migration-has-shaped-the-world-cup.

55 Seth Berkman, *A Team of Their Own: How an International Sisterhood Made Olympic History* (Toronto: Hanover Square Press, 2019).

7장

1 Joe Klein, "Daniel Patrick Moynihan Was Often Right," *New York Times*, May, 24, 2021, https://www.nytimes.com/2021/05/15/books/review/daniel-patrick-moynihan-was-often-right-joe-klein-on-why-it-still-matters.html.

2 "Jefferson Perez—Reaching for Olympic Gold," Ecuador.com, https://www.ecuador.com/blog/jefferson-perez-reaching-for-olympic-gold/.

3 James Surowiecki, "Punctuality Pays," *New Yorker*, March 28, 2004, https://www.newyorker.com/magazine/2004/04/05/punctuality-pays.

4 Scott Wilson, "In Ecuador, a Timeout for Tardiness," *Washington Post*, November 4, 2003, https://www.washingtonpost.com/archive/politics/2003/11/04/in-ecuador-a-timeout-for-tardiness/2a911269-f223-45a0-977e-e120188bb9c3/.

5 Veronica Davidov, "Time and the NGOther: Development and Temporalities in an Ecuadorian Coastal Village," *Critique of Anthropology* 36, no. 1 (2016): 27–43.

6 "Ecuadorean Time—The Price of Lateness," *The Economist*, November 22, 2003, 38.

7 Surowiecki, "Punctuality Pays."

8 Surowiecki, "Punctuality Pays."

9 Robert N. Levine, *A Geography of Time: On Tempo, Culture, and the Pace of Life* (New York: Basic Books, 2008).

10 이어진 행사에서는 연설하기로 예정된 사업가들이 행사장에 늦게 도착했다. Reuters, "World Briefing | Americas: Ecuador: With Punctuality For All," *New York Times*, October 2, 2003, https://www.nytimes.com/2003/10/02/world/world-briefing-americas-ecuador-with-punctuality-for-all.html.

11 Lawrence E. Harrison, *The Central Liberal Truth: How Politics Can Change a Culture and Save It from Itself* (New York: Oxford Univer-sity Press, 2008), 192.

12 Patricio Durán, "La Hora Ambateña," *La Hora*, February 10, 2020, https://www.lahora.com.ec/opinion/la-hora-ambatena/.

13 지난 몇 년간 암바토 모델을 따르는 전국적인 캠페인이 진행되었다. "'La Hora Ecuatoriana,' Una Campaña Que Nace para Combatir la Impuntualidad en Ecuador," ¡Mucho Mejor! Ecuador, March 10, 2022, https://muchomejorecuador.org.ec/la-hora-ecuatoriana-una-campana-que-nace-para-combatir-la-impuntualidad-en-ecuador.

14 비공식적인 전통과 마찬가지로 법과 정책은 선례에 따라 형성된다. "판례가 법의 10분의 9"라고 하는 것도 관습법이 기존의 합의, 특히 "태고부터 내려온" 합의를 선호하기 때문이다. 인신 보호 영장과 같은 관행은 비공식적 전통으로 시작되어 법으로 성문화되었다. "제도"라는 단어는 전통, 정책 및 법률을 지칭하는 데 사용되며, 조상 본능 심리의 공통된 역할을 포착한다. 관행이 "제도화"된다는 것은 그 관행을 중심으로 전통 의식이 형성되고 있음을 달리 표현한 것이다.

15 John C. Hammerback and Richard J. Jensen, *The Rhetorical Career of César Chávez* (College Station: Texas A&M University Press, 2003).

16 상업 식민주의 모델에서 식민지는 원자재(예를 들어 면화) 공급처이자 공산품(예를 들어 직물) 시장 역할을 한다.

17 Aaron C. Kay et al., "Inequality, Discrimination, and the Power of the Status Quo: Direct Evidence for a Motivation to See the Way Things Are as the Way They Should Be," *Journal of Personality and Social Psychology* 97, no. 3 (2009): 421; Björn Lindström, Simon Jangard, Ida Selbing, and Andreas Olsson, "The Role of a 'Common Is Moral' Heuristic in the Stability and Change of Moral Norms," *Journal of Experimental Psychology*: General 147, no. 2 (2018): 228.

18 Alissa J. Rubin, "Public More Accepting of Gays, Poll Finds," *Los Angeles Times*, June 18, 2000, https://www.latimes.com/archives/la-xpm-2000-jun-18-mn-42265-story.html.

19 "Support for Same-Sex Marriage at Record High, but Key Segments Remain Opposed," Pew Research Center, June 8, 2015, https://www.pewre search.org/politics/2015/06/08/support-for-same-sex-marriage-at-record-high-but-key-segments-remain-opposed/.

20 Maura Dolan and Jessica Garrison, "Knowing Gay Person a Key Factor in Rising Support for Gay Marriage," *Los Angeles Times*, March 26, 2013, https://www.latimes.com/local/la-xpm-2013-mar-26-la-me-gay-marriage-close-20130326-story.html.

21 Kristin A. Goss, *Disarmed: The Missing Movement for Gun Control in America* (Princeton, NJ: Princeton University Press, 2010).

22 "Guns," Gallup, https://news.gallup.com/poll/1645/guns.aspx.

23 하향식으로 운영되어온 '불법 총기에 반대하는 시장들 Mayors Against Illegal Guns' 그룹은

'맘스 디맨드 액션Moms Demand Action'을 통합해 '에브리타운 포 건 세이프티Everytown for Gun Safety'로 최근 재편되었다. "열정, 에너지, 도덕적 권위를 갖춘 가시적 유권자"를 확보하기 위해 상징적인 풀뿌리 단체인 '음주 운전 반대 어머니회Mothers Against Drunk Driving'와 유사한 단체와 통합한 것이다. 이 단체는 주 차원에서 총기안전법 통과를 도왔고, 주와 지방의 총기 규제 노력을 지원하는 바이든 대통령의 '더 안전한 공동체 법 Safer Communities Act' 통과에도 도움을 주었다. Drew Lindsay, "The New Gun-Control Movement," *Chronicle of Philanthropy*, October 4, 2022, https://www.philanthropy.com/article/the-new-gun-control-movement.

24 Peter C. Frumhoff and Naomi Oreskes, "Fossil Fuel Firms Are Still Bankrolling Climate Denial Lobby Groups," *Guardian*, March 25, 2015, https://www.theguardian.com/environment/2015/mar/25/fossil-fuel-firms-are-still-bankrolling-climate-denial-lobby-groups.

25 Caroline W. Lee, "The Roots of Astroturfing," *Contexts* 9 (Winter 2010): 73–75; Kate Shaw Yoshida, "Astroturfing Works, and It's a Major Challenge to Climate Change," *Ars Technica*, July 18, 2011, https://arstechnica.com/science/2011/07/astroturfing-a-major-challenge-to-climate-change/.

26 Jeff Nesbit, *Poison Tea: How Big Oil and Big Tobacco Invented the Tea Party and Captured the GOP* (New York: St. Martin's Press, 2016).

27 Lincoln A. Mitchell, "The Color Revolutions. Successes and Limitations of Non-violent Protest," in *Handbook of Revolutions in the 21st Century: The New Waves of Revolutions, and the Causes and Effects of Disruptive Political Change*, eds. Jack A. Goldstone, Leonid Grinin, and Andrey Korotayev (Cham: Springer International Publishing, 2022), 435–45.

28 러시아 정부와 중국 정부가 누구보다 이를 강력하게 신봉한다(자신들이 워낙 여론을 광범위하게 조작하다보니 그들은 정치 운동이 유기적으로 발생한다는 것을 의심할 정도다). 2014년 마이단 혁명Maidan Revolution이 서방의 지원을 받은 불법 쿠데타라는 푸틴의 인식도 러시아가 2022년 우크라이나를 침공한 배경 가운데 일부다. Ben Sohl, "Discolored Revolutions: Information Warfare in Russia's Grand Strategy," *Washington Quarterly* 45, no. 1 (2022): 97–111.

29 Bettina Shell-Duncan, Katherine Wander, Ylva Hernlund, and Amadou Moreau, "Legislating Change? Responses to Criminalizing Female Genital Cutting in Sene-

gal," *Law & Society Review* 47, no. 4 (2013): 803–35.

30 Gerry Mackie, "Ending Footbinding and Infibulation: A Convention Account," *American Sociological Review* (1996): 999–1017.

31 역사학자들에 따르면 대부분의 사람은 왼쪽에서 말에 올라타는 것이 더 쉽다고 여겼기 때문에 이런 균형이 형성되었다.

32 Elizabeth Flock, "Dagen H: The Day Sweden Switched Sides of the Road," *Washington Post*, February 17, 2012, https://www.washingtonpost.com/blogs/blogpost/post/dagen-h-the-day-sweden-switchedsides-of-the-road-photo/2012/02/17/gIQAOw-FVKR_blog.html.

33 "Swedish Elevator Etiquette," A Swedish American in Sweden (blog), August 29, 2014, http://welcometosweden.blogspot.com/2014/08/swedish-escalator-etiquette_29.html.

34 미드가 한 말 중 가장 유명하지만 책이 아니라 대화 중에 나온 말이다. "Frequently Asked Questions about Mead/Bateson," Institute for Intercultural Studies, http://www.interculturalstudies.org/faq.html#quote.

35 이는 총기 규제 노력에도 걸림돌이 되어왔다. 총기 안전 연구자들은 총기 소유자의 동거인이 살해와 자살로 사망할 위험이 높다는 증거를 제시하며 반발한다.

36 Brady Robards, "Belonging and Neo-Tribalism on Social Media Site Reddit," *Neo-Tribes: Consumption, Leisure and Tourism* (2018): 187–206; Adrienne Massanari, "#Gamergate and The Fappening: How Reddit's Algorithm, Governance, and Culture Support Toxic Technocultures," *New Media & Society* 19, no. 3 (2017): 329–46.

37 Thomas Keil, Dovev Lavie, and Stevo Pavićević, "When Do Outside CEOs Underperform? From a CEO-Centric to a Stakeholder-Centric Perspective of Post-Succession Performance," *Academy of Management Journal* 65, no. 5 (2022): 1424–49.

38 존 드로리언John De Lorean은 전설적인 GM 본사 14층을 이렇게 묘사했다. "하루에 읽고 처리해야 할 문서가 문자 그대로 600~700쪽에 달했다. 일부는 부서의 성과 보고서 같은 중요한 자료였다. 하지만 대부분은 세인트루이스에 새로 들어설 뷰익 지역 사무소의 임대 계약서 등 그 정도 고위 경영진에게는 중요하지 않은 것들이었다." J. Patrick Wright, *On a Clear Day You Can See General Motors: John Z. De Lorean's Look inside the Automotive Giant* (Grosse Pointe, MI: Wright Enterprises, 1979).

39 Rick Tetzeli, "Mary Barra Is Remaking GM's Culture—And the Company Itself," Fast Company, October 17, 2016, https://www.fastcompany.com/3064064/mary-barra-is-remaking-gms-culture-and-the-company-itself.

40 James L. LaReau, "GM CEO Mary Barra's Rare, Behind-the-Scenes Interview: Who She Relies on in 'Lonely Job,'" *Detroit Free Press*, June 3, 2022, https://www.freep.com/in-depth/money/cars/gen eral-motors/2022/06/03/gm-ceo-mary-barra-reveals-personal-details-rare-interview/9705679002/; Peter Valdes-Dapena, "'Deathtrap' on GM's Naughty Words List," CNN Business, May 17, 2014, https://money.cnn.com/2014/05/17/autos/gm-words-not-to-use/index.html.

41 Julie Cooper, "Mary Barra Shares Her Winning Solution to Battling Climate Change," *CEO Magazine*, July 20, 2021, https://www.theceomagazine.com/business/coverstory/mary-barra-general-motors/.

42 S. Alexander Haslam, Stephen D. Reicher, Kathryn Millard, and Rachel McDonald, "'Happy to Have Been of Service': The Yale Archive as a Window into the Engaged Followership of Participants in Milgram's 'Obedience' Experiments," *British Journal of Social Psychology* 54, no. 1 (2015): 55–83.

43 Jerry M. Burger, Zackary M. Girgis, and Caroline C. Manning, "In Their Own Words: Explaining Obedience to Authority through an Examination of Participants' Comments," *Social Psychological and Personality Science* 2, no. 5 (2011): 460–66; S. Alexander Haslam, Stephen D. Reicher, and Megan E. Birney, "Nothing by Mere Authority: Evidence That in an Experimental Analogue of the Milgram Paradigm Participants Are Motivated Not by Orders but by Appeals to Science," *Journal of Social Issues* 70, no. 3 (September 1, 2014): 473–88.

44 S. Alexander Haslam and Stephen D. Reicher "50 Years of 'Obedience to Authority': From Blind Conformity to Engaged Followership," *Annual Review of Law and Social Science* 13, no. 1 (October 13, 2017): 59–78.

45 의학에서는 심장 박동을 정상으로 되돌리는 제세동기를 의미한다. 경제학에서 "충격"은 수요와 공급을 새로운 균형으로 재설정하는 외인성外因性 변화를 뜻한다.

46 Jeffrey D. Sachs, "Shock Therapy in Poland: Perspectives of Five Years," April 6 and 7, 1994, Tanner Lectures, University of Utah, transcript,https://tannerlectures.utah.edu/_resources/documents/a-to-z/s/sachs95.pdf, 265–90; Taylor Marvin, "Shock

Therapy: What We Can Learn from Poland," *Prospect: Journal of International Affairs at UCSD* (2010).

47 폴란드인들은 1947년 이전의 기억과 농업처럼 완전히 집단화되지 않은 분야에 대한 경험을 통해 시장에 익숙했다. 하지만 (70년 동안 전면적인 사회주의 치하에 있었던) 러시아인들은 시장에 대한 생생한 기억이 없었다. 하룻밤 사이에 자본주의 경제를 활성화하려는 시도는 엔진이 없는 자동차에 시동을 걸려는 것과 같았다. Thomas W. Hall and John E. Elliott, "Poland and Russia One Decade after Shock Therapy," *Journal of Economic Issues* 33, no. 2 (1999): 305–14.

48 Paul Skeldon, "LEGO Builds Sales 36% as Digital Transformation Starts to Click," Internet Retailing, September 29, 2021, https://internetretailing.net/lego-builds-sales-36-as-digital-transformation-starts-to-clcik-23771/.

49 Julien R. Phillips, "Enhancing the Effectiveness of Organizational Change Management," *Human Resource Management* 22, no. 1–2 (1983): 183–99.

50 Bernard Burnes, "The Origins of Lewin's Three-Step Model of Change," *Journal of Applied Behavioral Science* 56, no. 1 (March 2020): 32–59.

51 John P. Kotter, *Leading Change* (Cambridge, MA: Harvard Business School Press, 1996).

52 굴착 장치에 불이 나자 작업자들은 5층 높이에서 북해로 뛰어내려 탈출했다. Daryl R. Conner, *Managing at the Speed of Change: How Resilient Managers Succeed and Prosper Where Others Fail* (New York: Random House, 1993).

53 Robert Carroll and Stephen Prickett, eds., *The Bible: Authorized King James Version* (Oxford: Oxford University Press, 2008).

8장

1 Ben Rhodes, The World as It Is: A Memoir of the Obama White House (New York: Random House, 2019).

2 Anna Brown, "Most Democrats Who Are Looking for a Relationship Would Not Consider Dating a Trump Voter," Pew Research Center, April 24, 2020, https://www.pewresearch.org/short-reads/2020/04/24/most-democrats-who-are-looking-for-a-relationship-would-not-consider-dating-a-trump-voter; Gregory A. Huber and Neil Malhotra, "Political Homophily in Social Relationships: Evidence from Online

Dating Behavior," *Journal of Politics* 79, no. 1 (2017): 269–83.

3   M. Keith Chen and Ryne Rohla, "The Effect of Partisanship and Political Advertising on Close Family Ties," *Science* 360, no. 6392 (2018): 1020–24.

4   David Lauter, "The Year Political Tribalism Proved Toxic," *Los Angeles Times*, January 7, 2022, https://www.latimes.com/politics/newsletter/2022-01-07/the-year-political-tribalism-proved-toxic-essential-politics.

5   Sarah Binder, "The Dysfunctional Congress," *Annual Review of Political Science* 18 (2015): 85–101.

6   Shaun Bowler and Todd Donovan, "Confidence in US Elections after the Big Lie," *Political Research Quarterly* (2023): 10659129231206179.

7   Vanessa Williamson, "Understanding Democratic Decline in the United States," Brookings, October 17 2023, https://www.brookings.edu/articles/understanding-democratic-decline-in-the-united-states/.

8   아마 정치적 부족주의라는 비유를 처음 사용한 사람은 인류학자 어머니와 케냐 루오족 출신 아버지를 둔 오바마 대통령일 것이다. 곧이어 양당의 많은 의원이 이 용어를 쓰기 시작했는데, 여러 문제에서 오바마에게 동의하지 않는 벤 새스Ben Sasse 상원의원 같은 이들도 그 대열에 합류했다. "Remarks by President Obama to the United Nations General Assembly," The White House Office of the Press Secretary, September 28, 2015; Ben Sasse, *Them: Why We Hate Each Other—and How to Heal* (New York: St. Martin's Press, 2018).

9   Lauter, "The Year Political Tribalism Proved Toxic."

10   Thomas L. Friedman, "Have We Reshaped Middle East Politics or Started to Mimic It?," *New York Times*, September 14, 2021, https://www.nytimes.com/2021/09/14/opinion/america-democracy-middle-east-tribalism.html.

11   Andrew Sullivan, "Can Our Democracy Survive Tribalism?," *New York*, September 19, 2017, https://nymag.com/intelligencer/2017/09/can-democracy-survive-tribalism.html.

12   Alex Altman, "Donald Trump: Tribal Warrior," *Time*, March 3, 2016, https://time.com/4246080/tribal-warrior/.

13   인류학자 로런스 로즌은 반론에 한 가지를 더 보탰다. 편협하고 배타적이며 다툼을 일으키는 행동을 "부족주의적"이라고 하는 것은 부정확한 고정관념이라는 것이다. 민

족지학 학자들의 관찰에 따르면 원주민 부족들은 닫힌 마음과 갈등이 아니라 형태 전환, 교환, 다른 집단들과의 협력을 통해 생존한다. "독성 부족주의"라는 비유는 전 세계 수천 개 집단의 원주민들에게 해를 끼치며 오해를 불러일으킨다. Lawrence Rosen, "'Tribalism' Gets a Bum Rap," *Anthropology Today* 32, no. 5 (2016): 3 – 4.

14 Robert C. Jacobs and Donald T. Campbell, "The Perpetuation of an Arbitrary Tradition through Several Generations of a Laboratory Microculture," *Journal of Abnormal and Social Psychology* 62, no. 3 (1961): 649; Mark K. MacNeil and Muzafer Sherif, "Norm Change over Subject Generations as a Function of Arbitrariness of Prescribed Norms," *Journal of Personality and Social Psychology* 34, no. 5 (1976): 762.

15 John Stuart Mill, *"On Liberty" and Other Writings* (Cam-bridge: Cambridge University Press, 1989).

16 Wonnell, Christopher T., "Truth and the Marketplace of Ideas," *UC Davis Law Review*, 19 (1985): 669.

17 Ezra Klein, *Why We're Polarized* (New York: Simon and Schuster, 2020).

18 Bill Bishop, *The Big Sort: Why the Clustering of Like-Minded America Is Tearing Us Apart* (Boston: Houghton Mifflin Harcourt, 2009). 요즘 우리는 빨간색과 파란색으로 표시된 지도에 너무 익숙해져서 항상 이런 식은 아니었다는 사실을 떠올리기 어려울 정도다. 1972년 사우스다코타주 상원의원 조지 맥거번George McGovern이 민주당 대선 후보였을 때의 "블루" 주들은 1976년 조지아주의 지미 카터Jimmy Carter가 대선에 나섰을 때와 달랐다. 당시에는 차기 선거와 비교했을 때 블루 지지율의 변동 폭이 8%포인트에 가까웠지만, 최근 수십 년 동안은 2%포인트 미만이었다. Alan I. Abramowitz, *The Great Alignment: Race, Party Transformation, and the Rise of Donald Trump* (New Haven, CT: Yale University Press, 2018).

19 Lilliana Mason, *Uncivil Agreement: How Politics Became Our Identity* (Chicago: University of Chicago Press, 2018); Emily A. West and Shanto Iyengar, "Partisanship as a Social Identity: Implications for Polarization," *Political Behavior* 44, no. 2 (2022): 807 – 38.

20 Erik Peterson and Shanto Iyengar, "Partisan Gaps in Political Information and Information-Seeking Behavior: Motivated Reasoning or Cheerleading?," *American Journal of Political Science* 65, no. 1 (2021): 133 – 47.

21 Jonathan Haidt, "Why the Past 10 Years of American Life Have Been Uniquely Stupid," *Atlantic*, April 11, 2022, https://www.theatlantic.com/magazine/archive/2022/05/social-media-democracy-trust-babel/629369/.
22 Cory J. Clark, Brittany S. Liu, Bo M. Winegard, and Peter H. Ditto, "Tribalism Is Human Nature," *Current Directions in Psychological Science* 28, no. 6 (2019): 587–92.
23 Robert J. Robinson, Dacher Keltner, Andrew Ward, and Lee Ross, "Actual Versus Assumed Differences in Construal: 'Naive Realism' in Intergroup Perception and Conflict," *Journal of Personality and Social Psychology* 68, no. 3 (1995): 404.
24 Douglas J. Ahler and Gaurav Sood, "The Parties in Our Heads: Misperceptions about Party Composition and Their Consequences," *Journal of Politics* 80, no. 3 (2018): 964–81; Arlie Hochschild, "Think Republicans Are Disconnected from Reality? It's Even Worse among Liberals," *Guardian*, July 21, 2019, https://www.theguardian.com/commentisfree/2019/jul/21/democrats-republicans-political-beliefs-national-survey-poll.
25 Leaf Van Boven, Charles M. Judd, and David K. Sherman, "Political Polarization Projection: Social Projection of Partisan Attitude Extremity and Attitudinal Processes," *Journal of Personality and Social Psychology* 103, no. 1 (2012): 84; Jacob E. Rothschild, Adam J. Howat, Richard M. Shafranek, and Ethan C. Busby, "Pigeonholing Partisans: Stereotypes of Party Supporters and Partisan Polarization," *Political Behavior* 41 (2019): 423–43.
26 Shanto Iyengar and Masha Krupenkin, "Partisanship as Social Identity; Implications for the Study of Party Polarization," *The Forum* 16, no. 1 (2018): 23–45.
27 Klein, *Why We're Polarized*.
28 Dan Hiaeshutter-Rice, Fabian G. Neuner, and Stuart Soroka, "Cued by Culture: Political Imagery and Partisan Evaluations," *Political Behavior* 45, no. 2 (2023): 741–59.
29 Josh Eels, "Lil Nas X: Inside the Rise of a Hip-Hop Cowboy," *Rolling Stone*, May 20, 2019, https://www.rollingstone.com/music/music-features/lil-nas-x-old-town-road-interview-new-album-836393/.
30 Matthew Feinberg and Robb Willer, "The Moral Roots of Environmental Attitudes," *Psychological Science* 24, no. 1 (2013): 56–62; Matthew Feinberg and Robb Will-

er, "Moral Reframing: A Technique for Effective and Persuasive Communication across Political Divides," *Social and Personality Psychology Compass* 13, no. 12 (2019): e12501.

31 David J. Hardisty, Eric J. Johnson, and Elke U. Weber, "A Dirty Word or a Dirty World? Attribute Framing, Political Affiliation, and Query Theory," *Psychological Science* 21, no. 1 (2010): 86–92.

32 Guthrie Graves-Fitzsimmons and Maggie Siddiqi, "Religious Americans Demand Climate Action," *American Progress*, July 21, 2021, https://www.americanprogress.org/article/religious-americans-demand-climate-action/.

33 기술적 해결책은 거품이 정보 공급의 문제일 뿐 수요의 문제는 아니라고 가정하는 경향이 있었다. 본질적으로 케이블 뉴스, 블로그, 소셜 미디어는 사용자에게 자신의 부족적 편견을 뒷받침하는 뉴스를 소비하라고 강요하지 않는다. 이런 기술을 적용한 것은 대부분 무의식적인 수준이긴 하지만 우리가 합의를 갈망하기 때문이다. 하지만 자신의 거품을 터뜨리고자 하는 호기심 있는 사람들조차 이런 도구 중 많은 것에 대해 의심할 이유를 발견했다. Amanda Hess, "How to Escape Your Political Bubble for a Clearer View," *New York Times*, March 3, 2017, https://www.nytimes.com/2017/03/03/arts/the-battle-over-your-political-bubble.html.

34 Christopher A. Bail et al., "Exposure to Opposing Views on Social Media Can Increase Political Polarization," *Proceedings of the National Academy of Sciences* 115, no. 37 (2018): 9216–21.

35 다른 부족의 트위터 피드는 그것을 직접 설정한 사람들에게는, 적어도 개인적 경험 차원에서는 효과가 있다. 반대 진영에서 팔로우 대상을 선택함으로써 거슬리는 생각에 대한 의심과 불신을 극복할 수 있다. B. J. May, "How 26 Tweets Broke My Filter Bubble," *Medium*, January 18, 2016, https://medium.com/@bjmay/how-26-tweets-broke-my-filter-bubble-88c1527517f3.

36 John Clinton and Carrie Roush, "Poll: Persistent Partisan Divide over 'Birther' Question," NBC News, August 10, 2016, https://www.nbcnews.com/politics/2016-election/poll-persistent-partisan-divide-over-birther-question-n627446.

37 Lee Ross and Richard E. Nisbett, *The Person and the Situation*: Perspectives of Social Psychology (London: Pinter & Martin Publishers, 2011).

38 Dan M. Kahan et al., "The Polarizing Impact of Science Literacy and Numeracy on

Perceived Climate Change Risks," *Nature Climate Change* 2, no. 10 (2012): 732 – 35; Dan M. Kahan, Ellen Peters, Erica Cantrell Dawson, and Paul Slovic, "Motivated Numeracy and Enlightened Self-Government," *Behavioural Public Policy* 1, no. 1 (2017): 54 – 86.

39 Douglas Guilbeault, Joshua Becker, and Damon Centola, "Social Learning and Partisan Bias in the Interpretation of Climate Trends," *Proceedings of the National Academy of Sciences* 115, no. 39 (2018): 9714 – 19; Michele W. Berger, "Can Social Media Networks Reduce Political Polarization on Climate Change?," Penn Today, September 3, 2018, https://penntoday.upenn.edu/news/cli mate-change-political-polarization-disappears-social-networks.

40 Erik Santoro and David E. Broockman, "The Promise and Pitfalls of Cross-Partisan Conversations for Reducing Affective Polarization: Evidence from Randomized Experiments," *Science Advances* 8, no. 25 (2022): eabn5515. 마찬가지로 리스Lees와 시카라Cikara에 따르면, 당파들은 상대 진영의 반대를 과대평가하며, 그런 추정된 적대감을 바로잡으면 부정적인 인식이 감소한다. 이런 개입 결과는 유사한 당파 분열이 있는 26개국에서 거듭 확인되었다. Jeffrey Lees and Mina Cikara, "Inaccurate Group Meta-Perceptions Drive Negative Out-Group Attributions in Competitive Contexts," *Nature Human Behaviour* 4, no. 3 (2020): 279 – 86; Kai Ruggeri et al., "The General Fault in Our Fault Lines," *Nature Human Behaviour* 5, no. 10 (2021): 1369 – 80.

41 프랜시스 후쿠야마Francis Fukuyama 같은 정치 이론가들은 국가 정체성 강화를 통해 당파적 분열을 치유해야 한다고 주장하지만, 심리학자 제니퍼 리치슨Jennifer Richeson은 차별성을 부여하는 더 구체적인 정체성의 중요성을 설득력 있게 제시한다. Francis Fukuyama, "Against Identity Politics: The New Tribalism and the Crisis of Democracy," *Foreign Affairs* 97 (2018): 90; Stacey Y. Abrams et al., "E Pluribus Unum: The Fight over Identity Politics," *Foreign Affairs* 98 (2019): 160.

42 Geoffrey L. Cohen, "Party over Policy: The Dominating Impact of Group Influence on Political Beliefs," *Journal of Personality and Social Psychology* 85, no. 5 (2003): 808.

43 부정적인 감정을 완화하는 것은 가능하지만 더 심도 깊은 역기능을 줄이지는 못한다. Jan G. Voelkel et al., "Interventions Reducing Affective Polarization Do Not Necessarily Improve Anti-Democratic Attitudes," *Nature human behaviour* 7, no. 1 (2023):

55-64.

44 Tucker Carlson, "Schools Are Creating Tribalism in Our Kids," Fox News, August 12, 2021, https://www.foxnews.com/opinion/tucker-carlson-schools-are-creating-tribalism-in-our-kids.

45 Elihu D. Richter, Dror Kris Markus, and Casey Tait, "Incitement, Genocide, Genocidal Terror, and the Upstream Role of Indoctrination: Can Epidemiologic Models Predict and Prevent?," *Public Health Reviews* 39, no. 1 (2018): 1-22.

46 Bob Moser, "The Reckoning of Morris Dees and the Southern Poverty Law Center," *New Yorker*, March 21, 2019, https://www.newyorker.com/news/news-desk/the-reckoning-of-morris-dees-and-the-southern-poverty-law-center.

47 Dan Morse, "Does Center Practice What It Preaches?," *Tampa Bay Times*, April 3, 1994, updated October 6, 2005, https://www.tampabay.com/archive/1994/04/03/does-center-practice-what-it-preaches.

48 Audra D. S. Burch, Alan Blinder, and John Eligon, "Roiled by Staff Uproar, Civil Rights Group Looks at Intolerance Within," *New York Times*, March 25, 2019, https://www.nytimes.com/2019/03/25/us/morris-dees-leaves-splc.html.

49 Alan Blinder, "Southern Poverty Law Center President Plans Exit amid Turmoil," *New York Times*, March 22, 2019, https://www.nytimes.com/2019/03/22/us/splc-richard-cohen-resigns.html.

50 "On Views of Race and Inequality, Blacks and Whites Are Worlds Apart: Personal Experiences with Discrimination," Pew Research Center, June 27, 2016, https://www.pewresearch.org/social-trends/2016/06/27/5-personal-experiences-with-discrimination/.

51 Lincoln Quillian, Devah Pager, Ole Hexel, and Arnfinn H. Midtbøen, "Meta-Analysis of Field Experiments Shows No Change in Racial Discrimination in Hiring over Time," *Proceedings of the National Academy of Sciences* 114, no. 41 (2017): 10870-75.

52 Thomas Kochman and Jean Mavrelis, *Corporate Tribalism: White Men/White Women and Cultural Diversity at Work* (Chicago: University of Chicago Press, 2019); Puja Mehta and Christopher D. Buckley, "'Your People Have Always Been Servants': Internalised Racism in Academic Medicine," *The Lancet* 400, no. 10368 (2022):

2045 – 46.

53   Howard Schuman, Charlotte Steeh, and Lawrence Bobo, *Racial Attitudes in America: Trends and Interpretations*, vol. 2 (Cambridge, MA: Harvard University Press, 1985); Sarah Patton Moberg, Maria Krysan, and Deanna Christianson, "Racial Attitudes in America," *Public Opinion Quarterly* 83, no. 2 (2019): 450 – 71.

54   Marilynn B. Brewer, "Intergroup Discrimination: Ingroup Love or Outgroup Hate?," in *The Cambridge Handbook of the Psychology of Prejudice*, eds. Chris G. Sibley and Fiona Kate Barlow (Cambridge: Cambridge University Press, 2017); Anthony G. Greenwald and Thomas F. Pettigrew, "With Malice toward None and Charity for Some: Ingroup Favoritism Enables Discrimination," *American Psychologist* 69, no. 7 (2014): 669.

55   S. A. Ziegler, T. A. Kirby, K. Xu, and A. G. Greenwald, "Implicit Race Attitudes Predict Vote in the 2012 Presidential Election," Political Psychology Preconference of the Annual Meeting of the Society for Person-ality and Social Psychology, New Orleans, Louisiana, 2013.

56   David Buttelmann and Robert Böhm, "The Ontogeny of the Motivation That Underlies In-Group Bias," *Psychological Science* 25, no. 4 (2014): 921 – 27.

57   Abraham Lincoln, *Great Speeches* (Mineola, NY: Dover Publications, 1991).

58   물론 많은 사람은 자신이 속한 민족을 백인 대 흑인 구도보다 더 좁게 생각한다. 하지만 대부분의 좁은 범주는 여전히 인종 내에 중첩되어 있으므로 내집단 편애(예를 들어 WASP가 동료 WASP를 돕는 것)는 여전히 인종 불평등에 기여한다.

59   Marc Bendick, Rekha Eanni Rodriguez, and Sarumathi Jayaraman, "Employment Discrimination in Upscale Restaurants: Evidence from Matched Pair Testing," *Social Science Journal* 47, no. 4 (2010): 802 – 18.

60   Charles Tilly, *Durable Inequality* (Berkeley: Uni-versity of California Press, 1998).

61   Nancy DiTomaso, *The American Non-Dilemma: Racial Inequality without Racism* (New York: Russell Sage Foundation, 2013).

62   Daniel Cox, Juhem Navarro-Rivera, Robert P. Jones, "Race, Religion, and Political Affiliation of Americans' Core Social Networks," PRRI, August 3, 2016, https://www.prri.org/research/poll-race-religion-politics-americans-social-networks/.

63   한 면접관은 "공항 테스트"(공항에 갇혔을 때 관리자 자신이 이야기 나눌 수 있는 공통 관

심사를 가진 사람인지 여부 테스트)를 통과한 지원자에게는 사례 분석 질문에서 숫자에 대해 덜 까다롭게 물을 수 있다고 인정했다. Lauren A. Rivera, "Hiring as Cultural Matching: The Case of Elite Professional Service Firms," in *Working in America*, ed. Amy S. Wharton (New York: Rout-ledge, 2015), 157–68.

64 Nelson D. Schwartz, "In Hiring, a Friend in Need Is a Prospect, Indeed," *New York Times*, January 27, 2013; Burks, Stephen V., Bo Cowgill, Mitchell Hoffman, and Michael Housman. "The Value of Hiring Through Employee Referrals," *The Quarterly Journal of Economics* 130, no. 2 (2015): 805–839.

65 Meta Brown, Elizabeth Setren, and Giorgio Topa, "Do Informal Referrals Lead to Better Matches? Evidence from a Firm's Employee Referral System," *Journal of Labor Economics* 34, no. 1 (2016): 161–209.

66 Hawes Spencer and Michael Levenson, "Charlottesville Removes Robert E. Lee Statue at Center of White Nationalist Rally," *New York Times*, updated November 8, 2021.

67 Joyce E. Ehrlinger et al., "How Exposure to the Confederate Flag Affects Willingness to Vote for Barack Obama," *Political Psychology* 32, no. 1 (2011): 131–46.

68 Patricia G. Devine and Tory L. Ash, "Diversity Training Goals, Limitations, and Promise: A Review of the Multidisciplinary Literature," *Annual Review of Psychology* 73 (2022): 403–29; Elizabeth Levy Paluck, Roni Porat, Chelsey S. Clark, and Donald P. Green, "Prejudice Reduction: Progress and Challenges," *Annual Review of Psychology* 72 (2021): 533–60; Elizabeth Levy Paluck and Donald P. Green, "Prejudice Reduction: What Works? A Review and Assessment of Research and Practice," *Annual Review of Psychology* 60 (2009): 339–67.

69 Frank Dobbin and Alexandra Kalev, "Why Diversity Programs Fail," *Harvard Business Review* 94, no. 7 (2016): 1, https://hbr.org/2016/07/why-diversity-programs-fail; Jesse Singal, "What If Diversity Training Is Doing More Harm than Good?," *New York Times*, January 17, 2023, https://www.nytimes.com/2023/01/17/opinion/dei-trainings-effective.html.

70 Rohini Anand and Mary-Frances Winters, "A Retrospective View of Corporate Diversity Training from 1964 to the Present," *Academy of Management Learning & Education* 7, no. 3 (2008): 356–72.

71 Elizabeth Levy Paluck, Seth A. Green, and Donald P. Green, "The Contact Hypothesis Re-Evaluated," *Behavioural Public Policy* 3, no. 2 (2019): 129–58.

72 Robert Kurzban, John Tooby, and Leda Cosmides, "Can Race Be Erased? Coalitional Computation and Social Categorization," *Proceedings of the National Academy of Sciences* 98, no. 26 (2001): 15387–92.

73 Salma Mousa, "Building Social Cohesion between Christians and Muslims through Soccer in Post-ISIS Iraq," *Science* 369, no. 6505 (2020): 866–70.

74 Alexandra Kalev, Frank Dobbin, and Erin Kelly, "Best Practices or Best Guesses? Assessing the Efficacy of Corporate Affirmative Action and Diversity Policies," *American Sociological Review* 71, no. 4 (2006): 589–617.

75 Lauryn Burnett and Herman Aguinis, "How to Prevent and Minimize DEI Backfire," *Business Horizons* (2023); Dobbin and Kalev, "Why Diversity Programs Fail."

76 John Sullivan and Kimberly N. Do, "Instantly Improve Diversity Recruiting Results with a Bonus for Diversity Referrals," ERE, September 14, 2015, https://www.ere.net/instantly-improve-diversity-recruiting-results-with-a-bonus-for-diversity-referrals/.

77 Grace Donnelly, "Intel CEO in New Diversity Report: 'Let's Turn This Tragedy into Action,'" *Fortune*, August 15, 2017, https://fortune.com/2017/08/15/intel-ceo-in-new-diversity-report-lets-turn-this-tragedy-into-action.

78 Abby Maldonado, "Diversifying Engineering Referrals at Pinterest," LinkedIn, January 15, 2016, https://www.linkedin.com/pulse/diversifying-engineering-referrals-pinterest-abby-maldonado/.

79 Michael Cooper, "Seeking Orchestras in Tune With Their Diverse Communities," *New York Times*, April 18, 2018, https://www.nytimes.com/2018/04/18/arts/music/symphony-orchestra-diversity.html.

80 Javier C. Hernández, "U.S. Orchestras Playing More Works by Women and Minorities, Report Says," *New York Times*, June 21, 2022, https://www.nytimes.com/2022/06/21/arts/music/american-orchestras-women-minorities.html.

81 할리우드 볼Hollywood Bowl 공연이 매진된 덕분에 로스앤젤레스 청소년 오케스트라 YOLA에 자금을 지원해 다수가 라틴아메리카 이민자인 어린이 1500명에게 악기, 레슨, 무대를 제공했다. "더 듀드"를 롤모델로 삼은 이들은 100%가 대학에 진학하고 있으며 90%가 이민 1세대다. "YOLA 2023 Donor Impact Report," La Phil, https://

주

www.laphil.com/about/watch-and-listen/yola-2023-donor-impact-report.

82 Zachary Woolfe, "Los Angeles Has America's Most Important Orchestra. Period," *New York Times*, April 18, 2017, https://www.nytimes.com/2017/04/18/arts/music/los-angeles-has-americas-most-important-orchestra-period.html.

83 Keith Schneider, "Revitalizing Montgomery as It Embraces Its Past," *New York Times*, May 21, 2019, https://www.nytimes.com/2019/05/21/business/montgomery-museums-civil-rights.html.

84 "Bernice: March 12, 2020," StoryBooth Montgomery, https://storybooth.us/stories/kress-20200312144644.

85 Slobodan Milošević, "1989 St. Vitus Day Speech," June 28, 1989, transcript, Slobodan-Milosevic.org, http://www.slobodan-milosevic.org/spch-kosovo1989.htm

86 Marcus Tanner, "Milosevic Carries off the Battle Honours," *The Independent*, June 29, 1989.

87 Timur Kuran, "Ethnic Norms and Their Transformation through Reputational Cascades," *Journal of Legal Studies* 27, no. S2 (1998): 623–59.

88 Ervin Staub, *Overcoming Evil: Genocide, Violent Conflict, and Terrorism* (New York: Oxford University Press, 2013); Natalie Impraim, "Russian Wagner Mercenaries Commit War Crimes in C.A.R.," Genocide Watch, March 28, 2023, https://www.genocidewatch.com/single-post/russian-wagner-mercenaries-commit-war-crimes-in-c-a-r.

89 Lawrence H. Keeley, *War before Civilization* (New York: Oxford University Press, 1996); Marc Kissel and Nam C. Kim, "The Emergence of Human Warfare: Current Perspectives," *American Journal of Physical Anthropology* 168 (2019): 141–63.

90 Arthur Koestler, *The Ghost in the Machine* (New York: Macmillan, 1968).

91 Jeremy Ginges, "The Moral Logic of Political Violence," *Trends in Cognitive Sciences* 23, no. 1 (2019): 1–3.

92 Ruth H. Warner, Ana H. Kent, and Kristin L. Kiddoo, "Perceived Collective Continuity and Attitudes toward Outgroups," *European Journal of Social Psychology* 46, no. 5 (2016): 595–608.

93 Joshua R. Gubler and Joel Sawat Selway, "Horizontal Inequality, Crosscutting Cleavages, and Civil War," *Journal of Conflict Resolution* 56, no. 2 (2012): 206–32.

94 Steven Pinker, *The Better Angels of Our Nature: Why Violence Has Declined* (New York: Penguin Books, 2012); Robert Muggah and Ali Velshi, "Religious Violence Is on the Rise. What Can Faith-Based Communities Do about It?," *World Economic Forum* 25 (2019); Jonas Baumann, Daniel Finnbogason, and Isak Svensson, "Rethinking Mediation: Resolving Religious Conflicts," *CSS Policy Perspectives* 6, no. 1 (2018).

95 Milan Obaidi, Jonas Kunst, Simon Ozer, and Sasha Y. Kimel, "The 'Great Replacement' Conspiracy: How the Perceived Ousting of Whites Can Evoke Violent Extremism and Islamophobia," *Group Processes & Intergroup Relations* 25, no. 7 (2022): 1675–95.

96 Michael Feola, "'You Will Not Replace Us': The Melancholic Nationalism of Whiteness," *Political Theory* 49, no. 4 (2020): 528–53.

97 Nik Popli, "How the 'Great Replacement Theory' Has Fueled Racist Violence," *Time*, May 16, 2022, https://time.com/6177282/great-replace ment-theory-buffalo-racist-attacks/.

98 영화제작자 레니 리펜슈탈Leni Riefenstahl은 70만 명의 군중이 도시 거리를 가득 메웠던 1934년 집회 장면을 포착했다. 군중은 빳빳한 제복을 입고 거위걸음으로 행진하는 군인들에게 경례하고, 만卍 자 문양과 독수리로 장식된 무대에서 자기 부족의 과거 영광과 최근의 굴욕, 미래의 통치에 대해 말하는 총통의 연설에 귀를 기울였다.

99 David L. Hudson, Jr., "Does the First Amendment Pro-tect Trump on Incitement to Riot?," First Amendment Watch, January 8, 2021, https://firstamendmentwatch.org/does-the-first-amendment-protect-trump-on-incitement-to-riot/.

100 Elihu D. Richter, Dror Kris Markus, and Casey Tait, "Incitement, Genocide, Genocidal Terror, and the Upstream Role of Indoctrination: Can Epidemiologic Models Predict and Prevent?," *Public Health Reviews* 39, no. 1 (2018): 1–22.

101 Tom Pyszczynski et al., "Mortality Salience, Martyrdom, and Military Might: The Great Satan versus the Axis of Evil," *Personality and Social Psychology Bulletin* 32, no. 4 (2006): 525–37.

102 Zachary K. Rothschild, Abdolhossein Abdollahi, and Tom Pyszczynski, "Does Peace Have a Prayer? The Effect of Mortality Salience, Compassionate Values, and Religious Fundamentalism on Hostility toward Out-Groups," *Journal of Experimental Social Psychology* 45, no. 4 (2009): 816–27. 행동과학자들은 이 같은 정치적 판단

효과가 역사적 순간에 따라 달라지는지를 두고 논쟁을 벌이고 있다. 그런데 최근 사전 등록된 재현 연구에서 동일한 흥미로운 효과가 발견되었다. Kenneth E. Vail III, Emily Courtney, and Jamie Arndt, "The Influence of Existential Threat and Tolerance Salience on Anti-Islamic Attitudes in American Politics," Political Psychology 40, no. 5 (2019): 1143-62.

103 Han Entzinger, "Changing the Rules while the Game Is On: From Multiculturalism to Assimilation in the Netherlands," in Migration, Citizenship, Ethnos (New York: Palgrave Macmillan, 2006), 121-44; "State Multiculturalism Has Failed, Says David Cameron," BBC, February 5, 2011, https://www.bbc.com/news/uk-politics-12371994; "Merkel Says German Multicultural Society Has Failed," BBC, October 17, 2010, https://www.bbc.com/news/world-europe-11559451.

104 물론 다른 요인도 있다. 마드리드가 카탈루냐 전통주의자들의 자치권 강화 요구를 강경하게 탄압해 그들이 더 큰 위협을 느꼈다는 점도 작용했다. 다른 차이점들을 퇴색하게 만드는 데는 더 큰 위협의 존재만 한 것이 없다.

105 Denise Su, "How Many Ice Ages Has the Earth Had, and Could Humans Live through One?," Space.com, June 29, 2022, https://www.space.com/ice-ages-on-earth-could-humans-survive.

106 David Feeny, Fikret Berkes, Bonnie J. McCay, and James M. Acheson, "The Tragedy of the Commons: Twenty-Two Years Later," Human Ecology 18 (1990): 1-19.

107 Gregg Sparkman, Nathan Geiger, and Elke U. Weber, "Americans Experience a False Social Reality by Underestimating Popular Climate Policy Support by Nearly Half," Nature Communications 13, no. 1 (2022): 4779.

108 Eric J. Johnson, Eli Sugerman, Vicki Morwitz, Gita Johar, and Michael W. Morris, "Widespread Misestimates of Greenhouse Gas Emissions Suggest Low Carbon Competence," Nature Climate Change (2024).

109 2009년 오스트롬은 여성 최초로 노벨 경제학상을 수상했다. Elinor Ostrom, "A General Framework for Analyzing Sustainability of Social-Ecological Systems," Science 325 (2009): 419-22.

110 J. Stephen Lansing, Perfect Order: Recognizing Complexity in Bali (Princeton, NJ: Princeton University Press, 2006); Indosphere Culture, "Balinese Water Temples: Merging Religion and Science," Medium, September 15, 2019, https://indosphere.

medium.com/balinese-water-temples-merging-religion-and-science-da26b-5cd268b.

111 영국 가톨릭 신자들이 금요일에 고기를 먹지 않는 관습으로 돌아가자 환경에 즉각 변화가 일어났다. Wes Stenzel, "Catholic Church Could Consider Resurrecting Old Practice after Successful Study: 'Pope Francis Has Already Highlighted [It],'" Yahoo News, August 30, 2023, https://www.yahoo.com/news/catholic-church-could-consider-resurrecting-190000391.html. 다른 많은 문화권에서도 채식주의 선례가 있다. 정교회의 사순절 전통, 불교의 아힘사(ahimsa, 해를 끼치지 않음, 불살생, 비폭력)에 대한 믿음 등이 유사하게 적용될 수 있다. 조상과 연결되어 있다는 것을 알면 희생이 덜 힘들게 느껴진다.